보육과정

김수향 · 이귀옥 · 강영욱 · 박수연 · 유은숙 · 이성주 · 안은희

KNOWLEDGE COMMUNITY 공동체

머리말

최근 '2024 개정 표준보육과정'이 개편되었다. 이는 앞으로 국가의 교육과 보육의 방향이 '영유아중심', '놀이중심' 교육으로 변화를 시도하여 영유아가 행복한 나라를 만들고자 한다는 것으로 볼 수 있다. '영유아중심'은 영유아가 교육의 주체임과 동시에 영유아의 눈높이 수준에서 교육이 시작되어야 하며, '놀이중심' 방법으로 배움을 이끌어야 한다고 해설서에 안내되어 있다. 기존 교사중심의 주제 수업을 해체하여 영유아중심으로 이들의 행위주체성이 강조되는 수업을 진행할 수 있는 교사를 양성하는 것이 중요하다. 이를 위해 예비 영유아 교사에게 새로운 국가 교육과정을 잘 안내하는 것이 필요하며, 이 책은 이를 돕고자 최신 교육과정을 반영하였다. 이 책은 총 13장으로 구성하였으며, 각 장별 내용은 다음과 같다.

제1장에서는 보육의 개념과 목적, 보육의 중요성 및 필요성, 보육의 의미에 대하여 알아보고, 보육의 유형인 운영주체에 따른 유형과 보육장소에 따른 유형, 취약보육의 유형에 대하여 알아보고자 한다. 또한 보육 현황에서는 보육시설의 역사와 오늘날 시설현황에 대하여 살펴보고, 마지막으로는 과거와 현재 보육의 변화에 대하여 살펴보고자 한다.

제2장에서는 현재의 보육을 이해하기 위해 보육의 가장 기초적인 배경을 안내하였다. 이를 위해 보육이 시작된 역사적 배경과 흐름을 철학적 기초에 근거하여 시대별로 살펴보았다. 또한 보육과 관련된 이론적 배경은 심리학적 기초에 근거하여 각 이론과 중요 이론가 중심으로 설명하였으며 현재 보육이 실행되고 있는 사회적 배경을 이해하기 위해 현대사회의 변화를 가져오게 된 계기와 여성의 사회적 지원을 안내하였다.

제3장에서는 보육을 전통적 관점과 현대적 관점에서 살펴보고, 보육과정에 대한 다양한 이해를 다루었다. 보육은 교사중심에서 영유아중심으로, 보상적 교육에서 보편적 권리로, 수동적 학습자에서 능동적 학습자로 관점이 변화해 왔다. 또한 보육은 안전한 환경 속에서 가정과의 연계, 부모 요구를 반영한 보육시간, 지역사회와의 협력으로 이루어지는 특성을 지닌다. 이 장에서는 이러한 변화와 특성을 토대로 보육의 중요성을 이해하고, 보육제도의 구조와 정책 방향을 살펴보았다. 더불어 보육교사의 역할과 전문성을 고찰함으로써 보육에 대한 종합적 관점을 안내하였다.

제4장에서는 영유아기의 전인적 발달 특성을 다루었다. 영유아기는 인간발달의 기초가 형성되는 시기로, 신체・운동 발달, 언어발달, 정서・사회성 발달, 인지발달 등 여러 영역이 상호 영향을 주고받으며 급격히 이루어진다. 이러한 발달 특성에 대한 이해는 보육과 교육의 방향을 설정하는 데 중요한 기초가 된다. 따라서 이 장에서는 발달의 기본 개념과 원리, 주요 발달 영역의 특징을 살펴봄으로써 예비 유아교사와 현직 교사가 영유아를 올바르게 이해하고 적절한 보육・교육 활동을 설계할 수 있도록 기초자료를 안내하였다.

제5장에서는 표준보육과정의 의미를 이해하고 2007년 표준보육과정이 고시된 이후 2024 개정되기까지의 발전 과정을 기술하였다. 또한 표준보육과정의 제정 및 개정의 배경과 2024년 개정 표준보육과정의 성격 및 구성 방향, 편성・운영, 교수・학습, 평가에 대해 설명하였다. 2024 개정 표준보육과정은 영유아가 놀이를 통해 심신의 건강과 조화로운 발달을 이루고 바른 인성과 민주시민의 기초를 형성하는 데 목적을 두고 있다. 2024 개정 표준보육과정에서 제시한 추구하는 인간상, 만 0~1세 및 만 2세, 만 3~5세를 위한 보육과정의 목표와 내용, 운영을 위한 방안을 설명하였다.

제6장에서는 2024 개정 표준보육과정의 고시문과 해설서에 게재된 만 0~2세 신체운동・건강, 의사소통, 사회관계, 예술경험, 자연탐구의 5개 영역을 중심으로 정리하였다. 만 0~1세는 5개의 영역에서 40개의 보육내용을 경험하며, 만 2세는 42개의 보육내용을 경험한다. 본문에서는 목표와 내용영역을 이해하고, 하위범주 내용에 대하여 알아본다. 만 0~2세의 실제 활동 예시를 통해 영아의 경험을 이해할 수 있으며 배움에 대한 지원과 다양한 교사 지원을 통해 보육현장에서 실제적인 도움이 될 수 있도록 설명하였다.

제7장에서는 만 3~5세 유아에게 적용되는 국가 수준의 교육과정인 3~5세 보육과정(누리과정)에 대하여 개념과 목표, 구성 및 운영 원리를 구체적으로 제시하였다. 만 3~5세 유아기는 유아기는 신체적・정서적・사회적・인지적 발달이 급격히 이루어지는 시기로, 이 시기의 경험은 이후 전 생애에 걸쳐 큰 영향을 미친다. 이에 국가는 모든 유아에게 균등한 교육적 기회를 보장하기 위해 3~5세 표준보육과정인 누리과정을 제정・운영하고 있다. 이 장은 예비 유아교사와 현직 교사가 누리과정을 올바르게 이해하고 실제 보육현장에서 활용할 수 있도록 기초자료를 제공하였다.

제8장에서는 영유아의 놀이중심 보육과정을 이해하고 실행하는 데 필요한 이론과 실제를 제시하였다. 유아가 놀이 속에서 드러내는 흥미와 관심을 기반으로 보육과정의 편성과 운영을 살펴보고, 교육계획과 일과구성의 실제 적용과정을 구체적으로 다루었다. 더불어 다양한 환경 구성 방안과 함께 놀이·일상생활·활동이 유기적으로 어우러질 수 있도록 지원하는 교사의 역할과 실천적 방법을 고찰을 통해 놀이중심 보육과정의 내실 있는 운영을 모색하는 데 있어 의미 있는 기초자료를 제공하고자 한다.

제9장에서는 영아 시기의 보육을 잘 실천하기 위해 기본생활습관 지도 중 가장 중요한 식생활, 배변, 수면습관 세 가지를 다루었다. 영아의 다양한 신체, 인지, 사회, 정서 등의 발달을 이해할 때 가장 올바른 교육계획을 세울 수 있듯이 이 세 가지 습관도 연령별 영아의 과업들을 잘 이해하고 접근할 때 바른 습관 지도를 할 수 있다. 따라서 모유·분유 수유와 이유식 습관, 배변활동 습관, 수면활동 습관을 구체적으로 다루어 교사들이 영아의 습관 형성을 돕고자 한다.

제10장에서는 2024 개정 표준보육과정에서 실시하고 있는 놀이중심 교육과정에 대한 이해를 돕기 위해 놀이 개념, 특징, 놀이의 교육적 가치, 놀이와 2024 개정 표준보육과정 내용을 제시하였다. 이 장은 영유아중심, 놀이중심 교육과정의 실행 내실화를 위한 기초로 예비유아교사 및 현직 유아교사들에게 놀이의 개념 및 놀이의 교육적 가치에 대한 이해를 확충하고자 한다. 따라서 예비유아교사 및 영유아교사들이 영유아 놀이에 내재된 의미와 가치를 파악할 수 있는 기초자료를 제공하였다.

제11장에서는 2024 개정 표준보육과정에서 제시한 영유아·놀이중심 교육과정 실현을 위해 가정 및 지역사회 연계 교육의 필요성을 제시하였다. 그리고 가정연계 놀이중심 교육과정과 지역사회 연계 놀이중심 교육과정의 실례를 들었다. 이러한 실례를 통해 예비유아교사 및 유아교사들이 가정 및 지역사회 연계 놀이중심 교육과정을 실현할 수 있는 방안을 구축하고자 한다.

제12장에서는 우리나라 유보통합을 잘 이해하기 위해 다른 나라 유보통합 현황과 유아교육과 보육체계를 살펴보고 비교하여 우리나라 유보통합의 현실을 이해하고자 하였다. 이를 위해 국가수준에서 유보통합이 이루어지고 있고 통합된 영유아교육과정을 운영하는 나라, 지방분권화로 주 단위로 교육과정을 시행하는 나라와 통합을 추진하고 있는 나라에 대해 살펴보았다.

제13장에서는 어린이집 평가제의 추진배경과 어린이집 평가제의 주요 특징, 운영체계에 대해서 설명하였으며, 평가제의 6개 영역인 영유아중심 일과 운영, 영유아가 주도하는 배움 지원, 영유아 존중 상호작용 지원, 보육과정 실행과 평가, 원장의 리더십과 보육교직원 역량 강화, 건강 및 안전의 15개 평가 항목을 제시하였다.

이 책은 앞으로 미래에 보육교사가 될 예비 교사들에게 '영유아중심'과 '놀이중심' 교육을 이해시키고 이를 현장에 반영하며, 현장의 영유아들이 밝고 희망적인 미래 인재로 성장할 수 있길 바라는 마음에서 시작되었다. 이 책이 나오기까지 응원해 주시고 수고해 주신 공동체 가족 여러분께 감사드린다.

2025년 9월

저자 일동

차 례

제12장 외국 보육과정

제13장 어린이집 평가제

제1장

보육의 이해

1. 보육의 개념
2. 보육의 유형
3. 보육 현황
4. 과거와 현재의 보육 패러다임

제 1 장

보육의 이해*

이 장에서는 첫째, 보육의 개념과 목적, 보육의 중요성 및 필요성, 보육의 의미에 대하여 알아본다. 보육은 시대의 흐름에 따라서 개념과 목적도 변화되어 왔다. 과거에는 보육이 안전을 추구하는 형태였다면, 현재에는 교육의 의미를 더한 보육(educare)으로, 교육과 보호가 함께 이루어지는 형태로 변화되고 있다. 보육은 인간의 성장·발달에 있어서 중요한 영유아의 신체, 사회, 정서, 인지 등의 건강한 발달을 돕는 데 의미가 있으며, 여성의 사회·경제활동을 지원함으로써 여성과 부모의 권리를 보장해 주는 데도 의미가 있다. 둘째, 보육의 유형으로, 운영주체에 따른 유형과 보육장소에 따른 유형, 취약보육의 유형에 대하여 알아본다. 운영주체에 따른 보육으로는 국공립어린이집, 사회복지법에 따른 어린이집, 법인·단체에서 운영하는 어린이집, 사업주가 사업장의 근로자를 위해 운영하는 직장어린이집, 가정어린이집, 보호자 또는 보호자와 보육교직원이 조합을 결성하여 운영하는 협동어린이집, 그리고 민간어린이집 등이 있다. 보육장소에 따른 유형으로는 가정에서 이루어지는 가정중심 어린이집과 전형적인 어린이집인 시설중심 어린이집이 있으며, 취약보육의 유형으로는 취약계층 아동을 대상으로 하는 장애아 보육, 다문화 가

* 이 장은 김수향·박수연·안은희·유은숙·이귀옥·이성주(2021)의 보육과정 제1장을 수정 보완한 내용으로 구성하였다.

정 아동 보육, 저소득층 아동 보육, 한부모·조손 가정 아동 보육, 위기가정 아동 보육, 이주배경 아동 보육 등이 있다. 셋째, 보육 현황에서는 보육시설의 역사와 오늘날 시설현황에 대하여 알아본다. 마지막으로는 과거와 현재 보육의 변화에 대하여 살펴본다.

1. 보육의 개념

보육은 아동의 건강과 안전한 성장을 위하여 보호해 주는 의미에서 출발하여 현대사회로 오면서 교육(education)과 보호(care)가 함께 공존하는 educare(보육)로 확대되어, 단순히 아동을 돌보는 것을 넘어서 아동이 신체적·정서적·인지적으로 조화롭게 성장할 수 있도록 지원하는 활동이다.

1) 보육의 개념 및 목적

과거에 보육은 다양한 이유와 사정으로 영유아가 정상적으로 양육받기 어려운 상황일 때 아동의 안전, 건강, 위생을 유지하고 안전하게 보호해 주는 의미였다면, 현대로 오면서 보육은 돌봄의 의미뿐만 아니라 연령에 적합한 놀이와 활동을 통해 인지·언어·사회성 발달을 유도하고 기본생활습관 형성과 사회화 과정을 지원하는, 교육 또한 강조하는 의미를 가지고 있다. 전통적으로 보육을 위한 사업은 빈곤층, 저소득층에서 여성의 사회활동 또는 특별한 사정으로 자녀 돌봄이 어려울 때 보육기관에서 영유아를 보호해 주는 탁아의 개념을 가지고 있었으나, 이후 1991년 「영유아보육법」이 제정되면서 '탁아'라는 용어에서 '보육'이라는 용어를 공식적으로 사용하게 되었다.

보육은 사회발전과 생활 수준의 향상과 더불어 변화를 거듭하였다. 보육과정은 여성의 노동력을 확보하기 위한 영유아 보호를 비롯하여 빈민 구제 차원에서 보호가 필요했던 영유아에서 차츰 모든 계층의 영유아를 대상으로 변화하였다. 또한 사회가 추구하는 보육과 교육 기능을 지원하고 영유아의 생활의 질을 높이려는 방향으로 차츰 변화해 가고 있다(정옥분 외, 2020). 보육은 1970년대 이후 아동의 보호뿐만 아니라 교육도 중요하게 다루고 있어서 오늘날은 보호와 교육을 통합하여 'care'와 'education'의 개념을 합성한 'edu－care'로 사용되고 있다. 학자들의 견해에 따르면, 보육은 영유아를 보호하고 교육한다는 의미를 내포하고 있어서, 오늘날 보육이 단순히 맡긴다는 의미보다는 보호와 교육을 합친 보육(educare)이라는 용어를 일반적으로 사용함으로써 교육과 보호가 떨어질 수 없는 개념이라는 것을 강조하고 있다. 즉, 보육은 아동의 건강과 안전한 성장을 위하여 보호해 주는 의미에서 출발하여 현대사회로 오면서 교육의 의미를 포함하여 교육과 보호가 함께 공존하는 보육(educare)으로 확대되었다.

보육(educare)이라는 관점에서 보육 프로그램은 보호적 차원에서 벗어나 아동의 전인적 발달을 위한 교육을 포함한 포괄적 프로그램으로 변화되어야 할 필요성이 있으며, 아동의 성장과 발달을 위하여 보호와 교육의 포괄적 서비스가 제공될 수 있도록 하여야 한다. 따라서 사회복지의 일환으로 가족복지 또는 아동복지 차원에서도 보육을 인식해야 하는 것은 당연한 시대적 요구이다. 아동을 위한 보육에 대하여 법령에 명시하고 있는 내용과 의미를 살펴보면 다음과 같다.

<표 1-1> 보육의 정의 및 내용

정의 주체	내용 및 의미
영유아보육법	보호자가 근로 또는 질병, 기타 사정으로 인하여 보호하기 어려운 영유아를 건강하고 안전하게 성장할 수 있도록 보호하고 발달 단계에 맞는 교육을 통하여 건강한 사회 구성원으로 육성함과 아울러 보호자의 경제적, 사회적 활동을 원활하게 하여 가정복지 증진에 기여함을 목적으로 한다.
사회복지법	낮 동안 다른 사람의 보호를 받아야 할 아동들에게 주어지는 보호로서 그 대상은 주로 영세시민이나 보호능력이 없는 시민의 자녀이다.

유아교육사전	현대 유아교육에서는 보육이 단순히 돌봄을 넘어 교육적 기능을 통합하는 것으로 영유아의 발달 단계에 적합한 교육 활동을 제공하여 전인적인 성장을 돕는 것을 중요하게 여긴다. 이는 'Edu-care(에듀케어)'라는 용어로도 표현되며, 보호와 교육이 분리될 수 없는 개념으로 인식되고 있다.
UN아동권리선언(1968)	사회는 아동이 가정에서 정상적인 양육을 받지 못할 경우 아동이 마땅히 누려야 할 생존권, 보호권, 발달권, 참여권을 실현하기 위하여 하루 중의 일정한 시간을 보호받을 수 있도록 국가는 책임을 다해야 하며, 또한 아동이 자아실현을 할 수 있는 미래를 만들 수 있도록 평등하게 보호받고 교육을 받을 수 있는 사회적 서비스 및 환경을 제공하는 것을 필수적으로 간주하고 있다.

출처 : UN아동권리선언(1968); 유가효 외(1997).

우리나라 「영유아보육법」에 의하면 보육은 "영유아를 건강하고 안전하게 보호·양육하고 영유아의 발달 특성에 맞는 교육을 제공하는 어린이집 및 가정양육 지원에 관한 사회복지서비스를 말한다"라고 정의하고 있다. 보육의 목적은 영유아에게 안전한 환경을 제공하고, 영유아의 성장과 발달을 돕는 데 있다. 보육은 여성의 사회참여 증가와 가족구조의 변화로 점점 그 수요가 급증하고 있는 것에 대처하여 영유아에게 적절한 환경과 전문적인 보육서비스를 제공하고, 영유아의 건전한 성장과 보호자의 경제적·사회적 활동을 지원함으로써 가정복지 증진을 도모하는 것에 목적이 있다. OECD에서는 국가의 정책적 지원으로 보육의 질을 높이고, 가족 친화적인 보육서비스까지 포괄할 것을 제시하고 있다. 저소득층 밀집지역 등 취약지역에 정부지원 보육시설을 확충하고, 보육인력의 전문성 제고 및 보육서비스의 질적 향상을 도모하여 영유아에게 보육지원 서비스를 제공하는 것이 중요하다.

보육은 부모의 경제활동 시간 동안 가정을 대신해서 음식과 안식처를 제공하는 보완적인 역할에서 점점 영유아를 대상으로 보호와 교육을 제공하는 보편적인 사업으로 변화되어 가고 있다. 아동권리 헌장에 따르면, "영유아는 보호와 교육을 받을 권리를 지닌 주체이며, 자신의 개성을 발달시키고 자아실현을 할 수 있는 기반을 만들 수 있도록 평등하게 보호받고 교육받을 기회를 누려야 한다"고 명시하고 있다. 따라서 보육이란 취학 전 영유아에게 아동의 권리로서 보호와 교육서비스를 제공하는 것이라고 할 수 있다.

2) 보육의 중요성 및 필요성

영유아기는 인간발달의 기초가 형성되는 결정적 시기로서 보울비(Bowlby)는 애착형성 연구에서, "영유아 시기에 어머니와 일찍 격리되어 시설에 수용되었던 유아는 인지적 결함과 정서적 장애를 갖게 되어 성장한 후에도 정서적 불안이 지속되어 정상적인 성장이 어렵다"는 연구결과를 통해 영유아 시기 부모양육의 중요성과 보육의 필요성에 대하여 언급하였다. 피아제(Piaget)는 인지발달이론에서 영유아기는 감각운동기, 전조작기 단계로서 영유아는 구체적 경험을 통해 사고능력을 발달시키므로 보육환경에서 다양한 탐색활동이 이루어지는 것이 중요하다고 하였다. 에릭슨(Erikson)은 심리사회적 발달이론을 통해 영유아 시기에 안정된 보육환경은 자율성과 주도성을 발달시키는 데 중요한 역할을 한다고 하였다.

이러한 연구결과를 통해 영유아 시기에 부모양육의 중요성과 보육의 필요성에 대하여 생각해 볼 수 있다. 보육은 첫째, 영유아의 성장과 발달을 위한 영유아의 권리를 보장한다. 영유아 시기는 신체, 사회, 정서, 인지 등 인간발달에 있어서 결정적 시기로, 영유아가 건강하게 자랄 수 있도록 돕는 것은 영유아의 권리를 보장하는 것이며, 영유아의 건강한 성장은 미래사회의 희망이며 국가 경쟁력에도 중요하다. 현대에 와서는 보육에서 교육의 기능도 국가가 정책적으로 지원함으로써 영유아의 인지발달과 사회·정서발달을 도모하는 포괄적 보육을 통해 영유아의 전인적 발달을 돕고 있다.

둘째, 영유아 보육은 가족지원 측면에서도 중요하다. 맞벌이 가정 및 한부모 가정 증가로 가정 내 돌봄의 공백을 보완하고, 여성의 경제활동을 지원함으로써 여성과 부모의 권리를 보장하고 양육부담을 경감시켜 준다(강란혜, 2020). 자녀양육의 책임을 맡았던 여성에게 사회진출의 기회를 제공하고, 국가의 정책적 차원에서 이루어지는 보육서비스 지원은 여성의 자아실현을 도와줌으로써 여성의 행복과 권리를 보장해 주는 전환점이 되고 있다.

셋째, 사회·경제적 측면에서 보면, 보육은 미래사회 구성원의 역량 개발에 대한 투자로, 사회 전체의 인적자본 형성에 기여하고, 보육의 질이 높을수록 아동의 학교 적응력, 학업 성취도, 사회적 성공률이 증가한다(Heckman, 2006). 취약계층 아동의 기회 불평등을 해소하고 세대 간 빈곤의 악순환을 단절시켜 주는 측면에서도 효과적이라고 할 수 있다.

보육의 필요성 측면에서는 첫째, 저출산·고령화, 핵가족화, 1인 가구 증가 등의 가족 구조의 변화는 보육의 수요를 증가시키고, 다양한 형태의 가족이 요구하는 보육지원을 위하여 정부 차원에서도 복지정책이 필요하다. 보육은 빈곤가정의 자녀양육을 위하여 사회복지 차원에서 시작되었으나, 여성의 사회활동이 증가함에 따라 모든 계층의 자녀를 대상으로 보육의 대상이 확대되고 변화되었다. 전통사회의 대가족 형태에서는 가족 내에서도 서로 협력하며 자녀를 양육하는 것이 가능하였으나, 현대사회의 핵가족 형태에서는 가족 내에서만 자녀양육을 책임지는 것에 한계가 있으므로 다양한 가족의 형태가 요구하는 보육서비스를 제공하여 자녀양육 기능을 보완하고 가정의 복지를 증진시키는 것이 필요하다.

둘째, 영유아의 발달을 위한 질 높은 보육은 교육비 절감, 범죄 감소, 고용 증대 등 사회적 비용 절감으로 이어지고, 보육은 복지와 성장의 통합 전략으로서 장기적으로 국가 재정과 국가 경쟁력 강화에도 긍정적인 영향을 미친다.

셋째, 사회통합의 기반으로서 다양한 가정 배경을 가진 아동들이 함께 생활하면서 다양성에 대한 이해와 포용성을 기르고, 다문화 가정, 취약계층 아동의 통합 교육이 이루어지는 공간으로서의 보육기관의 가치가 크다고 할 수 있다.

넷째, 인구문제 해결에 있어서도 보육서비스는 중요한 역할을 할 수 있다. 우리나라는 2024년 기준으로 세계에서 가장 낮은 출산율을 보이고 있는데, 이는 양육에 대한 개인적인 부담이 크기 때문으로 조사되고 있다. 양육을 위한 경제적인 부담과 여성의 사회활동 등의 어려움이 출산 기피 현상으로 이어지고 있는데, 보육서비스의 개선으로 여성의 경력 지속 가능성을 높이고, 여성의 양육부담을 줄여 출산율을 높이는 것이 필요하다(한국보육진흥원, 2023).

3) 보육의 의미

보육은 교육학적 측면에서는 유아의 인지·정서·사회성 발달을 촉진하기 위한 계획된 학습 경험과 상호작용을 제공하는 것에 의미가 있으며, 발달심리학적 측면에서는 발달시기별 심리·정서적 요구를 충족시키는 환경을 제공하고 애착과 자기조절 능력을 함양하는 데 의미가 있다. 반면 사회복지학적 관점에서는 가정의 양육 부담을 줄이고 사회적 양육 기능을 보완하는 복지서비스로서의 의미를 두고 있다.

(1) 아동 입장에서의 의미

보육기관은 아동에게 신체적 안전과 정서적 안정을 보장하는 '제2의 가정'과 같은 장소이며, 신뢰할 수 있는 교사와의 지속적인 상호작용은 안정된 애착 형성에 도움을 준다. 아동은 보육환경에서 자신의 생각을 말하고, 선택하며, 시도하고, 실패도 해보는 경험을 통해 자율성과 주도성 발달, 그리고 자아정체성의 기초를 형성하고, 또래 친구들과의 상호작용을 통해 사회성을 배우기도 하며, 놀이, 협동, 갈등 해결 등의 경험을 통해 공감능력, 배려, 규칙 이해를 자연스럽게 익히면서 민주시민으로 성장할 기초를 다지게 된다.

하루 일과에서 많은 시간을 보내는 아동에게 보육의 의미는 첫째, 부모의 경제활동이 이루어지는 시간 동안 신체적으로 안전하게 보호받으면서 생리적 욕구, 즉 식사와 간식, 배설, 낮잠 등의 요구를 충족할 수 있으며, 개별적 또는 집단적 보호를 받으면서 정서적 안정을 가져올 수 있다. 둘째, 교육적인 환경에서 생활함으로써 인지발달을 촉진시킬 수 있으며, 특히 저소득층 아동의 보상교육도 같이 받을 수 있다. 셋째, 다양한 연령 또는 같은 연령의 친구들과 함께함으로써 사회성 발달을 촉진시킬 수 있으며, 학령기 아동의 경우에는 방과 후 프로그램에서 안전, 생활지도, 학습지도 등의 효과도 기대할 수 있다. 넷째, 부모의 질병으로 인한 입원 또는 장기요양, 별거, 이혼 등의 가정적인 문제가 발생했을 때에도 낮 동안 전문적인 보호와 교육을 받을 수 있다.

(2) 부모와 가정 입장에서의 의미

보육은 부모가 24시간 전담해야 하는 양육의 부담을 덜어주는 제도적 지원으로, 특히 맞벌이 가정, 한부모 가정, 조손가정 등에서는 보육이 없으면 경제활동이 불가능하거나 양육의 질이 저하될 수 있다. 부모의 입장에서 보육기관은 '아이를 믿고 맡길 수 있는 든든한 파트너'라고 할 수 있다. 전문성과 경험을 갖춘 보육교사가 유아의 발달을 체계적으로 지원하고, 아동의 발달적 문제나 관심사에 대해 전문적 조언과 정보를 제공하며, 이를 통해 부모의 양육 역량이 강화되고, 가정 내 양육의 질도 향상시킬 수 있다.

부모의 입장에서는 보육기관이 직장생활과 사회활동을 가능하게 하는 사회 기반 시설로서 자녀를 보호하고 양육해 줌으로써 안심하고 생업에 전념할 수 있어서 가정경제의 향상을 가져오고, 저출산 시대에 부모가 아이를 낳고 키울 수 있는 사회적 환경 조성과 직결되는 것에 의미가 크다. 또한 여성의 사회활동으로 자아실현의 기회를 가지면서 부부가 함께 성장하고 부부관계의 질적 향상도 도모할 수 있으며, 아이와 일정 시간 떨어져 있는 동안 각자의 에너지를 충전하고 다시 만나는 것이 정서적으로 긍정적인 영향을 줄 수도 있다.

(3) 사회 및 국가적 입장에서의 의미

보육은 아동 개인의 복지를 넘어서, 국가 경쟁력 확보와 직결되는 인적자본 개발의 출발점이다. 노벨 경제학상 수상자 제임스 헤크먼(James J. Heckman)은 유아기 교육 투자야

말로 가장 높은 사회적 수익률을 창출하는 정책이라고 강조하며, 건강하고 창의적인 아동이 곧 건강한 사회와 지속 가능한 국가 발전의 원동력이라고 보았다. 보육은 개인과 가정의 책임만이 아니라, 사회 전체가 함께 부담하고 운영해야 할 공공서비스이며, 국가는 아동의 생존과 발달, 평등한 출발을 보장해야 하며, 특히 저소득층, 한부모 가정, 다문화 가정 등 사회적 배려 대상 아동의 교육 기회를 보장하는 역할을 수행해야 한다.

따라서 사회·국가적인 입장에서의 보육은 첫째, 아동을 건강하고 건전하게 보호하며, 아동에게 안정된 정서를 제공함으로써 아동이 가진 잠재적 역량을 개발시키는 데 기여한다. 또한 보육을 통해 사회적 역량을 갖춘 아동으로 성장하도록 함으로써 미래 국가 번영의 지속적인 자원으로 양성한다. 둘째, 보육은 여성의 능력이 사장되지 않고 지속적인 사회 및 경제활동을 할 수 있는 여건을 마련해 주어 국가 경제의 기반을 조성하는 데 기여하고, 나아가 국가 간 경쟁력에도 기여할 수 있다. 현재 한국 사회는 심각한 저출산 문제를 겪고 있으며, 이를 해소하기 위해서는 안심하고 아이를 낳고 기를 수 있는 환경을 조성해야 한다. 양질의 보육서비스는 출산율 제고의 실질적 유인책이 되며, 출산·양육 친화적 국가로 나아가기 위한 핵심 조건이라 할 수 있다.

2. 보육의 유형

보육의 유형은 운영주체에 따른 유형과 보육장소에 따른 유형, 그리고 취약한 부분에 대한 보완을 위한 보육으로 나누어 살펴볼 수 있다.

보육시설의 종류는 국공립보육시설, 민간보육시설, 법인보육시설, 직장보육시설, 가정보육시설, 협동보육시설로 구분된다.

국공립보육시설은 국가와 지방자치단체가 설치·운영(위탁운영 포함)하는 시설로 저소득층 밀집지역, 농어촌지역 등 취약지역에 우선적으로 설치한다. 민간보육시설은 사회복지법인이 아닌 비영리법인, 비영리단체 또는 개인이 설치·운영하는 시설을 말하고, 법인보육시설이란 「사회복지사업법」에 의한 사회복지법인이 설치·운영하는 시설을 말한다. 직장보육시설은 사업주가 사업장의 근로자를 위하여 단독 또는 공동으로 사업장 내 또는 그에 준하는 인근 지역과 사원 주택 등 사업장 근로자 밀집거주 지역에 설치·운영하는 시설에 해당된다. 가정보육시설은 개인이 가정 또는 그에 준하는 곳에서 설치·운영하는 시설이며 영유아 5인 이상, 20인 이하를 보육해야 한다. 협동보육시설은 보호자 또는 보호자와 보육교직원 15인 이상이 조합을 결성하여 설치·운영하는 시설을 말한다.

국가의 지원을 전폭적으로 받는 공립어린이집은 민간어린이집에 비해 좋은 물리적 환경을 갖추고 있다. 즉, 시설환경이 잘 구비되어 있고 교육 프로그램도 풍부하게 보유하고 있으며 수요자에게 저렴한 교육 비용의 혜택을 준다. 반면에 민간어린이집은 시설환경 등의 물리적 환경은 공립어린이집에 비해 부족하고 교육비 부담은 크다.

대부분의 일반 민간보육시설들이 현재 지원받고 있는 재정적인 지원은 1년에 한 번인 교재교구비뿐이다. 해마다 늘어나는 보육시설 지원예산은 저소득층 아동 중심으로 일부 저소득 가정에 한정되어 지원되고 있는 실정이다(보건복지부, 2022).

1) 운영주체에 따른 유형

보육은 운영주체에 따라 공공보육, 민간보육, 사회복지법인 보육, 직장보육으로 분류된다. 공공보육으로는 국공립어린이집이 있고, 민간보육은 민간어린이집, 가정어린이집, 직장어린이집이 이에 속한다. 사회복지법인 보육은 사회복지법인이 운영하는 비영리 보육시설이며, 직장보육은 사업주나 기업체가 직원 자녀를 위해 설치한 보육시설이다(이순형 외, 2013).

(1) 국공립어린이집

국가와 지방자치단체가 설치하고 운영하는 시설로서, 어린이집이 위치한 해당 지역의 지역 주민 자녀를 정원의 50% 이상 보육하는 시설이다. 상시 11인 이상을 보육해야 하며, 「영유아보육법」 제11조의 보육계획에 따라 저소득주민 밀집 주거지역 및 농어촌 지역 등 취약지역과 「건축법」에 따른 공동주택 중 대통령령으로 정하는 일정 세대 이상의 공동주택을 건설하는 주택단지 지역에 우선적으로 설치하여야 한다. 명칭은 '○○어린이집'이라 칭한다.

(2) 사회복지법인 어린이집

「사회복지사업법」에 따른 사회복지법인이 설치하여 운영하는 어린이집으로, 상시 영유아 21인 이상을 보육하여야 한다. 국공립어린이집 외의 어린이집을 설치 · 운영하려는 자는 특별자치도지사, 시장, 군수, 구청장의 인가를 받아야 한다.

(3) 법인 · 단체 등 어린이집

사회복지법인을 제외한 비영리법인이나 단체 등이 설치하여 운영하는 어린이집으로 대통령령으로 정하는 어린이집이다.

(4) 직장어린이집

사업주가 사업장의 근로자를 위해 설치 · 운영하는 어린이집으로, 여성근로자 300인 이상 또는 근로자 500인 이상을 고용하고 있는 사업장은 직장어린이집을 설치해야 한다. 보육아동 정원의 1/3 이상이 동 사업장 근로자의 자녀이어야 하며, 상시 영유아 5인 이상을 보육하여야 한다. 명칭은 '○○어린이집'으로 한다.

(5) 가정어린이집

개인이 가정이나 그에 준하는 곳에 설치 · 운영하는 어린이집으로 상시 영유아 5인 이상 20인 이하를 보육하여야 한다. 명칭은 '○○어린이집'으로 하며, 기존의 '○○놀이방' 명칭도 계속 사용할 수 있으나 변경 가능하다.

(6) 협동어린이집

보호자 또는 보호자와 보육교직원이 조합을 결성하여 설치·운영하는 어린이집으로, 15인 이상이 상호 출자하여 공동으로 어린이집을 설치 및 운영할 것을 약정하여 운영되는 어린이집이다.

(7) 민간어린이집

「영유아보육법」 제10조 제1호부터 제6호까지의 규정에 해당하지 않는 어린이집으로, 상시 영유아 21인 이상을 보육해야 하고, 명칭은 '○○어린이집'이라 한다.

2) 보육장소에 따른 유형

보육장소에 따라 분류한 유형으로는 어린이집, 가정보육, 방문보육, 공동육아나눔터·육아지원센터가 있다. 어린이집은 시설형 보육으로 정식 시설에서 집단적으로 이루어지는 대표적인 보육 유형이다. 가정보육은 가정중심 어린이집으로 가정 내에서 아이를 돌보는 형태로 정부에서 지원이 가능하다. 방문보육은 전문 보육인이 가정으로 방문하여 이루어지는 형태로 시간제 보육이 여기에 속한다. 공동육아나눔터·육아지원센터는 지역사회 중심으로 공동 보육 및 부모 자조 활동 중심으로 이루어지는 공간이다(유구종 외, 2021).

(1) 가정중심 어린이집

가정에서 보육이 이루어지는 것으로, 영유아를 중심으로 자기 가정에서 이루어지는 보육과 타인 가정에서 이루어지는 보육이 있다. 자기 가정에서 이루어지는 보육은 영유아가 자기 집에서 가족이 아닌 타인으로부터 보육서비스를 받는 형태이다. 보육담당자는 주로 조부모, 친척, 가정도우미, 베이비시터가 되며, 보육을 받는 아동은 익숙한 환경에서 생활할 수 있기 때문에 정서적 측면에서 안정적이다. 부모는 보육자를 선택할 수 있으며 출·퇴근 시간이나 등·하원 시간 등에 구애받지 않기 때문에 심리적으로 여유롭다. 그러나 보육담당자의 전문성이 부족하여 체계적인 교육 경험이 제공되지 못하고, 보육담당자의 개인 사정으로 부재 시 새로운 보육자를 구하기 어려운 단점이 있다.

타인 가정에서 이루어지는 보육은 영유아가 보육자의 집으로 가서 보육서비스를 받는 형태로서 대개 영유아의 집과 가까운 곳으로 정하며, 손쉽게 이용할 수 있고 운영시간 또한 융통성 있게 운영되어 편리하게 이용이 가능하다. 시설중심이라기보다는 가정과 유사한 분위기에서 보육되어서 정서적인 안정감과 편안함을 느낄 수 있고, 대부분 혼합 연령으로 구성되어 다양한 상호작용을 경험할 수 있다. 단점은 공간이 제한되어 있고 체계가 부족한 경우가 있으며, 비전문적인 보육환경일 가능성이 높다. 운영자가 보육교사, 조리사, 운전자 등 여러 역할을 동시에 맡는 경우가 많아 전문성이 낮을 수 있다.

(2) 시설중심 어린이집

전형적인 어린이집으로, 취업모의 자녀를 주된 대상으로 하여 하루 8시간 이상 운영하는 어린이집이다. 최근에는 취업모의 증가에 따라 크게 증가 추세이고, 관련부서의 엄격한 감독과 지도를 받으며 운영되기 때문에 정기적인 보수교육을 통해 질적 전문성 확립에 대한 의지가 높다. 안전한 시설, 설비, 다양한 교재와 교구 등을 가지고 있다. 단점으로는 교사 대 영유아 비율이 높아 교사와 개별적으로 상호작용할 수 있는 기회가 적고 개별 영유아의 흥미와 욕구를 고려한 보육이 어렵다.

3) 취약보육의 유형

취약보육이란 일반적인 보육서비스로는 충분한 보호와 지원을 받기 어려운 취약계층 아동을 대상으로 하여, 보다 전문적이고 개별화된 보육서비스를 제공하는 것을 말한다. 이는 아동의 권리 보호와 발달 기회 보장을 위한 포용적 보육의 일환이다. 취약보육 유형은 장애아 보육, 다문화 가정 아동 보육, 저소득층 아동 보육, 한부모·조손 가정 아동 보육, 위기가정 아동 보육, 이주배경 아동 보육 등으로 구분하며, 일반적인 보육환경에서 적절한 보호와 교육을 받기 어려운 아동들을 대상으로 아동의 건강한 성장과 발달을 돕기 위해 특별한 지원이 제공되는 보육이다. 이러한 보육은 국가와 사회의 책임 아래 각기 다른 상황에 처한 아동들의 복지를 증진하기 위한 목적을 가진다(이순형 외, 2013).

(1) 장애아 보육

신체적·정신적 장애를 가진 아동은 일반 보육시설에서 개별적인 욕구를 충족받기 어려울 수 있다. 장애 유형 및 정도에 따라 개별화된 보육계획이 수립되어야 하며, 이에 따라 장애아를 위한 전담 어린이집이 운영되거나 통합보육이 가능한 환경이 조성된다. 특수교사나 보조인력을 배치하고, 발달 특성을 고려한 맞춤형 보육과 개별화된 교육 및 치료가 병행되며, 이는 장애 아동의 사회적 통합과 발달을 돕는 데 중요한 역할을 한다.

(2) 다문화 가정 아동 보육

외국인 부모, 결혼이주 여성, 이주 노동자 등의 자녀가 대상이며, 언어·문화적 차이로 인한 사회 적응의 어려움을 고려하여 언어 지원 및 문화이해 교육이 병행된다. 교사의 문화 감수성이 필요하며, 아동의 자아존중감 형성과 사회통합 지원을 목표로 한다.

(3) 저소득층 아동 보육

국민기초생활보장 수급자, 차상위계층, 긴급지원 대상 가정의 저소득층 아동은 경제적인 이유로 보육서비스를 충분히 이용하지 못할 우려가 있기 때문에, 정부에서는 보육료를 전액 또는 일부 지원하여 가정 내 양육환경 부족을 보완하고 안정적인 보육환경을 제공한다. 이러한 지원은 아동의 기본 권리 보장과 학습 기회 제공을 위한 기반이 된다.

(4) 한부모·조손 가정 아동 보육

한부모, 조부모가 주 양육자인 가정의 아동이 대상이며, 보호자의 양육부담 완화를 중심으로 하며, 심리적·정서적 지원을 병행한다. 정서적 안정과 일상생활 리듬을 유지하는 것을 목표로 한다.

(5) 위기가정 아동 보육

학대, 방임, 가정폭력, 알코올·정신질환 등으로 돌봄이 필요한 아동이 대상이며, 긴급보호 및 심리치료를 병행한다. 사회복지기관 및 전문기관과의 협력이 필요하며, 안정된 환경 제공과 회복 및 치유를 중심으로 보육한다.

(6) 이주배경 아동 보육(난민, 북한이탈주민 등)

난민, 북한이탈주민 자녀에게 문화적 낙인 방지 및 심리·사회 적응을 지원하며, 제도권 접근성 부족을 고려한 보육을 제공한다. 사회통합과 정체성 확립 지원을 목표로 한다.

<표 1-2> 취약보육의 유형

유 형	주요 대상	지원 특징	주요 목적
장애아 보육	신체·정신 장애 아동	개별화 계획, 치료 및 통합보육	발달 지원, 사회통합
다문화 가정 아동	외국인·이주배경 가정	언어·문화 적응지원	자아존중감, 사회통합
저소득층 아동	경제적 취약계층	보육료 지원, 기본 돌봄	교육 격차 해소
한부모·조손 가정 아동	부모 한 명 또는 조부모 양육	정서지원, 돌봄 보완	안정된 양육
위기가정 아동	학대·방임 등 위기 아동	긴급보호, 심리치료	안정 회복
이주배경 아동	난민, 북한이탈주민 등	적응 지원, 낙인 방지	사회통합, 정체성 확립

출처 : 권미경·최효미·최지은·김건희(2015).

3. 보육 현황

탁아소, 새마을유아원 등으로 지칭되던 보육시설은 1991년 「영유아보육법」에 의하여 어린이집으로 명칭이 통일되어 현재 국공립보육시설, 법인보육시설, 민간보육시설, 직장보육시설, 협동보육시설, 가정보육시설 등이 운영되고 있다.

어린이집으로 대표되는 보육시설은 1970년 2월 정부로부터 정식 인가를 받았다. 초창기에는 탁아소(託兒所)라 불리었으나 1968년 정부방침에 의하여 어린이집으로 바꾸어 부르게 되었다. 1982년부터 한동안 새마을유아원으로 지칭된 일도 있었으나 1991년 「영유아보육법」에 의해 어린이집으로 명칭이 통일되었다(한국민족문화대백과사전). 어린이집은 보건복지부 보육정책국의 지도·감독을 받는 사회복지사업의 일환이며, 보건복지부로부터 약간의 재정적 지원을 받고 있다. 어린이집은 취학 전 영유아의 보호적 기능을 주목적으로 하며 저소득층 및 부모가 직업을 가진 가정의 자녀를 맡아 보호 및 교육을 하는 시설이다. 대부분의 어린이집은 오전 9시부터 오후 5시까지 전일제로 운영되고 있지만, 반일제 그리고 혼합제로도 운영된다.

어린이집은 1990년 말 1,919개 시설에서 4만 8,000명의 아동이 이용하였고, 2005년 6월 말에는 2만 8,040개 보육시설에서 방과 후 아동 2만 3,321명을 포함하여 97만 2,391명의 아동이 보육을 받았다. 2008년 6월 30일 기준으로 보육시설의 수는 3만 2,149개소였고, 이 중 국공립보육시설이 1,769개소, 법인보육시설이 1,482개소, 민간보육시설이 1만 4,127개소, 직장보육시설이 335개소이며, 부모협동보육시설이 61개소, 가정보육시설이 1만 4,375개소였다. 2012년 12월 31일 기준으로는 어린이집 42,527개 시설에서 149만 명의 아동이 이용하였다. 시설유형별로는 국공립어린이집과 법인어린이집의 수는 전체 어린이집의 10.6%, 민간어린이집이 14,440개소로 34%, 가정어린이집이 22,935개소로 53.9%의 비율로 구성되었다. 이처럼 현재 보육시설은 민간보육시설이 차지하는 비율이

압도적으로 높은데, 정부는 공공성을 기반으로 한 보육서비스 확대를 목표로 국공립어린이집 확충 및 직장어린이집 설치를 적극 추진하고 있다. 2017년 약 12% 수준에서 2024년에는 40% 수준까지 국공립어린이집을 확대 추진하고 있다(교육부, 2024).

보육 사업을 시작한 이래 양적 팽창에 있어서 어느 정도 성과를 거두었다고 볼 수 있지만, 양적인 시설확충에만 급급하다 보니 정작 중요한 양질의 보육 제공이 잘 이루어지지 않아 아동에 대한 보육문제를 야기하기도 한다. 이러한 문제 해결을 위하여, 2015년 9월 시행된 「영유아보육법」에서는 영유아의 안전과 어린이집의 보안을 위하여 어린이집에 폐쇄회로 텔레비전(CCTV)을 설치하는 법령이 나오기도 했고, 한국보육진흥원에서는 보육의 질 관리를 위하여 어린이집 평가인증제도, 보육교직원 교육 강화, 부모 모니터링 제도 등을 실시하기도 하였다. 어린이집 평가인증제는 2019년 6월 개정된 「영유아보육법」에 따라 평가제도를 평가인증제에서 평가의무제로 전환하여, 종래 평가를 받지 않은 어린이집도 3년마다 의무적으로 평가를 받도록 하였다.

4. 과거와 현재의 보육 패러다임

보육의 패러다임은 '보호 중심'에서 '발달과 교육 중심'으로 변화해 왔으며, 이는 단순한 돌봄 제공에서 아동의 전인적 발달을 지원하는 전문적이고 교육적인 서비스로의 전환을 의미한다. 이러한 변화는 가족 구조, 여성의 경제활동, 국가의 정책 방향성, 아동권리 인식의 변화와 밀접하게 연결되어 있다(육아정책연구, 2015).

과거의 보육대상은 저소득층과 일하는 부모에 제한을 두었다면, 현재의 보육대상은 부모의 직업 유무, 종교, 소득 수준이나 아동 자신의 성별, 인종, 출생 순위, 장애 등 어떠한 상황에도 관계없이 보육의 대상이 되고 있다.

보육의 대상과 경제적 지원, 그리고 운영주체는 시간이 흐르면서 시대가 요구하는 방향으로 변화를 거듭하고 있다. 보육을 위한 재정지원도 부모의 보육비 부담이 컸던 민간주도형에서 공보육에 대한 요구가 증가하였다. 보육서비스 또한 과거의 상명하달 방식(top-down)의 중앙집권적 보육서비스의 집행이 보육서비스 대상자의 욕구를 충분히 부응하지 못하는 결과를 초래함에 따라 지방정부가 보육전달체계의 주체로서 보육에 대한 책임과 권한을 가지며, 보육서비스 제공자와 소비자, 그리고 지역사회가 의사결정, 실행과정에 함께 참여함으로써 보육서비스의 효율성을 높이고, 영유아의 이익을 최우선으로 하면서 부모의 취업 형태를 고려한 보육서비스, 다양한 가족 형태를 고려한 보육서비스, 그리고 필요시 긍정적 차별(positive discrimination) 원칙을 적용하는 수요자 중심의 보육의 방향으로 전환하고 있다(조복희 외, 2012).

<표 1-3> 과거와 현재의 보육 패러다임

구 분	과거의 보육		현재의 보육	
보육대상	선별주의	저소득층 또는 취업모의 자녀	보편주의	부모의 직업 유무, 종교, 소득 수준이나 아동 자신의 성별, 인종, 출생 순위, 장애 등 어떠한 상황에도 차별도 받지 않음
재정지원	민간 주도형	부모의 보육비 부담	공보육	국가의 개입
보육서비스 주체	중앙집권	상명하달식(top-down)	지방정부	수요자 중심

출처 : 조복희 외(2013).

영유아 보육에 대한 현대적 관점에서는 보육을 여성 개인이나 개별 가정만의 책임으로 보기보다는 어머니 이외의 보육시설 및 교육기관을 통한 영유아 보육의 필요성이 요구되고 있다. 영유아는 '보호받을 권리'와 '잠재력을 최대한으로 발달시킬 수 있는 기회를 제공받을 권리'가 있음을 강조하면서 보호와 교육이 하나로 통합된 아동복지 서비스가 요구되고 있다.

커티스(Curtis)는 "현대에서는 보호, 교육을 따로 논의하기보다는 좋은 프로그램 제공"에 대한 논점에 의견을 모으고 있다고 하였으며, 카탈도(Cataldo) 역시 "교육과 보호는 분리되어 일어나는 것이 아니라 합친 개념으로 보아야 한다"고 하였다.

생각해 보기

1. 보육의 개념과 필요성에 대하여 정리해 보세요.
2. 아동, 부모, 사회적인 입장에서 보육이 갖는 의미는 무엇인가요?
3. 운영주체에 따른 보육의 유형에 대하여 정리해 보세요.
4. 보육장소에 따른 유형에서 가정어린이집과 시설중심 어린이집의 보육 차이는 무엇인가요?
5. 취약보육의 유형인 장애아 보육, 다문화 가정 아동 보육, 저소득층 아동 보육, 한부모·조손 가정 아동 보육, 위기가정 아동 보육, 이주배경 아동 보육 외에 다른 유형을 만든다면 어떤 보육을 할 수 있을까요?

참고문헌

강란혜(2020). **보육학개론**. 학지사.

국가법령정보센터(2022). 영유아보육법 및 시행령.

권미경 · 최효미 · 최지은 · 김건희(2015). 돌봄 취약계층 맞춤형 육아지원 방안(1). 육아정책연구소.

김소양 · 장현주(2021). **보육학개론**. 지식공동체.

김수향 · 박수연 · 안은희 · 유은숙 · 이귀옥 · 이성주(2021). **보육과정**. 공동체.

김현자 · 서지영 · 조미영 · 강경민(2020). **보육과정**. 어가.

보건복지부 · 교육부(2022). 유보통합 중장기 발전방안(2022-2027).

성미영 · 유주연 · 이세라피나 · 임여정 · 정현심(2020). **보육학개론**. 학지사.

오채선(2011). 유아교육 · 보육 정책 변화에 따른 유아교사 전문성탐색. **유아교육학논집**, 15(5).

유가효 · 이소희 외(2000). **보육학개론**. 동문사.

유구종 · 조희정(2021). **영유아보육학개론**. 공동체.

육아정책연구소(2023). 한국 보육의 패러다임 전환과 과제.

이순형 · 이혜승 · 이성옥 · 황혜신 · 이완정 · 이소은 · 권혜진 · 이영미 · 정윤주 · 한유진 · 성미영(2013). **보육학게론**. 학지사.

정옥분 외(2020). **보육학개론**. 학지사.

조복희 · 강희경 · 김양은 · 한유미(2013). 한국 보육의 역사 및 관련법과 현황. **한국보육지원학회**, 5(5).

최명희(2021). **보육학개론**. 공동체.

최은영(2015). 한국 유아교육과 보육 통합의 선결 과제. **육아정책연구**, 9(1), 257－277.

한국민족문화대백과사전.

한국보육진흥원(2023). 2023 보육통계연보. 보건복지부.

UN아동권리선언(1968). 통일부 번역본 PDF자료.

Heckman, J. J.(2006). Skill formation and the economics of investing in disadvantaged children. *Science*, *312*(5782), 1900-1902.

제2장

보육과정의 이론적 배경

1. 철학적 배경
2. 심리학적 배경
3. 사회적 배경

제 2 장

보육과정의 이론적 배경*

이 장에서는 보육과정의 이론적 배경을 철학적, 심리학적, 사회적 배경으로 구분하고자 하며, 이 같은 이론적 배경을 통해 보육과정 전체를 이해하는 데 도움이 될 수 있다. 철학적 배경은 서양과 우리나라를 중심으로, 심리학적 배경은 성숙주의, 행동주의, 사회학습, 정신분석, 구성주의, 생태학적 이론을 중심으로, 사회적 배경은 사회 변화와 여성 사회 참여를 중심으로 안내하고자 한다.

1. 철학적 배경

철학(philosophy)의 어원은 고대 그리스어 philosopia에서 유래되었고, philo-는 '사랑하는'을, sophia는 '지식, 지혜'를 의미한다(Onions, 1996). 즉, 지식에 대한 사랑, 지혜의 추구라는 의미로서 우리가 살아가면서 알아야 할 가장 중요한 기본적 지혜를 사랑하고 알아야 한다는 것을 의미한다. 이를 기본으로 보육과정과 관련된 철학적 배경을 살펴보는 것이 필요하다. 이 장에서는 그리스, 로마, 중세, 르네상스, 17세기, 18세기, 19세기, 20세

* 이 장은 김수향 등(2021)의 보육과정 제2장을 수정 보완한 내용으로 구성하였다.

기, 21세기 서양과 우리나라로 구분하여 안내하고자 한다. 이 절은 현대교육과 비교하면서 지금에 영향을 준 내용이 어느 시대, 어느 학자, 무슨 내용인지 생각하면서 읽으면 도움이 될 것이다.

1) 서 양

(1) 그리스

이 시기는 기원전 1100년경부터 기원전 146년까지의 시대이다. 고대 그리스 문명은 언어, 정치, 교육제도, 철학, 과학, 예술에 큰 업적을 남겼다. 교육에서는 정규교육과 비정규교육으로 구분되어 사회적 지위에 따라 교육의 내용이 다르게 적용되었다. 정규교육은 남성에게 한정되었고, 여성, 노예, 외국인은 교육 혜택을 받을 수 없었다. 고대 그리스의 교육은 스파르타 교육과 아테네 교육으로 구분된다. 먼저, 스파르타 교육은 사회 전체가 학교라는 개념을 바탕으로 사회기관의 교육적 기능을 강조하였다. 또한 건강한 유아에게만 양육의 기회를 제공하고, 체육을 강조한 교육제도였다. 반면 아테네 교육은 자유와 힘의 놀이라고 하여 스파르타 교육보다는 자유롭고 체육과 음악 중심으로 교육을 안내하였다(곽노의, 2018 : 13−19). 이 시대의 대표적인 교육사상가는 소크라테스, 플라톤과 아리스토텔레스가 있다.

① **소크라테스**(Socrates, B.C. 470~399)

소크라테스 교육은 인간에게 바른 생활을 안내하고 영혼에 대한 올바른 인식을 시키는 것이다. 보육교사의 덕목은 영유아를 보육하는 것에 그치지 않고 영유아를 한 인간으로 보고, 그 순수함을 유지하고 바른 마음을 가질 수 있게 안내하는 것이라고 보았다. 소크라테스는 교사가 유아에게 자신이 아는 것을 전달하는 것이 아닌 하나의 인격체로 영유아를 인식하여 그들에게 질문과 스스로 사고할 수 있는 힘을 길러주는 것이 필요하다고 하였다. 이는 지시와 훈육만을 강조하는 교사들에게 반성의 사고를 할 수 있는 계기를 마련해 주는 교육이다(곽노의, 2018 : 22−25).

② **플라톤**(Platon, B.C. 428~348)

플라톤 교육은 인간 영혼이 세계 환경에 반응하는 것으로 신체처럼 영혼도 필요한 영양분을 교육을 통해 공급받는 것으로 보았다. 플라톤이 주장한 유아교육의 목적은 좋은 국가를 위해 좋은 인재를 양성하는 것으로, 영유아는 본질적으로 이런 임무를 수행할 자질이 있고, 가정의 영향이나 환경 때문이 아니라 영유아 자체가 가지고 있는 유전적이고 내면적 자질을 통해 수호자로 산출되어야 한다고 보았다. 그는 교육의 시기는 빨라야 한다는 조기교육을 강조하였고, 최종적으로 인간이 도덕적인 철학자의 경지가 되기 위해서는 장기간의 교육적 경험이 필요하다고 보았다. 덧붙여 유전적 신념을 강하게 믿고 있어 적절히 계획된 교육이 제공된다면 영유아가 가지고 있는 힘이 스스로 발현된다고 보았다. 선은 유아기 어린이들이 아름다움과 조화로운 것에 지속적인 관심을 가짐으로써 생겨날 수 있다고 보았다(곽노의, 2018 : 26−43).

③ **아리스토텔레스**(Aristoteles, B.C. 384~322)

아리스토텔레스 교육은 인간 성장의 발전 형태에 교육이 맞추어져야 한다고 주장하였다. 놀이하는 과정을 한층 더 깊이 인식하여 놀이는 유아에게 가장 본질적인 활동이라고 하였다. 교사는 인간에 대한 관찰을 통해 유아의 내면을 살펴볼 수 있게 되며, 유아에게 놀이와 육체적인 활동의 기회와 적절한 공부를 준비하기 위한 기회가 제공되어야 한다고 주장하였다. 또한 성인이 되기까지 적절한 가치관과 도덕적 성향을 계발해 주어야 한다고 하였다. 유아기의 가정과 사회 환경은 이 시기 유아들에게 절대적이기 때문에 올바른 교육환경을 조성하는 것이 중요하다고 하였다(곽노의, 2018 : 48−59).

(2) 로마

로마 시대는 기원전 1000년경부터 기원전 6세기 말까지 지속되었다. 초기 로마 시대는 가정교육이 중심이 되어 가정에서 자녀들을 건강하게 양육하였고, 앞선 세대들을 존중하였다. 그 이후 왕정 시대를 거쳐 공화정 시대로 가면서 국가를 지속하고 확장하기 위한 군사교육이 강조되었다. 이 시기 교육목적은 자신의 책임과 의무를 완수하고, 용감하고 순종하는 군인 양성이었다. 그러다 제정 시대로 이어지면서 사회, 문화, 경제의 급속한 성장으로 가정교육과 사회교육 기능이 분리되었다. 가정교육은 학교중심 교육으로 변화되었는데, 교육목적은 지적 발전에 중심을 두고 국가사회에 봉사하는 지적인 인간을 양성하는 데 있었다. 초등교육기관인 '루두스'는 기초적인 읽기, 쓰기 셈하기를 강조하였고, 중등교육기관인 '문법학교'는 문법, 수사학, 논리학, 산수, 기하, 천문학, 음악 등을 교수하였다. 고등교육기관은 '수사학교'와 '철학학교'로 나뉘었는데, 수사학교에서는 라틴어, 그리스어, 문법, 로마법, 자연과학을 강조하였고, 철학학교에서는 수사학교 졸업 후 진학하여 윤리학, 변증법, 논리학, 법학, 수학, 물리학, 의학, 기계학을 강조하였다. 이 시대의 유명한 교육자로는 키케로와 퀸틸리아누스가 있다(곽노의, 2018 : 63-76).

① **키케로**(Marcus Cicero, B.C. 106~43)

키케로는 공화정 후기의 웅변가이자 법률가로 로마 문화를 그리스화한 대표적 교육사상가이다. 그는 자신의 저서 『대웅변론』에서 인간의 성품은 태어날 때부터 선하다는 '성선설'에 입각하여 교육으로 행복한 생활을 누리는 것이 인생 최고의 목적이며 이것이 바로 덕이라고 하였다. 또한 체육을 경시하고, 학예, 교양, 웅변술을 교육의 중심으로 한 인문주의와 자유주의 교육을 중요하게 생각하였다(곽노의, 2018).

교육의 실제 목적은 인문주의적 교양을 지닌 웅변가로 육성하는 것이며, 웅변가를 양성하기 위해 선천적인 소질, 문화, 일반에 대한 넓은 지식, 음성과 몸짓에 대한 훈련을 강조하였다(곽노의, 2018 : 78-79).

② 퀸틸리아누스(Marcus Fabius Quintilianus, A.D. 35~100)

퀸틸리아누스는 교육실천가로 수사학교를 설립하고 20년간 웅변, 문법, 문학, 수사학을 가르쳤다. 베스파시아누스 황제의 신임을 얻어 웅변술 교수의 칭호를 받고 공립학교 최초 교사가 되었다. 웅변술 교육의 기술적인 측면을 넘어 인성적인 함의가 포함된 웅변가 양성을 강조하였고, 『웅변술 쇠퇴 원인론』, 『웅변교수론』 등의 저서를 남겼다. 이 책은 당시 유일한 교육전서였으며, 그 내용 또한 체계적이고, 과학적인 세계 최초의 교육 저서로 11세기까지 교육계에서 사용하였다. 그는 인간에 대한 관점을 '성선설'에 기초하였으며, 인간의 자연성과 아동중심 교육, 개성 존중의 교육을 주장하였다. 그는 성인의 영향보다도 또래 자극에 의해 큰 영향을 받아 또래와 함께 성장할 수 있는 학교가 우수한 교육 장소라고 하였다(곽노의, 2018 : 81-86).

퀸틸리아누스는 조기교육을 강조하여 요람에서부터 교육이 시작되어야 한다고 하였다. 그에게 있어서 교육의 궁극적 목적은 영유아의 선천적 능력을 개발하는 일이며, 교육의 구체적 목적은 웅변가를 양성하는 것이었다. 교사의 임무는 아동의 특수한 성격과 능력을 파악하여 연구한 뒤, 그에 맞는 적절한 교육 환경과 내용을 제공하는 것을 강조하였으며 이는 현대 교사의 역할과도 일치하는 부분이다(곽노의, 2018 : 81-86).

(3) 중세

중세는 약 4~5세기경부터 14세기경까지로, 일반적으로 서로마제국이 멸망한 때부터 동로마제국이 몰락하여 르네상스 운동이 일어나기 시작한 15세기까지 약 1,000년에 걸친 시기이다. 중세의 학문은 신학이 주를 이루었고, 그리스 학문을 기초로 가톨릭 교회 교리를 이론적으로 설명하려고 하였다. 이 시기 학문은 교회나 수도원에 속한 스콜라(Schola) 학교에서 이루어져서 스콜라 철학이라는 용어가 나왔다. 중세의 아동관은 인간의 본성은 악하게 타고난다는 것을 전제로 하였으며, 영유아에게 순종과 복종을 강조하기 위한 최고의 방법은 신체적 처벌이었다. 중세 말기에는 아동도 영혼이 있는 존재로 여겨 이들의 생명을 빼앗는 행위를 죄악이라고 생각하였다. 즉, 중세 시대에는 아동기 본성에 대한 성인들의 특별한 인식이 부족하였다고 볼 수 있다. 이 시대 유명한 교육자로는 아우구스티누스와 아퀴나스가 있다(곽노의, 2018 : 89-105).

① 아우구스티누스(Aurelius Augustinus, 354~430)

아우구스티누스의 교육사상은 기독교철학에 근거하고 있다. 그는 기독교 교부 중 가장 위대한 사람이며, 플라톤의 전통과 기독교를 조화시켰다는 평을 받고 있다. 그의 교육사상은 단순히 정보와 관련된 일이기보다 새로운 삶의 태도와 지적, 통찰력, 우주적 목적을 이끄는 가장 근본적인 변화와 관련 있다. 교사의 역할은 학생이 자신의 잠재된 인식을 논리적 과정을 통해 명확하게 인식할 수 있도록 도와주는 보조자이다. 지식의 검증은 연구자의 마음에 진리의 빛을 비추어 주는 신의 은총을 통해서만 이루어질 수 있다고 하였다. 그는 진정한 교사는 신이며, 신을 통해 완전한 교육이 이루어질 수 있다고 하였다(곽노의, 2018 : 105-115).

② 아퀴나스(Thomas Aquinas, 1225~1274)

아퀴나스는 스콜라 철학의 대표자이며, 그의 교육사상은 종교적 윤리 사상으로 인간의 행복은 육체적 쾌락, 명예, 지위에 있는 것이 아니라 아리스토텔레스의 실재론에 기반을 둔 신을 명상하는 데 있다고 보았다.

교육목적은 하나님을 섬기는 이웃에 봉사하는 인간의 영성이고, 교육원리는 잠재적 소질에 있어야 하며 이는 외부 작용으로 나타난다고 보았다. 교사의 임무는 제자들에게 가능태로서 존재하는 지식을 현실태로 이행시키는 것이며, 인식의 가능태에서 현실태로 뻗어가는 것이 교육 임무라고 하였다. 가능태에서 현실태로 넘어가는 지식획득 방법은 크게 두 가지로 첫째, 발견의 방법이며, 둘째, 교수의 방법이다. 학습자 개인이 직접적인 경험을 통해 학습하는 것이 가장 효과적인 방법이며, 이는 교사를 통해 얻은 교육보다 더 뛰어난 것이라고 하여 탐구의 방법을 더 선호하였다(곽노의, 2018 : 115-122).

(4) 르네상스

이 시기는 약 14~16세기로 '재생', '부활'의 의미를 가진 르네상스 운동을 통해 중세 기독교 복음주의와 내세주의에서 벗어나 인간 본연으로 돌아가자는 것을 강조하였다. 교회제도에 대한 맹목적 복종과 권위주의에서 벗어나 인간의 선천적인 능력을 최대한 발휘하는 인간 본위의, 인간중심의 문화를 이루고자 하였다. 이 시기는 '인문학'이 주가 되어 인간성을 발현하는 것을 중시하여 '인문주의'라 일컬었다. 이 시대 유명한 교육자로는 에라스무스와 루터가 있다(곽노의, 2018 : 125-132).

① 에라스무스(Desiderius Erasmus, 1466~1536)

에라스무스는 인문주의의 대표자로서 인간을 인간 자체로 보고, 교육에서 통찰과 교육의 공공성을 강조하였다. 먼저 통찰에서는 개인의 성장과정에 작용하는 요인인 천성, 훈련, 연습의 요소를 통해 학습한다고 보았다. 이런 신념으로 조기교육과 올바른 교육방법의 중요성을 강조하였다. 또한 교육의 공공성을 통해 자녀교육에 대한 부모의 의무와 젊은 사람들의 교육에 대한 사회적 책임을 강조하였다. 그의 저서로는 『공부의 방법』, 『(어린 시기 때부터 시작하는) 아동의 자유교육』, 『아동의 교재교육에 관하여』, 『담화문』 등이 있다(곽노의, 2018 : 132-136).

② 루터(Martin Luther, 1483~1546)

루터는 종교개혁운동의 성공을 교육으로 확대하여 의무교육 제도와 남녀평등 교육을 강조하였고, 세속학문을 인정하고 교사 양성체제의 확립을 강조하였다. 읽기 학습지도에 대한 형식적 교육 문제를 제기하여 모든 사람이 구원받기 위해 성경 읽기를 배워야 한다고 강조하였다. 개인과 사회의 '선'을 위해서 어려서부터 잘 배울 수 있는 의무교육이 필요하고, 젊은 여성도 반드시 교육받아야 한다고 주장하였다. 이를 통해 대중 교육의 관심이 루터부터 시작되었다고 볼 수 있으며, 여성뿐 아니라 아동을 대상으로 하는 교육으로 관심을 이동시킨 역할을 하였다(곽노의 외, 2010, 곽노의, 2018 : 136-140 재인용).

(5) 17세기

이 시기는 자연과학과 경험철학이 발달되어 실학주의가 붐을 이루었다. 당시 자연과학 지식은 연구 방법을 교육 속에 흡수시켜 인간 생활을 향상시키려는 입장이 나타났는데 이를 과학적 실학주의라고 한다. 즉, 관념보다는 사물을, 고전어보다는 자연과학적인 사물 교과를 중요시하였다. 모든 지식은 감각을 통해 학습되기 때문에 교육은 감각기관의 훈련에 의존해야 한다고 보았다. 실학주의자들은 실용성과 실천성 교육을 중시하여 모든 현실에 새로운 객관적인 의미를 두는 것에 중점을 두었다(홍순정 · 곽노의, 2003, 곽노의, 2018 재인용). 이 시대 유명한 교육자로는 코메니우스가 있다(곽노의, 2018 : 143－145).

① **코메니우스**(Johann Amos Comenius, 1592~1670)

코메니우스는 체코의 교육학자로, 실학주의를 일으킨 17세기 최대의 교육자이며, 근대 교육의 창시자이다. 그는 교육학 연구, 세계 평화의 건설, 범지학의 연구와 저술, 예언의 실행 등을 위해 다양한 저서를 남겼다. 『어학입문』은 라딘이 교재로 12개국에서 번역해서 사용하였고, 『어학최신교수법』은 언어는 사물과 병행해서 지도해야 쉽고 빠르게 습득한다는 내용을 다루었다. 『대교수학』은 라틴어를 쉽게 배울 수 있는 방법과 보편교육의 토대를 형성하는 내용을 다루었고, 『범교육론』은 전체 삶에 교육학적인 범교육 계획을 포함시켰으며, 『세계도회』는 그림과 설명을 넣어 쉽게 라틴어를 공부할 수 있게 작성된 세계 최초의 그림책이다(곽노의, 2018 : 145－156).

(6) 18세기

이 시기는 계몽주의로 영국의 명예혁명인 1688년부터 프랑스 시민혁명인 1789년 시기를 말한다. 계몽은 선입견에서 벗어나 자유롭고 학문, 종교, 도덕 등 모든 것에 대한 비판적 · 합리적인 태도를 갖는 것이다. 더 나아가 계몽사상은 인간과 인간 이성에 대한 신뢰를 바탕으로 개인의 존엄과 가치를 모든 종류의 권위에 우선시하여 인문주의, 종교개혁

운동, 자연과학 발달 등을 이루었다. 이 시기 교육의 특징은 첫째, 인간 이성의 자유를 속박하는 것을 제거하는 데 그 목적이 있다. 둘째, 개인의 입장과 개성을 존중하며, 경험을 존중하고 사실에 입각한 교육을 중요시하였다. 이 시대 유명한 교육자로는 로크, 루소, 오웬과 오베르랑이 있다(곽노의, 2018 : 159－162).

① **로크**(John Locke, 1632~1704)

로크 교육의 목표는 신사를 육성하는 데 있으며, 인간의 본성은 하얀 백지같이 환경에 따라 변할 수 있다는 '백지설'을 주장하였다. 그는 민주적이며, 시민사회의 실질적인 구성원으로서 스스로의 경험과 이성에 의해 판단하고 행동할 수 있으며, 자율적인 개인으로서 좋은 신사를 육성하는 것을 교육에서 강조하였다. 신사가 갖추어야 할 자격으로는 덕성, 실천적 지식, 예의, 학습을 들 수 있다(곽노의, 2018 : 164－165).

그의 저서인 『교육에 관한 고찰』에서는 체육론, 덕육론, 지육론, 심의론의 네 가지를 강조하였다. 어린이 학습에서는 작은 실수를 하나하나 지적하는 것보다 자녀의 자유로운 생활을 존중하고, 그 좋은 점을 소중하게 육성하며, 나쁜 습관도 조용히 교정하여 제거하고 좋은 습관을 키우는 것이 중요하다고 하였다. 또한 체육에 있어서 단련과 훈육의 명예를 존중하였고, 지육에 있어 조기교육을 강조하였지만 주입식 교육은 배제하고, 호기심과 학습의 오락화를 강조하였다. 어린이의 순수한 놀이를 중요하게 생각하여 교육적 지도의 필요성을 강조하였다(곽노의, 2018 : 165－169).

② **루소**(Jean Jacques Rousseau, 1712~1778)

루소는 자연주의 교육을 강조하였으며, 교사는 아동이 자신의 능력에 따라 성장하도록 허용하고, 어떤 것을 강요하여 그들의 발달을 방해하면 안 되며, 부패한 영향으로부터 아동을 보호해야 한다고 하였다. 그는 사람은 자연에 의한 교육, 사물에 의한 교육, 인간에 의한 교육으로 배운다고 하였다. 첫째, 자연에 의한 교육은 인간 내부 천성으로 갖추어진

각 기관과 능력의 자연스러운 내면적 발달로 습관 형성과 노작과 연습에 의한 능력 계발을 통한 정신적·육체적 성장을 강조하였다. 둘째, 사물에 의한 교육은 사람이 외부 세계의 사물과 접촉하여 감각과 경험에 의해 획득되는 것이라고 하였다. 셋째, 인간에 의한 교육은 자연과 사물, 인간에 의한 교육이 잘 조화되어 동일한 도달점, 동일한 목적에 일치할 때만 참된 인간 교육이 가능하다고 하였다. 그는 『에밀』에서 유아기, 아동기, 소년기, 청년기, 배우자 교육의 5편으로 나누어 전 생애 발달을 안내하였다(곽노의, 2018 : 171-180).

③ 오웬(Robert Owen, 1771~1858)

오웬은 산업혁명 이후 어린이들이 공장에서 일하는 것을 비판하고, 유아를 교육시키기 위한 '합리적 유아학교'를 개설하여 유아들의 고된 노동에서 벗어나 보육의 혜택을 받을 수 있게 안내하였다. 그는 후천설을 믿고 좋은 환경에 의해 인간의 본성이 망가지지 않고 합리적인 성격을 완성시킬 수 있다고 믿었다. 그 당시 보육내용은 다음과 같다(곽노의, 2018). 전체적 교육은 집단훈련을 중시하였고, 규율, 복종, 바른 습관, 건강, 자세 개선을 목표로 교육을 하고, 발달단계의 흥미를 중시하였다(곽노의, 2018 : 180-189).

④ 오베르랑(Jean Frederic Oberlin, 1740~1826)

오베르랑은 종교교육을 중심으로 하는 초등 의무교육제도 보급에 노력한 루터의 사상에 영향을 받았다. 종교교육과 조기교육을 중시하여, 유아기에는 신앙과 학습, 노동의 초보와 놀이생활을 강조하였다. 1770년 '편물학교'를 세워 일하는 부모를 대신할 탁아기능에 중점을 둔 교육기관을 개설하였고, 여기서 3세~취학 전 유아를 대상으로 나쁜 습관을 바꾸고, 복종, 성실, 질서 등의 좋은 습관을 교육하였으며, 프랑스어, 기독교와 도덕의 기초를 가르쳤다(곽노의, 2018 : 189-191).

(7) 19세기

이 시기는 19세기 철학인 낭만주의, 합리주의, 주지주의, 공리주의, 개인주의적인 계몽사상의 반동으로 신인문주의가 나타났다. 특히 교육에서 이들을 먼저 받아들여 학문의 기초 연구가 시작되었고, 교육시설과 경영, 교육내용, 제도, 방법 등이 근대화되었으며, 여자를 위한 교육, 특수교육도 실시되었다. 신인문주의는 인간상을 찾는 데 고전을 수단으로 하였으며, 인문주의인 로마 고전보다 그리스 고전을 중시하고, 언어보다 문화, 윤리, 예술 등을 중요시하였다. 이 시대 유명한 교육자로는 페스탈로치와 프뢰벨이 있다(곽노의, 2018 : 195−199).

① **페스탈로치**(Johann Heinrich Pestalozzi, 1746~1827)

페스탈로치의 아동관은 『유아교육 서한집』에 잘 나타나 있는데, 모든 관념은 후천적 환경과 경험에서 얻지 않으며, 성인의 축소판도 아닌 어린이만의 고유 세계가 있다는 것이다. 특히 중요한 것은 가정교육론으로 인간 형성의 기초가 가정교육에서 시작된다는 것을 강조하였다. 가정에서는 질서와 순서가 있으며, 도덕교육의 터전이 된다고 하였다. 또한 읽고, 쓰고, 세는 기초교육에 도덕교육과 실제교육을 실시할 수 있으며, 이를 통한 교육이 실질적인 교육의 장이라고 하였다. 능동적으로 개념을 구성하는 직관을 중시하였으며, 아동의 능력을 내면으로부터 발전시키는 자기 활동의 원리, 조화 균형의 원리, 방법의 원리, 생활공동체의 원리를 강조하였다(곽노의, 2018 : 207−218).

② **프뢰벨**(Friedirich Fröbel, 1782~1852)

프뢰벨은 부르크도르프 고아원 원장직을 수행하면서 유아교육에 관심을 갖게 되었으며, 놀이활동을 통한 교육시간을 낭비로 여기지 않고, 유아 본성에 따르는 교육을 주장하였다. 그가 이야기하는 타고난 본성은 놀이, 게임, 동식물을 기르고 재배하는 활동을 통해 시작된다. 또한 그는 교구 제작을 고안하여 '은물(가베)'이라는 교구를 만들었고, 1839년

6월 블랑켄부르크에 '유아교육 지도자 양성원'을 개설하였다. 유아의 창조활동은 그들의 정신 작용에 의해 표현되기 때문에 방해하지 않고 사려 깊게 교육할 필요가 있으며, 작업은 행동하고, 지각하고, 사고하는 인간 본래의 활동이며, 작업과 놀이의 요구에 충실히 따라야만 감각에 눈을 뜰 수 있다고 하였다. 유아들을 교육하는 기관인 '유치원(Kindergarten)'을 설립하여 유아들을 위한 다양한 활동을 실시하였고, 놀이, 은물(1~10은물로 구성), 작업, 어머니의 노래와 사랑의 노래, 정원활동 등으로 유아교육의 기축을 마련하였다(곽노의, 2018 : 233－255).

(8) 20세기

20세기는 1901년부터 2000년까지의 시기이며, 이 시기에 들어와서 실존주의적인 철학에 근거한 아동에 대한 연구 결과로 아동관이 바뀌었다. 아동은 독립된 인격을 지닌 존재이고, 각자의 독자성을 지닌 존재로서 개인차가 있으며, 무한한 잠재능력을 가진 존재로 인정되었다. 20세기 중반부터 교육학과 심리학에서 영유아와 아동 관련 교육의 이론적 근거들을 제공해 주었다. 20세기 후반에 교육은 이론적 근거를 마련하고 교육의 사회·철학적 측면, 내용과 방법, 프로그램 구성제도 등 여러 측면에서 이론적 체계화를 하였다. 이 시대 유명한 교육자로는 슈타이너, 몬테소리와 듀이가 있다(곽노의, 2018 : 259－265).

① 슈타이너(Rudolf Steiner, 1861~1925)

슈타이너는 발도르프 학교의 창시자이며, 인간(menschen)과 지혜(sophia)를 합성한 '인간의 지혜'라는 뜻의 인간중심 사고에 기초한 인지학(anthroposophie)을 제시하였다. 인지학은 자연과학적 연구방법이 인간의 본질을 이해하고 인간이 사회환경은 물론 자연환경에 구속되어 있음을 이해하는 것처럼 감각과 지각을 통해 인지할 수 없는 사실들도 연구에 중요하다고 보았다. 인간 본질의 구성체는 6개로 구분하여, 물리적 신체, 에테르체 생명체, 아스트랄체 영혼육체, 감정체, 자아체, 인간체로 제시하였다. 또한 발도르프 학교를 설립하여 예술활동, 동화모임, 수채화 그리기, 자연적 놀잇감, 혼합연령집단의 학급구성, 평등한 교사 체계, 학부모와의 공동협력적 특징을 바탕으로 운영하였다(곽노의, 2018 : 267－287).

② 몬테소리(Maria Montessori, 1870~1952)

몬테소리 교육은 유아존중사상으로 유아 인격 존중, 개별지도, 개인차를 인정하는 것을 강조하였다. 어린이는 스스로 자신을 형성해야 하며, 이는 교육원칙에 녹아 있어야 한다고 주장하여 유아 스스로 민감성을 바탕으로 주변의 내용을 흡수하며, 자율성을 가지고 각자 독특한 특성을 발휘해야 한다고 보았다. '어린이집(Casa dei Bambini)'을 처음 설립하여 그곳에서 5개 영역인 일상생활, 감각영역, 수영역, 언어영역, 문화영역으로 구분하여 각 영역별 교구를 통해 자동화와 개별화 교육을 안내하였다. 아동 스스로 작업을 선택하고 몰입하여 학습한다고 보고, 이때 교사는 수동적인 역할을 할 것을 강조하였다(곽노의, 2018 : 287－308).

③ 듀이(John Dewey, 1859~1952)

듀이는 『실험학교』에서 4~14세 어린이를 10개 집단으로 나누어 교육을 하였고, 그중 가장 어린 4~6세의 교육을 기초교육학급으로 '유치원'이라고 하였다. 교육과 교육실천은 긴밀하기 때문에 더욱 융합하여 하나가 될 수 있다는 것을 보여주었다. 듀이의 교육은 '진보주의적 교육'으로 미국 교육에 보급되었으며, 교사, 설비, 공간, 시간배치를 고정하지 않고 학습활동에 따라 운영하였으며, 교사 조직은 교장, 장학사, 각 영역별 주임교사와 영역별 교사를 두고 운영하였다. 특별활동 교실을 운영하고, 학생들은 학년이 아닌 흥미와 능력별로 구분하여 운영되었다. 저서 『민주주의와 교육』, 『아동중심학교』와 기관지 『진보주의 교육』을 발간하였다(곽노의, 2018 : 311－320).

그는 아동의 힘을 자극하여 아동이 자기 스스로 사회적 상황 속에서 발견하도록 요구받을 때 진정으로 참된 교육이 이루어진다고 보았다. 유아교육에서 듀이의 교육을 적용하면 교육목적이란 아동이 현재 가지고 있는 경험을 조사하여 그것이 다룰 잠정적 계획을 세운 다음, 그 계획을 끊임없이 염두에 두되 새로운 조건이 발생하면 수정과 검증을 통해 계속적으로 성장하는 것이라고 보았다. 듀이의 교수방법은 아동의 본성과 흥미를 따르고, 교육방법, 내용, 목적은 분리될 수 없으며, 개별화 방법을 찾고, 자발적인 자기표현에 의해야 한다고 보았다(곽노의, 2018 : 320－337).

(9) 21세기

21세기는 2001년부터 현재까지로, 20세기 철학인 실존주의, 구조주의, 모더니즘을 비판하여 20세기 말부터 후기구조주의, 포스트 모더니즘 철학들이 나타난다. 이는 교육학에도 영향을 주어 연구방법적 변화와 교육적 변화를 가져왔다. 즉, 구조주의 시대의 구조를 해체하는 것에 가치를 두고 탈구조주의, 후기구조주의로 변화하고 있으며, 모더니즘도 후기로 갈수록 포스트 모더니즘이 나타났다. 이런 변화가 교육에도 영향을 주었다. 이 시기 유명한 교육학자와 철학자는 들뢰즈와 반 매넌이 있다(김은경 · 류미향 · 송진영 · 오채선 · 임부연 · 최양미 · 한현정, 2023 : 257－269).

① 들뢰즈(Gilles Louis René Deleuze, 1925~1995)

들뢰즈는 프랑스 철학자이면서 철학, 문학, 영화, 예술 분야에서 영향력 있는 사회학자이자 작가이다. 그는 보편성, 정당성이라는 이름으로 시도되는 획일화를 거부하고 '탈주'를 강조하여 새로운 것을 생성해 내는 '생성의 철학, 탈주의 철학'을 강조하였다. 교육학자는 아니지만 그가 안내한 다양한 철학적 이론들은 교육에도 영향을 주고 있다. 특히 『천개의 고원』, 『차이와 반복』 등의 저서에 나오는 개념을 통해 '되기', '리좀', '차이와 반복'을 강조하였고, 지식과 학습은 새로운 것, 차이와 마주할 때 생성된다고 보았다. 그의

사상은 영유아 교육에서 많이 인용되면서 영유아를 바라보는 시선의 변화와 교육의 변화를 일으키고 있다(김은경 외, 2023 : 270－276).

② 반 매넌(Max van Manen, 1942~)

반 매넌은 네덜란드 유클리드 대학에서 현상학을 배운 후 캐나다로 이주하여 알베타 대학에서 박사학위를 받고, 그 대학 교수로 2008년까지 재직하면서 현상학을 북미에 자리 잡게 하였다. 현상학은 후설의 '사태 자체로 돌아가라'라는 이념에서 시작하여 질적연구 방법 중 하나로 자리 잡았다(정상원, 2018). 반 매넌은 교육학에서 해석학적 현상학 접근을 시도하였고, 이런 접근을 통해 교육학 내 존재론적 의미를 탐구하였다. 이와 관련된 저서로는 『가르침의 묘미』, 『가르친다는 것의 의미』가 있으며, 해석학적 현상학 연구를 통해 생활세계에서의 영유아 체험의 본질을 밝히는 연구를 지속하면서 삶과 교육의 존재론적 의미를 밝히고자 하였다(정상원, 2018). 현재 교사들은 '아동중심 · 놀이중심 교육'에서 아동 관찰과 기록에 어려움을 겪고 있다. 이를 해결하기 위해서 반 매넌이 제시하는 아동 체험 중심의 기록과 체험 현상의 의미를 밝히는 과정을 활용하면 도움이 될 것이다.

2) 우리나라

우리나라의 경우 유아를 보는 철학적 관점으로 조선시대 이이와 일제강점기 시대 방정환을 소개하고자 한다.

(1) 율곡 이이(栗谷 李珥, 1536~1584)

이이는 조선시대 중종 31년(1536년)에 신사임당의 셋째 아들로 태어났으며, 성리학의 대가이자 유학자이면서 교육자이다. 관직에서 물러난 뒤 서당을 세워 교육에 전념하고 성리학적 교육이념의 방향을 정립하였다. 그는 교육의 목적은 '성인(聖人)'이 되는 것이라 하였으며 교육의 이상과 현실을 조화하여 학문의 길을 마련하였다. 성인이 되기 위해서는 먼저 뜻을 세우고, 그 뜻을 향해 열심히 공부하여 인간 내부에 있는 본연의 성품을 회복해야 한다고 하였다(고병진 외, 2010, 곽노의, 2018 : 344-347 재인용).

(2) 소파 방정환(小波 方定煥, 1899~1931)

방정환은 1899년 서울에서 태어나 새로운 교육관인 신교육사상을 통해 아동들의 교육을 실천하는 교육자였다. 신교육은 아동중심 교육으로 그들 나름의 세계와 생활이 있는 독립된 인격체로 보는 것으로, 교육의 목적, 내용, 방법 등은 아동에게 맞추어야 하고, 성인의 도움은 아동의 요구나 필요에 따라 변화되어야 한다고 보았다. 잡지 『어린이』의 발행은 동화, 그림과 같은 예술 영역을 강조하여 지적 영역과 정의적 영역의 조화를 꾀하였고, 그 내용도 어린이의 성장·발달에 도움이 되는 것을 선정하여 올바른 성장을 돕고자 하였다. '색동회' 역시 어린이의 성장을 바르게 돕기 위해 만들어진 소년단체이며, '5월 5일 어린이날'을 만들어 어린이들의 인격을 존중하고자 하였다(곽노의, 2018 : 358-391).

3) 철학적 배경 정리

전체적인 내용 흐름을 통해 시대별로 영유아를 보는 관점과 강조된 교육내용을 살펴볼 수 있다. 이 절의 내용을 시대와 학자별로 정리하면 <표 2-1>과 같다.

<표 2-1> 시대별 학자와 교육내용

시 대	학 자	교육내용
그리스	소크라테스	유아교사는 유아를 인격체인 인간으로 바라보고 안내해야 하며 바른 마음을 가질 수 있게 반성적 사고를 안내하는 것을 강조함
	플라톤	유아교육은 좋은 인재를 양성하는 것임을 강조하였으며, 유전적인 것이 강하여 적절히 계획된 환경과 교육이 제공되면 스스로 가지고 있는 힘이 발현된다고 봄
	아리스토텔레스	교육은 인간 성장의 발전 형태에 맞추어야 하며, 놀이와 육체활동 기회, 공부할 기회를 제공해야 한다고 함. 또한 유아 시기 올바른 교육환경 조성이 중요하고, 가치관과 도덕적 성향을 개발해 주어야 한다고 함
로마	키케로	체육보다는 웅변론을 통한 교육을 강조하고, 그리스 문화 중심의 로마 시민 양성을 중점으로 함
	퀸틸리아누스	인성적 함의가 포함된 웅변가 양성을 강조하였고, 자연성, 아동중심, 개성중심 교육을 강조함. 조기교육을 강조하고 선천능력을 개발하는 것이 교육이라 함
중세	아우구스티누스	기독교 철학에 중점을 두었고, 교육은 인간의 잠재 인식을 논리적으로 꺼낼 수 있게 도와야 한다고 봄
	아퀴나스	종교적 윤리사상을 강조하며, 가능태에서 진실태로 변화시키는 것이 교육의 목적이라 하였고, 경험학습과 탐구방법을 선호함
르네상스	에라스무스	인문주의 교육을 강조하여 개인의 성장을 강조하고 조기교육과 공공성 교육을 강조함
	루터	교육사상은 종교적 사상에 기초하였으며, 읽기보다 성경 읽기가 중요하다고 봄. 의무교육과 함께 여성과 아동도 교육받아야 한다고 강조함
17세기	코메니우스	언어습득, 라틴어와 보편교육 관련 저서를 통해 교육방법을 안내하였음
18세기	로크	교육목표는 신사를 육성하는 데 있으며, 자율적인 개인을 강조하여 체육, 덕, 지육, 심의를 강조함
	루소	자연주의 교육을 강조하였고 교육은 자연, 사물, 인간에 의해 배운다고 하였음. 부패로부터 아동을 보호해야 한다고 봄
	오웬	어린이들을 노동에서 해방시켜 보육 혜택을 받게 안내하였음
	오베르랑	종교교육과 조기교육을 중요시하여 편물학교를 통해 탁아기능의 기관을 개설함

19세기	페스탈로치	어린이만의 고유 세계가 있어 가정에서부터 교육이 시작된다고 봄. 아동의 능력은 내면으로부터 발전해야 한다고 봄
	프뢰벨	인간의 타고난 본성은 놀이, 게임, 동식물을 기르고 재배하는 활동을 통해 시작된다고 봄
20세기	슈타이너	인간중심 사고인 인지학적 이론에 기초하여 인간 본질을 구성하는 신체, 생명체, 영혼육체, 감정체, 자아체, 인간체의 6개를 구분하여 교육하는 것을 강조함
	몬테소리	유아 존중을 통해 개인차를 인정하며, 유아 스스로 지식을 습득해 나간다고 봄. 다양한 교재교구를 통해 영역별 교육을 안내함
	듀이	진보주의 교육을 통해 흥미와 능력별 교육을 강조하였으며, 교사는 경험을 강조한 교육을 통해 본성과 흥미에 따라 개별화하고 자기표현을 강조해야 한다고 함
21세기	들뢰즈	포스트 모더니즘을 중심으로 '되기', '리좀', '차이와 반복' 등의 용어로 영유아 각자의 스스로 변화하는 과정에 중점을 둔 교육을 강조함
	반 매넌	영유아가 체험하는 현상을 통해 교육학에서 존재론적 인간의 개념을 강조한 교육을 안내하고 있음
우리나라	이이	서당을 통해 성인이 되는 교육을 강조함. 이상과 현실의 조화를 위한 학문의 길을 안내함
	방정환	아동중심 교육사상을 통해 교육이 아동에게 맞추어야 하는 방향을 안내하고, 예술영역인 지적 영역과 정의적 영역 모두 강조함

<표 2-1>을 통해 과거부터 현재까지의 시기별 철학을 이해하고, 그 시대의 학자가 왜 이런 교육적 내용을 강조하는지 그 배경을 이해한다면 시대별 교육 흐름을 이해하는데 도움이 될 것이다. 또한 그리스 시대부터 현재까지 교육 흐름을 보면 각 시기별로 강조한 중점 내용이 있다. 시기별 이론가가 강조한 철학적 배경에 따라 교육의 방향이 달라지며 그에 필요한 교육내용과 방법도 달라진다는 것을 살펴볼 수 있다.

2. 심리학적 배경

1) 성숙주의 이론

성숙주의 이론은 유전적인 성숙이 더 중요하다고 가정하였다. 홀(Hall)은 객관적인 자료 수집을 위해 규준적 접근을 시도하여 연령별 평균치를 제시하여 연령별 발달의 표준을 제시하였으며, 여러 연령의 아동을 대상으로 질문지를 만들어 질문지법을 고안하였다. 홀(Hall)의 제자인 게젤(Gesell)은 스승의 규준보다 더 정교한 '발달 규준'을 제공하였다(권민균 · 문혁준 · 권희경 · 성미영 · 신유림 · 안선희 · 안효진 · 이경옥 · 천희영 · 한유미 · 한유진 · 황혜신, 2012 : 33).

2) 행동주의 이론

행동주의 이론은 눈에 보이는 행동을 관찰하는 것이 중요하다고 가정하였다. 왓슨(Watson)은 외부 자극과 관찰 가능한 반응 사이의 잘 학습한 습관이 발달의 기초 요소라고 믿었다. 아동을 백지로 보고, 아동의 양육환경과 양육자에 따라 아동은 다르게 성장한다고 보았다. 스키너(Skinner)는 행동이 가져오는 결과에 따라 다시 나타날 가능성이 있는 학습의 형태를 조작적 학습 경험이라고 보고, 긍정적 경험으로 정적 강화를, 부정적 경험으로 부적 강화를 설명하였다(송길연 · 장유경 · 이지연 · 정윤경, 2012 : 63-65). 이를 통해 상과 벌의 결과에 의해 아동의 행동 변화의 패턴들이 발달한다고 보았다(Santrock, J. W., 2016 : 33).

3) 사회학습 이론

사회학습 이론은 사회적으로 모방을 통해 학습한다고 가정하였다. 반두라(Bandura)는 타인을 관찰하여 학습하는 것을 관찰학습이라 하였는데, 이는 아이들도 가능하다고 하였다. 모델의 행동을 주의해서 보고, 이를 능동적으로 이해하고 부호화하여 그것을 나중에 모방하기 위해 저장 및 기억해야 한다고 하였다(Shaffer, D. R., & Kipp, K., 2014 : 65-67). 이를 통해 타인의 행동을 표상하고 이 행동을 스스로 채택하여 행동한다고 보았다(Santrock, J. W., 2016 : 33-34).

4) 정신분석 이론

정신분석 이론은 인간 행동이 무의식적인 것을 의식세계로 나타내는 과정이라고 소개하면서 무의식세계가 의식세계보다 더 중요하다고 안내하였다. 프로이트(Freud)는 무의식적인 욕망과 성적 에너지에 의해 인간의 모든 정신행동과 행동이 결정된다고 보았다. 성격도 이런 성적 에너지의 변화에 따라 연령별로 ① 구강기, ② 항문기, ③ 남근기, ④ 잠재기, ⑤ 생식기로 나타난다고 하였다(Santrock, J. W., 2016 : 26). 에릭슨(Erikson)은 인간은 능동적으로 자신의 발달에 적응해 나가며 이때 사회적 현실과 문화적 요인이 중요하다고 하였다. 이를 통해 전 생애 발달을 ① 신뢰 대 불신, ② 자율성 대 수치심, ③ 주도성 대 죄책감, ④ 근면성 대 열등감, ⑤ 정체성 대 정체성 혼미, ⑥ 친밀성 대 고립, ⑦ 생산성 대 침체, ⑧ 통합 대 절망의 8단계로 설명하였다(Santrock, J. W., 2016 : 26-28).

5) 구성주의 이론

구성주의 이론은 인간이 환경과의 상호작용을 통해 자신의 지식을 구성해 나간다고 가정하였다. 피아제(Piaget)는 사고나 행동 패턴인 도식을 통해 동화와 조절이 이루어지고 평형화가 되어 인지구조가 형성된다고 보았다. 이를 통해 인지발달은 생애 초기부터 청소년 시기까지 4단계인 ① 감각운동기, ② 전조작기, ③ 구체적 조작기, ④ 형식적 조작기로 구성된다고 보았다(Shaffer, D. R., & Kipp, K., 2014 : 71-73). 비고츠키(Vygotsky)는 사회문화적 이론에 의해 사회 구성원과의 대화와 협동을 통해 사고방식과 행동방식을 형성한다고 보았다(Shaffer, D. R., & Kipp, K., 2014 : 75). 즉, 비계설정을 통해 근접발달영역을 설정하여 동료나 교사를 통해 자신의 발달 수준을 잠재적 발달 수준까지 끌어올릴 수 있다고 하였다(Santrock, J. W., 2016 : 31).

6) 생태학적 이론

생태학적 이론은 인간을 둘러싸고 있는 생태의 환경이 중요하다고 보는 입장이다. 브론펜브레너(Bronfenbrenner)는 발달 현상은 아동을 둘러싸고 있는 ① 미시체계, ② 중간체계, ③ 외체계, ④ 거시체계, ⑤ 시간체계 등 체계가 하나씩 작용하기도 하고, 두 개의 체계가 복합적으로 작용하기도 하기 때문에 각 수준의 체계와 그 관계를 이해해야 함을 강조하였다(Santrock, J. W., 2016 : 36–38).

7) 심리학적 이론 정리

심리학적 기초에 의해 지금까지 소개한 여섯 가지 이론을 정리하면 <표 2–2>와 같다.

<표 2-2> 심리학적 기초 이론의 주요 입장

이 론	인간의 유전/환경	아동을 바라보는 관점
성숙주의	유전적 요소 중요	아동은 능동적으로 가지고 태어난 것을 발휘함
행동주의	환경적 요소 중요	아동은 수동적으로 환경에 의해 만들어진다고 봄
사회학습	환경적 요소 중요	아동은 수동적으로 환경에 의해 만들어진다고 봄
정신분석	유전적 요소 중요	아동은 능동적으로 타고난 것을 가지고 사회적으로 변화함
구성주의	유전과 환경의 상호작용	아동은 능동적으로 환경과 상호작용하면서 지식을 형성함
생태학	환경적 요소 중요	아동은 환경에 적극적 영향을 받기도 하고 주기도 함

<표 2-2>에 의하면 각 이론별로 인간이 가지고 태어나는 유전적인 것이 중요한지, 환경적으로 영향을 받는 것이 중요한지에 따라 인간을 바라보는 관점과 교육의 특성이 다르다. 따라서 교사도 어떤 이론에 영향을 받았는지가 교육방법에 중요한 요소가 된다. 최근에는 유전과 환경의 중요성과 이 둘의 상호작용을 더 강조하고 있고, 이를 통해 교육에서도 이 둘의 과정을 잘 조화롭게 교육과정 및 교육방법에 접목시키는 것이 중요하다. 현재 우리나라 2019 개정 누리과정과 2024 개정 표준보육과정에서는 아동을 스스로 할 수 있고 힘이 있는 존재인 능동적 학습자로 보고 있다.

3. 사회적 배경

1) 가족구조의 변화

가족구조가 변화하면서 대가족에서 핵가족으로 변화, 이혼율 증가로 인한 한부모 가족 증가, 저소득 증가로 양육을 맡게 된 조손가정 증가, 해외 결혼 증가로 인한 다문화 가족의 증가, 연애, 결혼, 자식을 포기하는 '3포족'으로 인한 1인 가구 증가 현상이 나타나고 있다. 가족구조 변화로 인해 다양한 가정이 많이 생기면서 가정에서 보육이 어려워져 보육의 사회적 책임이 강조되고 있다.

2) 저출산 고령화 사회로의 변화

출산율이 매년 떨어짐과 동시에 노인인구의 비율이 높아지면서 경제 성장의 핵심 연령이 부족하게 되어 미래사회를 걱정하지 않을 수 없게 되었다. 정부는 저출산 문제를 해결하고자 「저출산·고령사회기본법」을 2005년에 제정하고, 저출산·고령사회기본계획을 2006년부터 5년 단위로 재수립하고 있다. 제1차 계획은 '육아', 제2차 계획은 '출산과 일

-가정 양립', 제3차 계획은 '결혼할 수 있는 환경'까지 실행하였고, 제4차 계획(2021~2025년)은 공간 지원 정책으로 생태학적 관점에서 인간의 삶의 질을 높이고자 '육아친화 주거단지' 조성을 실행할 예정이다(백선희, 2020).

3) 가족구조의 다양화

남녀가 만나서 결혼이라는 제도 속에서 아이를 낳고 양육을 하는 형태가 기존의 자녀를 갖는 방법이었다면, 앞으로는 더 다양한 상황에서도 아이를 양육하는 일이 가능해지는 사회가 되고 있다. 또한 '비혼 출산'이라는 단어가 나타나고 있는데, 이는 아이를 원하는 여성이 남성과 결혼하지 않고 정자은행에서 정자를 선택하여 임신 후 출산하는 과정을 말한다. 이는 외국에서 많이 이루어지고 있으며, 성평등과 함께 국가가 양육을 같이 하는 사회로 변화하는 제도라고 전문가들은 해석하고 있다. 우리나라에서도 이 같은 사례가 종종 나타나고 있다(김영은, 2025. 6. 22).

4) 여성의 사회진출에 따른 영유아 육아복지

산업화 이후 여성의 사회 참여가 늘어 맞벌이 가정이 늘어나면서 가정에서 이루어져야 할 육아복지와 지원이 강화되었으며 여성을 위한 영유아 육아복지 정책도 다양화되었다. 영유아 육아 지원정책은 <표 2-3>과 같다.

<표 2-3> 영유아 육아 지원정책

지원명	지원 안내
1. 첫만남 이용권	2022년 출생아부터 200만 원 바우처 지급, 2024년부터 둘째 아이 이상은 300만 원으로 인상됨
2. 육아휴직수당	2025년부터 육아휴직 동안 전액 지급됨. 부모 각각 1년 6개월까지 사용 가능하며, 육아휴직 6+6 부모육아휴직 특례도 제공됨

3. 사업주 지원	• 육아휴직이나 근로시간 단축을 허용하는 사업주에게 장려금 지급 • 단축기간을 30일 이상 부여한 경우 최대 870만 원 지원
4. 출산 전 지원	임신기 근로시간 단축 및 난임 치료 휴가 가능
5. 출산 후 지원	• 출산 휴가 기간 100일(유급 60일, 무급 40일) • 배우자 출산 휴가 20일 유급 • 유산-사산 휴가 확대(11주 이내 유산, 사산 시 10일) • 육아기 근로시간 단축 제도 최대 3년
6. 부모급여	0~11개월 아기에게 월 100만 원, 12~23개월 아기에게 월 50만 원 지급
7. 아동수당지급	만 8세 미만(0~95개월) 아동 1인당 월 10만 원 지급
8. 가정양육수당 지원	어린이집이나 유치원을 이용하지 않는 취학 전 만 5세 이하 전 계층에게 매달 10~20만 원 지급
9. 누리과정/ 보육료, 유아학비, 방과후 과정 비용 지원	• 어린이집에 다니는 모든 만 0~5세 아동에게 기본 보육료, 야간 보육료, 24시 보육료를 제공 • 유치원에 다니는 만 3~5세 유아에게 국공립과 사립으로 구분하여 유아학비 제공, 방과 후 과정 비용 지원
10. 자녀세액공제	기본공제 대상자에 해당하는 근로소득자 또는 사업소득자 대상으로 자녀세액공제
11. 아이돌봄 서비스	만 12세 이하 취업부모 자녀 등을 대상으로 돌보미가 돌봄 장소에 직접 찾아가 돌봄 제공
12. 영유아 건강검진	만 6세 미만 모든 영유아를 대상으로 건강검진 7회, 구강검진 3회 실시
13. 의료기관 국가예방접종 지원사업 (구 필수예방접종)	만 12세 이하 아동을 대상으로 국가필수예방접종 13종 백신비와 시행비용 일부 또는 전액 지원
14. 아동인지능력 향상 서비스	• 전국 가구 월평균소득 100% 이하 만 2~6세 아동이 있는 가구에 독서도우미를 파견하여 책 읽어주기, 도서 지급(또는 대여) 및 독후활동을 실시하고 부모 대상 독서지도 서비스 제공 • 방문 1회당 20분 이상, 신청 후 10개월간 바우처로 지급
15. 영유아발달 지원 서비스	• 전국 가구 월평균소득 100% 이하 만 0~6세 • 만 0~6세 영유아 중 발달 평가 결과에서 '검사 필요' 등급을 받거나, 기관의 장이 인정하는 영유아에게 지원금 지급 • 문제유형별 중재서비스를 설계하여 주 2회 6개월간 제공 • 부모 상담 및 월별 보고서 작성·송부를 통해 피드백·조정

16. 아동청소년 심리지원 서비스	• 만 18세 미만 비장애 문제행동 아동을 대상으로 12개월간 월 지원 서비스 제공(소득에 따라 차등지원) • 심리 상담 • 놀이치료, 미술치료, 언어치료, 인지치료 중 아동의 특성에 따라 필요한 서비스를 선별하여 지원 • 심리검사, 부모훈련 등 부가서비스 선택적 제공 • 주 1회 기관방문(12개월 지원)
17. 인터넷 과몰입 아동·청소년 치유 서비스	• 만 18세 미만 인터넷 중독 선별검사에서 위험군 판정을 받은 아동에게 치유비 지원 • 인터넷중독 위험 정도 검사, 치료설계 전일 워크숍 • 심리상담(6개월), 대체활동(3개월), 맞춤형 사후관리(3개월), 가족캠프(1박 2일), 대체활동, 부모상담(월 1회) • 주 1회 기관방문(12개월 지원)
18. 장애아 보육·교육비 지원	만 12세 이하의 장애 아동을 대상으로 교육·보육비 지원
19. 영양플러스	• 기초생활수급자 및 가구 규모별 최저생계비 대비 200% 미만 가구 중 임산부(임신부, 출산부, 수유부), 만 6세(72개월) 미만의 영유아 중 영양위험요인(빈혈, 저체중, 성장부진, 영양섭취상태 불량 등)이 있는 자 • 기초생활수급자는 무료, 최저생계비 120~200% 가정은 공급식품 금액의 10% 자비부담 • 영양교육 및 상담, 보충식품 공급, 정기적 영양 평가

출처 : 복지로 홈페이지(https://www.bokjiro.go.kr/ssis-tbu/index.do).

<표 2-3>을 살펴보면 우리나라의 영유아 육아복지를 위한 혜택을 19가지 소개하고 있다. 이는 전체 복지 중 일부를 소개한 것이고, 여기에 소개되지 않은 복지제도도 있는데, 국가가 국민의 육아복지를 위해 다양한 분야에서 정책을 펼치고 있다고 볼 수 있다. 그러나 이런 복지 혜택에도 불구하고 여성 출산율을 올리기 위해서는 좀 더 근본적인 문제 해결을 위한 방안이 나타나야 할 것이며, 여기에 소개되지 않았지만 앞으로 추가되어야 할 복지에 대해서도 다양한 분야의 전문가와 현장 교사들이 연구하여 정책 개발에 힘을 써야 할 것이다.

생각해 보기

1. 현대 철학의 다양한 철학가들을 더 찾아보세요.
2. 17, 18, 19, 20, 21세기 교육의 특징을 비교해 보세요.
3. 반 매넌의 해석학적 현상학 방법을 적용하여 아동 관찰 및 해석을 진행해 보세요.
4. 심리학적 기초 이론 중 행동주의 이론에 기초해서 교육현장에서 이루어지고 있는 교육방법을 찾아서 나열해 보세요.
5. 책에 제시한 육아복지 내용 이외 더 필요한 육아복지를 찾아서 토론해 보세요. 그리고 그 이유를 설명해 보세요.

참고문헌

곽노의(2018). 유아교육사조. 문음사.

권민균 · 문혁준 · 권희경 · 성미영 · 신유림 · 안선희 · 안효진 · 이경옥 · 천희영 · 한유미 · 한유진 · 황혜신(2012). 아동발달. 창지사.

김수향 · 박수연 · 안은희 · 유은숙 · 이귀옥 · 이성주(2021). 보육과정. 공동체.

김은경 · 류미향 · 송진영 · 오채선 · 임부연 · 최양미 · 한현정(2023). 현대철학을 반영한 유아교육사상사. 양서원.

백선희(2020). 육아정책 패러다임의 전환, 육아정책과 공간정책의 융합이 필요하다. 육아정책포럼, 66, 4-5.

정상원(2018). van Manen의 해석학적 현상학의 방법론적 탐구. 질적탐구, 4(1), 1-30.

Onions, C. T.(1996). *Oxford Dictionary of English Etymology*. Oxford At the Clarendon Press.

Santrock, J. W.(2016). 발달심리학. 이지연 · 임춘희 · 김수정 공역. 교육과학사.

Shaffer, D. R., & Kipp, K.(2014). 발달심리학. 송길연 · 장유경 · 이지연 · 정윤경 공역. 박영스토리.

〈웹사이트〉

김영은(2025. 6. 22). [더 보다] "남편보다 아이"… 비혼 출산하는 여성들. KBS 온라인 뉴스. https://news.kbs.co.kr/news/pc/view/view.do?ncd=8284710&ref=A.

복지로 홈페이지 https://www.bokjiro.go.kr/ssis-tbu/index.do

제3장

보육의 관점

1. 보육과정에 대한 다양한 관점 이해
2. 보육의 특성과 중요성
3. 보육제도의 구조와 정책 방향
4. 보육교사의 역할과 전문성

제3장

보육의 관점*

오늘날 보육은 단순한 돌봄의 개념을 넘어, 영유아의 전인적 발달을 위한 사회적 책무로 자리매김하고 있다. 이 장에서는 보육에 대한 철학적, 이론적 기반을 토대로 보육의 본질, 특성, 제도적 흐름, 그리고 보육교사의 역할까지 폭넓게 고찰함으로써, 보육에 대한 종합적 관점을 알아보고자 한다.

1. 보육과정에 대한 다양한 관점 이해

보육과정은 시대와 사회의 변화에 따라 다양한 시각과 접근 방식으로 해석되어 왔다. 과거에는 아동을 수동적 존재로 간주하며 성인 주도의 돌봄과 훈육 중심의 실천이 주를 이루었다면, 오늘날에는 아동을 하나의 독립된 주체로 보고, 그 발달적 특성과 권리를 존중하는 방향으로 보육과정이 재구성되고 있다. 이에 따라 보육은 단순한 보호의 개념을 넘어 교육, 복지, 심리적 지원이 유기적으로 통합된 총체적 접근이 요구되는 영역으로 확장되었다.

---

* 이 장은 김수향 등(2021)의 보육과정 제3장을 수정 보완한 내용으로 구성하였다.

1) 보육에 대한 전통적 관점과 현대적 관점

(1) 전통적 관점

과거의 보육은 사회적 약자를 위한 공공서비스의 성격이 강했다. 보육은 주로 저소득층 가정이나 취업모 가정을 대상으로 하며, 국가가 공공기금을 통해 책임지는 복지적 지원 시스템으로 운영되었다. 보육시설은 수혜자를 위한 공간으로 인식되었으며, 부모가 직접 아이를 양육하는 것이 가장 이상적인 형태로 여겨졌다. 이러한 전통적 관점에서는 보육이 가정 기능이 약화된 경우에만 필요한 보완적 서비스로 여겨졌고, 보육시설은 학교나 사회복지체계 내의 하위 기관으로 자리 잡았다(유가효 외, 2000 : 59－60; 김소양 · 장현주, 2021 : 44－45).

(2) 현대적 관점

현대 보육은 단순한 복지서비스에서 벗어나, 대중 전체를 위한 공공의 사업으로 인식되고 있다. 보육은 특정 계층에 국한되지 않고, 모든 가정이 이용 가능한 보편적 제도로 자리 잡았으며, 국가와 부모의 공동 책임하에 다양한 공적 · 사적 보육서비스가 공존한다. 부모는 보육서비스의 수요자이자 선택권을 가진 소비자이며, 그 요구를 반영하는 방향으로 보육의 내용과 질도 발전하고 있다. 또한 보육시설은 경제활동과 무관하게 아동의 전인적 성장에 기여하는 공간으로, 치료적 기능, 사회적 관계 형성, 발달 지원 등 복합적 역할을 수행하게 되었다(정옥분 외, 2020 : 36－38; 김은희 외, 2023 : 32－35).

2) 보육과정을 바라보는 학문적 관점

보육은 다양한 학문적 기반 위에 실천되고 있으며, 이는 보육과정 설계와 운영의 방향성에 중요한 영향을 미친다.

- **교육학적 관점** : 아동발달에 적합한 환경 구성, 놀이중심 학습, 상호작용의 질 등 교육적 요소를 강조한다. 교사는 단순한 전달자가 아닌 학습 촉진자(facilitator)로서, 아동의 흥미와 발달 수준에 적합한 경험을 설계해야 한다.
- **복지학적 관점** : 보육을 사회적 안전망으로 바라보며, 사회적 형평성, 소외계층 지원, 가족 복지와 연계에 초점을 맞춘다. 보육은 단순한 교육적 기능을 넘어 사회정의 실현의 수단으로 이해된다.
- **발달심리학적 관점** : 아동의 연령별 특성과 발달단계, 애착 형성, 정서조절 능력 등을 고려해 적절한 자극과 환경을 제공하는 것이 중요하다고 본다. 자율성, 자기조절, 사회성 발달 등을 강조한다.

이러한 관점들이 통합되어 보육과정은 아동의 성장과 학습을 다차원적으로 지원하는 방향으로 구성된다(김현자 외, 2020 : 49－52; 성미영 외, 2020 : 65－67).

3) 보육과정의 패러다임 변화

보육과정의 운영 방식과 철학도 다음과 같이 변화해 왔다.

(1) 교사중심 → 영유아중심

과거에는 교사가 학습의 주도자였으나, 현재는 아동의 자발성과 흥미를 반영하여 놀이중심의 교육과정이 강조되고 있다. 교사는 정답을 가르치는 존재가 아니라, 아동이 탐색하고 발견할 수 있도록 환경을 조성하고 지지하는 역할을 수행한다(㉵ 블록놀이에서 아이가 탑을 쌓는 활동을 통해 수 개념, 공간지각, 협동성을 동시에 경험할 수 있도록 지원함).

(2) 보상교육 → 보편주의

초기 보육은 주로 취약계층 영유아에 대한 보완적 서비스로 시작되었으나, 오늘날에는 모든 아동이 평등하게 보육의 기회를 누릴 수 있는 보편적 권리로 자리 잡았다. 부모의 직업, 소득, 출생배경 등에 관계없이 아동은 고르게 발달 자극을 받을 권리가 있다.

(3) 수동적 학습자 → 능동적 학습자

과거에는 교사중심의 지식 전달 방식이 일반적이었으나, 현재는 아동이 직접 경험하고 탐색하는 활동중심의 학습이 강조된다. 이를 통해 아동은 스스로 문제를 해결하고 지식 간의 연계를 형성하는 능동적 학습자로 성장한다.

보육은 사회적 서비스 차원에서 국가가 책임을 맡아야 한다는 전통적 관점과 대중사회를 위한 공익사업으로 부모들이 요구하는 서비스를 제공해야 한다는 현대적 관점으로 이해할 수 있고, 오늘날의 보육은 교사중심에서 영유아중심으로, 보상교육에서 보편주의로, 영유아를 수동적인 학습자로 바라보던 것에서 능동적인 학습자로 바라보는 것으로 점점 관점이 변화되어 가고 있다(김진경 외, 2022 : 73-75; 김은희 외, 2023 : 38-40).

2. 보육의 특성과 중요성

1) 보육의 특성

보육의 특성은 부모 또는 가족의 요구에 따라 다양하며, 영유아의 발달에 따라 보육의 방법이나 필요성도 달라진다. 보육은 안전하게 제공되어야 하며, 보육시설과 가정 간의 연계가 잘 이루어지는 것이 중요하다. 또한 보육시간은 부모의 요구를 수용할 수 있어야 하며, 보육과정은 지역사회와의 연계 속에서 구성되어야 한다(김소양 외, 2021 : 48-51).

(1) 보육의 요구는 다양하다

보육은 부모 및 가족의 요구가 다양하고, 영유아의 연령 및 발달적 특성 또한 다양하여 매우 복잡하게 이루어진다. 보육대상의 범위에 따른 특성은 다음과 같다.

- 만 0세에서 만 2세까지의 영아는 영양 섭취, 애착 형성, 대소근육 발달 기회를 제공하는 것이 중요하다.
- 만 2세 이후에는 언어 및 기본적인 정서 발달을 위한 경험이 필요하다.
- 만 3세에서 만 5세까지의 유아는 기본생활습관 형성과 또래관계 형성이 중요한 시기이다.

그 밖에도 보육 대상에는 장애 영유아, 빈곤가정 영유아, 불안정한 가정의 영유아, 도시 및 농어촌 지역의 영유아가 있으며, 방과 후 보육은 만 12세까지 확대되기도 한다(김진경 외, 2022 : 86–88).

(2) 보육은 발달적 요구에 맞게 이루어져야 한다

보육은 수유, 배변, 낮잠, 식사, 간식 등 기본적인 생활 중심의 종일 프로그램으로 이루어져야 하며, 영유아의 발달에 맞는 개별 또는 집단 활동으로 구성되어야 한다.

(3) 보육은 안전하게 제공되어야 한다

보육환경은 신체적으로 건강하고 안전해야 하며, 영유아의 영양, 위생, 안전 등을 고려한 내용으로 구성되어야 한다. 교육내용은 연령에 따라 발달적 요구에 맞게 구성되어야 하며, 표준보육과정에 해당하는 기본생활, 신체운동, 의사소통, 사회관계, 예술경험, 자연탐구 등의 내용이 포함되어야 한다. 또한 지역사회의 문화와 역사를 반영한 활동도 포함되어야 한다(정옥분 외, 2020 : 78–80).

(4) 보육은 가정과의 연계가 중요하다

보육은 보육시설과 가정이 상호 신뢰를 바탕으로 협력할 때 효과적으로 이루어진다. 이를 통해 보육의 일관성을 유지하고, 자녀에 대한 정보를 공유하며, 양육에 대한 지식과 기술을 제공할 수 있다. 수업참관, 부모참여, 부모면담, 학부모운영위원회, 가정통신 등 다양한 방식으로 부모와의 연계가 이루어져야 한다(김현자 외, 2020 : 63-64).

(5) 보육시간은 부모의 요구를 수용할 수 있어야 한다

보육시간은 전일 또는 반일, 취업모, 조손가정, 야간근무 부모 등 다양한 가정의 요구를 반영하여 계획되어야 한다. 이에 따라 시간 연장형 보육, 24시간 보육, 방과 후 보육, 주말 보육, 휴일보육, 시간제 보육 등의 형태로 운영될 수 있어야 한다(김은희 외, 2023 : 77).

(6) 보육과정은 지역사회와 연계되어야 한다

보육은 영유아의 전인적 발달을 지원하고 가정과 유사한 환경을 제공하기 위해 지역사회와의 연계가 필요하다. 경찰서, 소방서, 병원, 학교, 복지기관, 도서관 등의 지역사회 기관과 협력하여 포괄적 서비스를 제공할 수 있는 기반을 마련해야 한다.

2) 보육의 중요성

영유아기는 인생에서 가장 급격한 발달이 이루어지는 시기로, 이 시기의 경험은 이후 전 생애에 걸쳐 큰 영향을 미친다. 따라서 보육은 단순한 보호를 넘어 아동의 전인적 발달을 위한 중요한 기반이 된다(정옥분 외, 2020 : 42-43).

(1) 발달적 중요성

영유아기는 뇌 발달이 가장 활발히 이루어지는 시기로, 정서적 안정감과 애착 형성이 매우 중요하다. 안정적인 보육환경은 평생 학습과 사회적 관계 형성의 기초가 되는데, 예를 들어 교사와의 안정된 관계는 아이의 불안을 줄이고 새로운 환경에 대한 적응력을 높이는 데 도움이 된다(김은희 외, 2023 : 79).

(2) 보육의 질과 핵심 요소

보육의 질은 물리적 환경뿐 아니라 교사의 전문성, 상호작용의 질, 부모와의 연계, 교육과정 구성 등 여러 요소에 의해 결정된다. 예를 들어, 교사가 하루 일과 중 아이와 눈을 맞추며 따뜻하게 소통하는 빈도는 질 높은 보육의 중요한 기준이 된다(김진경 외, 2022 : 92-93).

(3) 보육의 공공성과 사회적 책임

보육은 가정의 사적 책임을 넘어 사회 전체의 공공적 책임으로 인식되어야 한다. 특히 저소득 가정의 아동에게도 균등한 보육 기회를 제공하기 위해 국가와 지방자치단체의 무상보육 지원 정책이 강화되어야 한다. 이는 보육의 공공성 실현을 위한 대표적인 사례이다(김소양 · 장현주, 2021 : 60).

(4) 부모, 교사, 지역사회의 공동 역할

영유아의 건강한 성장은 가정, 보육기관, 지역사회가 유기적으로 협력할 때 이루어질 수 있다. 예를 들어, 지역 보건소와 연계한 건강검진 및 위생교육 프로그램은 가정과 기관이 함께 참여하는 공동 보육의 실천 사례가 된다.

3. 보육제도의 구조와 정책 방향

우리나라 보육제도는 구빈사업의 성격을 지닌 '탁아'에서 시작하여 제도적 · 정책적으로 점진적인 발전을 거듭해 왔다. 초기의 임시적 돌봄에서 아동 권리를 기반으로 한 공공서비스로의 전환은 보육을 단순한 가족 책임이 아닌 사회 전체의 책임으로 인식하게 만든 중요한 변화였다. 특히 1991년 「영유아보육법」 제정 이후 보육의 공공성과 질 향상을 위한 제도적 기반이 마련되었으며, 이후 다양한 중장기 계획과 정책이 시행되면서 오늘날의 보육체계를 형성하게 되었다(성미영 외, 2020 : 94－95).

1) 우리나라 보육제도의 변천사

우리나라의 보육제도는 초기에는 사회적 보호의 성격이 강한 구빈사업의 일환으로 시작되었으나, 이후 국가 주도의 제도화 과정을 거치며 공공성과 전문성이 강조되는 방향으로 발전해 왔다. 그 과정은 경제발전, 사회 구조의 변화, 아동권리 인식의 확대와 맞물리며 보육정책이 단순한 돌봄을 넘어 아동의 권리와 발달을 보장하는 제도로 전환되는 중요한 전환점을 만들어 왔다.

(1) 1단계 : 구빈사업 중심의 '탁아' 시기(1945~1960년대 초반)

광복 이후 산업화와 도시화 과정에서 빈곤층, 특히 농민과 도시 노동자 계층의 자녀를 위한 탁아사업이 보육의 시초이다. 이 시기의 보육은 국가 정책이 아닌 구호적 성격이 강했으며, 1953년 부산 시립탁아소 설치는 공공 보육시설의 효시라 할 수 있다. 하지만 이 시기의 탁아시설은 외국 원조와 민간 차원의 임시 시설로, 체계적인 제도는 갖추지 못한 상태였다.

(2) 2단계 : 법적 제도화의 시작과 탁아소의 공인(1960~1980년대 초반)

1961년 「아동복리법」 제정은 우리나라 보육제도의 제도화를 여는 중요한 계기였다. 이 법을 통해 탁아소는 법적 보호를 받는 아동복지시설로 인정받았고, 보육시설의 설치기준, 종사자 자격, 보육시간 등이 제도적으로 규정되었다. 이는 보육을 단순한 구빈사업에서 아동복지의 한 영역으로 확장시키는 전환점이 되었다.

(3) 3단계 : 보육기관의 통합과 국가 관리체계로의 편입(1980년대)

1980년대에 들어서며 보육 관련 기관들이 여러 부처 산하에 분산되어 운영되는 비효율성이 나타났다. 이에 따라 1982년 「유아교육진흥법」이 제정되면서, 복수의 부처가 운영하던 보육시설들이 하나로 통합되었다.

구체적으로는, 보건사회부(현 보건복지부)가 운영하던 어린이집 706개, 내무부가 설립한 새마을협동유아원 263개, 농촌진흥청의 농번기 유아원 382개 등이 '새마을유아원'으로 일원화되며 통합된 국가 관리 체계로 편입되었다. 이 시기는 보육의 양적 확대와 제도적 기초 정비가 함께 이루어졌다.

(4) 4단계 : 「영유아보육법」 제정과 보육의 사회적 책임 강조(1991년)

1991년 「영유아보육법」이 제정되면서, 보육은 단순한 '아동 보호' 개념에서 벗어나 양육과 교육을 국가와 사회가 공동으로 책임지는 영역으로 자리 잡기 시작했다. 이 법은 보육의 질과 책임성을 강화하고, 국가와 기업에 보육비용 부담의 책임을 부여함으로써 보육의 공공적 성격을 명확히 했다.

또한 이 시기에 교육부 산하 유치원과 보건복지부 산하 보육시설의 이원화 구조가 공식화되었고, 이는 이후 유아교육과 보육의 통합 논의의 기반이 되었다.

(5) 5단계 : 보육의 공공성 확대와 질적 전환기(2004년~현재)

2004년 「영유아보육법」 전면 개정은 우리나라 보육정책의 패러다임을 크게 바꾸는 계기가 되었다. 이 개정을 통해 보육은 단지 맞벌이 가정을 위한 지원이 아닌, 모든 아동이 누려야 할 보편적 권리로 천명되었으며, 정부의 정책 우선순위로 격상되었다.

이후 보육정책은 보편주의 원칙 강화, 보육교사의 전문성 향상, 국공립 보육시설 확충, 취약계층 보육지원 확대 등 다양한 영역에서 질적 성장을 도모하였다.

보육의 질을 제도적으로 확보하기 위한 방안으로 2005년 '보육시설 평가인증제'가 도입되었다. 이는 어린이집의 운영 수준을 평가하고 개선하도록 유도하는 제도로, 이후 2019년 통합어린이집 평가제로 개편되며 평가 방식과 영역이 보다 체계화되었다. 이를 통해 아동중심의 보육 실현과 교사의 전문성 강화를 동시에 추구하고 있다.

<표 3-1> 보육제도의 흐름

보육제도 및 시기	보육내용
해방 이전 ~1960년	**빈곤 농민·노동자 자녀 대상 '탁아'사업 시작, 부산 시립탁아소 설치(1953), 임시 구호 성격** 도시와 농촌에서 부모의 노동으로 양육과 보호가 어려운 자녀 또는 빈민가정의 아동을 보호하거나, 고아, 장애아를 수용하고 보호하는 탁아소가 설치·운영되었다. 탁아소의 운영시간은 오전 8시에서 오후 6시 정도이며, 대상은 만 1세에서 만 7세까지로 오늘날 어린이집의 운영시간과 대상연령이 유사하다.
아동복리법 1961~1981년	**「아동복리법」 제정, 탁아소 법정 아동보육시설 인정, 설치기준·종사자 기준·보육시간 등 규정** 아동복리법의 전면개정으로 유보호아동뿐만 아니라 모든 아동의 복지를 증진하는 것을 목적으로 하였다. – 1962년 아동복리위원회 설치와 아동복지 지도원의 배치가 이루어졌고, 1969년 「아동복리시설 설치기준령」을 제정하여 최소한의 보호 수준을 확보하기 위한 제도가 마련되었다. – 1970년 「사회복지사업법」이 제정되고, 아동복지사업을 '사회복지사업'의 일환으로 포괄하는 종합법이 확립되어, 외국 원조에 대한 의존도를 점차 줄여 가면서 국내 자원으로 정부의 지원 수준을 확대시켜 나가기 시작하였다. – 1976년 '불우아동건전육성대책' 사업으로 '불우아동결연사업', '성장고아 직장주기사업', '국내입양사업' 등을 적극적으로 전개하여, 불우아동을 자력으로 국내에서 건전하게 보호, 육성하기 시작하였다. – 1970년대 후반부터는 상대적 빈곤의 문제가 제기되자, 1960년대에 중심을 이루었던 고아, 기아, 미아 등의 요보호아동은 감소되는 반면, 산업화·도시화 등 사회구조적 변화와 가족 해체로 인한 가출 아동, 비행 아동, 결손가정 아동, 소년소녀 가장 세대 등 다양한 형태의 요보호아동이 크게 늘어나게 되어, 새로운 유형의 요보호아동을 위한 생계비 등 물질적인 지원 외에 가정환경, 교육의 기회, 심리·정서적 안정 등 비물질적 차원에서의 지원이 필요하게 되었다. 이에 정부는 1981년에 「아동복지법」을 제정하여 이들 아동의 비물질적·심리적 욕구도 충족시켜 주는 복지정책을 시작하였다.

유아교육진흥법 1982~1990년	**「유아교육진흥법」 제정, 보건복지부 어린이집, 내무부 새마을유아원, 농촌진흥청 농번기유아원 통합** 보육의 주관 부처를 보건복지부로 일원화하여 이전의 단순 '탁아'사업에서 보호와 교육을 통합한 '보육'사업으로 발전하게 되었고, 다원화되어 있던 유아원을 통합한 새마을유아원과 유치원의 이원화로 구분하였다. 새마을유아원은 내무부, 문교부, 보건사회부가 각각 설치와 운영, 교육목표 설정과 교재개발, 장학지도, 그리고 보건의료 지원을 담당하여 운영되었다. 1987년 「남녀고용평등법」에 따라서 직장 내 탁아시설의 근거가 마련되어 '시범 탁아소', '가정탁아시설', '지역탁아시설' 등이 운영되기 시작하였다.
영유아보육법 1991~2003년	**「영유아보육법」 제정, 보육을 국가·기업주 공동 책임 영역으로 확대, 유치원·보육시설 이원화 체제 마련** 보육사업이 보건복지부 관할로 일원화되었고 '새마을유아원'을 '보육시설'로 전환하였다. 1997년 '보육시설 확충 3개년' 사업계획에 따라서 국가, 지방자치단체, 법인, 개인 등이 보육시설을 설치할 수 있도록 하여 보육시설이 양적으로 대폭 확대되었으나, 질적 서비스에 대한 불만으로 2001년 보육의 질적 개선을 위한 '보육사업 종합발전계획'을 발표하였다. 이는 질 높은 공보육의 기반을 구축하고, 보육인력의 전문성과 보육교사에 대한 처우개선 및 안전한 보육환경을 제공하고 다양한 프로그램 제공에 대한 발전계획으로서 우리나라 최초의 종합적인 보육정책 계획이라고 할 수 있다.
2004년~현재	**「영유아보육법」 전면 개정, 보육의 보편주의·아동권리 명확화, 범정부 정책과제로 보육 설정, 보육시설 평가인증제 도입, 2019년 어린이집 평가제로 개편, 보육 질 관리 및 전문성 강화 지속** 보육서비스의 질적 수준 향상과 보육의 공공성 강화 등의 보육사업이 발전할 수 있는 계기가 마련된 시기이다. 2006년 보육시설 평가인증제가 시행되고, 국가자격증제가 도입되었으며, 표준보육과정이 마련되었다. 2011년에는 '어린이집'으로 공식명칭이 변경되었고, 2012년에는 어린이집과 유치원의 만 3~5세를 위한 공통 누리과정이 출범하였다. 2013년에는 만 0세에서 만 5세 영유아에게 전 계층 무상보육이 실시되었고, 육아종합지원센터에서는 부모교육과 상담 등 양육지원 서비스가 제공되기 시작하였다. 2019년 어린이집 평가제가 시행되었고, 2020년에는 영유아중심·놀이중심의 제4차 표준보육과정이 개정되었으며, 2024년에는 영유아의 주도성과 놀이를 통한 배움을 강조하고 현장의 다양성과 자율성을 추구하는 누리과정(3~5세)과의 연계를 강화하며 영아가 발달단계에 따라 맞춤형으로 교육·보육을 받을 수 있도록 설계된 2024 개정 표준보육과정이 고시되었다(김은희 외, 2023 : 90-96).

2) 현행 보육정책 체계와 방향

우리나라 보육정책은 영유아의 건강한 성장과 가족의 양육 부담 경감을 국가가 조직적으로 지원하는 종합적 국가정책으로서, 보호와 교육을 조화롭게 통합하는 데 중점을 두고 있다. 1991년 「영유아보육법」 제정 이후 지속적인 사회구조 변화와 가족환경의 다양화에 대응하며 체계적으로 발전해 왔다(김진경 외, 2022 : 92-94). 특히 여성의 경제활동 증가, 맞벌이 부부의 확산, 저출산·고령사회 진입 등의 시대적 요구에 맞춰 보육정책은 공공성 강화와 양질의 보육서비스 제공을 중심으로 중장기 계획들이 수립·실행되고 있다.

(1) 보육정책의 법적·제도적 기반

우리나라는 「영유아보육법」을 근간으로 하여 2004년 이후 매 5년마다 보육실태조사 결과를 바탕으로 중장기 보육계획을 수립하고 있다. 2006년 시작된 제1차 중장기 보육계획인 '새싹플랜'은 보육의 공공성 강화와 보육서비스의 질적 향상을 핵심 목표로 설정했으며, 이후 저출산 고령사회에 대응하는 '새로마지 플랜 2010' 등 정책체계가 이어졌다.

또한 아이돌보미 사업과 농어촌 보육서비스 지원 사업 등 다양한 프로그램이 시행되어, 특히 농어촌 및 돌봄 사각지대 해소에 기여하고 있다. 2020년대 들어서는 코로나19 팬데믹 상황 속에서 가정보육 지원과 안전 강화에 대한 필요성이 더욱 강조되며, 비대면 돌봄서비스와 긴급보육체계가 확대되었다(김은희 외, 2023 : 97-99).

(2) 보육정책의 조직 체계

보육정책은 중앙정부와 지방자치단체의 협력을 통해 운영된다. 중앙정부는 「영유아보육법」 및 관련 법령 제·개정, 국가 예산 배정, 정책 기준과 평가체계 마련 등 법·제도적 기반을 구축하는 역할을 담당한다. 보건복지부가 주관하며, 관계 부처와 협력해 범정부적 정책 방향을 설정한다.

지방자치단체는 중앙정부가 수립한 정책 기준과 예산을 바탕으로 현장 보육시설 지원, 보조금 집행, 지역 특성에 맞는 맞춤형 보육서비스 실행을 담당한다. 특히 돌봄 취약 지역과 다문화 가정, 장애 아동을 위한 특화 프로그램을 운영하며 지역사회 중심의 보육체계 확립에 주력한다(성미영 외, 2020 : 99－100).

(3) 평가제도와 보육의 공공성 강화

2019년 전면 시행된 어린이집 평가제는 보육서비스 질 관리의 핵심 도구로 자리매김했다. 이 평가제는 보육시설의 전반적인 운영 상태, 보육환경, 교사 역량, 영유아 존중 및 안전 관리 등을 종합적으로 평가하여 질적 수준을 체계적으로 향상시키는 데 목적이 있다.

예를 들어, '영유아 존중' 항목에서는 교사의 아동 개별 특성에 맞는 상호작용과 권리 보장, 정서적 지원 실천 여부를 집중 점검하며, 실제로 평가 결과에 따라 맞춤형 컨설팅과 개선 조치가 이루어진다. 이러한 평가는 보육시설에 대한 신뢰를 높이고, 공공성 강화를 위한 기반 역할을 한다(김소양 · 장현주, 2021 : 76－78).

(4) 정책 방향성과 당면 과제

현행 보육정책은 보육의 질 향상, 교사 처우 개선, 돌봄 공백 최소화를 핵심 가치로 삼고 있다. 특히 보육교사의 근무환경과 처우 개선이 지속적인 정책 과제로 부각되고 있으며, 이를 위한 임금 인상, 전문성 개발, 근무 여건 개선 등이 추진 중이다.

미래 보육정책은 지역 맞춤형 보육 지원 확대, 다문화 가정과 장애 아동 대상 서비스 강화, 그리고 ICT 기반의 스마트 보육체계 도입 등 다양한 방향으로 발전하고 있다. 최근에는 영유아의 정서 지원과 정신건강 증진을 위한 프로그램 확대, 부모 참여형 보육서비스 개발도 정책 과제로 포함되고 있다.

아울러, 코로나19 이후 사회적 거리두기와 비대면 환경에 적응하기 위한 비대면 보육·돌봄 서비스 지원 체계 강화도 중요한 정책 방향으로 자리 잡았다(김진경 외, 2022 : 95－96).

(5) 유보통합 추진과 보육정책의 통합 과정 및 현황

우리나라의 유아교육·보육 정책은 오랫동안 유치원(교육부 소관)과 어린이집(보건복지부 소관)으로 이원화되어 운영되어 왔다. 이로 인해 기관 간 운영 기준, 교사 자격, 예산 체계 등이 상이하여 현장의 혼란을 야기하고, 보호자와 아동에게도 불편함이 발생하였다. 이에 따라 영유아의 발달을 중심에 둔 통합적 접근을 실현하고자 '유보통합' 정책이 추진되고 있다.

유보통합은 보육과 교육의 분절된 행정 체계를 통합하여, 아동에게 일관된 교육·보육 경험을 제공하고, 교사 및 기관 운영의 효율성과 형평성을 제고하는 것을 목표로 한다. 2012년 누리과정 도입을 시작으로 통합의 기반이 마련되었으며, 2023년에는 대통령직속 국가교육위원회 주도로 본격적인 유보통합 추진 로드맵이 수립되었다.

2023년에는 유보통합을 위한 사전 단계로서, 시도교육청과 지방자치단체가 협력하여 일부 지역에서 '영유아 유보통합 시범운영'이 실시되었다. 이 시범운영은 다양한 형태의 통합 방안을 현장에 적용해 보고 그 타당성과 실행 가능성을 검토하는 중요한 과정으로, 어린이집과 유치원이 공동으로 교육과정을 운영하거나 통합시설을 운영하는 형태로 진행되었다. 이를 통해 지역 여건에 맞는 통합 운영 모델이 시도되었으며, 향후 전국적 확대를 위한 기초자료가 수집되었다.

이러한 흐름 속에서 2023년 12월에는 정부조직법이 개정되었고, 그 결과 2024년 6월 27일부터 보건복지부가 담당하던 영유아 보육 업무가 교육부로 이관되었다. 이에 따라 만 0~5세 영유아의 보육 및 교육에 관한 모든 정책과 행정은 교육부가 일괄적으로 담당하게 되었으며, 표준보육과정의 개발과 보급 책임 또한 교육부장관으로 일원화되었다. 어린이집에서 이루어지는 만 0~2세 보육도 교육부장관이 개발한 표준보육과정에 근거하여 운영되도록 체계가 정비되었다.

2024년 12월에는 교육부가 주관하여 '2024 개정 표준보육과정'을 고시하였고, 이 과정은 2025년 3월부터 전국 어린이집에 적용되기 시작하였다. 이번 개정은 특히 만 0~2세 영아의 발달 특성과 발달 속도의 개인차를 고려하여 교육적 요소를 강화한 것이 특징이다. 표준보육과정은 영아를 수동적 보호의 대상이 아니라 '어린 학습자'로 인식하며, 놀이를 통해 자기주도적으로 배울 수 있도록 설계되었다. 또한 현장의 자율성과 다양성을 인정하면서도 누리과정과의 연계를 강화하여, 만 0~5세에 이르는 교육·보육과정의 연속성과 통일성을 확보하고자 하였다.

2025년 7월 기준, 만 0~2세 영아를 위한 표준보육과정은 전면적으로 개정되어 어린이집 현장에 적용되고 있으며, 교사들은 새로운 교육적 관점을 바탕으로 영아의 놀이와 발달을 중심에 둔 보육을 실천하고 있다. 이러한 변화는 단순한 행정 체계의 통합을 넘어 교육과 보육의 실질적인 연계를 강화하고, 아동의 전인적 성장을 지원하는 통합적 교육 환경을 조성하는 데 기여하고 있다.

결과적으로, 유보통합은 보육의 공공성 강화, 서비스의 질 제고, 부모의 신뢰 회복에 중요한 토대를 마련하고 있으며, 향후 우리나라 보육정책의 지속적인 방향성을 제시하는 전환점이 되고 있다(김현자 외, 2020 : 135; 김은희 외, 2023 : 101; 교육부, 2025 : 8).

4. 보육교사의 역할과 전문성

보육교사의 역할은 영유아의 신체적, 사회적, 정서적, 지적 발달을 균형 있게 격려할 수 있도록 교육방법을 연구하고 적용하며, 영유아의 안전을 위한 노력과 영유아 스스로 자신을 보호할 수 있는 능력을 갖추도록 돕는 것이다. 나아가 부모들이 자녀 걱정 없이 안심하고 사회 경제 활동을 할 수 있도록 부모와의 정보교환 교류자로서의 역할을 한다(김소양·장현주, 2021 : 85-86).

1) 보육교사의 다차원적 역할

보육교사는 단순한 돌봄 제공자를 넘어 영유아의 전인적 발달을 지원하는 전문가로서, 보호자, 교육자, 관찰자, 상담자 등 다차원적 역할을 수행한다.

보육교사의 역할은 영유아의 성장 및 발달의 자연스러운 과정에 있어 보호와 교육적 측면의 전문가로서 신체적, 사회적, 정서적, 지적 발달을 균형 있게 격려할 수 있도록 교육방법을 연구하고 적용하며, 교실환경을 구성하고 영유아를 가르치는 교육자로서 영유아의 연령과 발달 수준을 의식하여 적절한 자극을 제공한다. 또한 영유아에게 규칙적인 식사와 간식을 제공하여 충분하고 균형 있는 영양을 공급해 주고, 바른 식습관을 가질 수 있도록 도와준다. 영유아 건강과 안전 관리 역시 강조되며, 감염병 예방 및 대응, 심리적 안정 지원 능력도 필수적이다. 아동 스스로 자신을 보호할 수 있는 능력 함양에도 힘쓰고 있다.

나아가 부모들이 자녀 걱정 없이 안심하고 사회 경제 활동을 할 수 있도록 부모와의 정보교환 교류자로서 부모와의 소통 역할도 강화되어, 온라인 상담과 정보 교류 플랫폼 활용 능력을 바탕으로 부모가 자녀 보육에 대해 안심하고 신뢰할 수 있도록 원활한 의사소통과 협력을 유지한다.

교사와 보육기관에 대한 신뢰감을 형성할 수 있도록 노력하는 일 등이 보육교사의 역할이라고 할 수 있다. 보육교사는 자애로움, 영유아와 공감, 희망적이고 긍정적인 사고, 원만하고 조화로운 대인관계 능력, 심신의 건강 등의 개인적 자질과 전문지식, 교육기술, 보육에 대한 자부심 등 전문적인 자질을 갖추어야 한다.

영유아를 위한 보육교사로서의 역할은 첫째, 교사의 역할뿐 아니라 돌봄, 즉 보살핌과 과거 가정에서 어머니를 통해 학습되어 왔던 기본생활습관 등을 가르치는 양육자로서의 역할, 둘째, 인지적 발달에 있어서 결정적 시기에 있는 영유아에게 발달 수준과 흥미, 호기심에 적절한 교재・교구 및 교수・학습 자료를 제공하는 교수자로서의 역할이 중요하다. 셋째, 등원부터 귀가까지 유아들과 지속적 상호작용을 하는 의사소통자로서의 역할과, 넷째, 영유아의 발달을 기록하고 평가하는 역할 등이 보육교사의 역할이라 할 수 있다(김은희 외, 2023 : 105-108).

2) 보육교사의 자격 요건과 양성 체계

보육교사의 자격 체계는 1급, 2급, 3급으로 구분되며, 각각의 급수에 따라 교육과정, 경력, 승급교육 요건이 정해져 있다.

3급 자격은 고등학교 졸업 이상의 학력과 보건복지부 지정 교육기관에서 소정 교육과정을 이수하여 취득하며, 실습 240시간 이상을 완료해야 한다.

2급 자격은 전문대학 이상의 관련 학과 이수 혹은 3급 취득 후 경력과 승급교육을 거쳐 취득할 수 있다.

1급 자격은 2급 취득 후 일정 경력 및 승급교육, 혹은 대학원 석사 이상 학위 취득 조건을 충족해야 하며, 원장 등의 관리 직무도 수행할 수 있다.

<표 3-2> 보육교사 자격 요건

자격 급수	자격 기준
1급	• 보육교사 2급 자격을 취득한 후 3년 이상의 보육업무 경력이 있는 사람으로서 보건복지부장관이 정하는 승급교육을 받은 사람 • 보육교사 2급 자격을 취득한 후 보육 관련 대학원에서 석사학위 이상을 취득하고 1년 이상의 보육업무 경력이 있는 사람으로서 보건복지부장관이 정하는 승급교육을 받은 사람
2급	• 전문대학 또는 이와 같은 수준 이상의 학교에서 보건복지부령으로 정하는 보육 관련 교과목 및 학점을 이수하고 졸업한 사람 • 보육교사 3급 자격을 취득한 후 2년 이상의 보육업무 경력이 있는 사람으로서 보건복지부장관이 정하는 승급교육을 받은 사람
3급	• 고등학교 또는 이와 같은 수준 이상의 학교를 졸업한 사람으로서 보건복지부령으로 정하는 교육훈련시설에서 정해진 교육과정을 수료한 사람

2024년 이후, 보육교사 양성 체계는 대학 내 보육 관련 학과의 질 관리와 표준화 강화가 정책적으로 추진되고 있다. 정부는 교육과정의 통합・표준화를 통해 보육현장에 필요한 실무 역량과 전문성을 균형 있게 갖춘 교사를 양성하고자 하며, 이에 따른 국가 주도의 평가・인증 시스템이 마련되고 있다.

또한 보육실습의 질 제고를 위해 어린이집 평가인증 결과 우수 기관에 한해 실습을 허용하는 기준이 지속 유지 및 강화되고 있다(김진경 외, 2022 : 115－118).

3) 전문성 향상을 위한 지원

보육교사의 전문성 향상을 위해 정부와 지방자치단체는 정기적인 보수교육, 멘토링 프로그램, 학습공동체 지원 등 다양한 성장환경을 제공하고 있다.

특히 현장 교사들의 주도적 연구와 놀이중심 보육환경 개선 프로젝트 사례가 우수 모델로 확산되고 있으며, 이는 교사 간 상호 학습과 협력의 기회를 확대하는 데 중요한 역할을 한다.

또한 최근 디지털 역량 강화 연수 프로그램이 도입되어, 스마트 보육환경 조성과 관련한 교육도 병행되고 있다.

4) 윤리와 정체성 확립

보육교사는 아동의 권리 존중과 교직 윤리강령을 철저히 준수해야 한다. 이는 아동의 사생활 보호, 비밀보장, 부모와의 신뢰 형성뿐 아니라, 윤리적 딜레마 상황에서 올바른 판단과 대응을 가능하게 하는 근간이 된다.

예컨대, 부모의 요청과 아동 권리 보호가 충돌할 때는 아동의 최선 이익을 우선 고려하는 윤리적 원칙이 요구된다.

따라서 보육교사는 자기 정체성 확립과 교직 윤리 의식 강화를 위한 지속적인 자기성찰과 교육 참여가 필수적이다(김은희 외, 2023 : 115－117).

보육의 관점은 변화하는 사회 속에서 확장되고 있다. 보육은 단순한 기능이 아닌, 아동을 중심으로 사회 전체가 공동으로 책임져야 할 총체적 시스템이다. 보육에 대한 다각적인 이해는 교사, 정책입안자, 학부모 모두에게 보육의 질을 높이기 위한 인식 전환의 시작점이 된다.

생각해 보기

1. 보육을 바라보는 관점에는 어떤 것들이 있나요? 각각의 관점에서 보육을 어떻게 이해하는지 간단히 정리해 보세요.
2. 전통적인 보육관과 현대적인 보육관은 어떻게 다른가요? 각각의 특징을 비교해 보세요.
3. 보육은 아동뿐 아니라 가족과 사회에 어떤 영향을 미치나요?
4. 우리나라 보육제도는 어떤 과정을 거쳐 발전해 왔나요? 주요 흐름을 정리해 보세요.
5. 좋은 보육을 위해 보육교사는 어떤 역할과 태도를 가져야 할까요?

참고문헌

김소양 · 장현주(2021). **보육학개론**. 지식공동체.

김수향 · 박수연 · 안은희 · 유은숙 · 이귀옥 · 이성주(2021). **보육과정**. 공동체.

김은희 · 박정연 · 이현주 · 홍지연 · 김민지(2023). **보육학개론**. 학지사.

김진경 · 김정원 · 정미라 · 홍지연 · 이예슬(2022). **보육교사론**. 공동체.

김현자 · 서지영 · 조미영 · 강경민(2020). **보육과정**. 어가.

성미영 · 유주연 · 이세라피나 · 임여정 · 정현심(2020). **보육학개론**. 학지사.

유가효 · 이소희 · 한성심 · 장명림 · 장미경 · 조은영(2000). **보육학개론**. 동문사.

정옥분 · 권민균 · 김경은 · 김미진 · 노성향 · 박연정 · 손화희 · 엄세진 · 윤정진 · 이경희 · 임정하 · 정순화 · 정현희 · 최형성 · 황현주(2020). **보육학개론**. 학지사.

제4장

영유아 발달

1. 영아 발달
2. 유아 발달

제 4 장

영유아 발달*

발달은 인간이 모체에서 수정되는 순간에서부터 죽음에 이르기까지 전 생애에 걸쳐 질적·양적으로 일어나는 체계적인 변화의 양상과 과정이다. 이는 유전적 요인과 환경적 요인에 의해 이루어지며 신체적인 양적 변화뿐 아니라 인지적·심리적인 질적 변화까지도 모두 포함한다. 발달과 유사한 개념으로는 성장과 성숙, 학습 등이 있다. 성장은 신체적으로 나타나는 양적인 변화이며, 성숙은 유전적 기제의 발현으로 나타나는 신체 및 심리 구조의 질적 변화이다. 학습은 환경적 자극인 경험 또는 훈련에 의해 나타나는 변화를 의미한다.

교육부의 '아이 행복 중심의 교육·보육 실현'을 위한 2024 개정 표준보육과정(0~2세)은 영아기 발달단계에 따라 맞춤형으로 교육·보육을 받을 수 있도록 설계되었다(교육부, 2025).

따라서 이 장에서는 표준보육과정을 바탕으로 영유아의 발달단계별 특징을 살펴보는 것으로 영아기 신체운동·건강, 의사소통, 인지(자연탐구, 예술경험)발달, 사회관계 발달 영역에 따라 이해하고, 인간의 일생에 큰 영향을 미치는 시기인 유아기 신체운동·건강, 의사소통, 인지(자연탐구, 예술경험)발달, 사회관계, 정서발달 영역에서 매우 현저하고 중요한 발달적 변화에 대하여 살펴보고자 하였다.

---

* 이 장은 김수향 등(2021)의 보육과정 제4장을 수정 보완한 내용으로 구성하였다.

1. 영아 발달

1) 영아 발달의 개념

영아기는 출생에서 36개월까지의 발달 기간을 지칭하는 것으로 여러 영역에서 성장이 활발히 일어나는 성장의 급등기이다. 영아기는 영영아(infant)와 걸음마 영아(toddler)로 구분한다. 발달은 수정 순간부터 죽음에 이르기까지의 전 생애에 걸쳐 연속적으로 이루어지는 양적·질적 변화과정이며, 생태환경체계의 영향을 받으므로 영아의 부모와 교사는 양육자와 교육자의 역할을 동시에 수행해야 한다.

이 시기 영아는 자신의 신체에 대한 근육의 통제능력이 증가하면서 활발하게 움직이기 시작한다. 약 3개월경이 되면 고개를 가눌 수 있고, 5개월이 되면 몸을 뒤집을 수 있다. 7개월 즈음에는 기고 앉으며, 9개월 무렵에는 물건을 잡고 혼자 일어서기도 한다. 만 1세경에는 걸음마를 할 수 있으며 눈과 손의 협응이 이루어진다. 그뿐만 아니라 두뇌와 신체의 급격한 발달로 인해 지각능력, 신체운동 능력, 사고능력, 언어능력 등이 빠르게 발달한다. 또한 주 양육자로부터 시작하여 자아의 인식을 통해 자율성이 점차 발달하면서 자율적이고 독립적으로 성장해 나가는 시기로 핵심 개념은 본성과 양육, 문화와 양육, 자기조절, 활동적 탐색, 관계의 상호성, 개인차, 연속성과 비연속성, 복원력, 초기경험, 조기 중재이며, 발달의 기본 원리는 발달의 순차성, 방향성, 연속성, 개인차, 발달 영역 간 상호연계성, 최적기 또는 민감기 등이다.

2) 영아 발달의 특징

영아 발달은 신체운동·건강, 감각능력, 의사소통 및 인지발달, 정서 및 사회성 발달 영역으로 나누어지며 발달 경향을 이해함으로써 영아 발달의 구체적인 네 가지 목표인 영아의 안녕, 역량, 바람직한 발달적 결과, 영아의 삶의 질 등을 향상시킬 수 있다.

영아기(출생~만 2세)는 인간발달에서 가장 급격한 변화가 일어나는 시기로, 전 생애 발달의 기초를 형성하는 중요한 시기이다. 이 시기의 발달은 신체적 성숙, 인지 기능의 발달, 사회적·정서적 관계 형성, 언어능력의 시작 등 다양한 영역에서 동시다발적으로 이루어진다. 이 시기 발달의 주요 특징은 다음과 같다.

첫째, 급속한 신체발달과 감각·운동 기능이 향상되는 시기로 출생 직후부터 체중과 키가 빠르게 증가하고, 감각기관이 발달하면서 외부 자극에 대한 반응이 정교해진다.

둘째, 기초인지 기능의 발달 시기로 피아제(Piaget)의 감각운동기 단계에 해당하며, 영아는 눈앞에 보이는 대상을 탐색하고 조작하면서 대상영속성, 원인과 결과에 대한 이해 등을 형성한다.

셋째, 애착 형성과 사회성의 기초 확립 시기로 주 양육자와의 안정된 애착관계는 이후의 사회적 관계와 정서발달에 결정적인 영향을 준다. 또한 타인의 표정을 모방하고 감정을 인식하며 초기 사회성을 기른다.

넷째, 초기 언어발달 시기로 울음→옹알이→단어 발화→간단한 문장 사용으로 이어지며 의사소통 능력이 빠르게 발달한다. 이 시기 언어 자극은 이후 언어능력의 기본이 된다.

다섯째, 자기 인식의 시작 시기로 생후 약 18개월 이후부터는 거울 속 자신의 모습을 인식하고 간단한 자율성과 독립성을 드러내며, 자아개념이 형성되기 시작한다(김정민 외, 2020 : 73-110).

(1) 만 0~1세 발달

① 신체운동·건강 영역과 발달과의 관계

만 0세는 여러 기관이 양적으로 늘어나고 구조가 정교해지며 기능이 능률적으로 되어가는 시기이다. 이 시기 신체 크기의 발달은 개인차는 있지만, 첫 한 해 매달 2.54cm씩 성장하고 다리와 키 비율은 출생 시 1 : 3이다. 체중은 생후 3~4개월이 되면 2배 증가하며, 만 1세경에 3배 증가, 만 2세경에는 성인의 1/5에 해당한다. 가슴둘레는 출생 시 남아는 33.1cm, 여아는 32.7cm, 생후 2년에는 출생 시의 약 1.5배가 되며, 머리둘레는 생후 2년에 출생 시의 약 1.5배가 된다.

만 1세는 만 0세에 비해 성장 속도는 감소하며, 얼굴과 전체 신장의 비율은 신생아기의 1 : 4배에서 1 : 5배로 된다. 신장은 1년 동안 10cm 정도 자라며 몸이나 머리보다 다리가 길어진다.

이러한 발달은 보편적인 원리를 가지고 있다(Gesell, 1954).

첫째, 일정한 순서와 방향성이 있다.

둘째, 발달은 연속적으로 일어나지만 속도는 항상 일정하지 않다.

셋째, 개인차가 있다.

넷째, 결정적 시기가 있다.

다섯째, 각 영역 간 상호 연관성을 가지고 있다.

<표 4-1> 만 0~1세 신체운동 · 건강 영역의 발달

월 령	내 용
0~3개월	• 소리 나는 방향으로 머리를 돌린다. • 움직이는 물건을 따라 눈동자가 움직인다. • 머리와 가슴을 들고, 물체에 손을 뻗는다.
3~5개월	• 소리 내어 웃는다. • 머리를 가눈다(4개월). • 뒤집기를 한다(4~6개월).
6개월	• 움직이는 사물을 시각적으로 추적할 수 있다. • 누워서 손과 무릎을 들 수 있다. • 지지하지 않고 혼자 앉을 수 있으며, 뒤집을 수 있다.

7개월	• 앞으로 몸을 기울여 앉거나 손을 바닥에 대고 앉을 수 있다. • 손바닥으로 물건을 잡고 손목을 돌릴 수 있다. • 혼자서 앉을 수 있으며, 기어 다니기 시작한다. • 의자에 앉혀주면 자세를 유지하고 앉아있을 수 있다.
8개월	• 잡고 일어서며, 양손으로 장난감을 잡고 있을 수 있다. • 두 손을 잡고 일으켜 세워주면, 자신의 무게를 지탱하고 설 수 있다. • 자신의 손과 무릎으로 바닥을 지탱하면서 기는 자세를 할 수 있다.
9개월	• 까꿍놀이를 시작한다. • 한 손으로만 가구를 잡고 걸을 수 있다. • 옷을 입힐 때, 소매를 팔에 넣어주면 한 번에 끝까지 힘주어 팔을 빼낸다.
10개월	• 컵에 블록을 담고, 컵을 사용해서 음료수를 마실 수 있다. • 10초 이상 혼자 서있을 수 있다. • 양손을 잡아주면 넘어지거나 주저앉지 않고 몇 걸음 걸을 수 있다.
11개월	• 깊이지각이 점차 생기고, 콩알들을 하나씩 병에 넣는다. • 한 손만 잡아줘도 몇 걸음 나아가며, 혼자 서서 몇 걸음 걸어갈 수 있다.
12개월	• 붙잡고 걷거나 혼자 걷기 시작하며, 걸음마를 시작한다. • 블록쌓기를 할 수 있고, 눈과 손, 손과 발의 협응능력이 발달한다. • 낙서를 한다.

가. 보행 운동 능력 발달

<표 4-2> 만 0~1세 보행 운동 능력의 발달

월 령	내 용	월 령	내 용
0월	태내자세	7월	혼자 앉는다.
1월	고개를 든다.	8월	받쳐주면 선다.
2월	가슴을 든다.	9월	가구를 잡고 일어선다.
3월	물체에 손을 뻗는다.	10월	긴다.
4월	등을 받쳐주면 앉는다.	11월	잡아주면 걷는다.
5월	무릎에 앉고 물건을 잡는다.	12월	물건을 잡고 일어선다.
6월	의자에 앉고 매달려 있는 물건을 잡는다.		

나. 소근육 발달

소근육의 운동능력은 출생 시 거의 통제하지 못하다가 점차 미숙한 어깨 동작과 팔꿈치 동작, 손목을 움직이거나 손을 들 수 있으며, 점점 다른 기관과의 협응을 통해 팔, 손, 손가락의 순서로 움직이거나 엄지와 검지를 움직인다.

<표 4-3> 만 0~1세 소근육 발달

월 령	내 용
0~2개월 잡기 전 단계	• 가까운 물체 쪽으로 팔을 뻗는다. • 1개월경 : 장난감이 손에 닿으면 손을 꽉 쥔다. • 2개월경 : 누워서 팔을 쳐 든다.
3~4개월 분절된 잡기단계	• 물체를 잡고 눈으로 보고 난 후, 입으로 가져간다. • 3개월경 : 느슨하게 손을 펴거나 오므린 채 있는다. • 손을 폈다가 주먹을 쥐고 대상을 보고 다시 손을 뻗는다. • 손에 닿는 물체를 입으로 가져간다.
5~6개월 자연스러운 잡기단계	• 물건을 잡을 때, 몇 단계의 부자연스러운 움직임 대신에 한두 단계의 목적이 있는 움식임을 힐 수 있다. • 6개월경 : 손 전체를 이용해 작은 크기(약 5cm 정도)의 블록 장난감을 잡는다.
6~8개월 손 조절단계	• 다양한 형태와 위치의 물건을 잡기 위해 손을 조절한다. • 6~7개월경 : 손바닥으로 물건을 쥐고 손목을 돌린다. • 7개월경 : 팔을 뻗어 원하는 장난감을 잡고, 다른 손에 옮겨 잡을 수 있다. • 7~8개월 : 손가락 움직임이 나타난다.
8~9개월 세분화된 잡기단계	• 음식 먹기 등에서 한 손을 다른 손보다 선호하는 경향이 나타난다. • 8개월경 : 양손 모두에 장난감을 잡고 있을 수 있고, 손에 쥔 장난감을 바닥에 내려치거나 바구니 안에 들어있는 장난감을 꺼낸다. • 한 손으로 물건 조작과 동시에 다른 한 손으로 물건 잡기를 시작한다.
9~10개월	• 장난감을 집어서 상자 안에 넣을 수 있고 종이에 그림을 그릴 수 있다. • 손가락 끝으로 장난감을 잡을 수 있다. • 손가락으로 사물을 콕콕 찌르기도 한다. • 10개월경 : 직접 벨을 눌러 소리가 나게 할 수 있다.
11개월 잘 쓰는 손	• 음식 먹기와 같은 행동에서 한 손을 다른 손보다 분명히 선호하는 경향이 나타난다.
10~12개월 물체조작	• 손가락을 사용하여 물건을 잡을 수 있다. • 유아용 숟가락을 쥐고 사용할 수 있다.

	• 흘리기도 하지만 컵을 사용해 물이나 주스를 마실 수 있다. • 혼자서 영아용 과자나 크래커를 먹을 수 있다. • 장난감을 내려놓고 손을 뗄 수 있다. • 각각 다른 과제에 각각의 손을 사용하기 시작한다.
12개월	• 조작은 능숙하지 못하고 보다 탐색적이다.
13개월	• 책장을 넘기는 것을 도울 수 있다. • 나무토막 2개를 위로 쌓으려고 노력한다. • 연필로 낙서하는 것을 모방하려고 한다.
14개월	• 양팔이 같이 움직인다. • 나무토막 위에 또 다른 나무토막을 쌓으려고 한다.
15개월	• 작은 공간에 작은 물건을 넣을 수 있다. • 컵 사용은 잘하지만 숟가락의 사용은 아직 미숙한 시기이다. • 손가락 모두를 함께 사용하여 물건을 잡을 수 있다. • 한 손에 2개의 나무토막을 잡을 수 있으며, 쌓기가 가능하다. • 크레용을 주면 자발적으로 낙서한다.
18개월	• 의도적으로 물건을 손에서 놓는다. • 3~4개의 나무토막을 쌓을 수 있게 된다. • 혼자 낙서도 하고 붓을 쓰기도 한다. • 수직선을 그려주면 종이 위에 수직선을 그린다. • 한 번에 2~3장의 책장을 넘긴다. • 혼자 낙서도 하고 붓을 쓰기도 한다. • 수직선을 그려주면 종이 위에 수직선을 그린다.
19~23개월	• 숟가락을 잘 다룰 수 있게 된다. • 나무토막을 일렬로 늘어놓아 만든 기차를 미는 행동을 한다. • 21개월경 : 포크, 숟가락 사용 가능, 자신의 지퍼를 내릴 수 있다.
24개월	• 기차 만들기로 3~4개 정도의 나무토막을 일렬로 늘어놓을 수 있다. • 6~7개의 나무토막을 쌓을 수 있다. • 신발끈을 구멍에 낄 수 있다. • 그림책을 한 장씩 넘길 수 있다. • 도구를 사용해 장난감을 끌어올 수 있다. • 목표물을 향해 공을 던질 수 있다. • 자신이 주로 사용하는 손이 결정된다. • 작은 물건을 손가락으로 잡는다. • 손과 팔이 다른 움직임을 할 수 있다.

출처 : 민선혜 · 임승렬 · 김효생(2008).

다. 대근육 발달

대근육 발달은 신체 성장 정도에 따라 차이가 있으나 연령별로 일정하게 머리, 목, 팔, 손에서 허리, 다리, 발 등 위에서 아래로 운동발달이 진행되며 영아기는 대근육 운동기능이 급변하는 시기이다. 출생 당시에는 고개를 가눌 수 없다가 1개월이 지나면 엎드린 자세에서 고개를 들 수 있으며, 2개월에는 가슴을 들 수 있고, 3~4개월이 되면 뒤집기, 7개월이 되면 혼자 앉기, 12~13개월에는 혼자 서거나 걸을 수 있다.

<표 4-4> 만 0~1세 대근육 발달

월 령	내 용
0~1개월	• 엎드린 자세에서 턱을 들 수 있다.
2개월	• 엎드린 자세에서 가슴을 펴고 어깨를 들 수 있다.
3개월	• 머리나 가슴을 들기 위해 팔을 사용한다.
4개월	• 혼자서 몸을 뒤고 뒤를 받쳐주면 앉는다.
5개월	• 양팔을 가슴 밖으로 빼고, 배에서 등으로 뒤집기를 한다. • 보조 없이 앉기를 시도한다.
6개월	• 스스로 똑바로 앉아 있을 수 있다. • 아기 의자에 앉을 수 있다. • 사람이나 가구의 도움으로 설 수 있다. • 균형과 협응을 습득하면서 다양한 자세로 기기 시작한다. • 기는 동작을 통해 자기 힘으로 돌아다닐 수 있다. • 겨드랑이 밑에 손을 넣어주면 다리에 힘을 주어 통통 뛴다. • 신체이동 능력이 증가하여 주변 환경을 적극적으로 탐색한다.
7개월	• 손으로 바닥을 짚고 앉아 있을 수 있다. • 팔을 붙잡고 세워주면 다리를 깡충거린다.
8개월	• 배밀이를 통해 몸을 이동시킬 수 있으며, 혼자 앉기 시작한다.
9~10개월	• 손과 무릎을 이용하여 기어 다닌다. • 가구 등을 붙잡고 일어설 수 있게 된다. • 혼자 안전하게 앉아있을 수 있다. • 두 손으로 가구를 잡고 그 주변을 걷는다. • 가구를 붙잡고 서있다가 혼자서 앉을 수 있다.

11개월	• 균형을 잡도록 두 손을 어깨 높이에서 잡아주면 걷는다.
12개월	• 손과 발로 기어 다닌다. • 혼자 일어설 수 있고 어른이 붙잡아 주면 걸을 수 있게 된다. • 사물을 부딪쳐 큰 소리 내기, 넣어보기, 깨물기, 던져보기, 열고 닫기, 밀거나 당기기, 쏟고 채우기, 질질 끌고 다니기 등을 시도한다. • 물장구치는 목욕놀이를 좋아한다. • 계단을 기어서 오른다. • 신발을 신거나 기저귀를 차기 위해 발을 든다. • 어른과 공놀이를 할 수 있다. • 다른 사람의 도움 없이 혼자서 설 수 있다.
13개월	• 혼자 걸을 수 있다.
13~14 개월	• 혼자 일어설 수 있다. • 도움을 받아서 계단을 오르고 내릴 수 있다. • 계단 오르기를 좋아하며, 실내의 작은 계단을 오를 수 있다. • 질질 끌고 다니기, 뒤집어 비우기, 끌어당기기, 쌓기, 부수기, 비우고 채우기를 좋아한다.
15개월	• 거의 넘어지지 않고 혼자 서고 걸을 수 있다. • 물건을 잡기 위해 의자 위로 기어오르려고 한다.
16~17 개월	• 뒤로 걸을 수 있을 정도로 걷기에 능숙해진다. • 모서리를 따라서 걷거나 갑자기 정지하지 못한다.
18개월	• 공을 던질 수 있다. • 아직까지 달리기에는 능숙하지 못하다. • 계단에 설치된 난간을 잡고 계단을 오를 수 있다. • 한 손을 잡아주면 계단을 내려온다.
19~23 개월	• 자세가 좀 더 안전성을 갖게 된다. • 서고, 앉고, 넘어지지 않고 똑바로 서 있을 수 있다. • 난간을 잡고 계단을 오르내릴 수 있다. • 걷거나 뛰면서 빨리 움직일 수 있다. • 두 발로 제자리에서 뛸 수 있다. • 영아용 자전거를 발로 밀면서 탈 수 있다. • 몸무게는 출생 시의 4배가 된다. • 서있는 자세에서 몸을 굽혀 물건을 집어 올릴 수 있다. • 공을 굴리거나 차려고 하거나 던질 수 있다. • 미숙하게 뛰기 시작한다. • 한 발로 몸의 균형을 잡을 수 있다.

24개월	• 몸의 균형을 잡고 공을 앞으로 찰 수 있게 된다. • 난간 없는 계단도 혼자 오를 수 있다. • 잘 달릴 수 있고 달리다가 멈출 수 있다. • 스스로 옷을 벗을 수 있으나 입을 때 도움이 필요하다. • 유모차 등을 밀거나 잘 조종할 수 있다. • 바닥에서 두 발을 모으고 껑충 뛸 수 있다.

출처 : 민선혜 · 임승렬 · 김효생(2008).

② 의사소통 영역과 발달과의 관계

만 0~1세에는 울음과 옹알이로 의사 표현을 시작하며, 성인의 음성에 반응하고 소리에 주의를 기울인다. 생후 6개월 이후부터 소리를 모방하거나 특정 단어(예 엄마, 아빠)를 말하기 시작한다. 말소리를 인식하고 표현하려는 초기 언어능력이 형성되며, 비언어적 표현(표정, 몸짓)도 활발하게 나타난다.

<표 4-5> 만 0~1세 의사소통 영역의 발달

월 령	내 용
0~2개월	• 반사적 발성 – 울기, 트림하기, 재채기하기 등의 소리를 산출한다.
2~4개월	• 목 울리기(cooing) – 만족하거나 행복할 때 소리를 낸다. – 하나의 긴 모음처럼 들린다. • 3개월경 : 어른들의 말소리에 소리로 반응한다.
4~6개월	• 주변적 옹알이 – 다양한 자음과 모음 같은 소리를 산출하며, 발성을 놀이로 여기는 발성놀이기이다. – 자신의 이름을 알고 부르면 쳐다보며, '안 돼', '위험해' 등의 의미를 알게 된다. – 여러 가지 상황에 따라 말에 의미가 있다는 것을 알아채는 시기이다. • 특정한 소리나 말, 상황에 따라 규칙적으로 따라 한다. • 율동적인 음악에 박자 맞춰 적절한 몸짓이나 손동작으로 반응할 때가 있다. • 억양이나 소리 크기를 달리하여 자신의 감정을 표현한다.

시기	영역	내용
6~9 개월		• 중복 옹알이 – 표준 옹알이가 나타나며, 같은 음절을 반복하여 소리 낸다. – 자음과 모음의 동일한 조합이 반복되는 형태(예 마마, 바바, 다다 등)를 소리 낸다. – 놀 때 소리 내며, 옹알이로 엄마를 부르거나 원하는 것을 소리 내어 표현한다. • 제스처와 몸으로 자신의 감정과 의사를 표현하기 시작한다. • 영아는 주위에서 사용하는 언어(모국어)에 들어있는 소리를 많이 낸다. • 손가락으로 가리키거나 몸짓을 동반한 소리로 원하는 물건을 획득하려 한다. • '안 돼' 이외에 부정적 명령에 하려던 행동을 멈춘다. • 짝짜꿍, 까꿍놀이 등 엄마와 자주 하는 놀이를 영아가 먼저 시작한다. • 주위의 배경소리와 엄마의 말소리를 구분해서 엄마의 말에 귀를 기울인다.
9~12 개월		• 비중복 옹알이 – 자음+모음+자음을 연속적으로 연결하는 형태를 소리 낸다. – 비중복 옹알이에 운율이 첨가되어 알아들을 수 없는 말을 산출한다. • 친숙한 사람이나 사물의 이름을 알게 된다. • 이름을 부르면 대답하는 것 같은 소리를 내거나 행동을 한다. • 영아 뜻대로 되지 않는 일에 대해 행동이나 말로 도움을 청할 수 있다. • 일관성 있게 사용하는 낱말이 있고, 다른 사람의 행동을 모방한다. • 상대방이 다른 사람에게 말할 때와 자신에게 말할 때를 구분하여 반응한다. • '엄마' 이외의 일반적인 가족의 명칭을 이해하고 지적한다. • 도움을 청할 때 큰 소리로 엄마나 가족을 부를 수 있다. • 의미를 알고 정확하게 사용하는 낱말이 4개 이상 있다.
12~18 개월	듣기	• 장난감을 달라고 하면 가지고 있던 것을 준다. • 다른 방에 있는 물건을 가져오라고 요구하면 가져올 수 있다. • '인형 엄마에게 줘', '인형 책상 위에 놓아' 등의 명령을 이행할 수 있다.
	말하기	• 13개월 : 뜻 없는 소리를 혼자 재잘거리기 시작한다. • 14개월 : 여덟 단어 정도를 말할 수 있다. • 15개월 : 열 단어 정도를 말할 수 있다. • '아빠, 안녕'과 같은 다른 뜻을 가진 두 단어를 결합시킨다.
	쓰기	• 연필로 낙서하는 것을 모방하려고 한다. • 크레용을 주면 자발적으로 낙서하며, 혼자 낙서하고 붓을 쓰기도 한다. • 수직선을 그려주면 종이 위에 수직선을 그린다.
	읽기	• 그림 카드에서 흔한 물건 하나 정도는 맞힐 수 있다. • 그림책을 보고 듣는 것과 동요를 좋아한다.

18~24 개월	듣기	• '멈춰라', '앉아라' 등의 간단한 두 가지의 지시어를 따를 수 있다. • 제법 어려운 성인의 말도 이해할 수 있다. • '이게 뭐야?'라는 질문에 대답하거나, 예/아니요로 대답을 할 수 있다.
	말하기	• 21개월경 : 30단어 정도의 어휘 수준을 갖게 된다. • 24개월경 : 서너 개의 단어로 된 문장을 구사한다. • 대소변, 음식, 음료수 등 자신에게 필요한 것을 말로 표현한다. • 사물의 이름을 표현(보통 10개 이상 명사)하고 그 사물을 지적한다. • 자신의 욕구를 표현하거나 다른 사람에게 요구할 때 언어를 사용하며, 알고 싶은 것에 대하여 질문을 한다. • 주변 사물의 이름을 말할 수 있다. • 그림책 속 행위를 정확하게 식별하거나 행위에 대해 알아맞힌다. • 모든 신체 부위를 지적할 수 있다. • 생각이나 행동을 표현하기 위해 명사, 동사, 대명사를 사용하는데 주로 2~3 단어로 된 문장을 쓴다. • 나, 너와 같은 대명사를 사용하기 시작한다. • 그림을 보고 이야기하는 흉내를 낸다. • ㅁ, ㅂ, ㅍ 등의 정확한 조음이 나온다.
	쓰기	• 끼적이기를 한다(이후 식선, 나선, 곡선, 원 등으로 발달). • 뚜렷한 형태가 없는 점이나 선을 그린다.
	읽기	• 그림책 속의 행위를 정확하게 식별할 수 있으며, 행위에 대해 알아맞힌다.

출처 : 성미영(2016).

③ 사회관계 영역과 발달과의 관계

생후 첫해는 애착 형성의 핵심 시기이다. 주 양육자와의 안정된 애착 관계를 통해 기본적인 신뢰감을 형성하고, 타인의 표정과 감정에 민감하게 반응한다. 미소짓기, 낯가림, 양팔 벌리기, 따라 하기 등 간단한 사회적 행동이 나타난다. 또 이 시기는 자기중심성이 강하나 점차 타인과의 상호작용에 관심을 보인다(곽금주, 2022 : 105-110).

<표 4-6> 만 0~1세 사회관계 영역의 발달

월 령	내 용
6개월	• 정서적 표현이 조직화되기 시작하고 사회적인 사건과 연결되어 나타난다. • 자기 이름을 부르면 좋아한다. • 엄마와 떨어지는 것에 대해 불안해한다.
7개월	• 엄마 옆에 항상 있으려 한다. • 거울에 비친 자기 모습을 보고 웃으면서 만지고 소리를 낸다.
8개월	• 자신이 원하는 것을 엄마만 하게 한다. • 스스로 무엇인가를 하려는 시도를 보인다. • 친숙한 사람 접근 시 영아가 먼저 반응을 유도하며 지속적인 관심을 갖는다.
9개월	• 자아존중감이 발달하기 시작한다. • 다른 사람에 대한 애정을 표현하는 것을 좋아한다. • 이름을 부르면 머리를 돌리고, 눈을 마주치고, 미소를 지으며 반응한다. • 안전한지 환경을 먼저 탐색한 후 행동한다.
10개월	• '맘마' 하면서 식사를 재촉한다. • 음악이 나오면 몸을 흔든다.
11개월	• 누군가 울면 같이 울거나 우는 사람을 다독거려 주거나, 눈물을 닦아주는 등의 행동을 보인다.
12개월	• 친숙한 성인에게 자발적으로 장난감을 주거나 달라고 한다. • 원하는 바를 즉시 만족시켜 주지 않으면 불만을 나타낸다. • 아는 사람이 껴안기, 뽀뽀하기 등의 애정표현을 하면 부끄러워하거나 반응한다.
13~18개월	• 분노, 부끄러움, 공포까지 완성되지만 아직 그 표현 방법이 세분화하지 못하여 대개 화를 내거나 짜증을 부리거나 우는 것으로 표현하는 경우가 많다. • 13~14개월 : 우는 아기를 쓰다듬거나 안아준다. • 18개월 : 부서진 장난감 대신에 새 장난감을 주기도 하고 손가락을 베인 사람에게 붕대를 감아주기도 한다. • 1~2세 사이에 떼쓰기가 나타난다. • 성인에게 애정을 표시한다. • 부드러운 놀잇감, 인형을 더 좋아한다. • 성취감을 통해 긍정적인 자존감을 발달시킨다. • '싫어'라는 부정적인 태도를 자주 표현한다. • 가장 애착을 갖는 사람을 안전 기지로 삼고 그의 환경을 탐색한다.

	• 대개 혼자 놀이를 한다. • 13개월 : 옷을 입힐 때 협조할 줄 안다. • 다른 물건이나 사물과 자신을 구별한다. • 아직 또래보다는 성인에게 더 의존한다. • 18개월 – 장난감에 줄을 매달아 주면 끌고 다니면서 논다. – 특정한 장난감에 애착을 가지고 껴안고 다닌다. – 술래잡기와 같은 상호작용을 하는 게임을 즐긴다. • 음식을 다 먹고 나면 빈 그릇을 건네기도 한다. • 걸레질이나 먼지떨기와 같은 행동을 흉내 낸다. • 스스로 독립된 개체로 인식하며, 자아개념이 생기기 시작한다. • 나, 내 것 등의 언어를 많이 사용하며, 성인에게 자신의 일을 스스로 하고자 하는 강한 의지를 표현한다. ※ 아직은 완전히 발달하지 못한 신체, 인지적 특성 때문에 스스로 하려는 시도가 실패하는 경우가 많다(이때 주변에서 정서적 지원과 믿음을 통하여 영아는 차츰 성공을 경험하게 되며 자율성을 발달시킬 수 있게 됨). • 손을 흔들거나 머리를 숙여 인사한다. • 무언가 새로운 것이 생기면 다른 사람에게 보여준다. • 음식이나 음료를 요구하거나 어려울 때 도움을 청한다. • 또래와 함께 있기를 좋아한다. • 또래와 일정한 패턴이 있고 서로 번갈아 하는 게임에 참여하기 시작한다. • 단순한 집안일을 모방한다. • 인형에게 음식을 먹이거나 옷 입히는 시늉을 한다. • 성인의 행동 모방, 특히 돌봐주는 사람과 가사일 모방이 나타난다. • 본인의 의지를 표현하고자 하는 시도로 주변의 모든 것을 반대하기도 한다. • 다른 사람의 감정을 인식하며 웃거나, 편안해하거나, 우는 등 자신들의 행동과 관련시킨다. • 다른 영아들과 함께 놀이를 하지만, 상호작용이 많지 않고 다른 사람과 놀잇감을 나누기가 어렵다. • 본인의 의지를 표현하고자 하는 시도로 주변의 모든 것에 반대한다(예 '아니요', '내가 할래' 등). • 다른 사람과의 관계를 확장시킨다. • 자아 개념이 계속 발달한다.

출처 : 아이사랑보육포털(http://www.childcare.go.kr).

④ 예술경험 영역과 발달과의 관계

만 0~1세는 소리, 색, 형태에 민감해서 리듬 있는 소리나 밝은 색상에 쉽게 반응한다. 음악에 반응해 몸 흔들기, 손뼉치기 등의 행동을 보이며, 촉각이나 시각적 자극에 대한 감각적 탐색을 통해 예술적 기초 경험을 쌓는다. 또 그리기, 춤추기, 소리내기의 초기적 형태가 자연스럽게 나타난다(교육부 · 보건복지부, 2020 : 18－28).

<표 4-7> 만 0~1세 예술경험 영역의 발달

월 령	내 용
0~2개월	• 맑은 빛, 색, 소리에 민감하게 반응함 • 엄마 목소리나 자장가에 귀 기울이며 눈을 움직임
3~4개월	• 움직이는 물체나 리듬 있는 소리에 관심 가짐 • 소리에 반응해 미소 짓거나 팔 · 다리를 흔듦
5~6개월	• 감각자극(촉각, 청각 등)에 적극적으로 반응함 • 딸랑이를 흔들며 소리를 즐김
7~8개월	• 음악, 소리, 색채에 더 민감하게 반응함 • 손뼉치기, 몸 흔들기 등 모방 행동 시도
9~10개월	• 다양한 촉감 · 소리 자극에 흥미를 가짐 • 색연필이나 손으로 끄적이며 탐색함
11~12개월	• 다양한 감각을 활용한 놀이에 집중함 • 음악에 맞춰 몸을 흔들거나 두드리는 행동 표현
13~15개월	• 음악, 소리, 색에 대한 선호가 드러남 • 악기(북, 마라카스 등)를 자발적으로 연주함
16~18개월	• 밝은 색상과 리듬 있는 소리에 반응 증가 • 크레용 등으로 의도적 선 긋기 시도
19~21개월	• 익숙한 소리와 음악에 감정적 반응 보임 • 색깔, 소리로 감정을 표현하려 함
22~23개월	• 감각 자극과 예술적 자극을 구분해 인식함 • 노래 부르기, 율동, 역할놀이 등 상징적 표현 시작

⑤ 자연탐구 영역과 발달과의 관계

만 0~1세는 감각을 통해 주변 세계를 탐색한다. 즉, 감각 탐색은 모든 자연탐구의 시작점이다. 이 시기 흔들어 보기, 빨아보기, 두드려 보기 등을 통해 물체의 속성(소리, 질감, 온도 등)을 경험하며 원인과 결과에 대해 서서히 이해하기 시작한다. 또 반복 놀이와 호기심을 통해 탐색 행동이 활발해지며, 간단한 문제 해결 행동도 관찰된다(보건복지부 · 육아정책연구소, 2020 : 20-25).

<표 4-8> 만 0~1세 자연탐구 영역의 발달

월 령	내 용
0~2개월	• 빛, 소리, 냄새 등 외부 자극에 민감하게 반응 • 시선이나 몸의 움직임으로 자극의 원인을 탐색함
3~4개월	• 시각, 청각, 촉각 자극을 반복적으로 경험함 • 물체를 바라보며 소리나 움직임의 변화를 관찰함
5~6개월	• 손과 입을 통해 사물의 질감, 온도, 무게 등을 탐색 • 잡고 흔들기, 떨어뜨리기 등의 단순 실험 행농 시작
7~8개월	• 장난감이나 사물의 소리와 반응을 반복해서 경험 • 두드리면 소리가 난다 등 원인과 결과에 대한 흥미 보임
9~10개월	• 다양한 재료를 만지고 조작하며 비교함 • 어떤 행동이 어떤 결과를 유발하는지 반복을 통해 확인
11~12개월	• 자발적으로 새로운 물건을 탐색하려는 시도 증가 • 도전적 자세로 간단한 문제를 해결하려는 행동 나타남
13~15개월	• 사물의 속성(모양, 색, 크기, 수량 등)에 관심 가짐 • 장난감의 구조를 파악하려 시도함(눌러보기, 열기 등)
16~18개월	• 익숙한 사물과 낯선 사물을 구별함 • 도구나 신체를 활용하여 목적을 달성하려 함
19~21개월	• 자연현상(비, 바람, 그림자 등)에 관심 보임 • 상황을 비교하고 결과를 예측하려는 행동 시도
22~23개월	• 간단한 분류나 정리 놀이를 즐김 • 순서나 규칙을 이해하려는 행동(쌓기, 맞추기 등)이 나타남

(2) 만 2세 발달

만 2세는 자신이 독립적 존재이고 스스로 해보고자 하는 자기 의지가 있다는 것을 알게 되는 자율성 발달 시기로 운동기능이 발달하고 신체 움직임이 유연해진다. 또한 친구들에게 관심을 갖기 시작하며 언어를 사용하여 다른 어른들과 교류할 수 있다. 그뿐만 아니라 자신의 감정을 다른 사람이 알아보기를 원하며 주변을 탐색하기 위해 관찰, 질문, 조작, 분류, 측정을 사용한다.

① 신체운동·건강 영역과 발달과의 관계

만 2세 영아는 만 0~1세 시기의 기어다니기, 걷기, 손 뻗기 등 기초적인 운동능력 발달을 기반으로 보다 정교한 대근육과 소근육 움직임을 시도하게 된다. 또 스스로 걷고, 뛰고, 계단을 오르내리는 등 이동능력이 향상되며, 공을 던지거나 잡는 동작, 간단한 몸놀림 놀이를 즐기면서 신체 균형과 협응력을 발달시켜 나간다. 또한 소근육의 조절능력도 점차 발달하여 숟가락으로 음식을 먹거나 컵을 들고 마시는 등 자기 돌봄 행동이 가능해지고, 간단한 도구(크레용, 블록 등)를 활용한 놀이에도 참여한다. 또한 이 시기에는 손과 눈의 협응력도 눈에 띄게 좋아져 모양 끼우기, 단추 채우기 같은 활동이 서서히 가능해지며, 다양한 신체 활동을 통해 세상을 탐색하려는 욕구가 강하게 나타난다. 그리고 기본적인 생활습관과 자기 관리 태도가 형성되기 시작하며, 배변훈련이나 손씻기, 식사 예절 등 일상생활에서의 자율성이 조금씩 발달한다. 하지만 여전히 위험에 대한 인지가 부족하므로, 안전사고에 대한 세심한 보호와 지도 또한 필요하다(교육부·보건복지부, 2020).

따라서 이 시기는 전반적인 자율성과 독립성의 기반을 마련하는 중요한 시기라고 할 수 있다.

<표 4-9> 만 2세 신체운동 · 건강 영역의 발달

연 령	영 역	내 용
24~36 개월	소근육	• 숟가락을 효과적으로 사용할 수 있다. • 빨대로 우유를 마시며, 작은 우유갑의 우유를 잔에 부을 수 있다. • 책장을 한 장씩 넘길 수 있다. • 바퀴 달린 장난감을 끈으로 끌기를 좋아한다. • 원에 색칠하기가 가능하며, 손가락으로 크레용을 잡는다. • 큰 구슬을 꿸 수 있고, 문 손잡이나 핸들을 돌릴 수 있다. • 나무토막 6~7개를 쌓을 수 있고, 기차 모양으로 늘어 놓는다. • 수직으로 내려 긋거나 동그라미를 그리는 시늉을 한다. • 다른 사람을 따라서 종이를 반으로 접을 수 있다. • 찰흙으로 공을 만들 수 있다. • 양치질을 할 수 있고, 단추 채우기나 지퍼 잠그기를 시도할 수 있다. • 물건을 쥘 수 있고, 조작할 수 있으며, 붙였다 떼었다 할 수 있다. • 왼손 또는 오른손 중 한 손을 주로 사용한다. • 단추를 채우고 지퍼 잠그는 것을 시도할 수 있다.
	대근육	• 평행선 따라 걷기, 반듯한 선 따라 걷기를 할 수 있다. • 한 발로 설 수 있고, 뛸 수도 있고 뒤로 걸을 수 있다. • 얕은 평균대 위에서 불안정하지만 발을 바꾸어 걸을 수 있다. • 평행 · 커브길 뛰기, 한 발 뛰기가 가능하며, 걷기보다 뛰기를 선호한다. • 뛰다 갑자기 서기 등 속도 조절이 가능하다. • 걷다 뛰어오르기를 할 수 있고, 물건 주위를 돌 수 있다. • 도움 없이 물건이나 낮은 의자 위를 오르고 내릴 수 있다. • 세발자전거 타기가 가능하다. • 두 발로 제자리에서 점프를 하고, 넘어지지 않고 잘 달릴 수 있다. • 정지해 있는 큰 공을 발로 찰 수 있다. • 도움 받아 앞으로 구르기를 하고, 발 바꿔 층계 오르내리기를 한다. • 도움 받아 혼자 옷 벗고 입기가 가능하다. • 균형 있게 물건 집기, 서고 구부리기, 걷고 달리기, 점프를 할 수 있다. • 빨리 뛰면서도 균형을 유지한다. • 위아래로 뛰기, 사물 뛰어넘기, 앞으로 점프하기가 가능하다.

② 의사소통 영역과 발달과의 관계

만 2세는 만 0~1세 시기 동안 쌓아온 말소리 인식과 옹알이를 바탕으로 낱말 표현이 폭발적으로 증가하는 시기이다. '엄마 줘', '더 먹어'와 같은 두 단어 문장이 자주 사용되며 성인의 말에 반응하고 간단한 지시나 질문을 이해하는 능력도 향상된다. 또한 자주 듣는 이야기나 동요를 따라 하려는 시도도 하며, 말소리를 모방하거나 반복하면서 어휘력과 표현력이 점차 확장된다. 또 이 시기에는 특히 자기 의사를 말로 표현하려는 욕구가 강해져, 울음보다 언어로 의사소통하려는 경향이 뚜렷해지며 자신의 요구를 말로 전달하려 노력한다. 뿐만 아니라 성인의 언어를 적극적으로 흉내 내면서 자연스럽게 사회적 의사소통 능력을 발달시켜 나간다(보건복지부 · 육아정책연구소, 2020 : 166-183).

이와 같이 만 2세의 의사소통 발달은 언어의 양적 증가뿐만 아니라 말의 의미와 목적을 인식하고 사용하는 질적인 변화로 이어지는 시기이다.

<표 4-10> 만 2세 의사소통 영역의 발달

연 령	구 분	내 용
24~36 개월	듣기	• 다른 사람의 이야기를 듣고 어느 정도 이해할 수 있다. • 다른 사람의 대화에 흥미도가 높아진다. • 의사소통 능력이 증가한다. • 네 가지 지시사항을 이행할 수 있다.
	말하기	• 사용하는 단어 수가 약 1,000개 정도 된다(어휘력 풍부). • 어른들의 말과 행동을 모방한다. • 색깔 이름을 말하고 좋아하는 색을 고를 수 있다. • 질문하고, 질문에 답할 수 있다. • 무엇, 어디, 누구 등의 대명사, 의문사를 사용한다.
	읽기	• 그림을 보며 그림에 관한 단어를 말할 수 있다. • 과거형을 사용하게 된다. • 반복되는 이야기를 좋아한다. • 같은 모양의 도형을 분류할 수 있다. • 색깔대로 분류할 수 있다.

쓰기	• 연필심 가까이 첫째와 둘째 손가락으로 잡고 원 그리기, 점 찍기, 수직선 비슷하게 그리기를 할 수 있다. • 무작위로 긁적거리는 시기로 팔 전체를 사용하여 점이나 선을 그리며, 점차 손목의 움직임이 증가하여 곡선이나 동그라미를 그린다. • 원, 삼각형, 사각형, +, X 등의 단순한 기하학적 형태를 쓴다. • 통제된 긁적거리기가 나타나는 시기로, 크레용의 움직임이 일관성 있게 된다. • 세로줄을 보고 따라 그릴 수 있다. • 가로줄을 따라 그을 수 있다.

③ 사회관계 영역과 발달과의 관계

만 2세 영아는 만 0~1세 시기에 형성된 기본적인 애착과 신뢰감을 바탕으로, 타인과의 관계에서 자율성과 독립성을 점차 드러내기 시작한다. '내가 할래', '내 거야'와 같은 표현이 잦아지며, 자기중심적인 사고가 강해진다. 그리고 또래에 대한 관심도 높아지지만 여전히 병행놀이(옆에서 혼자 노는 놀이)가 중심이며, 직접적인 협동놀이는 아직 초기 단계에 머무른다. 또한 이 시기에는 자신의 감정을 적절히 조절하기 어려워 분노, 떼쓰기, 고집부리기 등의 행동을 보이기도 하며, 이는 정서와 사회성 발달 과정에서 자연스러운 현상이다(보건복지부 · 육아정책연구소, 2020 : 131−145).

이와 같이 이 시기에는 성인과의 상호작용을 통해 감정 조절을 배우며, 점차 타인의 감정을 인식하고 반응하는 능력도 발달하게 된다. 따라서 이 시기에는 안정적인 정서적 지지와 일관된 반응이 중요하다.

<표 4-11> 만 2세 사회관계 영역의 발달

연 령	내 용
24~36개월	• 소유욕이 생기고 독립성을 보인다. • 성인이나 다른 사람의 관심과 주의를 끌고 싶어 한다. • 다른 사람과의 접촉을 원하며, 항상 누군가와 함께 있거나 놀고 싶어 한다. • 성인에게 영향을 끼칠 수 있는 행동이 무엇인지 탐색하기 시작한다. • 내 것과 남의 것을 구분하여 물건 분류가 가능하다.

	• 익숙한 물건을 가지고 가상놀이를 한다. • 혼자놀이와 병행놀이 형태를 나타낸다. • 성별 구별이 가능해진다. • 다른 사람과 나누어 가질 수 있다. • 순서 지키기를 할 수 있다. • 점차 참을 수 있는 인내심이 생기기 시작한다. • 다른 사람의 감정을 이해하기 시작한다. • 다른 사람의 감정을 인식하고 위로하기도 한다. • 사람, 동물, 놀잇감에 대한 통제를 행사하며 타인에 대해 지시적이 된다.

출처 : 아이사랑보육포털(http://www.childcare.go.kr).

④ 예술경험 영역과 발달과의 관계

만 2세는 다양한 감각을 활용한 예술적 탐색 활동을 즐기며, 표현에 대한 즐거움과 흥미를 느끼는 시기이다. 선을 긋거나 색칠하기 등 낙서 수준의 표현 활동이 활발해지며, 이를 통해 손과 눈의 협응력을 기른다. 소리 나는 장난감을 흔들거나, 음악에 맞춰 몸을 흔드는 등의 활동도 자주 관찰된다. 특히 반복적인 손유희, 율동, 간단한 동요 따라 부르기 등은 청각적 감각과 리듬감을 자극하며, 자신만의 방식으로 감정이나 경험을 표현하려는 초기 단계로 볼 수 있다. 이 시기의 예술경험은 결과물보다 표현과정의 즐거움에 중점을 두고 지원해야 하며, 다양한 재료와 자극을 제공하는 것이 중요하다(보건복지부 · 육아정책연구소, 2020 : 196-215).

이와 같이 이 시기는 감각에 기반한 정서적 반응이 중심이며, 리듬과 색, 반복을 통한 표현이 활발해지며 점차 자신만의 표현 방식이 생기고, 예술적 활동이 놀이와 자연스럽게 통합될 뿐만 아니라 의도적인 표현과 상상력이 드러난다.

<표 4-12> 만 2세 예술경험 영역의 발달

연 령	내 용
24~36개월	• 음악, 색, 소리에 민감하게 반응하고 즐거움을 표현함 • 악기 두드리기, 손뼉 치기, 단순한 선 그리기 시도 • 익숙한 노래, 율동을 따라 하며 정서적으로 반응함 • 리듬에 맞춰 간단한 몸 동작을 표현하고 노래 일부를 따라 부름 • 소리, 형태, 색의 차이를 구별하고 선호가 드러남 • 크레용·물감 등 다양한 재료로 자유롭게 그림 그리기 시작 • 이야기나 음악을 듣고 감정을 표현하며 몰입함 • 놀이 속에서 노래하거나 역할극처럼 음악·동작을 결합해 표현함

⑤ 자연탐구 영역과 발달과의 관계

만 2세는 세상을 향한 강한 호기심과 탐색 욕구를 바탕으로 주변의 사물과 현상에 대해 스스로 관찰하고 실험하려는 행동을 보인다. 물건을 넣었다 빼기, 반복적으로 흔들기나 던지기 등의 활동은 단순한 놀이처럼 보이지만 사실은 원인과 결과에 대한 이해와 기초적인 과학 개념의 습득으로 이어진다. 또한 색, 모양, 크기 등의 사물 속성에 관심을 보이며 간단한 분류활동을 시도하기도 하고, 사물의 변화를 주의 깊게 바라보는 능력도 서서히 발달한다. 이는 인지발달과도 깊은 관련이 있으며, 다양한 감각적 자극을 통해 탐색능력과 문제해결 능력의 기초를 다져 나가는 시기이다(보건복지부·육아정책연구소, 2020 : 216-231).

이와 같이 이 시기에는 주변 세계를 실험하듯 경험하고, 이를 통해 인지적 기초를 다져 나간다. 탐색활동은 관찰, 비교, 분류로 점차 확장되고 감각과 언어가 결합되며, 문제해결 능력은 놀이를 통해 자연스럽게 발달하며 시도-실패-다시 시도 과정이 중요하다.

<표 4-13> 만 2세 자연탐구 영역의 발달

연 령	내 용
24~36개월	• 사물의 색, 크기, 소리, 움직임 등을 반복적으로 관찰함 • 물건을 넣고 빼기, 열기·닫기 등 단순한 조작을 반복함 • 사물을 비교하고 차이를 말하거나 표현함 • 목적을 달성하기 위해 도구(숟가락, 막대 등)를 사용해 봄 • 주변 환경에서 일어나는 변화를 인지하고 반응함(비가 와요, 해가 떴어요 등) • 실패해도 다시 시도하며 간단한 실험적 행동을 함 • 동물, 식물, 자연현상에 대해 관심을 보이고 질문함 • 블록 쌓기, 퍼즐 맞추기, 끼우기 등을 통해 원인–결과를 이해함

2. 유아 발달

1) 유아 발달의 개념

유아 발달은 출생부터 만 5세 또는 초등학교 입학 전까지의 시기에 나타나는 신체적, 인지적, 언어적, 사회·정서적 변화와 성장을 의미한다. 이 시기는 인간 발달에서 가장 기초가 되는 시기로, 이후 전 생애에 걸친 학습과 행동, 성격 형성에 지대한 영향을 미친다.

유아 발달은 단순히 키가 자라고 말문이 트이는 것을 넘어서, 외부 환경과의 상호작용 속에서 유아가 스스로의 능력을 점차 확장해 나가는 과정으로 이해할 수 있다. 발달은 연령에 따라 일정한 순서를 따르되, 유아 개인의 기질, 양육 환경, 문화적 배경 등에 따라 속도와 양상이 다양하게 나타난다. 또한 이 시기에는 여러 측면의 발달이 중요하게 이루어지며 속도는 감소하지만 매년 신장과 체중이 지속적으로 증가하고 뇌와 신경체계도 중요한 발달을 한다. 그리고 대소근육의 발달 및 협응을 통해 자조기술을 획득하며 이는 기본생활습관으로 연결된다. 그뿐만 아니라 의사소통 능력이 정교해지고, 요구나 감정을 조절할 수 있는 자기 통제력이 생겨나며, 상징능력과 사고능력 발달로 다양한 표상활동을 활발히 할 수 있게 되고, 주 양육자로부터 시작했던 애착과 애정은 이젠 또래로 향하게 되어 가족 외의 환경에 대한 이해 및 사회적 능력이 발달한다.

2) 유아 발달의 특징

(1) 신체운동 · 건강 영역과 발달과의 관계

유아기에는 신장과 체중이 증가하고 근육과 골격의 성장이 이루어지고 운동발달 능력이 증가하여 대근육과 소근육 운동능력이 크게 발달하고 정교해진다. 이 시기 신체발달은 많은 경우 유전적인 요인이 가장 크게 작용하지만 좀 더 신체발달이 잘 이루어지기 위해서는 규칙적인 생활습관과 운동, 칼슘과 무기질, 철분, 비타민, 단백질이 골고루 들어간 균형 있는 영양 공급과 식단 제공, 질병과 사고의 예방 등이 따라야 한다.

① 신장과 체중 발달

유아기 신체 변화는 비교적 규칙적이며 지속적으로 천천히 일어난다. 유아기 신장은 성인이 되었을 때 어느 정도 신장을 유지할 것인지 예측하는 지표로 활용되며, 신장과 체중의 개인차는 유전, 민족, 성, 호르몬, 영양, 건강, 생활조건과 같은 요인들에 의해 영향을 받는 것으로 각기 다른 성장패턴이 있다.

<표 4-14> 소아발육 표준치

신장(cm)		연 령	체중(kg)	
남아	여아		남아	여아
96.5	95.4	만 3세	14.7	14.2
99.8	98.6	만 3세 6개월	15.8	15.2
103.1	101.9	만 4세	16.8	16.3

106.3	105.1	만 4세 6개월	17.9	17.3
109.6	108.4	만 5세	19.0	18.4
112.8	111.6	만 5세 6개월	20.1	19.5

출처 : 보건복지부 질병관리본부(2017).

② 신체 비율 발달

유아기 신장 대 머리의 비율은 점차 줄어들어 성인의 모습으로 균형을 갖추어 가는데, 만 6세경에는 머리 크기가 신장의 1/6이 되고 팔과 다리가 길어짐에 따라 이동성이 증가하게 된다.

③ 골격과 치아 발달

골격발달은 운동발달과 몸의 균형에 영향을 미치며 각 부분 성장속도는 차이가 있어 두개골과 손뼈가 가장 먼저 성장하며 다리뼈는 10대 후반까지 성장이 지속된다.

치아는 생후 2.5~3년이면 유치(乳齒) 20개가 모두 나오고, 만 6~7세에 영구치로 교체된다.

④ 운동발달

유아기는 기본적인 운동기능이 발달하는 시기로 달리기와 뛰기, 공 던지기와 공차기, 자전거 타기, 줄넘기 등의 대근육 운동발달과 그림 그리기, 가위질하기, 단추 채우기, 숟가락과 젓가락 사용 등 소근육 운동능력이 발달하고 정교해진다. 또한 몸을 굽히고, 돌고, 흔들며 신체의 각 부분을 잘 움직일 수 있으며, 몸의 이동을 자유롭게 할 수 있다.

<표 4-15> 유아 신체운동 영역과 발달

연 령	영 역	내 용
만 3세	소근육	• 한쪽 눈 감고 물건을 재빨리 집는다(눈과 손의 협응이 잘 이루어짐). • 간단한 모양을 쉽게 그릴 수 있다. • 나무토막 9~10개를 쌓고, 나무토막 3개로 다리모양을 만들 수 있다. • 십자가 모방, 원을 그리고, 글자를 보고 그릴 수 있다. • 연필을 잘 잡고, 몸을 두 부분으로 나누어 머리와 몸을 그린다. • 종이에 색칠을 한 후 '그림'이라고 부른다. • 도움을 받아 옷을 입는다. • 장난감을 밀고 당긴다.
	대근육	• 걷기 : 율동적으로 걷거나, 팔을 앞뒤로 흔들며 걷는다. • 달리기 : 몸을 뻣뻣하게 세우고 달리며, 방향 전환과 급정지가 어렵다. • 뛰기 : 두 발로 깡충 뛰거나, 높이 뛰어오른다. • 페달 밟기 : 장난감 자동차에 올라타고 두 발로 민다. • 오르기 – 계단 오르기 시 한쪽 발을 올리고 다른 쪽 발을 그 옆에 놓는다. – 높은 곳에 올라갈 수 있지만 내려오지는 못한다. – 계단을 오를 때는 한 발로 차례차례, 내려올 때는 두 발을 모아서 내려온다 • 던지기 : 목표물에 공 던질 때 두 팔을 사용한다(발이나 몸은 움직이지 못함).
만 4세	소근육	• 신발 왼쪽, 오른쪽을 구별할 수 있다. • 혼자 옷을 입고(앞뒤, 위아래 구별 가능), 단추 잠그기가 능숙하다. • 네모 종이를 세모 모양으로 접기가 가능하며, 그려놓은 선을 따라 가위로 자른다. • 큰 구슬을 실에 꿰고, 네모를 보고 그린다.
	대근육	• 걷기 : 직선 위를 잘 걷고, 곡선 위를 걷는다. • 달리기 : 유연하게 잘 달리고 출발과 정지를 잘한다. • 뛰기 : 장애물을 뛰어넘고, 깡충깡충 뛰면서 앞으로 나아간다. • 페달밟기 : 세발자전거를 탈 수 있다. • 오르기 : 사다리, 정글짐, 미끄럼틀, 나무 등을 타고 오르내린다. • 던지기 : 몸을 앞뒤로 흔들며 한쪽 팔로 공을 던진다.
만 5세	소근육	• 사각형과 삼각형을 묘사하고, 단추를 채운다. • 이름을 쓸 수 있고, 가위나 간단한 도구를 사용한다. • 신발끈을 매고, 주전자의 물을 컵에 따르는 것이 숙달된다. • 한쪽 손의 사용이 우세해진다(오른손잡이, 왼손잡이).

	대근육	• 걷기 : 평균대 위를 걸을 수 있으며, 성인처럼 걷는다. • 달리기 : 빨리 잘 달리고(속력 내서) 달리면서 방향을 바꿀 수 있다. • 뛰기 : 높이뛰기와 넓이뛰기를 할 수 있고, 줄넘기를 한다. • 페달 밟기 : 세발자전거를 잘 타고, 두발자전거를 탈 수도 있다. • 오르기 : 성인처럼 오르고 내린다. • 던지기 : 공을 던질 때 팔꿈치를 사용하며 발을 내밀고 팔을 뻗어 던진다.

출처 : 정옥분(2007); 손혜숙 · 전경화 · 이석순 · 박은미 · 박지희(2018).

(2) 의사소통 영역과 발달과의 관계

① 언어발달

이 시기 언어발달은 문장 길이가 길어지며 끊임없이 이야기하는 특성을 지니고 있으며, 언어 규칙 체계에 대한 지식 습득과 성인의 언어처럼 복잡한 문장을 익혀나간다. 또한 복잡한 문장 이해와 노랫말을 기억하고 흥얼거리고, 언어 모방을 하며, 또래와의 상호작용 증가로 말하기, 듣기 기술이 크게 향상되고, 타협과 대화 속에서 상대를 주도하려고 하며, 새로운 이야기의 창작, 게임, 단어카드를 이용하기도 한다. 그뿐만 아니라 의미론, 화용론, 형태론, 구문론 등 언어 규칙 체계에 대한 많은 지식을 습득해 가며, 반복하기, 혼잣말하기, 집단적 독백의 언어 특징이 나타나고, 구어 사용 능력 확장, 문어 사용에 대한 흥미와 이에 대한 기초 능력이 발달하는 시기이므로 주변 생활에서 경험한 다양한 사물이나 사건들에 대한 이야기를 이해하고 또 이를 적합한 어휘로 표현하는 것이 중요하다(교육과학기술부 · 보건복지부, 2013). 특히 유아기에는 인지능력과 언어기술이 풍부해지면서 유아가 언어를 사회적 소통도구로 사용하는 의사소통 능력이 함께 발달한다.

<표 4-16> 유아 언어발달

연 령	구 분	내 용
만 3세	듣기	• 언어 폭발 시기이며, 공간에 대한 단어를 이해하고 사용한다. • 상대방이 이해하지 못하는 것 같으면 다시 설명한다.
	말하기	• 자신의 의사와 요구를 언어로 전달하려고 한다. • 새로운 단어를 들으면 반복하여 말하기를 좋아한다.
	읽기	• 그림책을 보며 등장인물이 무엇을 하고 있는지 설명한다.
	쓰기	• 그리기 2단계 : 도형단계 – 원, 삼각형, 사각형의 단순한 기하학적 형태, +, X자 모양 도형을 그린다. • 낙서를 한다(초기 손바닥 전체로 필기구를 잡다가 점차 손가락 이용). • 수직선이나 수평선, 원 모양 등을 따라 그린다. • 쓴 것과 그린 것을 구별하고, 연필, 볼펜, 사인펜 등 필기도구를 사용해 본다.
	어휘 발달	• 3~4개의 단어를 연결하여 이루어진 간단한 문장을 표현한다. • 접속사를 사용하고, 알고 있는 어휘 수는 900~1,200개 정도이다. • 질문이 많고 대명사, 조사, 형용사, 부사, 명령문, 과거시제를 사용한다.
	문법 발달	• 인간 언어의 특징인 위계 구조가 보이기 시작한다. • 서술문을 의문문, 부정문, 명령문과 같은 다른 종류의 문장으로 변형시키는 문법 규칙(변형문법)을 발달시켜 나간다.
	부정문	• '안 세수 해', '안 밥 먹어' 등과 같이 동사 앞에 '안'을 덧붙이는 부정의 표현과 '~하지 않는다'는 부정의 표현이 함께 나타난다. • '아니', '아니야' 부정문을 사용한다.
만 4세	듣기	• 수수께끼 등의 놀이를 좋아한다.
	말하기	• 자신의 생각과 느낌을 문장으로 표현하는 것이 가능해진다. • 자기중심적인 언어와 사회적 언어 사용이 나타난다. • 무슨 글자인지 물어보기도 한다.
	읽기	• 자신에게 익숙한 글자(자기 이름, 사물의 명칭)를 중심으로 읽을 수 있는 글자들이 점차적으로 증가한다(개인차가 있음).
	쓰기	• 쓰기 4~5단계를 보인다. – 4단계 : 글자형태가 나타나고 가끔 자모음 방향, 부분이 틀리는 단계 – 5단계 : 단어쓰기 단계 • 그리기 3단계 : 도안단계 – 기본 형태를 조합한 무늬를 그리고, 원 속에 직선을 그리거나 사각형 속에 원이나 삼각형을 그리기도 한다.

		• +자 모양, X자 모양, 네모, 자기 이름 쓰기를 할 수 있다. • 쓰라고 요청하면 쓰지만 굵적거릴 때가 많고, 자신이 쓴 것을 성인에게 보여준다. • 자기 이름에 있는 글자를 배우고, 가끔 어떤 글자를 써달라고 요구한다.
	어휘 발달	• 4~5개의 단어로 이루어진 문장을 사용한다. • 어휘 수는 1,500~2,000여 개 정도 된다. • 접속사나 조사를 적절하게 사용하면서 '무엇, 어디, 누가, 언제, 왜, 어떻게' 등의 의문사를 사용할 수 있다. • 문장은 단문에서 복문의 형태도 길이가 길어진다.
	문법 발달	• 명사, 동사, 형용사 등의 내용어를 사용한다. • 조사와 같은 기능어를 사용한다.
	부정문	• '~ 못해'와 같이 '못'을 동사나 형용사 앞에 위치하여(예 나 못 잘 타, 못 하려고 해 등) 해당 동사나 형용사를 부정한다.
만 5세	듣기	• 빠른 의미 연결이 절정에 달하는 시기이다. • 한두 번 들은 말을 그대로 학습하게 된다.
	말하기	• 자신의 생각을 논리적으로 표현하는 것이 가능해진다. • 자기중심적 언어에서 점점 벗어나 사회적 언어를 사용한다.
	읽기	• 손가락으로 지적해 가며 단어 읽기를 시작한다. • 문맥이나 글자와 발음의 관계에 대해 아는 것을 통합하여 읽기가 가능하다.
	쓰기	• 쓰기 5~6단계를 보인다(6단계 : 문장쓰기 단계). • 그리기 4단계 : 그림단계 – 실제 사물 표상 단계로 사람, 동물, 자동차, 나무, 집 등을 그리며, 인체의 세밀한 부분도 묘사할 수 있다. • 세모, 자기 이름 쓰기가 가능하며, 여러 가지 글자놀이를 즐긴다. • 자기가 한 말을 성인이 받아 쓸 때 문어로 이야기해 준다. • 자발적으로 쓰려고 모르는 글자를 묻는다. • 여러 가지 상황에 맞는 글이 있음을 알고 간단한 단어를 쓸 수 있으며, 여러 가지 쓰기 도구를 사용하여 간단한 글을 써보려고 한다.
	어휘 발달	• 수동태 등의 일부 복잡한 문장을 제외하고는 다양한 문장표현이 가능하다. • 6~8개 단어로 구성된 문장을 사용한다. • 어휘 수는 2,000~2,500개에 이른다.
	문법 발달	• 문장을 연결시킬 때 순접 접속사(and)를 가장 많이 활용한다. • 시간, 인과, 종속 접속사를 사용한다.
	부정문	• 문법적으로 정확한 부정문을 사용한다.

② 의사소통 능력 발달

<표 4-17> 유아 의사소통 능력 발달

연 령	내 용
만 3~4세	• 언어에 대한 탐구와 실험 시기로 사물명이나 새로운 낱말을 알고 싶어 한다. • 말하는 것을 즐기며 어휘가 급증하고, 3~4세경에는 900~1,300개 낱말을 구사하게 된다. • 단순문장(명사+동사)에서 접속사 · 조사 등을 사용한 긴 문장을 말한다. • 의문문과 부정문을 사용하지만 부정확한 형태가 많다. • ‘ㅅ’, ‘ㄹ’ 등은 부정확하게 발음하는 경우가 많다(할머니 → 하머니, 사자 → 따자 등). • 단순한 손유희와 운율 있는 노래를 좋아하고, 반복구절 노래를 통해 낱말을 배운다. • 누가, 언제, 어디서, 왜로 시작되는 질문을 많이 하지만 왜, 어떻게, 언제로 시작되는 질문에 대해서는 혼동하여 대답한다. • 낱자와 낱자처럼 보이는 것을 구분하기 시작한다. • 읽기에 관심을 보이지만 그림이나 글자 중 어떤 것을 읽어야 하는지 잘 구별하지 못하고, 책을 보며 의미를 비슷하게 꾸며 말하기로 읽는 경우가 대부분이다. • 초보적인 농담이나 수수께끼를 한다. • “여기 무엇이라고 써있어요?” 등 질문으로 글자의 의미에 관심을 가진다. • 쓰기 시도를 하나 대부분 긁적거리기 형태(선, 원, 세모 등)이며 자기 이름이나 친숙한 사물 이름 등을 그리듯 쓰기 시작한다. • 글자 쓰기에 관심이 많은 유아는 실제 글자 형태가 나타난다.
만 4~5세	• 친숙하지 않은 사람도 유아의 말을 알아들을 정도로 언어표현 기술이 발달한다. • 보통 4~5개의 단어로 문법에 맞고 길이가 긴 문장을 사용할 수 있다. • 간단한 노래 부르기를 좋아하며 동시와 손유희를 많이 안다. • 듣는 사람의 지식 정도에 따라 언어를 변화시킬 수 있다. • 이야기 나누기 시간 등 새롭고 정보를 담고 있는 사람에게 주의를 기울인다. • 상황에 적합한 이야기를 선택하여 말할 수 있게 된다. • 부분적 글자 읽기, 책 속 그림을 단어 몇 개를 사용하여 꾸며 말하기로 읽는다. • 그림과 글자, 글자와 숫자를 변별한다. • 자신이 낙서처럼 쓴 글자와 실제 글자의 차이를 인식하게 되고, 이 과정에서 글씨 쓰기를 어려운 것으로 생각하기도 한다.
만 5~6세	• 보통 5~6개 이상의 단어를 사용하여 전보다 더 완전한 문장을 사용한다. • 친구나 다른 사람들과 실제 생활이나 공유한 경험에 대하여 능숙하게 대화한다. • 대화에서 차례를 지키며 다른 사람의 말을 가로채는 경우가 줄어든다. • 말을 통하여 경험을 공유할 수 있으며, 여러 노래에 나오는 낱말을 안다.

	• 이야기 나누기 시간에 잘 듣고 참여하며, 이야기를 할 수 있다. • 다른 유아를 놀리기 위해서 특정한 얼굴 표정과 같은 비언어적 몸짓을 사용한다. • 간단한 동시 구절을 기억하며, TV 광고나 다른 사람의 문장이나 표현을 완벽하게 반복한다. • 갈등 상황을 언어로 해결 가능함을 알고, 문제 상황을 대화로 해결할 수 있게 된다. • 의사소통의 각 요소들을 잘 이해하여 적절하게 활용하여 대화에 참여하게 된다. • 몇몇 유아는 대화 수준이 성인의 언어와 비슷한 정도까지 향상되기도 한다.

출처 : 손혜숙 · 전경화 · 이석순 · 박은미 · 박지희(2015).

(3) 사회관계 영역과 발달과의 관계

유아기는 자신과 타인을 구분하고 사회 속 존재로서 자기 조절력을 키우며 관계 형성과 사회 규범을 학습하기 시작하는 시기이다. 또한 친구와 관계를 맺기 시작하고, 언어적 호기심이 급증하는 시기로 또래와 교사와의 언어적 상호작용이 많아진다. 이 시기는 논리력과 추리력을 요구하는 사고가 가능해지며 자신이 속해 있는 기관이나 지역사회로 관심사가 확장되는 가운데 사회성이 발달한다. 그러나 만 3세는 자존감 발달로 무엇인가를 혼자 하려고 하거나, 문제 해결을 하려고 하지만 자기중심적 사고로 또래와의 관계를 이해하거나 규칙을 지키는 것 등에 어려움을 느끼기도 한다. 사회성 발달은 크게 자아발달과 친사회적 행동, 공격적(반사회적) 행동, 도덕성 발달, 성역할 발달로 구분할 수 있다.

<표 4-18> 유아 사회관계 영역과 발달

연 령	내 용
만 3세	• 또래와 같이 놀고, 탐색하는 것을 좋아한다. • 타인과의 관계에서 점차적으로 자기조절력과 자기통제력이 발달한다. • 소유개념 발달로 인해 자기 것과 다른 사람의 것에 대한 구별이 가능하다. • 차례를 기다리지만 오랫동안 기다리는 것은 어려움이 있다.
만 4세	• 또래와 어울려 놀이하지만 놀이를 지속하지는 못한다. • 규칙을 이해하지만 협동놀이는 아직 미숙하다.
만 5세	• 사회적 규칙을 알고 이를 지키려고 노력한다. • 또래와의 협동놀이가 이루어진다.

<표 4-19> 사회관계 발달을 위한 요소

발달요소	사회관계 발달을 위한 요소
자아(자기조절력)	자아존중감, 감정 조절, 사회 규범 이해, 학습 태도 형성
친사회적 행동	또래 관계, 공감능력, 정서적 안정과 사회 적응
반사회적 행동 감소	공격성 예방, 바람직한 행동 학습, 문제행동 방지
도덕성	규칙 이해, 자율적 가치 판단, 책임감 형성
성역할	자기 정체감 발달, 고정관념 탈피, 성평등 의식

① **자아발달**(self-development)

자아발달은 자신과 타인을 구별할 수 있는 자아의 인식에서 출발하는 것으로, 자아 인식은 자아개념의 발달을 촉진시키고 이는 다시 자아존중감의 바탕이 된다. 자신을 바르게 알고 스스로의 가치를 깨달으며 자신과 타인을 존중하는 과정으로 발전되어 간다.

- **자아개념**(self-concept) : 자아개념은 자신이 누구인지에 대한 능력, 가치 등의 총체적 지각으로 6개월경부터 나타나며 자신과 타인이 다른 존재임을 깨닫는 것으로부터 출발한다.
- **자아존중감**(self-esteem) : 자아존중감은 자신이 스스로를 유능한 존재이며 성공적 존재로 생각하는 것으로 사회적 평가를 기초로 만 3세경에 나타난다.
- **자기조절력**(self-regulation) : 자기조절력은 선행 경험과 정보에 근거하여 사회적으로 용납되는 행동에 맞추기 위해서 자신의 행동을 스스로 변화시키거나 행동을 지연시키는 능력이다. 이러한 자기조절력은 주의집중력, 학습능력, 스트레스 대처력 등과 밀접하게 연결되어 있는데, 이 능력이 미비할 경우 또래 관계에서의 갈등이 잦아지고, 감정 조절 실패로 인한 부적응 행동이 나타나기 쉽다.

② **친사회적 행동**(prosocial behavior)

친사회적 행동은 유아가 타인과 관계 형성을 원활히 하기 위한 핵심능력으로 성인이 된 이후 대인관계 만족도, 리더십, 정서적 안정성과 관련이 있다. 이는 자기중심적인 사고에서 벗어나야 비로소 가능해지는 것으로 이타심과 배려심을 가지는 것이다.

- **이타적 행동**(altruistic behavior) : 이타적 행동은 '넘어진 친구를 일으켜 세워주거나 달래주는 행동'이 칭찬, 보상, 격려를 기대하지 않고 이루어지는 것으로, 만 2세 이후 인지능력이 증진되고 의사소통이 가능해지는 시기가 되면 자연스럽게 나타나기도 한다.
- **감정이입**(empathy) : 감정이입은 유아가 다른 사람의 왜 저런 감정을 갖게 되었는지를 이해하고 자기의 감정과 타인의 감정을 받아들이는 것이다. 예를 들어, 친구가 놀이 중 다쳐서 아파할 때 함께 슬퍼하는 것은 친구에게 감정이입이 된 것이다.

호프만(Hoffman, 1987)은 연령에 따른 감정이입 발달단계를 4단계로 제시하였다.

<표 4-20> 호프만의 감정이입 발달단계

단계	유형	내용
1단계 (만 0~1세)	총체적 감정이입	• 다른 사람이 느끼는 감정을 본인이 느끼는 감정으로 혼동 • 다른 사람의 고통을 자신의 고통으로 오해 • 다른 영아가 넘어져 울면, 자기가 넘어진 것처럼 따라 욺
2단계 (만 1~2세)	자기중심적 감정이입	• 다른 사람 고통이 자신의 고통이 아님을 이해하기 시작 (하지만 자신과 다른 사람의 감정이 다름을 이해 못함) • 타인 아픔이 자신의 것이 아님은 알지만 적절히 반응 못함(예 친구가 아파서 울면 상황에서 벗어나고 싶어서 따라 욺)
3단계 (만 2~3세)	다른 사람의 정서에 대한 감정이입	• 다른 사람과 다른 감정을 가지고 있다는 것을 깨달음 • 다른 사람이 고통을 겪어도 자신은 안전한 상태임을 앎 • 문제의 원인을 파악하여 해결해 주려는 배려심을 갖기 시작 • 다른 사람의 감정에 대한 반응은 눈 앞에 있을 때만 가능 (친구가 울면 달래주려는 마음은 있지만 엄마가 부르거나 다른 친구가 놀자고 하면 우는 친구는 잊어버림)

4단계 (만 3세 이상)	다른 사람의 일반적 곤경에 대한 감정이입	• 다른 사람의 고통을 상상하는 것만으로도 감정이입 할 수 있음 • 직접 눈으로 본 것 외에도 감정이입 가능 • 장애, 가난 등 사회적 약자에 대해 감정이입이 가능 • 넘어져서 우는 친구를 위로해 주다가 집에 가야 할 경우 돌아가는 차 안에서 친구를 걱정할 수 있음

- **조망수용 능력**(perspective taking ability) : 조망수용 능력은 다른 사람의 관점이나 입장을 이해하는 능력이다. 샐리와 앤(Sally & Anne)은 실험을 통해 만 4세 무렵 조망수용 능력이 형성된다고 하였으며, 셀만(Selman)은 4단계로 발달단계를 제시하였다.

<표 4-21> 셀만의 조망수용 능력 발달단계

0단계 (만 3~6세)	자기중심적 관점수용 단계 (egocentric viewpoint)	• 다른 사람이 자신과 다른 생각을 할 수 있다는 것을 이해하지 못함
1단계 (만 6~8세)	주관적 조망수용 단계 (social information subjective perspective taking)	• 한 사건에서 생각이 다름을 이해 • 의견 차이에서 자신이 맞다고 생각
2단계 (만 8~10세)	자기반성적 조망수용 단계 (self-reflective perspective taking)	• 다른 사람 입장으로 생각할 수 있음 • 타인 생각의 옳음 인정 가능
3단계 (만 10~12세)	상호적 조망수용 단계 (mutual perspective taking)	• 이해 당사자 외 제3자의 시각을 이해 • 문제 발생 시 제3자의 입장에서 객관적으로 생각하게 됨
4단계 (만 12세 이후)	사회적 조망수용 단계 (social and conventional system perspective taking)	• 한 사건에 대해 다른 생각은 입장 차이임을 알게 됨 • 사회적 합의나 다른 사람 의견에 관심 가짐

③ **반사회적 행동**(antisocial action)

반사회적 행동은 유아 스스로의 학습과 발달, 놀이에서의 성공을 방해하고 유아 자신과 또래 또는 성인에게 나쁜 영향을 미치며 미래에 사회적 문제를 일으키거나 학업에서 실패하는 등의 위험에 처하게 하는 행동이다. 유아기 반사회적 행동의 대표적인 예는 때리기, 물건 던지기, 고집 부리기, 공격적 언어 사용 등 공격적 행동이라고 볼 수 있는데, 이러한 행동의 의도성 유무에 따라 공격적 행동으로 규정한다(김경철 외, 2018). 이 시기 적절한 개입 없이 방치될 경우 습관화되어 장기적으로는 문제행동으로 고착될 위험이 있다.

④ **도덕성(morality) 발달**

도덕성은 인간으로서 당연히 지켜야 하는 규칙이나 가치에 대한 생각과 행동, 정서를 포함(박성연, 2006)하며 착한 일과 나쁜 일을 구분하고 옳고 그름을 판단하는 능력이다. 이러한 도덕성은 단순한 행동 규칙 암기를 넘어 내면화된 가치 판단과 자율적 행동 조절을 포함하는 것으로 유아기에 부모나 교사로부터 적절한 교육과 도움을 통해 학습하면서 발달시켜야 하는 능력이다. 이 시기의 도덕적 경험은 이후 양심, 책임감, 사회규범 수용의 근간이 된다(김경철 외, 2018). 도덕성 발달에 대한 이론은 콜버그(Kohlberg)와 피아제(Piaget)의 도덕성 발달 이론을 들 수 있는데, 콜버그는 만 10~16세가 대상이므로 피아제의 유아 도덕성 발달단계를 통해 살펴보면 <표 4-22>와 같다.

<표 4-22> 피아제의 도덕성 발달단계

1단계 (만 2~4세)	전도덕성 단계 (pre-moral stage)	• 도덕성이 본격적으로 형성되기 이전 단계 • 유아의 개인적 욕구나 감정이 여과 없이 표현 • 도덕적 갈등상황을 제시해도 도덕적 인식을 이끌어 내기 어려움
2단계 (만 5~7세)	도덕적 실재론 단계 (moral realism stage)	• 도덕적 판단 시작 단계 • 어른의 규제와 기준에 따라 타율적 도덕적 판단 가능 • 도덕적 판단 타율적 - 타인 입장 받아들이기 어려움 • 옳고 그름에 대한 판단이 이분법적임(타인의 판단을 그대로 규칙으로 받아들이므로) • 착한 일 하면 상, 나쁜 일 하면 벌을 받는다고 여김
3단계 (만 8~11세)	도덕적 상대론 단계 (moral relativistic stage)	• 자율적으로 도덕적 판단 가능

⑤ 성역할(gender role) 발달

성역할 발달은 유아가 자신의 성별에 따라 사람들이 사회·문화적으로 적합하다고 정해놓은 행동과 관심, 정서, 태도, 반응 등을 습득해 가는 과정이다(Berk, L. E., 2013). 이 시기에는 자신의 성별을 인식하고 주변 어른들의 역할을 관찰하며 성역할 정체성을 형성한다. 이때 성역할 고정관념을 방지하고 평등하고 유연한 성의식을 가르치는 것은 중요한 발달과제이다. 특히 다양한 직업과 역할 모델을 경험하게 하여 자신의 가능성을 제한하지 않는 태도를 기르도록 지원할 필요가 있다.

<표 4-23> 성역할 발달

항 목	내 용
성 정체감 형성	• 3세 전후로 자신의 성별(남/여)을 인식함 • "나는 남자야", "나는 여자야" 같은 표현 사용
성역할 모방 행동	• 부모, 교사, TV 속 인물 등 주변 성인 행동을 모방하여 성별에 따른 역할 학습
성별 고정관념 발달	• 남자는 파랑, 여자는 분홍 • 남자는 활동적, 여자는 얌전하다는 이분법적 사고가 강화됨
성차별적 언행 수용	• "여자는 못해", "남자가 우는 건 창피해"와 같은 말에 쉽게 영향 받음
또래 관계와 성별 분화	• 또래 집단 놀이에서 동성 친구를 선호하는 경향이 뚜렷해짐
성에 대한 호기심 증가	• 신체 차이와 성에 대해 질문이 많아짐 • "왜 나는 여동생이랑 달라?" 등 궁금증 표출

출처 : 정옥분(2022); 김경철 외(2018); 보건복지부·육아정책연구소(2020).

(4) 예술경험 영역과 발달과의 관계

만 3~5세 시기의 예술경험은 감성적 미적 감수성의 성장 및 창의적 표현력의 확장으로 특징지어진다. 이 시기에는 다양한 예술 매체와 장르(노래, 악기, 미술, 극놀이 등)를 경험하며 자신의 감정과 이야기를 자유롭게 표현하게 된다. 또한 타인의 표현을 존중하고, 전통문화 예술에 대한 친숙함도 함께 길러진다(보건복지부·육아정책연구소, 2020 : 220-235).

<표 4-24> 유아 예술경험 영역과 발달

연 령	내 용
만 3~5세	• 색, 소리, 리듬 등 다양한 예술 자극에 반응 : "예쁘다", "멋지다" 등 감정 표현 시작 • 간단한 노래, 리듬 악기 연주, 자유 낙서 시도 • 자신이 만든 작품에 감정 표현 : 다른 유아의 작품을 감상하며 흥미 보임 • 율동 따라 하기, 노래 원곡 따라 부르기 시작 • 다양한 예술 장르(무용, 그림, 이야기 등)에 흥미 : 전통적 표현에도 관심 증대 • 인물 · 동물 그리기, 역할극/극놀이 참여 • 아름다움에 대한 인식이 정교해짐 : 다른 친구의 표현을 존중하며 감상 태도 보임 • 악기 협연, 동화 각색 → 극화, 창작 노래 시도

(5) 자연탐구 영역과 발달과의 관계

만 3~5세는 유아가 주변 세계에 대한 탐구심과 과학적 사고의 기초를 형성하는 시기이다. 이 시기에는 다양한 자연 현상과 사물을 감각적으로 탐색하고 비교 · 분류하며, 간단한 실험 행동을 통해 원인-결과 관계, 속성과 변화 등에 대한 이해를 넓혀간다. 이를 통해 유아는 인지적 호기심과 문제해결 태도를 자연스럽게 발달시키게 된다(보건복지부 · 육아정책연구소, 2020 : 250－265).

<표 4-25> 유아 자연탐구 영역과 발달

연 령	내 용
만 3~5세	• 주변 세계에 대한 호기심 폭발, 새로운 사물에 탐색 시도 • 물건의 색, 크기, 모양 등 간단한 비교 · 분류 시도 • 날씨, 동식물 등 자연현상에 관심, 질문하기 시작 • 물건을 넣었다 빼기 등 반복 실험 행동, 원인-결과 인식 • 주변 변화에 반응하고 관찰 습관 형성 • 길이 · 무게 같은 속성 비교 시도, 규칙성 이해 시작 • 계절 · 날씨 변화에 의미를 연결하며 일상과 연관짓기 • 퍼즐 · 블록 등 문제 해결 놀이에 적극 참여, 도구 사용 증가

생각해 보기

1. 〈언어습득의 비밀〉 다큐멘터리를 보고 영유아의 언어습득에 대해 생각해 보세요.

언어습득의 비밀(EBS 아기성장보고서)

인간이 다른 동물과 구별되는 여러 요소 가운데 하나가 언어이며, 태어나면서부터 언어학습이 가능하도록 프로그래밍되어 있다.
인간에게 언어는 생물학적 구조의 일부이다. 지능, 계층과 상관없이 모든 인간들은 언어를 습득한다. 성인이 되어서 외국어를 배우는 과정은 너무나 어렵지만 아기들은 너무나 쉽고 자연스럽게 언어를 배운다.

출처 : EBS 아기성장보고서.

2. 감정에 대한 영화를 보고 유아들의 감정에 대해 생각해 보세요.

인사이드 아웃(Inside Out)

미네소타에서 태어난 소녀 라일리의 머릿속에는 기쁨, 슬픔, 소심, 까칠, 버럭이라는 다섯 가지 감정이 존재한다. 12살이 되어 이사를 하게 되는데, 이사를 온 것도 힘든데, 집도 좋은 곳이 아니고 짐을 실은 차가 제때 오지 않는다. 학교에서 자기소개를 할 때, 처음에는 기쁨이가 소개를 하지만 슬픔이가 끼어들어서 결국 울게 된다. 슬픔이가 기쁨이의 기억들을 만지면 파란색으로 변하며 라일리가 떠올리면 슬퍼진다. 기쁨이는 슬픔이가 기억들을 만지지 못하게 하다가 장기기억 저장소로 가게 된다. 결국 둘 다 기억쓰레기장에 버려진다. 기쁨이가 사라지자 라일리는 더 이상 행복하지 않고, 버럭이는 라일리가 가출하게 한다. 가족 섬, 우정 섬, 정직 섬 등 핵심 기억으로 만들어진 다섯 가지 섬이 무너지기 시작하고, 지름길도 막히면서 본부까지 도착하기가 어려워지는데…

출처 : 위키백과(https://ko.wikipedia.org/wiki/%EC%9D%B8%EC%82%AC%EC%9D%B4%EB%93%9C_%EC%95%84%EC%9B%83_(2015%EB%85%84_%EC%98%81%ED%99%94).

참고문헌

곽금주(2022). 발달심리학. 박영사.

교육과학기술부(2013). 만 5세 누리과정. 교육과학기술부·보건복지부.

교육부(2024). 2024 개정 표준보육과정 해설서.

김경철 외(2018). 유아사회교육. 학지사.

김수향·박수연·안은희·유은숙·이귀옥·이성주(2021). 보육과정. 공동체.

김정민·김미영·김은희·문혁준·박은혜·이정림·장영애·조복희·최경숙·홍혜경(2020). 아동발달. 학지사.

김정원·김유정·이정아(2006). 방과후 아동지도. 공동체.

문혁준(2015). 영아발달. 창지사.

민선혜·임승렬·김효생(2008). 0~3세 영유아를 위한 몬테소리 교육의 이론과 실제. 양서원.

박성연(2006). 아동발달. 교문사.

박정빈·김나원·김영주·정명자·황은희(2020). 방과후 아동교육과정. 정민사.

보건복지부·육아정책연구소(2020). 제4차 표준보육과정 : 0~5세 보육과정 총론 및 연령별 보육과정. 보건복지부.

성미영(2016). 언어지도 : 4차 표준보육과정을 반영한. 학지사.

손혜숙·전경화·이석순·박은미·박지희(2015). 유아발달. 정민사.

정옥분(2022). 아동발달의 이해. 학지사.

Berk, L. E.(2013). *Infants and Children : Prenatal through Middle Childhood*(7th ed.). Pearson Education.

David R. Shaffer(2000). 발달심리학. 송길연·김수정 공역. 시그마프레스.

David R. Shaffer & Katherine Kipp(2014). 발달심리학(제9판). 송길연·장유경·이지연·정윤경 공역. 박영스토리.

〈웹사이트〉

위키백과. https://ko.wikipedia.org/wiki/%EC%9D%B8%EC%82%AC%EC%9D%B4%EB%93%9C_%EC%95%84%EC%9B%83_(2015%EB%85%84_%EC%98%81%ED%99%94)

Gesell(1954). 발달이정표(Gesell's developmental milestones). http://www.drchoi.pe.kr/develop1.html

https://cafe.daum.net/yhoh/Lb29/80

https://docuprime.ebs.co.kr/docuprime/replay/192/list?courseId=BP0PAPE0000000009&stepId=01BP0PAPE0000000009

제5장

2024 개정 표준보육과정

제 5 장

2024 개정 표준보육과정*

이 장에서는 표준보육과정의 변천과 발전 과정을 살펴보고, 2024 개정 표준보육과정의 의미를 이해한다. 이를 위해 2007년 최초의 표준보육과정부터 2024 개정 표준보육과정까지의 변천 과정과 2024 개정 표준보육과정의 성격, 총론의 내용을 중심으로 표준보육과정의 구성 방향, 운영에 대해 살펴보고자 한다. 이 장을 통해 표준보육과정의 목적인 영유아가 놀이를 통해 심신의 건강과 조화로운 발달을 이루고 바른 인성과 민주시민의 기초를 형성하기 위한 기반을 이해하고자 한다.

1. 표준보육과정의 발전 과정

1) 표준보육과정의 연혁

우리나라의 보육과정은 2007년 표준보육과정이 고시된 이후 2024년에 표준보육과정이 5번째로 개정되어 2025년 3월부터 적용・시행되고 있다. 표준보육과정은 만 0~5세 영유아를 위한 국가 수준의 보육과정으로서 국가 수준의 보육목표와 영유아가 경험하게 되는

* 이 장은 김수향 등(2021)의 보육과정 제5장을 수정 보완하였고, 교육부(2025)의 2024 개정 표준보육과정 고시와 2024 개정 표준보육과정 해설서 내용을 중심으로 구성하였다.

보편적인 보육내용이 제시되어 있다. 표준보육과정은 2004년 「영유아보육법」 제29조에 의해 표준보육과정의 개발 및 보급을 위한 법적 근거를 마련한 이후 제정과 개정을 통한 지속적인 변화와 발전을 이루어 왔다.

(1) 2007년 표준보육과정(여성가족부, 2007)

1991년 「영유아보육법」이 제정되고 보육의 법적 토대가 마련되었다. 2004년에 「영유아보육법」이 개정되기 전까지 어린이집은 유치원 교육과정에 준하여 교육내용이 운영되었으나 2004년 개정된 「영유아보육법」 제29조 시행령에 의거하여 표준보육과정 개발과 보급을 위한 법적 근거가 마련되었다. 2005년에 여성가족부가 표준보육과정을 연구・개발하고 2006년 11월 10일에 「영유아보육법 시행규칙」 제30조 관련 표준보육과정의 하위 법령을 개정하였으며, 2007년 1월 3일 최초의 표준보육과정의 구체적 보육내용을 고시하게 됨으로써 어린이집에서도 국가 수준의 보육과정이 시행된 것이다.

2007년 표준보육과정은 2세 미만 보육과정(1・2・3 수준), 2세 보육과정(1・2 수준), 3~5세 보육과정(1・2・3 수준)으로 보육시설 영유아의 전인적인 성장과 발달을 돕고, 민주시민으로서의 자질을 길러 영유아가 심신이 건강하고 조화로운 사회 구성원으로 자라도록 함을 목적으로 보육현장에 적용되어 왔다. 표준보육과정의 추구하는 인간상은 자율적인 사람, 창의적인 사람, 다양성을 인정하는 사람, 민주적인 사람, 우리 문화를 사랑하는 사람이 제시되었다. 또한 2007년 표준보육과정은 표준보육과정, 해설서, 구체적인 보육내용 및 교사지침 등에 대한 내용으로 구성되어 현장에서 적용될 수 있도록 하였다.

2007년 표준보육과정의 주요 특징은 국가 수준의 보육과정으로 최초로 제정되어 표준화된 보육내용을 제공하였고, 만 0세부터 만 5세까지 영유아 발달단계별・6개 영역(신체운동, 건강, 사회관계, 의사소통, 자연탐구, 예술경험)을 중심으로 구체적인 보육내용을 제시하였다. 이후 사회적 변화와 보육 여건의 변화에 따라 표준보육과정에 대한 개정의 필요성이 대두되었다. 이에 따라 2010년 6월에 표준보육과정 개정안에 대한 연구가 시작되었고,

2011년 3월 공청회를 거쳐 고시하였다. 그러나 어린이집과 유치원에서 이원화로 운영되는 상황에서 2011년 5월 2일 정부가 표준보육과정과 유치원 교육과정을 통합한 공통과정 제정을 발표하면서 '표준보육과정 개정안' 고시는 유보되었고, 이후 2011년 9월에 어린이집과 유치원의 공통 과정인 '5세 누리과정'이 고시되었다.

(2) 제2차 표준보육과정(보건복지부, 2012)

제2차 표준보육과정은 정부에 의해 어린이집과 유치원의 공통 과정인 누리과정이 고시된 후 5세 누리과정과의 연계를 고려하여 만 0~4세 영유아를 대상으로 한 제2차 표준보육과정을 2012년 2월 29일에 고시하였다. 제2차 표준보육과정은 어린이집에서 영유아가 공통적으로 경험해야 할 기본적인 내용을 국가적 차원에서 제시한 것이다.

제2차 표준보육과정은 기존의 표준보육과정에 총론을 추가하여 표준보육과정의 방향성을 제시하였고 보육영역의 기초를 강화하였다. 구체적인 목적은 '전인적인 성장발달과 의미 있는 학습을 통해 영유아의 잠재력을 최대한 개발하고, 민주시민으로서의 역량을 키워 영유아가 심신이 건강하고 조화로운 개인과 사회 구성원으로 성장하도록 함'에 있다. 제2차 표준보육과정의 추구하는 인간상은 자율적인 사람, 창의적인 사람, 다양성을 인정하는 사람, 민주적인 사람, 자연과 문화를 사랑하는 사람이다. 구성 체계는 기본생활 영역, 신체운동 영역, 사회관계 영역, 의사소통 영역, 자연탐구 영역, 예술경험 영역 등 총 6개 영역으로 구성되어 있고, 연령집단은 3개 집단으로 만 2세 미만, 만 2세, 만 3~5세로 구분되었다. 보육내용의 수준별 구분은 만 2세 미만은 1·2·3·4수준, 만 2세는 1·2수준, 만 3~5세는 1·2·3수준으로 제시되어 있다.

보육과정의 운영은 총론의 내용을 근거로 하여 어린이집에서 「영유아보육법」의 보육이념과 목표를 달성하도록 하였다. 또한 영역별 목표와 내용에 따라 연령별 보육계획을 수립하여 편성하고 운영하되 계절이나 지역 내 특별 행사 또는 어린이집의 환경 등을 고려하여 연간, 월간, 주간 보육계획을 수립하도록 하였다. 보육과정 편성을 위해 어린이집은 영유아의 연령, 발달 수준, 흥미, 장애 등 개인차와 가정환경을 반영하여 수준별 보육 내용을 편성하되, 각 어린이집과 지역사회의 특성을 고려하도록 하였다. 구체적인 보육 과정을 실시할 때 어린이집은 보육목표와 보육내용에 적합한 보육 활동을 다양하게 선정하여 통합적으로 운영하고, 영역별 경험이나 활동을 균형 있게 제공해야 함을 명시하였다. 어린이집은 보육계획을 문서화하여 보육내용의 선정과 실시 과정이 적절하였는지를 정기적으로 평가하고, 보육과정의 목표와 내용을 부모와 지역사회에 다양한 방법으로 알리고, 보육과정 운영 시 부모가 적극적으로 참여할 기회를 제공함으로써 가정과 지역사회의 긴밀한 협조를 얻을 수 있도록 하였다.

5세 누리과정이 제정·운영되면서 2013년부터 만 3~4세까지 누리과정을 확대한다는 도입 계획이 발표되었다. 2012년 3월부터 5세 누리과정과 연계하여 3~4세 연령별 누리과정이 개발되어 2012년 7월에 고시되었고, 기존의 5세 누리과정이 개정 고시되었다.

(3) 제3차 어린이집 표준보육과정(보건복지부, 2013)

제3차 어린이집 표준보육과정은 어린이집 만 0~5세 영유아의 연속적 경험과 연령 간의 발달적 연계를 위해서 제2차 표준보육과정 중에서 3~5세 연령별 누리과정의 목표와 내용을 고려하여 0~1세 보육과정, 2세 보육과정을 개정하였다. 이에 2013년 1월 21일에 누리과정을 포함하여 전체적으로 제3차 어린이집 표준보육과정을 고시하였고 2013년 3월 1일부터 시행되었다. 제3차 어린이집 표준보육과정부터 어린이집의 만 0~5세를 대상으로 함을 명시하기 위해 '어린이집'이라는 용어를 제시하였다. 제3차 어린이집 표준보육과정은 어린이집의 만 0~5세 영유아들에게 국가 수준에서 제공하는 보편적이고 공통적인 보육 목표와 내용을 제시한 것이다. 제3차 어린이집 표준보육과정은 0~1세 보육과정(기본생활, 신체운동, 의사소통, 사회관계, 예술경험, 자연탐구 등 6개 영역), 2세 보육과정(기본생활, 신체운동, 의사소통, 사회관계, 예술경험, 자연탐구 등 6개 영역), 3~5세 보육과정(누리과정 포함, 신체운동·건강, 의사소통, 사회관계, 예술경험, 자연탐구 등 5개 영역)으로 구성하였다. 제3차 어린이집 표준보육과정은 국가 수준의 어린이집 표준보육과정을 시행함으로써 영유아의 전인적 발달과 우리 문화에 적합한 내용을 일관성 있고 연계적으로 실천하며, 궁극적으로 사회에서 추구하는 인간상을 구현하고 전국 어린이집의 질적 수준을 높이는 데 기여하고자 하였다. 제3차 표준보육과정의 추구하는 인간상은 심신이 건강하고 행복한 사람, 자율적이고 창의적인 사람, 자신과 타인을 존중하고 배려하는 사람, 자연과 우리 문화를 사랑하는 사람, 다양성을 인정하는 민주적인 사람이다.

또한 제3차 어린이집 표준보육과정의 기본 전제는 영유아는 개별적인 특성을 지닌 고유한 존재로 연령에 따라 발달적 특성이 질적으로 다르며, 그 자체로 존중받아야 하는 존재임을 명시하였다. 또한 영유아는 직접적으로 경험할 때 의미 있는 지식, 기술 및 바람직한 태도를 형성해 가고, 일상생활이 편안하고 학습과 경험이 놀이중심으로 이루어질 때 최대의 능력이 발휘되며, 민감하고 반응적인 성인과의 신뢰 관계 속에서 최적의 발달을 이룰 뿐만 아니라 영유아가 속한 가정, 지역사회가 함께 협력할 때 영유아에게 가장 긍정적인 영향을 미칠 수 있음을 제시하였다. 더불어 제3차 어린이집 표준보육과정은 영유아의 심신 건강과 전인적인 발달을 도와 행복을 도모하며 민주시민의 기초를 형성하는 것을 목적으로 표준보육과정의 구성 방향과 체계를 구체적으로 제시하여 각 연령 간의 연계를 고려하여 운영하도록 하였다.

2011년 9월에 제정된 5세 누리과정은 2013년 3월부터 유치원과 어린이집에 다니는 만 5세 모든 유아에게 공통적으로 시행되었고, 대상 연령이 만 3~5세로 확대되어 운영되었다. 이후 2017년 교육부는 '유아교육 혁신방안'을 발표하면서 '유아가 중심이 되는 놀이 위주의 교육과정 개편'을 명시하면서 유아놀이 중심 교육과정 개편 방향을 반영하여 2019년 7월에는 3~5세 누리과정을 개정하여 2019 개정 누리과정을 고시하였다. 2019 개정 누리과정은 국가 수준의 공통 교육과정으로 2007 개정 유치원 교육과정에서 제시하는 '학습자에게 제공할 학습경험을 미리 선정하고 조직하여 교육 경험의 질을 구체적으로 관리하는 교육의 기본 설계도'의 의미와 2015 초・중등학교 교육과정에서의 '학교의 교육 목적 및 목표를 달성하기 위해 교육 내용 또는 학습경험을 선정・조직・실천・평가하는 제 행위'로서의 의미가 있다. 이와 같이 2019 개정 누리과정은 '교육목표를 달성하기 위해 교육내용을 선정・조직하는 방식'임을 고려하여 '유아가 경험하는 총체'임에 중점을 두고 교사와 유아가 함께 만들어 가는 교육과정임을 명시하고 있다. 이와 같이 2019년 누리과정이 개정되면서 보건복지부는 만 0~5세의 연속적 경험과 연령 간 발달적 연계를 위해 제3차 어린이집 표준보육과정 내용 중에서 총론의 일부와 0~1세 보육과정, 2세 보육과정의 영역별 목표와 내용을 개정하여 2020년 4월에 제4차 어린이집 표준보육과정으로 고시하였다.

(4) 제4차 어린이집 표준보육과정(보건복지부, 2020a; 2020b)

2020년 4월에 고시된 제4차 어린이집 표준보육과정은 2020년 9월 1일부터 시행되었다. 제4차 어린이집 표준보육과정은 2017년 12월 보건복지부에서 제3차 중장기보육 기본계획(2018~2022)에서 제시한 '영유아의 행복한 성장을 위해 함께하는 사회'라는 비전과 국정과제인 '보육・양육에 대한 사회적 책임 강화' 실현을 위한 4개 분야인, '보육의 공공성 강화', '보육체계 개편', '보육서비스의 품질 향상', '부모 양육지원 확대' 방안과 영유아의 교육수요 변화 등을 고려하여 누리과정의 개편을 예정하고, 0~2세 표준보육과정도 영아의 놀이권리 및 균형적 발달을 고려하여 개정하였다. 이에 따라 2019년 누리과정의 개정과 제3차 어린이집 표준보육과정 개정 연구를 통해 제4차 어린이집 표준보육과정으로 개정 고시된 것이다.

제4차 어린이집 표준보육과정은 표준보육과정의 성격과 총론(표준보육과정의 구성 방향, 표준보육과정의 운영), 0~1세 영역별 목표 및 내용, 2세 영역별 목표 및 내용, 3~5세 영역별 목표 및 내용이 제시되어 있다. 제4차 어린이집 표준보육과정의 성격은 만 0~5세 영유아를 위한 국가 수준의 보육과정이며 0~1세 보육과정, 2세 보육과정, 3~5세 보육과정(누리과정)으로 구성하고, 국가 수준의 공통성과 지역, 기관 및 개인 수준의 다양성을 동시에 추구하고, 영유아의 전인적 발달과 행복 추구, 영유아중심과 놀이중심 추구, 영유아의 자율성과 창의성 신장 추구, 영유아・교사・원장・부모 및 지역사회가 함께 실현해 가는 것을 추구한다. 이를 토대로 제4차 어린이집 표준보육과정의 고시 특성을 살펴보면 다음과 같다(보건복지부, 2020b).

① 총론은 3~5세 보육과정(누리과정) 개정 방향과 취지를 수용하되 보육의 정체성을 유지하고 영아보육의 특성 반영

② 0~2세 영역별 내용은 제3차 어린이집 표준보육과정을 토대로 영아보육의 특성 반영

③ 0~1세 보육과정, 2세 보육과정, 3~5세 보육과정(누리과정)으로 기존의 연령 체계를 유지하여 제시

④ 영역, 내용범주, 내용 체계 유지, 0~1세의 4수준, 2세의 2수준으로 구분하였던 세부내용을 내용과 통합하여 구성 체계를 조정

⑤ 0~2세 보육과정은 기존의 6개 영역 유지, 내용 간략화

⑥ 전체적으로 영유아중심, 놀이중심 추구

⑦ 영유아 기본 권리의 개별 보장 중시, 영유아는 개별적인 특성을 지닌 고유한 존재로 존중받아야 함을 강조

또한 제4차 어린이집 표준보육과정의 구성 방향에 추구하는 인간상은 건강한 사람, 자주적인 사람, 창의적인 사람, 감성이 풍부한 사람, 더불어 사는 사람이다. 이에 따라 표준보육과정의 궁극적인 목적과 0~2세 보육과정의 목표, 3~5세 보육과정의 목표를 제시하였고 구체적으로 표준보육과정 구성의 중점 방안을 제시하였다. 표준보육과정의 운영에서는 편성・운영 지침, 교수・학습, 평가의 중점 사항들을 명시하였고 만 0~1세 6개 영

역별 목표 및 내용, 만 2세 6개 영역별 목표 및 내용, 만 3~5세 5개 영역별 목표 및 내용을 제시하였다.

그러나 유보통합의 배경에서 2024년 5월에 표준보육과정 개정을 위한 정책연구가 추진되었고 이를 반영하여 교육부는 2024년 12월에 0~2세 표준보육과정 일부를 개정하여 고시한 것이 2024 개정 표준보육과정으로, 2025년 3월부터 시행되고 있다.

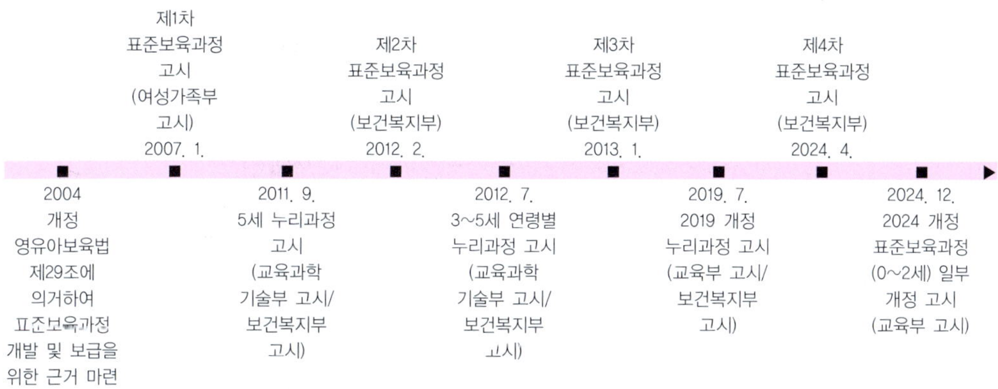

[그림 5-1] 표준보육과정의 제정 및 개정 과정

출처 : 교육부(2025b). 2024 개정 표준보육과정(0~2세) 해설서, p. 7.

2. 2024 개정 표준보육과정의 성격 및 구성 방향(교육부, 2025a; 2025b)

1) 2024 개정 표준보육과정의 성격

(1) 2024 개정 표준보육과정의 개정 배경(교육부, 2025b : 7-8)

2024 개정 표준보육과정은 유보통합에 따라 「영유아보육법」 제29조 제2항, 「영유아보육법 시행규칙」 제30조 및 별표8의4에 의해 교육부 제2024-23호로 고시되었다. 2024

개정 표준보육과정 고시에는 표준보육과정의 성격, 제1장 총론, 제2장 연령별·영역별 목표 및 내용이 제시되어 있다. 2024 개정 표준보육과정 0~2세 해설서에 따르면(교육부, 2025b : 8–9) 교육부는 '출생부터 국민안심 책임교육·돌봄' 실현 취지에 따라 영유아중심의 질 높은 새로운 교육·돌봄 체계를 마련하기 위해 유보통합을 추진하고, 교육심의 관리 체계를 통합하여 생애 초기부터 책임교육의 기반을 마련하였다. 이에 따라 교육부는 2024년 6월 유보통합 실행계획(안)에서 만 0~5세 영유아교육과정이 마련되기 전 만 0~2세 영아의 놀이를 통한 배움 및 3~5세 누리과정과의 연계 강화를 위해 0~2세 표준보육과정 일부를 개정하여 시행하였다(교육부, 2024. 6. 27). 이는 양질의 교육에 대한 국가적 지원과 투자의 효과성, 국제적인 추세에 따른 영유아 교육에 대한 지원 증대 정책과도 관련이 있다.

자세히 살펴보면, 국내적으로 유치원과 어린이집에 재원하는 만 3~5세 유아에게는 2019 개정 누리과정이 적용되고 있으나, 어린이집에 재원하는 만 0~2세 영아는 제4차 어린이집 표준보육과정이 적용되고 있다. 어린이집에서는 「영유아보육법」 제29조(보육과정)에 근거하여 영유아의 신체적·정서적·언어적·사회적·인지적 발달을 도모할 수 있는 표준보육과정을 적용해야 한다. 그러나 2023년 12월 정부조직법이 개정되어 보건복지부의 영유아 보육 업무가 2024년 6월 27일부터 교육부로 이관되면서 만 0~5세 영유아 보육 및 교육에 관한 사무를 교육부에서 모두 담당하게 되었다. 따라서 표준보육과정의 개발·보급 주체 또한 보건복지부장관에서 교육부장관으로 변경되어 어린이집에서 만 0~2세를 보육할 때는 교육부장관이 개발한 표준보육과정에 근거하여 보육해야 한다. 이에 따라 영유아 보육 및 교육 업무가 교육부로 일원화된 시점에서 국가 수준의 체계적인 보육과정 운영과 질 관리를 위해 3~5세 교육과정과 더 연계되고 교육적 요소가 포함된 0~2세 표준보육과정 개정이 필요해졌다.

국제적으로도 유보통합의 관심과 중요성이 커지고 있다. 1990년 '모두를 위한 교육(EFA : Education For All)' 세계 선언문(유네스코)에서 태어나면서부터 배움이 시작된다는 원칙을 제시한 이후, 2011년에는 국제표준교육분류(ISCED : International Standard Classification of Education)에 0~2세를 위한 교육의 범주를 신설하였다. 또한 OECD 'Starting Strong Ⅴ(2017)'에서 영아와 유아, 유아와 초등으로의 연계가 평생학습의 기초가 됨을 강조하였다. 교육부에서는 이러한 세계적 추세에 맞추어 발달달계에 따라 자기주도적인 어린 학습자로서 영유아를 위한 국가 수준의 표준보육과정을 개정하게 된 것이다.

2024년 12월에 고시된 2024 개정 표준보육과정은 2025년 3월부터 어린이집에서 적용되었다. 이 고시문의 특징은 영아의 발달 차이를 고려하여 영아의 보육에서 교육적 요소를 강화하였다는 점이다. 따라서 표준보육과정은 영아를 어린 학습자로서 인식하여 자기주도성과 놀이를 통한 배움을 강조하였고, 현장의 다양성과 자율성을 추구하는 누리과정과의 연계를 강화하여, 영아가 개인의 발달과 특성에 따라 맞춤형 교육·보육을 받을 수 있도록 하였다.

(2) 2024 개정 표준보육과정의 개정 특징(교육부, 2025b : 10)

2024년 12월에 개정된 표준보육과정은 0~2세 표준보육과정 일부분이 개정된 것으로 개정의 중점 사항은 다음과 같다.

- 0~2세 표준보육과정은 영아를 단순한 돌봄의 대상이 아닌 능동적인 어린 학습자인 교육 대상자로, 다양한 경험을 통해 스스로 배워 가도록 지원
- 0~2세 표준보육과정은 학습자로서 영아의 발달 특성을 고려하여 만 0~1세와 만 2세로 구분하여 기존의 체계인 0~1세와 2세 보육과정으로 구성
- 0~2세 표준보육과정은 2019 개정 누리과정과의 연계를 강화하여 신체운동·건강, 의사소통, 사회관계, 예술경험, 자연탐구의 5개 영역으로 구성, 기본생활 영역의 내용은 신체운동·건강 영역에 포함

- 0~2세 표준보육과정의 영역별 목표는 만 0~1세와 만 2세를 통합하여 제시하였고, 누리과정의 목표 또한 2019 개정 누리과정과의 연계를 고려하여 만 3~5세를 통합하여 제시
- 0~2세 표준보육과정의 영역별 내용은 교사가 실행하기 쉽도록 포괄적으로 기술, 0~2세 표준보육과정의 영역별 내용은 만 0~1세 40개, 만 2세 42개로 내용의 개수는 거의 차이가 없지만 공통 내용은 6개에서 18개로 대폭 증가

(3) 2024 개정 표준보육과정의 성격(교육부, 2025b : 18-20)

2024 개정 표준보육과정의 성격은 국가 수준의 보육과정의 구성 체계를 확립하고자 하였다. 표준보육과정의 성격은 2022 개정 초·중등학교 교육과정 성격의 구성 체계와 연계되고, 2019 개정 누리과정의 성격과 같이 영유아의 고유한 특징을 반영하여 '영유아중심 및 놀이중심'을 강조하였다.

> 표준보육과정은 0~5세 영유아를 위한 국가 수준의 보육과정이며, 0~1세보육과정, 2세 보육과정, 3~5세 보육과정(누리과정)으로 구성
> - 국가 수준의 공통성과 지역, 기관 및 개인 수준의 다양성을 동시에 추구
> - 영유아의 전인적 발달과 행복 추구
> - 영유아중심과 놀이중심 추구
> - 영유아의 자율성과 창의성 신장을 추구
> - 영유아, 교사, 원장, 부모 및 지역사회가 함께 실현해 가는 것을 추구

'**국가 수준의 공통성과 지역, 기관 및 개인 수준의 다양성을 동시에 추구**'한다는 것은 2024 개정 표준보육과정이 국가 수준에서 보육과정에 대한 공통 기준을 제시한 것으로 지역, 기관 및 개인 수준의 특성을 반영하여 보육과정을 다양하게 운영하도록 하였다. 국가 수준의 공통성은 각 기관에서 보육과정을 구성하고 운영할 때 고려해야 할 공통적이고 일반적인 기준을 의미하고, 지역 수준의 다양성은 지역사회의 상황과 여건을 고려하여 보육과정을 특색 있게 운영하는 것을 의미한다. 기관 수준의 다양성은 각 기관이 국가

수준 보육과정과 지역 수준 보육과정의 특성을 반영하는 동시에 각 기관의 철학, 담당 반과 부모의 특성에 따라 보육과정을 자율적으로 운영하는 것을 의미한다. 개인 수준의 다양성은 교사가 담당 영유아의 연령 및 개별 특성, 발달 수준 등 개인차를 보육과정에 반영하여 운영하는 것을 의미한다. 따라서 교사는 영유아를 개별 특성을 지닌 고유한 존재로 인정하고 영유아의 흥미와 관심을 보육과정에 반영하여 자율적으로 운영할 수 있다.

'**영유아의 전인적 발달과 행복을 추구**'하기 위해 영유아의 신체, 언어, 인지, 사회, 정서 등의 전인적 발달이 이루어질 수 있도록 해야 한다. 이는 표준보육과정이 추구하는 몸과 마음이 건강하고, 자주적이고 창의적이며, 감성이 풍부하고, 더불어 사는 인간상과도 같은 맥락이다. 따라서 각 기관에서는 영유아의 전인적 발달을 도모하고 행복 추구를 지원하도록 영유아가 자유롭고 즐겁게 충분히 놀이할 수 있는 보육과정을 구성하고 운영해야 한다.

'**영유아중심과 놀이중심을 추구**'한다는 것은 보육과정을 운영하는 과정에서 영유아의 건강과 행복, 놀이를 통한 배움의 가치를 최대한 존중하여 반영해야 한다 것이다. 교사는 '영유아중심'을 고려하여 영유아에게 민감하게 반응하고 영유아의 의견을 존중하고 반영하는 보육과정을 구성하고 운영해야 한다. '놀이중심'을 추구한다는 것은 영유아가 주도하는 놀이를 중심으로 보육과정을 구성하고 운영한다는 것이다. 따라서 교사는 영유아가 주도적으로 놀이하며 배우는 보육과정으로의 변화를 추구하기 위해 각 기관에서 표준보육과정의 취지를 반영하여 영유아 주도적인 놀이가 충분히 이루어지도록 보육과정을 구성하고 운영해야 한다.

'**영유아의 자율성과 창의성 신장을 추구**'한다라는 의미는 영유아는 자신이 할 수 있는 일을 스스로 하고, 하고 싶은 일을 직접 선택하며, 자신의 선택과 결정을 책임지는 경험을 하면서 자율성을 기를 수 있도록 해야 한다는 것이다. 영유아는 호기심을 가지고 주변 세계를 탐색하고 상상하며, 자신만의 방식으로 놀이를 만들고 변형하면서 창의성을 기른다. 따라서 교사는 영유아가 여러 가지 상황 속에서 스스로 문제를 해결해 가는 모습을 격려하고 지원하며, 자신의 경험과 생각을 자유롭게 표현하도록 도와줌으로써 영유아의 자율성과 창의성이 신장할 수 있도록 지원해야 한다. 또한 장애 영유아에게는 특수한 도구나 장비를 제공하여 자율적으로 놀이에 참여하도록 지원해야 한다.

'**영유아, 교사, 원장, 부모 및 지역사회가 함께 실현**'해야 한다는 의미는 영유아와 교사, 각 기관, 지역사회와 가정의 협력 및 참여로 함께 실현해 가는 보육과정이다. 따라서 보육과정 운영의 주체인 교사와 원장은 영유아의 관심과 흥미 및 놀이에 대한 이해를 바탕으로 영유아의 놀이를 지원하기 위해 부모로 하여금 영유아·놀이 중심 보육과정의 의미를 이해하고 협력할 수 있도록 지원해야 한다. 부모도 영유아·놀이 중심 보육과정의 의미를 이해하고 영유아가 가정과 기관에서 주도적으로 충분히 놀이하도록 기관과 협력하고 지원할 수 있어야 한다. 각 기관은 지역사회의 공공기관이나 단체와 협력하여 지역사회의 인적·환경적·문화적 자원을 통해 영유아가 풍부한 경험을 하도록 보육과정 운영을 지원해야 한다.

2) 2024 개정 표준보육과정의 구성 방향(교육부, 2025b)

표준보육과정의 구성 방향은 추구하는 인간상, 목적과 목표, 구성의 중점 사항이 제시되어 있다.

(1) 추구하는 인간상(교육부, 2025b : 21-23)

- 건강한 사람
- 자주적인 사람
- 창의적인 사람
- 감성이 풍부한 사람
- 더불어 사는 사람

2024 개정 표준보육과정 해설서에서는 추구하는 인간상에 대해 2019 개정 누리과정에서 새롭게 제시한 추구하는 인간상과 연계하여 건강한 사람, 자주적인 사람, 창의적인 사람, 감성이 풍부한 사람, 더불어 사는 사람으로 제시하였다고 하였다. 이는 태어나면서부터 배움이 시작된다는 영유아 교육철학의 반영과 영유아의 발달 차이에 따른 돌봄의 필요성을 강조하고, 자기주도적 배움의 조화를 추구하면서 영유아가 일상에서 놀이하며 배우면서 성장해 가야 할 모습이라고 하였다.

'**건강한 사람**'은 몸과 마음이 전인적으로 잘 발달하고 스스로 건강함을 유지하며 안정적이고 안전한 생활을 하는 사람을 의미한다. 표준보육과정은 영유아가 튼튼한 몸과 안정감을 가지고 자신을 소중히 여기며, 일상에서 건강한 생활을 실천하고, 위험한 상황에서 자신을 보호하는 경험을 하면서 건강한 사람으로 성장하도록 돕는다.

'**자주적인 사람**'은 자신을 잘 알고 존중하며 자신감을 가지고 스스로 할 수 있는 일을 주도적으로 해나가는 사람을 의미한다. 표준보육과정은 모든 영유아가 자신에 대한 이해를 바탕으로 자신을 긍정적으로 인식하고 자신이 잘할 수 있는 일이 무엇인지 알고 자기 능력을 확장하려고 스스로 노력하는 사람으로 성장하도록 돕는다.

'**창의적인 사람**'은 주변 세계에 열려 있고 호기심이 많으며, 자기만의 방식으로 상상하고 느끼고 표현하고 탐구하는 가운데 새롭고 독창적인 생각을 하는 사람을 의미한다. 표준보육과정은 영유아가 놀이하면서 자신의 관심과 흥미에 따라 세계를 탐색하고 도전하며 실험하는 과정에 적극적으로 참여하는 사람으로 성장하도록 돕는다.

'**감성이 풍부한 사람**'은 예술을 사랑하고 존중하며, 자신을 둘러싼 주변 세계에 경이감과 아름다움을 느끼고 즐길 수 있는 풍부한 문화적 감수성을 지닌 사람을 의미한다. 표준보육과정은 영유아가 일상과 놀이 속에서 아름다움을 발견하고 공감하며, 이를 다양한 예술로 표현하면서 문화를 누리는 사람으로 성장하도록 돕는다.

'**더불어 사는 사람**'은 자신이 속해 있는 사회에 소속감을 느끼고, 다른 사람과 생명을 존중하고 자연과 더불어 살아가며, 더 나은 사회를 만들고자 사회문제에 관심을 두고 협력하는 민주 시민을 의미한다. 표준보육과정은 영유아가 가족, 이웃, 동식물과 주변 환경에 관심을 가지고 소중히 여기며, 서로 배려하는 마음과 태도, 책임 의식을 지닌 사람으로 성장하도록 돕는다.

(2) 목적과 목표(교육부, 2025b : 23-27)

2024 개정 표준보육과정의 목적과 목표는 다음과 같다.

목적 : 영유아가 놀이를 통해 심신의 건강과 조화로운 발달을 이루고 바른 인성과 민주시민의 기초를 형성하는 데에 있다.

가. 0~1세 보육과정 및 2세 보육과정 목표
 1) 자신의 소중함을 알고 건강하고 안전한 환경에서 즐겁게 생활한다.
 2) 자신의 일을 스스로 하고자 한다.
 3) 호기심을 가지고 탐색하며 상상력을 기른다.
 4) 일상에서 아름다움에 관심을 가지고 감성을 기른다.
 5) 사람과 자연을 존중하고 소통하는 데 관심을 가진다.

나. 3~5세 보육과정 목표
 1) 자신의 소중함을 알고 건강하고 안전한 생활 습관을 기른다.
 2) 자신의 일을 스스로 해결하는 기초능력을 기른다.
 3) 호기심과 탐구심을 가지고 상상력과 창의력을 기른다.
 4) 일상에서 아름다움을 느끼고 문화적 감수성을 기른다.
 5) 사람과 자연을 존중하고 배려하며 소통하는 태도를 기른다.

① 0~1세 보육과정 및 2세 보육과정의 목표

'**자신의 소중함을 알고, 건강하고 안전한 환경에서 즐겁게 생활한다**'는 영아가 자신의 소중함을 알고, 건강하고 안전하게 생활하도록 돕는 것을 목표로 한다.

'**자신의 일을 스스로 하고자 한다**'는 모든 영아가 자신의 생각과 능력을 알아 가면서, 자기 일을 스스로 하고자 하도록 돕는 것을 목표로 한다.

'호기심을 가지고 탐색하며 상상력을 기른다'는 영아가 주변 세계에 대해 호기심을 가지고 탐색하는 과정을 통해 풍부한 상상력을 기를 수 있도록 돕는 것을 목표로 한다.

'일상에서 아름다움에 관심을 가지고 감성을 기른다'는 영아가 일상에서 주변의 아름다움에 관심을 가지고 느끼며, 아름다움에 대한 감성을 기르도록 돕는 것을 목표로 한다.

'사람과 자연을 존중하고 소통하는 데 관심을 가진다'는 영아가 자연을 사랑하고 다른 사람을 존중하며 다양한 방식으로 소통하는 데 관심을 두도록 돕는 것을 목표로 한다.

② 3~5세 보육과정의 목표

'자신의 소중함을 알고, 건강하고 안전한 생활 습관을 기른다'는 유아가 자신의 몸과 마음에 대한 긍정적인 생각을 키워 자신을 소중히 여기는 사람으로 성장하도록 도와야 하고 유아가 자신의 신체 리듬에 맞게 생활하고, 위험한 상황에 대처하는 방법을 배우도록 지원해야 한다.

'자신의 일을 스스로 해결하는 기초능력을 기른다'는 유아가 자신의 생각과 능력을 알고, 자신감을 바탕으로 자기 일을 스스로 결정하고 해결하는 데 필요한 기초능력을 기르도록 돕는 것을 목표로 한다. 따라서 각 기관은 유아가 자신을 이해하고 소중히 여기며, 자기 일을 주도적이고 자율적으로 해결해 나가는 사람으로 성장하도록 도와주고 유아가 다른 사람과 함께 생활하는 동안 자기 생각을 자신 있게 표현하며, 주어진 일에 대해 책임감을 가지고 해결해 나가도록 지원해야 한다.

'호기심과 탐구심을 가지고 상상력과 창의력을 기른다'는 유아가 주변 세계에 호기심을 가지고 탐색하는 과정에서 풍부한 상상력과 창의력을 기르도록 돕는 것을 목표로 한다. 따라서 각 기관은 유아가 주변 세계에 호기심을 가지고 자유롭게 상상하도록 융통성 있는 발상의 전환을 지원하고 새로운 일에 열린 태도로 도전하며, 미래에 필요한 독창적인 능력을 키우도록 도와야 한다.

'일상에서 아름다움을 느끼고 문화적 감수성을 기른다'는 유아가 자연과 문화에 대한 감수성을 바탕으로, 일상에서 아름다움을 느끼고 즐기는 마음을 가지도록 돕는 것을 목표로 한다. 따라서 각 기관은 유아가 놀이하면서 문화적 공감 능력과 심미적 감수성을 키우도록 도와야 한다.

'사람과 자연을 존중하고 배려하며 소통하는 태도를 기른다'는 유아가 자연을 사랑하고 다른 사람을 존중하고 배려하며 서로 소통하는 태도를 기르도록 돕는 것을 목표로 한다. 따라서 각 기관은 유아가 놀이를 통해 자연을 소중히 여기고 다른 사람과 협력하며 소통하는 방법을 경험할 기회를 제공하여 공동체 의식과 민주시민으로서 역량을 키우도록 도와야 한다.

(3) 구성의 중점(교육부, 2025b : 27–29)

표준보육과정은 영유아 개개인이 개별적인 특성이 있는 고유한 존재임을 전제로 다섯 가지의 중점 사항을 고려하여 구성하였다.

- 0~5세 모든 영유아에게 적용할 수 있도록 구성한다.
- 추구하는 인간상 구현을 위한 지식, 기능, 태도 및 가치를 반영하여 구성한다.
- 신체운동・건강, 의사소통, 사회관계, 예술경험, 자연탐구의 5개 영역을 중심으로 구성한다.
- 0~5세 영유아가 경험해야 할 내용으로 구성한다.
- 초등학교 교육과정과의 연계성을 고려하여 구성한다.

'0~5세 모든 영유아에게 적용할 수 있도록 구성한다'는 영유아기관에 다니는 0~5세 영유아가 경험해야 할 공통적이고 일반적 기준을 제시하여 연령, 발달, 장애, 종교나 가족 구성, 지역 등의 사회적・경제적・문화적 배경 때문에 배제되거나 차별받지 않고 모든 0~5세 영유아가 양질의 보육을 받도록 구성하였다.

'**추구하는 인간상 구현을 위한 지식, 기능, 태도 및 가치를 반영하여 구성한다**'에서 지식, 기능, 태도 및 가치는 보육과정 구성 과정에서 중요하게 고려해야 할 요소이다. 표준보육과정에서는 추구하는 인간상을 구현하도록 지식, 기능, 태도 및 가치를 영유아가 놀이하며 배우는 경험과 연계하여 제시하였으며, 표준보육과정 전반에 반영하였다. 따라서 영유아는 즐겁게 놀이하며 배우는 과정에서 지식, 기능, 태도 및 가치를 자연스럽게 경험하며 습득할 수 있다. 교사는 영유아가 놀이 속에서 이러한 지식, 기능, 태도 및 가치를 자연스럽게 경험하면서 추구하는 인간상을 구현하도록 지원해야 한다.

'**신체운동·건강, 의사소통, 사회관계, 예술경험, 자연탐구의 5개 영역을 중심으로 구성한다**'는 영유아가 표준보육과정에서 자연스럽게 경험하거나 경험해야 하는 내용을 5개 영역으로 나누어 제시한 것이다. 영유아의 경험은 대부분 놀이로 이루어지고 이러한 놀이는 5개 영역 내용을 통합적으로 포함하므로, 5개 영역이 통합적으로 운영될 수 있도록 구성해야 한다.

'**0~5세 영유아가 경험해야 할 내용으로 구성한다**'는 영아 발달의 연속성과 통합성을 고려한 것으로 교사가 보육을 더욱 용이하게 실행하도록 하려는 것이다. 0~1세 보육과정은 5개 영역의 40개 내용, 2세 보육과정은 5개 영역의 42개 내용으로 구성하였으며, 공통 내용을 6개에서 18개로 확대하였고, 3~5세 보육과정(누리과정)은 연령 구분 없이 5개 영역의 59개 내용을 그대로 유지하였다. 표준보육과정의 영역별 내용에는 0~5세 영유아가 기관에서 경험해야 할 내용이 포괄적으로 기술되어 있다. 따라서 교사는 영유아가 일상생활 속에서 놀이하면서 배우는 실제 내용을 존중하고 지원하면서 자연스럽게 영유아·놀이 중심 보육과정을 실천해야 한다. 교사는 영유아가 자신의 연령과 발달에 따라 자연스럽게 놀이하며 배우는 경험을 있는 그대로 이해해야 하고, 영유아가 스스로 놀이하며 배우는 경험을 중심으로 보육과정을 운영해야 한다.

'초등학교 교육과정과의 연계성을 고려하여 구성한다'는 초등학교 교육과정과의 연계성을 강조한 것이다. 표준보육과정 내에서는 0~1세, 2세 보육과정 내용과 3~5세 보육과정(누리과정) 내용이 분절되지 않고 자연스럽게 연계되도록 구성하였다. 또한 초등학교 교육과정과 연계되도록 교육내용의 계열성을 포함하여 체계와 형식을 통일하여 구성하였다. 3~5세 보육과정(누리과정) 5개 영역의 내용은 초등학교 교육내용을 상회하지 않도록 유의하여 구성하되, 3~5세의 경험과 초등학교 1학년에서의 경험이 단절되지 않고 순조롭게 이어지도록 하였다.

3. 2024 개정 표준보육과정의 운영

2024 개정 표준보육과정의 운영을 위해 편성·운영, 교수·학습, 평가의 내용이 제시되어 있다.

1) 편성·운영(교육부, 2025b : 30-34)

편성·운영은 각 기관에서 영유아·놀이 중심 보육과정을 편성하고 운영하기 위해 고려해야 할 공통적 기준이 제시되어 있다.

- 각 기관의 운영 시간에 맞추어 편성한다.
- 표준보육과정을 바탕으로 각 기관의 실정에 적합한 계획을 수립하여 운영한다.
- 하루 일과에서 바깥놀이를 포함하여 영유아의 놀이가 충분히 이루어지도록 편성하여 운영한다.
- 성, 신체적 특성, 장애, 종교, 가족 및 문화적 배경 등에 따른 차별이 없도록 편성하여 운영한다.
- 영유아의 발달과 장애 정도에 따라 조정하여 운영한다.
- 가정과 지역사회와의 협력과 참여에 기반하여 운영한다.
- 교사 연수를 통해 표준보육과정의 운영을 개선할 수 있도록 한다.

'**각 기관의 운영 시간에 맞추어 편성한다**'는 의미는 표준보육과정 운영 시간이 국가가 운영에 필요한 행정적·재정적 지원을 하는 시간을 말한다. 따라서 각 기관에서는 일과 운영 시간에 따라 조정하여 편성할 때, 영유아가 편안하고 즐겁게 보육 내용을 경험할 수 있도록 휴식과 낮잠 등의 일상생활과 영유아 중심으로 놀이가 살아나는 영유아와 놀이를 중심으로 편성되어야 한다.

'**표준보육과정을 바탕으로 각 기관의 실정에 적합한 계획을 수립하여 운영한다**'는 각 기관과 반 수준에서 영유아의 놀이를 지원하는 데 필요한 사항을 미리 생각하여 준비하는 모든 과정을 포함하여 계획안을 수립한다는 것이다. 계획안을 작성할 때는 영유아의 경험이 교육적 가치를 지니도록 놀이를 중심으로 기록하고 교사의 지원방안을 기술해야 한다. 이를 위해 각 기관은 보육철학, 가정과 지역사회의 특성, 영유아의 요구 등을 반영하여 자율적으로 계획할 수 있다. 교사는 기존에 연간, 월간, 주간, 일일 계획안을 활용하여 어린이집 및 반의 특성에 적합하게 변경하여 사용할 수 있다. 즉, 계획안의 종류, 형식, 분량 등을 자율적으로 조정하여 작성할 수 있다. 이러한 계획안은 영유아가 실제 놀이한 내용과 놀이를 지원하는 내용을 포함하되 자율적인 형식으로 변경할 수 있다.

'**하루 일과에서 바깥놀이를 포함하여 영유아의 놀이가 충분히 이루어지도록 편성하여 운영한다**'는 교사가 미리 계획하여 하루 일과를 운영하기보다는 영유아의 흥미와 관심에 따라 놀이를 충분히 즐기도록 영유아 놀이 중심으로 편성·운영하는 것이 중요하다. 따라서 융통성 있는 하루 일과를 운영하고, 하루 2시간 이상 충분한 놀이시간을 확보하며, 날씨와 계절, 기관의 상황, 영유아의 관심사와 놀이 특성 등을 고려하여 융통성 있게 편성·운영한다.

'**성, 신체적 특성, 장애, 종교, 가족 및 문화적 배경 등에 따른 차별이 없도록 편성하여 운영한다**'는 모든 영유아가 다른 사람의 특성을 편견 없이 받아들이고 존중하도록 지원해야 한다는 것이다. 교사는 성별, 신체적 특징 및 장애 유무에 따라 영유아를 비교하고 평가하거나 제외하는 등의 불이익을 주지 말아야 한다. 또한 영유아에게 고정적인 성 역할과 특정 종교를 강요하지 않고, 영유아에게 다양한 가족 형태와 문화적 배경을 이해할 수 있는 경험을 제공하여 다양성을 존중하고 배려하도록 지원해야 한다.

'**영유아의 발달과 장애 정도에 따라 조정하여 운영한다**'는 영유아가 놀이 시 연령 및 발달 특성에 따라 다양한 모습을 나타내고, 연령이 같은 영유아일지라도 흥미, 관심, 경험, 발달, 가정의 문화 등 많은 부분에서 차이가 있으므로, 교사는 영유아가 자신에게 적합한 방식으로 놀이하도록 보육과정을 조정하여 운영해야 한다는 것이다. 따라서 교사는 특별한 요구를 하는 영유아도 차별하지 말고 또래와 더불어 생활하고 함께 놀이하도록 지원해야 한다. 교사는 모든 영유아가 보편적인 환경에 접근하고 참여하도록 보육환경, 보육내용, 보육방법 등을 조정하여 운영할 수 있다. 또한 각 기관에서 통합반을 편성하여 운영할 때도 교사는 장애 영유아의 특성과 요구를 파악하여 개별화교육계획을 수립하고, 개별 장애 영유아의 교육적 요구에 적합하게 보육해야 한다. 장애 영유아를 위해 개별화가족서비스계획을 수립 · 실시할 때도 보육과정을 효과적으로 운영하기 위해 부모, 특수교사, 사회복지사, 의료진 등 가족과 관련 기관의 전문가와 서로 소통하고 협력해야 한다. 필요에 따라 특별히 고안된 장치나 보조기구, 자료를 활용하여 영유아가 보육과정에 적극적으로 참여하도록 지원해야 한다.

'**가정과 지역사회와의 협력과 참여에 기반하여 운영한다**'는 가정, 기관, 지역사회 등은 모두 보육과정의 주체이므로 상호 연계하고 협력해야 한다는 것이다. 영유아 · 놀이 중심 보육과정을 운영하는 데는 무엇보다 부모의 역할이 중요하다. 이를 위해 각 기관에서는 부모 참여, 간담회, 워크숍, 부모교육, 상담 등 다양한 기회를 마련하여 부모와 가족의 역할을 지원해야 한다. 지역사회는 영유아의 다양한 경험을 지원하는 풍부한 자원이다. 따라서 각 기관에서는 영유아가 지역사회의 여러 기관이나 장소를 직접 경험하면서 지역사회에 관심을 가지도록 지원해야 한다. 또한 각 기관을 지원하는 공공기관과 상호 협의하여 표준보육과정이 원활히 운영되도록 해야 한다.

'**교사 연수를 통해 표준보육과정의 운영을 개선할 수 있도록 한다**'는 보육과정의 실행자로서 영유아의 놀이를 지원하는 교사의 역할을 강조한 것이다. 이를 위해 각 기관을 지원하는 국가 및 지역 기관에서는 다양한 교사 연수를 마련해 교사가 자율적으로 참여할 기회를 제공하여 표준보육과정에 대한 이해를 증진시키고 표준보육과정 운영을 개선할 수 있도록 해야 한다.

2) 교수・학습(교육부, 2025b : 34-40)

교수・학습은 영유아가 즐겁게 놀이하며 스스로 배울 수 있도록 교사가 지원할 때 고려해야 할 사항이 제시되어 있다.

- 영유아가 흥미와 관심에 따라 놀이에 자유롭게 참여하고 즐기도록 한다.
- 영유아가 놀이를 통해 배우도록 한다.
- 영유아가 다양한 놀이와 활동을 경험할 수 있도록 실내외 환경을 구성한다.
- 영유아와 영유아, 영유아와 교사, 영유아와 환경 사이에 능동적인 상호작용이 이루어지도록 한다.
- 5개 영역의 내용이 통합적으로 영유아의 경험과 연계되도록 한다.
- 개별 영유아의 요구에 따라 휴식과 일상생활이 원활히 이루어지도록 한다.
- 영유아의 연령, 발달, 장애, 배경 등을 고려하여 개별 특성에 적합한 방식으로 배우도록 한다.

표준보육과정에서 교사는 놀이의 특성, 의미, 가치를 이해하여 영유아가 즐겁게 놀이하면서 배우는 경험을 지원할 수 있는 영유아의 적극적인 놀이 지원자이다. 교사는 적절하게 환경을 구성하고, 영유아와 바람직한 상호작용을 하여 영유아가 놀이에 몰입하고 놀이를 확장하도록 돕는 역할을 한다.

'**영유아가 흥미와 관심에 따라 놀이에 자유롭게 참여하고 즐기도록 한다**'는 모든 영유아가 자신의 흥미와 관심에 따라 자유롭게 참여하고 주도하는 놀이를 강조하는 것이다.

영유아가 주도하는 놀이는 영유아가 자신만의 방식으로 자유롭게 이끌어 가는 놀이를 의미한다. 교사는 놀이에 대한 이해를 바탕으로 영유아가 스스로 놀이를 선택하고 참여하는 과정을 적절히 지원하고, 영유아가 반복적으로 놀이하는 과정에서 배우고 성장한다는 점을 이해하고 이를 지원해야 한다. 따라서 교사는 영유아가 자유롭게 놀이하며 즐기는 방식을 존중하고, 영유아가 주도하는 놀이에 내재된 의미와 가치를 파악하며 영유아가 놀이를 지속하고 몰입하도록 지원해야 한다. 교사는 놀이 상황과 맥락에 따라 새롭게 생성되는 영유아의 놀이를 존중하고 이해하면서 영유아가 필요로 하는 놀이 자료, 공간, 안전 등을 고려하여 지원해야 한다.

'영유아가 놀이를 통해 배우도록 한다'는 놀이를 통한 영유아의 배움을 강조하는 것이다. 따라서 교사는 다양한 방식으로 영유아가 놀이를 통해 배우고 성장하도록 돕고 지원하고, 영유아의 반복되는 놀이를 존중하고 그 즐거움을 충분히 느끼도록 해 주되, 영유아가 새로운 놀이도 탐색해 보도록 영유아 개인의 리듬을 고려해 지원해 주어야 한다.

'영유아가 다양한 놀이와 활동을 경험할 수 있도록 실내외 환경을 구성한다'는 것은 영유아가 보고 듣고 만지며 자유롭게 표현할 수 있는 놀이환경이 다양한 놀이를 하는 데 중요한 교육적 자원이기 때문에 교사는 실내외 놀이환경과 놀이 자료를 다양하고 풍부하게 제공하여 영유아의 놀이가 활성화되도록 돕는다. 이러한 환경과 자료는 누구도 제외되지 않고 모든 영유아가 활용할 수 있도록 특성과 요구에 적합하게 마련되어야 한다.

'영유아와 영유아, 영유아와 교사, 영유아와 환경 사이에 능동적인 상호작용이 이루어지도록 한다'는 것은 영유아는 또래, 교사, 자신을 둘러싼 환경 등과 관계를 맺으며 성장하고, 놀이에서 또래와 교사, 자연환경 등과 적극적으로 상호작용을 하면서 세상을 알아간다는 것이다. 특히 영아는 또래 간 상호작용과 함께 교사와 애착과 신뢰감을 형성하는 것이 중요하기 때문에 교사는 영아가 놀이에서 만나는 다양한 관계에 관심을 기울이고 함께 상호작용하며 배움을 지원해야 한다.

'**5개 영역의 내용이 통합적으로 영유아의 경험과 연계되도록 한다**'는 것은 교사가 표준보육과정에 포함된 각 영역이 영유아가 놀이하며 통합적으로 경험하는 내용임을 이해해야 한다는 것이다. 교사는 영유아가 놀이하며 표준보육과정 영역의 내용을 통합적으로 그리고 자연스럽게 경험하도록 하고, 표준보육과정 각 영역의 내용을 정해진 주제 이외에도 영유아의 관심과 흥미에 따라 다양하게 통합할 수 있어야 한다. 이와 같이 교사는 자율성을 바탕으로 영유아의 놀이 상황과 맥락에 따라 각 영역을 다양한 방식으로 융통성 있게 영유아의 경험과 연계하여 지원해야 한다.

'**개별 영유아의 요구에 따라 휴식과 일상생활이 원활히 이루어지도록 한다**'는 것은 기관에서 영유아의 일과에 놀이와 휴식을 적절하게 안배하여 운영하되, 개별 영유아의 요구를 반영해야 한다는 것이다. 기관에서는 영유아의 건강 상태, 날씨나 계절, 기관의 상황 등에 따라 일과를 융통성 있게 운영하고, 일과를 배변, 낮잠, 휴식 등 영유아마다 다른 신체 리듬과 정서 상태를 반영하여 운영해야 한다. 교사는 놀이 상황과 개별 영유아의 요구 등을 적절히 반영하여 일과를 원활하게 운영해야 한다. 특히 영아의 발달적 특성을 고려하여 개별적으로 일과를 운영하며, 영아가 기관의 일상생활과 신체 리듬에 잘 적응하도록 충분히 기다려 주며 지원해야 한다.

'**영유아의 연령, 발달, 장애, 배경 등을 고려하여 개별 특성에 적합한 방식으로 배우도록 한다**'는 것은 교사가 영유아의 연령, 발달, 장애, 배경 등의 다양한 특성을 이해하고 개별 특성을 최대한 고려하여 배움을 지원해야 한다는 의미이다. 따라서 교사는 영유아의 특성에 적합하게 지원하도록 발달 특성, 장애 정도, 문화적 배경을 우선적으로 파악하고 관련 기관 또는 전문가와 협력해야 한다.

3) 평가(교육부, 2025b : 41-43)

- 표준보육과정 운영의 질을 진단하고 개선하기 위해 평가를 계획하고 실시한다.
- 영유아의 특성 및 변화 정도와 표준보육과정의 운영을 평가한다.
- 평가의 목적에 따라 적합한 방법을 사용하여 평가한다.
- 평가의 결과는 영유아에 대한 이해와 표준보육과정 운영 개선을 위한 자료로 활용할 수 있다.

표준보육과정에서 평가는 어린이집에서 영유아를 중심으로 놀이가 활발히 이루어지는 표준보육과정의 운영을 되돌아보고 보육과정 운영의 질을 개선해 가는 과정이다. 각 기관에서 놀이와 배움, 기록, 보육과정 계획의 수립과 실행 및 평가는 순환적 과정에서 동시적이고 지속적으로 이루어져야 한다. 표준보육과정에서는 기관에서 영유아·놀이 중심 보육과정을 운영하는 데 도움을 얻도록 평가를 '**간략화**'하고 각 기관의 자율적인 평가를 할 수 있도록 강조하고 있다. 따라서 각 기관은 평가의 목적, 대상, 방법, 결과의 활용을 바탕으로 표준보육과정 평가를 '**자율적**'으로 실시할 수 있어야 한다.

'**표준보육과정 운영의 질을 진단하고 개선하기 위해 평가를 계획하고 실시한다**'는 것은 영유아가 중심이 되고 놀이가 살아나는 표준보육과정 운영을 자체적으로 평가한다는 평가의 목적을 염두에 두고, 각 기관에서는 지역 특성, 각 기관 및 반의 상황과 요구를 고려하여 표준보육과정 운영을 개선하도록 자율적으로 평가 계획을 수립한다는 의미이다. 또한 평가의 내용, 주기 및 시기, 평가 방법 등에 대한 계획은 각 기관 구성원이 민주적인 협의를 거쳐 결정한다.

'**영유아의 특성 및 변화 정도와 표준보육과정의 운영을 평가한다**'는 것은 평가에서 영유아 평가와 표준보육과정의 운영 평가가 이루어져야 한다는 의미이다. 영유아 평가는 영유아의 행복과 전인적 발달을 지원하는 데 목적을 두고, 교사는 영유아의 놀이, 일상생활, 활동에서 영유아의 고유한 특성이나 의미 있는 변화를 발견하고, 이를 바탕으로 영유아의 배움과 성장을 돕도록 평가한다. 표준보육과정 운영 평가는 각 기관의 보육과정이 영유아·놀이 중심으로 적절하게 운영되고 있는지 평가하는 데 목적을 두고, 놀이시간을 충분히 운영하였는지, 영유아 주도적인 놀이와 배움이 이루어졌는지, 놀이 지원이 적절한지, 부모와의 협력이나 행정적·재정적 지원이 적절하게 이루어지고 있는지 등도 평가할 수 있다.

'**평가의 목적에 따라 적합한 방법을 사용하여 평가한다**'는 것은 각 기관에서 평가 목적에 가장 적합한 평가 방법을 자율적으로 정하여 활용할 수 있다는 것이다. 교사는 영유아의 특성과 변화 정도를 파악하고자 영유아의 실제 놀이 모습을 계획안에 기록할 수 있고, 놀이 결과물과 작품 등을 일상적으로 수집할 수 있다. 영유아의 놀이를 관찰할 때는 영유아의 말, 몸짓, 표정 등에서 드러나는 놀이의 의미와 특성, 영유아의 요구나 주변 사람과의 소통에 주목하여 이 중 필요한 내용을 메모나 사진 등 교사가 할 수 있는 가장 적절한 방법으로 기록한다. 이 과정에서 교사는 관찰 및 기록을 성찰함으로써 영유아의 놀이와 삶에서 나타나는 배움의 의미와 성장 과정을 발견하고 지원할 수 있다. 교사는 개별 영유아를 정기적으로 관찰하기보다는 배움이 나타나는 또래 사이의 놀이나 활동 등 영유아가 일상에서 놀이하며 배우는 자연스러운 상황에서 영유아의 특성과 변화를 이해하는가를 평가해야 한다. 교사는 각 영역의 내용과 관련된 놀이 경험에서 어떤 배움이 일어났는지를 평가하고, 개선이 필요한 사항에 따라 각 기관에서 자율적으로 실시할 수 있을 뿐만 아니라 기관과 반별 상황, 필요성에 따라 적합한 방법으로 표준보육과정 운영을 평가할 수 있다.

'**평가의 결과는 영유아에 대한 이해와 표준보육과정 운영 개선을 위한 자료로 활용할 수 있다**'는 것은 영유아에 대한 평가 결과는 영유아가 행복감을 느끼고 전인적으로 발달하도록 도움을 주는 데 활용되어야 한다는 의미이다. 평가의 결과는 표준보육과정이 추구하는 인간상과 목적 및 목표 등에 비추어 영유아의 특성과 변화 정도를 이해하고 영유아의 배움과 성장에 도움이 되도록 지원하기 위해 활용되어야 한다. 수집된 모든 자료를 바탕으로 개별 영유아의 특성과 변환 정도를 종합적으로 이해하고 이를 부모와의 면담자료 및 영유아의 생활지도 등에 활용할 수 있다.

생각해 보기

1. 2007년 표준보육과정부터 2024 개정 표준보육과정까지의 변화과정을 설명해 보세요.
2. 영유아가 즐겁게 놀이하며 스스로 배울 수 있도록 교사가 지원할 때 고려해야 할 사항은 무엇인가요?
3. 2024 개정 표준보육과정의 개정 특징은 무엇인가요?

참고문헌

교육부(2024. 6. 27). 세계 최고 영유아교육·보육을 위한 유보통합 실행 계획(안). 교육부 보도자료.

______(2025a). 2024 개정 표준보육과정. 교육부 고시 제2024-23호. 교육부.

______(2025b). 2024 개정 표준보육과정(0~2세) 해설서. 교육부.

보건복지부(2012). 제2차 표준보육과정의 구체적 보육내용 및 교사지침. 보건복지부 고시 2012-28호.

_________(2013). 제3차 어린이집 표준보육과정 고시. 2013-8호. 보건복지부.

_________(2020a). 제4차 어린이집 표준보육과정 고시문. 보건복지부 고시 제2020-75호. 보건복지부.

_________(2020b). 제4차 어린이집 표준보육과정 해설서. 보건복지부.

여성가족부(2007). 표준보육과정 해설서. 여성가족부. 연구보고 2007-62.

제6장

0~2세 표준보육과정

1. 신체운동 · 건강
2. 의사소통
3. 사회관계
4. 예술경험
5. 자연탐구

제6장

0~2세 표준보육과정*

0~2세 표준보육과정은 보육과정에서 매우 중요한 국가 수준의 교육과정으로 신체운동·건강, 의사소통, 사회관계, 예술경험, 자연탐구의 5개 영역으로 구성되어 있다. 신체운동·건강, 의사소통, 자연탐구 영역은 각각 3개의 내용범주를 두고 있고, 사회관계, 예술경험 영역은 각각 2개의 내용범주를 두어 총 13개의 내용범주로 구성되어 있다. 만 0~1세 영아는 신체운동·건강, 의사소통, 사회관계, 예술경험, 자연탐구 영역에서 40개의 보육내용을 경험하며, 만 2세 영아는 42개의 보육내용을 경험하고 배운다.

0~1세 보육과정의 40개 내용이 국가 수준에서 보육과정의 공통적 기준을 제시한 것이라면, 영아는 이를 직접 경험하며 다양하게 배운다는 점에서 보육내용을 더 구체적으로 만들어 간다고 볼 수 있다. 보육과정의 내용을 영아가 직접 경험하고 만들어 간다는 것은 영아가 일상생활과 놀이의 맥락에 따라 40개 보육내용을 다양하게 경험하며 자신만의 배움을 만들어 간다는 의미이다. 예를 들어, 자연탐구에서 '일상에서 수에 관심을 가진다'는 내용을 영아는 실제로 각자의 방식으로 경험하며 구체적으로 배운다.

* 이 장은 교육부(2025)의 2024 개정 표준보육과정 고시문과 해설서에 게재된 내용을 0~2세 신체운동·건강, 의사소통, 사회관계, 예술경험, 자연탐구의 5개 영역을 중심으로 구성하였다

<표 6-1> 영아의 내용 이해 예시

내용 이해	영아 경험의 실제
✍ 일상에서 수에 관심을 가진다. 종이 위에 자신의 손바닥을 대고 끼적여 보며 즐거워하다가, 그림 속 손가락을 차례로 짚어본다.	자신의 손가락과 그림의 손가락 수를 하나씩 짝지어 보는 시도를 하며 자신만의 방식으로 일상에서 수에 관심 가지기를 배우고 있다.

영아는 40개 보육내용을 별도의 활동으로 배우기보다는 일상생활과 놀이를 오가며 모든 순간에 배우고 자신의 보육내용을 만들어 간다. 영아의 일상생활과 놀이를 분리하지 않고 통합적으로 바라볼 때 영아는 반복하는 것처럼 보이는 평범한 하루를 늘 새롭게 놀이하며 경험한다는 것을 알 수 있다. 이는 교사가 매 순간 적극적으로 배우며 자기만의 보육내용을 만들어 가는 영아를 이해하는 데 도움이 된다. 만 2세 영아는 놀이와 일상생활에서 다양한 경험을 하는데, 이 경험은 영아의 배움이다. 영아는 놀이와 일상생활에서 다양한 경험과 배움을 주도적으로 만들어 간다. 성인이 영아에게 제공하는 놀이와 활동에서조차도 영아는 많은 배움을 만들어 낸다. 영아의 놀이와 일상생활의 힘은 영아가 만들어 내는 풍부한 배움에 있다.

국가 수준의 표준보육과정에서 제시하는 5개 영역 42개 내용은 영아가 놀이와 일상생활에서 경험할 수 있도록 간략화되어 있다. 5개 영역 범주와 내용의 묶음은 영아의 배움 내용을 범주화하고 체계화한 것이다. 따라서 영아가 놀이와 일상생활에서 또래, 교사, 사물 또는 물질과 마주치며 우연히 만드는 배움과는 성격이 다를 수 있다. 영아의 놀이와 일상생활에서 만드는 배움의 내용은 영역별 내용으로 분리되거나 내용 순서대로 나타나지 않는다. 영아는 놀이와 일상생활에서 5개 영역의 내용을 통합적으로 배운다. 통합적으로 배움이 일어난다는 것은 영아가 놀이와 일상생활에서 다양한 영역의 내용을 함께 배운다는 것을 의미한다. 한 가지 놀이 경험에서 여러 가지 내용을, 또는 다양한 놀이 경험에서 한 가지 내용을 넓고 깊게 배우기도 한다. 영아는 보육과정의 내용을 직접 경험하면서 일상생활과 놀이의 맥락에 따라 42개 보육내용을 자신만의 배움으로 만들어 간다.

<표 6-2> 영아의 배움 예시

내용 이해	영아 경험의 실제
✍ **친숙한 물체를 감각으로 탐색한다.** 물감의 미끄러움과 마르면서 꾸덕해지는 변화를 몸으로 느낀다.	물감을 손과 붓으로 발에 칠하고, 손으로 만지며 질감의 차이를 느끼고, 색이 변한다는 것을 알아 가며 놀이에서 배움을 만들어 가고 있다.

이 장에서는 2024 개정 표준보육과정 고시문과 해설서에 수록된 신체운동・건강, 의사소통, 사회관계, 예술경험, 자연탐구 5개의 영역의 내용을 소개하고 있다. 각각의 영역마다 목표와 내용범주 및 하위 내용을 제시하고, 하위 내용 중 한 개의 항목을 선택하여 그 항목에 해당하는 내용을 제시하였다. 또한 영아의 경험과 배움지원에 대한 내용도 개정 표준보육과정에는 많은 사례가 수록되어 있지만, 이 장에서는 하나씩만 예시로 제시하였다.

1. 신체운동 · 건강

비눗방울을 잡아 볼까, 살살?

영아는 오감을 통한 탐색과 신체운동 경험에서 신체를 인식하고 대소근육을 조절하며 운동능력을 발달시켜 간다. 또한 위생, 청결, 식사, 배변 활동 및 안전을 성인에게 완전히 의존하던 것에서 점차 스스로 하고자 하는 독립심과 자율성을 발달시켜 간다.

신체운동 · 건강 영역은 영아가 감각과 신체를 활용하여 환경을 탐색하고 운동능력을 발달시키며, 청결 · 식사 · 배변 · 휴식 등에서 건강한 생활의 기초를 경험하고, 놀이 및 일상생활에서 안전하게 생활하는 경험을 해보는 내용이다. 교사는 영아가 안전한 환경에서 대소근육과 신체 협응의 활동을 즐겁게 경험하고, 청결 · 식사 · 배변 · 휴식 등을 스스로 할 수 있도록 격려하며, 위험 신호에 반응하다 점차 스스로 조심하는 등 안전을 위한 기초 습관을 경험하도록 지원한다.

만 0~1세

1) 목 표

실내외에서 신체활동을 즐기고, 건강하고 안전한 일상생활을 경험한다.

(1) 감각 경험과 신체활동을 즐긴다.

(2) 건강한 일상생활을 경험한다.

(3) 안전한 일상생활을 경험한다.

2) 내 용

내용범주	내 용
신체활동 즐기기	• 다양한 감각을 경험한다. • 신체와 주변을 탐색한다. • 대소근육을 조절한다. • 기본 운동을 시도한다. • 실내외 신체활동을 즐긴다.
건강하게 생활하기	• 도움을 받아 몸을 깨끗이 한다. • 음식에 관심을 가진다. • 하루 일과를 편안하게 경험한다. • 건강한 배변 습관을 갖는다.
안전하게 생활하기	• 안전한 상황에서 놀이하고 생활한다. • 안전한 상황에서 교통수단을 이용해 본다. • 위험하다는 말에 주의한다.

3) 내용범주

(1) 신체활동 즐기기

❑ 신체와 주변을 탐색한다.

신체는 눈·코·입을 포함한 얼굴, 목·가슴·배·등으로 이루어진 몸통, 손발·팔다리·손가락·발가락을 포함하는 영아의 몸을 의미한다. **주변**은 영아가 일상적으로 접하는 교사와 또래 등의 사람, 생활용품과 놀잇감 등의 각종 사물, 기관의 실내외 공간을 포괄하는 인적·물리적 환경을 의미한다. **탐색한다**는 영아가 오감과 신체운동 감각을 이용하여 색깔, 형태, 크기, 촉감, 소리, 무게 등 다양한 특성을 살펴보는 것을 의미한다. 영아는 주변 자극을 바라보거나 귀 기울이고 냄새 맡고 입으로 빨아 보고 손으로 만져 보는 것에서 시작하여 점차 사물을 직접 찾아 쥐거나 흔들고 두들기고 올라타 보고 쓰다듬고 안아 보는 등의 움직임을 통해 신체와 주변의 특성을 파악해 간다. **신체와 주변을 탐색한다**는 영아가 안전한 인적·물리적 환경에서 다양한 감각을 활용하여 신체와 주변의 특성을 알아 가는 과정에서 스스로 신체를 조절하고 주변에 영향력을 행사할 수 있는 존재임을 경험하는 내용이다.

영아의 경험	영아의 배움 지원
• 영아는 손에 다양한 물체를 쥐고 반복적으로 흔들거나 던졌을 때 물체가 만들어 내는 소리와 느낌의 차이를 실험하고 즐거워한다. • 영아는 교사의 발소리, 또래가 내는 소리, 창문 여닫는 소리 등 친숙한 소리를 듣고 인식하며, 주변에서 신기한 소리가 들리면 움직이던 것을 멈추고 귀 기울인다.	• 교사는 영아가 신체와 주변을 탐색할 때 적극적으로 반응하며 영아가 자신이 주변과 분리된 존재이고 영향력을 행사할 수 있는 존재임을 알아 가도록 지원한다. 예를 들어, "단추를 눌렀더니 인형이 튀어나오네", "세게 밀었더니 블록이 넘어졌네!"와 같이 영아가 행위의 결과를 인식하도록 반응해 준다.

(2) 건강하게 생활하기

❏ 도움을 받아 몸을 깨끗이 한다.

도움을 받는다는 영아가 몸을 깨끗이 하는 데 교사의 지원을 받는 것을 의미한다. **몸**은 이목구비와 볼, 이마, 치아를 포함한 얼굴과 목, 가슴과 배, 등을 포함한 몸통과 팔다리, 손발을 포함하는 영아의 신체를 의미한다. **깨끗이 한다**는 일상을 영위할 수 있는 정도로 위생적으로 관리하는 것을 의미한다. 영아는 초기에는 교사가 부드러운 수건으로 얼굴을 닦아 주는 것과 같이 성인에게 의존하다가, 점차 양치를 하거나 옷을 갈아입는 등 신체를 단정하고 청결히 함에 교사의 도움을 받아 참여하는 모습을 나타낸다. **도움을 받아 몸을 깨끗이 한다**는 영아가 교사의 도움을 받아 몸을 청결하고 단정히 해 보는 내용이다.

영아의 경험	영아의 배움 지원
• 영아는 수유 후나 잠들기 전에 교사가 부드러운 젖은 거즈나 깨끗한 천으로 잇몸을 닦아 주거나, 실리콘 손가락 칫솔이나 부드러운 아기용 칫솔을 사용해 칫솔질을 해 줄 때 상쾌함과 기분 좋음을 느낀다.	• 영아의 몸을 청결히 해 주는 것이 전적으로 교사가 해 주어야 하는 행위라는 인식보다는 교사가 영아 자조기술 발달의 기초를 함께 쌓아 가며 기본생활습관을 기르는 과정이라는 인식을 갖고 지원한다. • 교사는 양치하고 씻고 기저귀 가는 것을 권유할 때, 영아가 놀이에 열중하고 있으면 방해하지 말고 다른 영아부터 도와주는 등 영아의 놀이와 기분 상태 등을 고려한다.

(3) 안전하게 생활하기

❏ 안전한 상황에서 놀이하고 생활한다.

안전한 상황은 영아가 다치거나 해를 입을 가능성이 없거나 위험이 최소화된 환경을 의미한다. 영아가 자유롭게 경험하고 탐색할 수 있도록 안전한 무독성 재료 놀잇감, 모서리가 둥글게 마감된 가구, 충격을 보호하거나 미끄러움을 방지하는 깔개와 같이 위험 요소가 최대한 제거된 환경을 제공하는 것이 포함된다. **놀이하고 생활한다**는 영아가 등원부터 하원 사이에 하는 모든 행동을 의미하며, 놀이하기와 먹기, 잠자기, 씻기, 배변하기, 이동하기 등이 포함된다. **안전한 상황에서 놀이하고 생활한다**는 영아가 안전한 환경에서 놀이하기, 낮잠 자기와 휴식하기, 식사와 간식 먹기, 이동하기 등을 경험하는 내용이다.

영아의 경험	영아의 배움 지원
• 영아는 또래나 가구와 부딪히지 않고 부드러운 매트와 가드가 설치된 공간에서 안전하게 기고, 붙잡고 서고, 한 발씩 떼어 걸어 보면서 신체 균형을 잡는 법을 경험한다. • 영아는 비교적 안전한 표면, 기구, 도구를 사용해서 마음껏 놀이한다. 예를 들어, 자신이나 또래를 다치지 않게 하는 부드러운 공이나 봉, 풍선, 한지 등의 안전한 도구와 자료를 가지고 놀이한다.	• 교사는 놀이와 일상생활에서 구석구석까지 안전한 환경을 제공한다. 예를 들어, 무독성 놀잇감이나 콘센트 덮개 외에도 활동성이 증가하면서 낮고 구석진 곳도 들어가 탐색하는 영아의 행동 특성을 고려하여 구석과 가구 아래까지도 위생적으로 관리하고 위험한 물건이 없어야 한다.

만 2세

1) 목 표

실내외에서 신체활동을 즐기고, 건강하고 안전한 일상생활을 경험한다.

(1) 감각 경험과 신체활동을 즐긴다.

(2) 건강한 일상생활을 경험한다.

(3) 안전한 일상생활을 경험한다.

2) 내 용

내용범주	내 용
신체활동 즐기기	• 다양한 감각을 경험한다. • 신체를 인식하고 움직인다. • 대소근육을 조절한다. • 기본 운동을 즐긴다. • 실내외 신체활동을 즐긴다.
건강하게 생활하기	• 자신의 몸과 주변을 깨끗이 해 본다. • 음식을 즐겁게 먹는다. • 하루 일과를 즐겁게 경험한다. • 건강한 배변 습관을 갖는다.
안전하게 생활하기	• 안전하게 놀이하고 생활한다. • 안전한 상황에서 교통수단을 이용해 본다. • 위험한 상황에 대처하는 방법을 경험한다.

3) 내용범주

(1) 신체활동 즐기기

❑ 신체를 인식하고 움직인다.

신체는 눈・코・입을 포함한 얼굴, 목・가슴・배・등으로 이루어진 몸통, 손발・팔다리・손가락・발가락을 포함하는 영아의 몸을 의미한다. **인식한다**는 자신의 신체가 머리와 몸통, 사지로 구성되어 있고, 각 부분에는 일상생활 및 놀이를 위한 행동을 할 수 있는 이목구비와 볼, 이마 등의 얼굴, 손과 손가락, 발과 발가락 등이 있음을 알게 되는 것을 의미한다. 즉, 신체의 기본 구조와 각 부위의 기능을 기초적으로 이해하는 것을 의미한다. **움직인다**는 자신이 인식한 신체 구조와 기능을 바탕으로 각 부분을 이용하여 먹기, 씻기, 옷 입기 등의 일상생활에 필요한 행위 및 돌기, 던지기, 달리기, 굴리기 등 놀이 중 다양한 행동을 하려고 신체의 근육과 관절을 적절히 사용하는 것을 의미한다. **신체를 인식하고 움직인다**는 영아가 인식한 자신의 신체 구조와 기능을 바탕으로 일상생활 및 놀이에서 필요에 따라 근육과 관절을 다양하게 움직여 보고 협응 및 조절에 점차 능숙해지는 경험을 하는 내용이다.

영아의 경험	영아의 배움 지원
• 영아는 공을 던지거나 차 보고, 공을 앞과 좌우로 굴려 보낼 때 신체의 어느 부분을 이용해야 하는지 자연스럽게 경험한다.	• 교사는 특성이 다양한 사물을 준비하여 영아가 그 사물을 가지고 놀 때 사물의 특성에 따라 자신의 신체를 어떻게 움직여야 하는지 경험하도록 지원한다. 예를 들어, 가볍거나 무거운 공, 크거나 작은 공, 잘 구르거나 구르지 않는 공을 제공한다면, 각 공의 특성에 따라 신체를 다르게 움직여 보는 경험을 하게 된다.

(2) 건강하게 생활하기

❑ 자신의 몸과 주변을 깨끗이 해 본다.

자신의 몸과 주변은 이목구비와 볼, 이마, 치아를 포함한 얼굴과 목, 가슴, 배, 등을 포함한 몸통과 팔다리, 손발을 포함한 영아의 신체와 영아가 생활하고 놀이하는 실내외 공간 중 영아가 머무르는 자리와 가까운 범위 안의 공간을 의미한다. **깨끗이 해 본다**는 영아가 씻고 정리하고 치우는 과정에 주도적으로 참여하는 것을 의미한다. 영아는 신체운동 능력과 언제 씻고 정리하는지에 대한 이해가 점차 발달하면서 실외 놀이 후 혹은 식사 전에 손을 씻고, 식사 후 양치를 하고, 가지고 놀았던 놀잇감을 정리하는 등 신체와 주변을 스스로 청결하고 단정하게 유지하고자 시도하는 모습을 나타낸다. **자신의 몸과 주변을 깨끗이 해 본다**는 씻고 정리할 수 있는 신체조절 능력과 관련 규칙에 대한 이해가 점차 생겨나는 영아가 일상과 놀이에서 스스로 자신의 몸과 주변을 청결하고 단정히 해 보는 내용이다.

영아의 경험	영아의 배움 지원
• 영아는 교사의 도움을 받아 음식을 먹고 스스로 입을 닦으며 사용한 식판을 치운다. 사용한 휴지나 앉았던 자리에 떨어진 음식물, 주변에 있는 쓰레기를 주워 쓰레기통에 버리는 경험을 한다.	• 교사는 영아가 스스로 몸과 주변을 깨끗이 할 수 있도록 영아의 능력에 적합한 환경을 조성한다. 예를 들어, 눌러서 짜는 비누, 높이가 적당한 발판, 깊이가 적절한 양치컵, 흘린 음식을 집을 수 있는 휴지, 식판과 수저를 쉽게 분리하여 놓을 수 있게 배치한 동선, 발로 눌러서 여는 휴지통 등을 제공할 수 있다.

(3) 안전하게 생활하기

❑ 안전하게 놀이하고 생활한다.

안전하게는 영아가 점진적으로 위험을 인식하여 교사에게 알려 도움을 받거나 주도적으로 위험을 제거하거나 피하려고 시도하는 것을 의미한다. 영아는 신체운동 및 조절 능력이 발달하면서 자율감과 주도성도 함께 발달해 새로운 것에 도전하고자 하는 마음이 증가하며, 동시에 안전한 상황 혹은 위험 요소에 대한 인식이 점차 확장되면서 스스로 주의하고 조심스럽게 행동하려는 모습을 나타낸다. **놀이하고 생활한다**는 영아가 등원부터 하원 사이에 하는 모든 행동을 의미하며, 놀이하기와 먹기, 입기와 벗기, 잠자기, 씻기, 배변하기 등이 포함된다. **안전하게 놀이하고 생활한다**는 신체적인 도전을 더욱 많이 시도하는 영아가 일과를 보내면서 위험 요소에 대한 인식을 바탕으로 도움을 요청하거나 스스로 조심스럽게 행동해 보는 경험을 하는 내용이다.

영아의 경험	영아의 배움 지원
• 영아가 미끄러지기 쉬운 바닥을 보고 또래에게 "조심해, 미끄러워."라고 말해준다. • 높은 곳에서 뛰어내리기 전에 교사에게 "나 여기서 뛰어도 돼요?"라고 물어보고 안전한지 확인한다.	• 교사는 영아가 안전에 대한 인식을 형성해 가지만, 놀이나 생활에 몰입하면 위험에 주의하는 것을 빈번하게 잊는다는 점을 이해하고 주의 깊게 관찰하여 지원한다. • 영아가 안전에 주의를 기울이거나 조심스러운 행동을 했을 때 "천천히 걸어서 안전하게 이동했구나"와 같은 긍정적인 피드백을 제공함으로써 자발적 안전 행동을 장려한다.

2. 의사소통

소리가 나네

영아는 태어나면서부터 비언어 및 언어 방식으로 다른 사람과 소통을 즐긴다. 점차 영아는 단어와 문장을 사용하여 상대방과 대화하며 소통하고, 그림과 상징으로도 소통할 수 있다는 것을 배우게 된다.

의사소통 영역은 영아가 말소리와 말을 듣고, 자신의 느낌과 생각을 말하고, 끼적이기에서 시작하여 그림, 상징 등으로 쓰기를 소통 수단으로 알아 가고, 책을 함께 읽고, 이야기 듣기와 만들기를 좋아하며, 비언어를 포함하여 언어로 소통하는 능력을 키워 간다는 내용이다.

교사는 영아가 시도하는 다양한 소통의 방식과 도구에 적극적으로 귀 기울이며, 언어나 비언어로 호응하여 소통하고, 영아가 교사 혹은 또래와 다양한 방식으로 소통하도록 지원한다.

만 0~1세

1) 목 표

일상생활에서 의사소통 능력을 기른다.

(1) 일상생활에서 듣기와 말하기를 즐긴다.

(2) 읽기와 쓰기에 관심을 가진다.

(3) 책과 이야기에 재미를 느낀다.

2) 내 용

내용범주	내 용
듣기와 말하기	• 표정, 몸짓, 말과 주변의 소리에 주의를 기울인다. • 상대방의 이야기를 들으면서 말소리를 낸다. • 표정, 몸짓, 말소리로 의사를 표현한다.
읽기와 쓰기에 관심 가지기	• 주변의 그림과 상징에 관심을 가진다. • 끼적이기에 관심을 가진다.
책과 이야기 즐기기	• 책에 관심을 가진다. • 말놀이와 이야기에 재미를 느낀다.

3) 내용범주

(1) 듣기와 말하기

❑ 표정, 몸짓, 말과 주변의 소리에 주의를 기울인다.

표정은 비언어적 소통 방식 중 하나이며 기쁨, 신남, 화남, 슬픔, 놀라움, 반가움 등의 느낌이나 기분이 영아나 성인의 얼굴에 미소, 웃음, 찡그림 등으로 나타나는 것을 의미한다. **몸짓**은 영아나 성인이 시선, 손가락, 손, 머리 등의 신체를 움직여 자신의 의도를 상대와 나누는 비언어적 소통 방식을 말한다. 영아는 시선을 고정하거나, 고개를 돌려 찾아보거나, 간단한 손동작인 몸짓 언어 등을 사용한다. **말**은 영아나 교사가 소리, 단어, 노래 등의 음성을 활용하여 소통하는 행위를 의미한다. **주변의 소리**는 영아에게 직접적으로 전달하는 소리는 아니지만 영아의 귀에 들리는 놀잇감 소리, 대화, 벨소리, 문 여닫는 소리 등을 의미한다. **주의를 기울인다**는 영아가 상대방이나 주변 사람을 바라보거나, 상대방과 주의를 나누며, 의도를 알아차리려 듣는 것을 의미한다. 예를 들어, 영아는 교사가 웃는 모습을 보고 함께 웃거나, 교사나 또래의 움직임에 따라 몸을 움직이거나, 머리를 양쪽으로 흔들어 부정의 의사를 표시하거나, 손을 흔들어 인사하기도 한다. 교사가 부르면 다가오거나, 위험하다는 말을 들으면 행동을 멈추기도 한다. **표정, 몸짓, 말이나 주변의 소리에 주의를 기울인다**는 영아가 상대방의 얼굴에 나타나는 느낌이나 기분, 상대방이 만드는 몸의 움직임을 바라보고, 교사나 또래의 말이나 주변에서 나는 소리에 귀를 기울여 의도를 알아차리려고 듣는 것을 알아 가는 내용이다.

영아의 경험	영아의 배움 지원
• 적응 중인 영아가 불편한 느낌으로 손을 얼굴에 대고 우는 소리를 내자, 한 영아가 다가온다. 이 영아는 책에서 노래가 나오는 버튼을 눌러 주며 우는 아이를 달래려고 한다. 울던 영아는 의도를 알아차리는 듯 또래의 몸짓에 시선을 보내고 울음을 멈춘다. 두 영아는 표정, 몸짓, 소리와 같은 비언어적 방식으로 소통하고 있다.	• 영아가 교사의 목소리에 친숙함을 느끼며 말소리에 주의를 기울일 때, 교사는 영아의 말소리를 반복하거나 운율이 있는 표현 등으로 영아와 소통하고 있음을 표현해 준다. • 교사는 높은 음조, 간단한 단어, 긴 모음, 리듬감 있는 짧은 말소리, 따뜻하고 부드러운 말소리 등 영아가 평소 좋아하는 목소리를 사용한다.

(2) 읽기와 쓰기에 관심 가지기

❑ 끼적이기에 관심을 가진다.

끼적이기는 영아의 초기 쓰기 행동에 해당하며, 영아가 쓰기나 그리기 도구를 손에 쥐고 무작위로 움직여 흔적을 남기는 행위를 말한다. **관심을 가진다**는 영아가 자신이 끼적인 흔적에 주의를 기울여 바라보고, 결과물에 흥미를 보이며, 이를 교사나 또래와 공유하려고 보여 주거나 가리키고 단어로 말하는 행위를 의미한다. **끼적이기에 관심을 가진다**는 영아가 쓰기나 그리기 도구를 사용하여 흔적을 만드는 것에 흥미를 느끼고, 만들어진 흔적에 주의를 기울이는 등으로 초기 쓰기를 알아 가는 내용이다.

영아의 경험	영아의 배움 지원
• 영아는 마커를 잡고 빠른 속도로 팔을 움직이며 발바닥에 칠하고, 끼적거린 흔적을 유심히 바라보다가 끼적이기를 한 발바닥을 교사에게 보여 준다.	• 교사는 영아가 자유롭게 끼적이기를 시도할 수 있는 안전하고, 편안하며, 여유로운 공간을 마련한다. 예를 들어, 큰 종이를 바닥이나 테이블, 벽에 붙여 영아가 다양한 자세로 끼적이도록 지원할 수 있다.

(3) 책과 이야기 즐기기

❑ 책에 관심을 가진다.

책은 영아에게 사물, 물체 혹은 놀잇감으로서 탐색할 대상이 되기도 하고, 이야기와 그림으로 다양한 상황과 주변 세계를 경험하게 해 주는 문해 환경이다. 책에는 그림책을 비롯하여 다양한 인쇄물이 포함된다. **관심을 가진다**는 영아가 책을 놀잇감으로 탐색하거나 책에 있는 그림과 이야기에 주의를 기울이는 행동을 의미한다. 영아가 책에 눈동자를 고정하거나 움직이고, 책을 물고, 빨고, 밀고, 깔고 앉고, 들어올리고, 책장을 넘기려 하고, 책의 그림 등을 보며 소리와 말소리로 표현하고, 이야기를 듣고 책의 내용을 알아 가는 경험 등으로 나타난다. **책에 관심을 가진다**는 영아가 책 자체를 탐색하는 것을 포함하여 책의 그림의 의미, 책 보는 것을 알아 가는 내용이다.

영아의 경험	영아의 배움 지원
• 영아 세 명이 소리 나는 그림책을 함께 보고 있다. 한 영아가 책의 물 내려가는 소리 버튼을 누른 후 입술과 혀를 움직이면서 “푸~ 푸~” 소리를 따라 하며 반복한다. 다른 영아도 물 내려가는 소리를 내 본다. 영아들은 그림을 함께 바라보며 몸짓과 소리로 의미를 표현하고, 책을 함께 보며 즐거워한다.	• 교사는 영아가 책에 자연스럽게 관심을 가지도록 큰 그림과 짧은 이야기가 담긴 그림책을 읽어 준다. 책을 읽는 동안 음성의 높낮이를 조절하고, 다양한 목소리를 사용하여 영아가 소리와 이야기에 관심을 가지게 해 주며, 등장인물이나 사물의 소리를 흉내 내거나 소품을 활용하여 이야기를 생생하게 전달하도록 한다.

만 2세

1) 목 표

일상생활에서 의사소통 능력을 기른다.

(1) 일상생활에서 듣기와 말하기를 즐긴다.

(2) 읽기와 쓰기에 관심을 가진다.

(3) 책과 이야기에 재미를 느낀다.

2) 내 용

내용범주	내 용
듣기와 말하기	• 표정, 몸짓, 말에 주의를 기울여 듣는다. • 상대방의 이야기를 듣고 말한다. • 자신의 요구와 느낌을 말한다.
읽기와 쓰기에 관심 가지기	• 주변의 그림과 상징에 관심을 가진다. • 끼적이며 표현하기를 즐긴다.
책과 이야기 즐기기	• 책에 관심을 가지고 상상한다. • 말놀이와 이야기에 재미를 느낀다.

3) 내용범주

(1) 듣기와 말하기

❑ 표정, 몸짓, 말에 주의를 기울여 듣는다.

표정은 비언어적 소통 방식 중 하나이며 기쁨, 신남, 화남, 슬픔, 놀라움, 반가움 등의 느낌이나 기분이 영아나 성인의 얼굴에 미소, 웃음, 찡그림 등으로 나타나는 것을 말한다. 주의를 기울이거나 몰입할 때의 상태가 영아의 얼굴에 나타나기도 한다. **몸짓**은 영아나 성인이 자신의 감정, 느낌, 생각 등을 나타내려고 시선, 손가락, 손, 머리 등의 신체를 움직여 의도를 적극적으로 상대와 나누는 비언어적 소통 방식이다. 영아는 손으로 방향을 표시하고, 화남을 표현하려고 팔짱을 끼거나 손을 얼굴에 대고 우는 것과 같이 몸을 이용하여 자신의 의도를 나타낸다. **말**은 영아나 교사가 단어, 문장 등의 음성으로 나누는 대화나 이야기, 지시 등으로 소통하는 행위를 의미한다. **주의를 기울여 듣는다**는 영아가 상대방이나 주변 사람이 만드는 소통의 움직임을 바라보고, 평소에 듣는 말소리의 패턴, 리듬, 억양 등에 반응하여 맥락을 알아차리고, 말하는 사람의 의도를 파악하려고 듣는 것을 의미한다. 예를 들어, 영아는 울먹이는 또래를 안아서 위로하거나, 상대방의 표정을 살피며 상대의 의도를 확인하기도 한다. 또래가 가리키는 놀잇감을 집어 주기도 하고, 또래의 이야기를 잘 들으려고 옆으로 다가가기도 하며, 조심하라는 말에 행동을 멈추기도 한다. **표정, 몸짓, 말에 주의를 기울여 듣는다**는 영아가 상대방의 얼굴에 나타나는 느낌이나 기분, 상대방의 움직임을 바라보고, 교사나 또래의 대화나 이야기에 귀를 기울여 상대방의 의도를 파악하려고 듣는 것을 알아 가는 내용이다.

영아의 경험	영아의 배움 지원
• 영아는 놀이할 때 놀이의 흐름을 바꾸려고 "이렇게 해 볼까?"라고 말하며 또래의 표정을 살피기도 하고, 놀이 맥락을 알아보려고 "뭐라고?"라고 물어보기도 한다. 상대방의 이야기에 귀를 기울이며 대화하는 즐거움을 배워 가고 있다.	• 교사는 영아의 비언어적 의사소통 방식에 주의를 기울여 영아의 관심과 의도를 언어로 말해주어 소통하고 있음을 보이고, 영아가 이어서 소통을 시도하도록 기다려준다. • 교사는 영아가 자신의 이름이나 일상생활에서 자주 경험하는 사물, 놀잇감, 행동의 명칭 등을 반복적이고 구체적인 말소리로 들려주어 자연스럽게 의미를 알도록 지원한다.

(2) 읽기와 쓰기에 관심 가지기

❑ 끼적이며 표현하기를 즐긴다.

끼적이며는 영아의 초기 쓰기 행동에 해당하며, 영아가 쓰기나 그리기 도구를 손과 손가락을 사용하여 의도적으로 선을 긋고 그림과 같은 형태로 흔적을 남기는 행위를 말한다. **표현하기**는 영아가 느낌이나 생각, 의미 등을 선이나 모양, 그림, 말로 나타내는 행위이다. **즐긴다**는 영아가 자신의 감정, 느낌, 생각 등을 선, 그림, 상징 등으로 나타내고, 기쁨과 만족을 느끼며, 자발적으로 이를 반복하고 싶어 하는 것을 의미한다. 영아는 끼적이기를 하며 의미를 부여하고, 다시 끼적이기를 지속하기도 한다. **끼적이며 표현하기를 즐긴다**는 영아가 쓰기나 그리기 도구를 사용하여 선이나 모양, 그림, 말로 의미를 나타내는 것을 좋아하고 반복하며 초기 쓰기를 알아 가는 내용이다.

영아의 경험	영아의 배움 지원
• 영아는 자신이 만든 작품이 자신의 것임을 나타내려고 의도적으로 선을 그으며 자신의 이름을 글자와 비슷한 형태로 남긴다.	• 교사는 영아의 끼적이기가 자신의 생각, 느낌 등을 선, 그림, 상징 등으로 나타내고 그 의미를 나누거나, 이야기를 만들어 또래 혹은 교사와 소통하려는 것임을 알고 다양한 표현 방식을 인정한다.

(3) 책과 이야기 즐기기

❑ 책에 관심을 가지고 상상한다.

책은 영아가 이야기와 그림을 통해 다양한 상황과 주변 세계를 경험할 수 있는 문해 환경이다. 책에는 그림책을 비롯하여 다양한 종류의 인쇄물이 포함된다. **관심을 가지고**는 영아가 혼자 혹은 교사, 또래와 함께 그림을 보고, 이야기를 듣고, 단어 혹은 몸짓으로 짧은 이야기를 나누고, 책을 읽어달라고 요청하는 것을 의미한다. 영아는 좋아하는 책이 생기기도 한다. **상상한다**는 영아가 책 속의 이야기에 몰입하여 그 내용에서 떠오르는 움직임이나 단어를 떠올리거나, 이야기를 지어내는 것을 의미한다. 영아는 책 속에서 새롭게 접한 단어나 개념을 경험과 연결하여 이야기를 지어내기도 하며 풍부하게 만들어 가는 것을 즐긴다. **책에 관심을 가지고 상상한다**는 영아가 책 속의 그림, 등장인물, 상황 등과 관련지어 이야기를 지어내며 책 보는 것을 즐기는 내용이다.

영아의 경험	영아의 배움 지원
• 영아가 '불이야!' 책을 함께 보며, 소방대피 훈련의 경험을 떠올려 책 속 인물이 대피하는 장면을 따라 해 본다. 코와 입을 막은 채 고개를 숙이며 책 내용을 말과 몸짓으로 읽으며 책의 내용을 풍부하게 경험한다.	• 교사는 놀이와 일상생활에서 책의 내용을 연계하여 영아가 상상하는 즐거움을 느끼도록 지원한다. 예를 들어, 책에 등장한 동물의 몸짓과 소리를 표현하며 영아의 상상 놀이를 장려하고, 상자, 천, 종이, 물감 등을 활용하여 책 속 배경이나 캐릭터를 영아가 탐색하고 이야기를 재현해 보는 놀이를 적극적으로 지원한다.

3. 사회관계

붕붕 함께 밀어 보자

영아는 사회의 구성원으로서 자신의 감각을 열어 다른 사람과 소통하고 관계를 맺으며 배워 나간다. 이 과정에서 영아는 자신이 주변 세계와 연결되었으면서 동시에 분리되어 있음을 경험하며, 서서히 독립된 존재임을 알아 간다. 영아가 성장하면서 사회관계는 가족에서부터 반에서 함께 지내는 교사, 또래로 넓어지며, 영아는 다른 사람과의 관계 속에서 자신의 고유함과 자신이 소속된 사회를 점차적으로 알아 간다.

사회관계 영역은 영아가 주변의 다양한 사회적 관계 속에서 자신의 고유함을 알아 가며 긍정적으로 여기고, 다른 사람과 함께 지내는 경험을 바탕으로 더불어 생활하는 즐거움을 알아 가는 내용이다.

교사는 영아가 가족, 또래, 교사 등 주변의 친숙한 사람들과 함께 생활하면서 자신을 알아 가고, 서로를 존중하고 더불어 지내는 즐거움을 경험하며 긍정적 사회관계를 배우고 성장하도록 지원한다.

만 0~1세

1) 목 표

나를 알아가며, 더불어 생활하는 경험을 한다.

(1) 나를 알고 긍정적으로 여긴다.

(2) 함께 지내는 즐거움을 경험한다.

2) 내 용

내용범주	내 용
나를 알고 존중하기	• 나의 고유함을 알아간다. • 나의 욕구와 감정을 표현한다. • 나에게 친숙한 것을 안다.
더불어 생활하기	• 안정적인 애착을 형성한다. • 또래에게 관심을 가진다. • 다른 사람의 감정과 행동에 관심을 가진다. • 반에서 편안하게 지낸다.

3) 내용범주

(1) 나를 알고 존중하기

❑ 나에게 친숙한 것을 안다.

나에게 친숙한 것은 영아가 일상과 놀이에서 자주 만나고 접하면서 익숙하고 편안함을 느끼는 사람, 물건, 공간 등을 의미한다. 영아는 가족이나 또래, 교사와 자주 만나면서 친숙함을 느끼고, 양말, 모자 등 자주 접촉하는 물건에서 익숙함을 느끼며, 빛이 비치는 창문이나 아늑한 소파 등의 공간에서도 편안함을 느낄 수 있다. **안다**는 영아가 주변을 자주 접하면서 점차 익숙해지고 편안한 것을 느끼고, 자신에게 친숙한 것과 낯선 것을 구별하여 알게 되는 것을 말한다. 영아는 친숙한 것에 대해 자주 만지기, 다가가기, 미소 짓기, 반복하기 등의 다양한 반응적 행동을 나타내기도 한다. **나에게 친숙한 것을 안다**는 영아가 자신이 자주 접하는 사람, 물건, 공간 등이 주는 편안함과 익숙함을 경험하고 안정감을 느끼며, 자신과 세상의 관계를 긍정적으로 알아 가는 내용이다.

영아의 경험	영아의 배움 지원
• 영아는 또래와 자주 놀이하는 익숙한 공간에서 오르내리는 행동을 반복하거나, 아늑한 쿠션이 있는 공간에서 편안한 표정으로 휴식을 취한다. 영아는 친숙한 공간에 머물며 안정감을 느끼고 있다.	• 교사는 일상생활에서 다정하고 친숙한 목소리로 영아의 이름을 자주 불러 주고, 반에 들어올 때 미소를 짓거나 팔을 벌려 안아 주어 영아가 자신에게 편안하고 친숙한 사람이 있음을 경험하도록 지원한다.

(2) 더불어 생활하기

❑ 안정적인 애착을 형성한다.

안정적인 애착이란 영아가 특정한 사람, 물건, 공간 등에 가지는 정서적 신뢰와 유대감을 의미한다. 영아는 자신의 욕구를 민감하게 충족해 주는 양육자나 교사, 낮잠이나 휴식을 취할 때 편안함을 주는 인형이나 이불, 늘 가지고 다니고 싶은 자동차 등의 사물이나 놀잇감, 그리고 자기가 사는 집, 자기 반, 서랍장이나 자주 산책 가는 길 등의 친숙한 공간에서 안정감을 경험한다. **형성한다**는 영아가 애착의 대상에게 편안함을 느끼고, 이를 지속적으로 찾으며 안정적인 관계를 만들어 가는 것을 의미한다. **안정적인 애착을 형성한다**는 영아가 자신에게 편안함을 주는 특정한 사람, 물건, 공간 등에 안정감과 신뢰감을 느끼고 긍정적으로 사회적 관계를 경험하는 내용이다.

영아의 경험	영아의 배움 지원
• 교사에게 다가와 교사의 몸에 얼굴을 숨기는 영아에게 교사가 “어디 있지?”라고 말하며 찾는 척하자 영아는 고개를 들어 자신의 얼굴을 보여 주며 활짝 웃는다. 영아는 교사와 까꿍놀이를 하면서, 자신에게 특별한 교사와의 관계에서 편안하고 즐거운 방식으로 정서적 신뢰와 유대감을 맺어 가고 있다.	• 영아가 학기 초 양육자와 떨어져 울면서 등원하기 어려워할 때 따뜻하게 안아 주고, “여기 곰돌이 인형이 있네. 안녕, ○○아? 반가워. 우리 같이 놀자”와 같이 말을 걸며 영아가 낯선 상황에서 불안감을 느끼지 않고 반에서 친숙한 사물이나 교사와 긍정적인 애착 관계를 형성할 수 있도록 지원한다.

만 2세

1) 목 표

나를 알아가며, 더불어 생활하는 경험을 한다.

(1) 나를 알고 긍정적으로 여긴다.

(2) 함께 지내는 즐거움을 경험한다.

2) 내 용

내용범주	내 용
나를 알고 존중하기	• 나의 고유함을 알아간다. • 나의 욕구와 감정을 표현한다. • 내가 좋아하는 것을 해 본다.
더불어 생활하기	• 가족에게 관심을 가진다. • 또래와 함께 놀이한다. • 다른 사람의 감정과 행동에 관심을 가진다. • 지켜야 할 약속이 있음을 안다.

3) 내용범주

(1) 나를 알고 존중하기

❑ 내가 좋아하는 것을 해 본다.

내가 좋아하는 것이란 영아의 관심을 끌거나 즐거움을 주는 대상과 활동을 말한다. 실로폰을 만지고 두드려 보기, 동화책의 소리 버튼 눌러 보기, 자동차를 바닥에 굴리기 등 만족과 흥미를 불러일으키며 지속적으로 경험하고 싶어지는 것을 의미한다. **해 본다**는 영아가 일상생활이나 놀이에서 마음이 이끌리고 관심이 가는 것을 다양한 방식으로 직접 경험하며 적극적으로 시도해 보는 행동을 의미한다. **내가 좋아하는 것을 해 본다**는 영아가 자신의 관심을 끌거나 즐거움을 주는 것을 찾아 자기 주도적인 방식으로 다루거나 시도해 보는 경험을 해 봄으로써 자신이 잘할 수 있는 것을 알아 가는 내용이다.

영아의 경험	영아의 배움 지원
• 영아는 재질이 다양한 블록을 가지고 더 높이 쌓기를 시도하고 있다. 영아는 관심을 끄는 놀잇감을 선택하고 자신이 원하는 방식으로 놀이하면서 자신의 유능함을 느끼고 있다.	• 교사는 영아가 어떤 놀이나 놀잇감을 반복적으로 선택하여 선호하는지를 관찰하고 "○○이가 좋아하는 인형 찾아볼까?", "여기 사진에 ○○이가 좋아하는 자동차가 있네. ○○이가 찾아보자" 등 좋아하는 놀이나 놀잇감을 영아와 함께 찾아보거나 영아 스스로 찾아보도록 지원한다.

(2) 더불어 생활하기

❑ 가족에게 관심을 가진다.

가족은 영아와 한 공간에서 살아가며 일상적인 의식주를 같이 경험하고, 기쁨, 즐거움, 슬픔, 걱정 등의 감정을 교감하며, 영아와 가장 가까운 관계를 맺는 사람들을 말한다. 가족에는 영아를 가장 가까이에서 돌보며 안정감을 주는 부모나 조부모와 같은 양육자, 형제·자매, 자주 만나 친숙한 친척 등도 포함된다. **관심을 가진다**는 영아가 가족을 자신과 특별한 관계로 여기고 살펴보며 궁금해하는 것을 말한다. 영아는 가족을 찾거나, 미소 짓거나, 안기는 등 친밀한 감정을 표현하기도 한다. **가족에게 관심을 가진다**는 영아가 자신과 함께 생활하는 가족에게 편안함과 소중함, 애정을 느끼고 표현하면서 가족의 구성원으로서 안정감과 소속감을 경험하는 내용이다.

영아의 경험	영아의 배움 지원
• 영아는 가족 인형을 갖고 놀거나 종이에 얼굴 그림을 그리고 "할머니 사랑해."라고 말한다. 영아는 가족에 대한 소중한 느낌을 놀이, 행동, 말 등 다양한 방법으로 표현하고 있다.	• 교사는 영아가 가족사진에 관심을 보일 때 "사진 보니까 아빠, 엄마와 바다에 갔던 게 기억났구나. 아빠 어디 있는지 찾아볼까?" 등 구체적인 언어 표현으로 영아가 자신의 가족에 대해 관심을 가질 수 있도록 지원한다.

4. 예술경험

토토야, 이쁘지?

영아는 특별한 방식과 다양한 감각으로 자연과 일상생활을 경험하고 느끼며 아름다움을 찾아간다. 영아는 자신의 몸과 여러 가지 재료, 도구를 활용하여 자유롭게 느낌, 생각, 감정을 다양한 예술로 표현하며 즐긴다.

예술경험 영역은 영아가 자연과 생활에서 만나는 주변 환경에 주의를 기울이고 상호작용하는 과정에서 기쁨과 놀람, 만족감과 같은 긍정적 정서를 경험하고, 놀이와 일상생활에서 생각하며 느끼는 것을 다양한 소리와 리듬, 노래, 움직임과 춤, 미술과 모방 또는 상상놀이 등 자기만의 방식으로 자유롭게 표현하는 내용이다.

교사는 다양한 예술경험 속에서 영아가 느끼는 아름다움에 귀 기울이고, 창의적 예술표현을 즐기도록 충분한 시간, 공간, 재료를 지원하여 영아의 탐색과 상상을 격려한다.

만 0~1세

1) 목 표

아름다움을 느끼고 즐긴다.

(1) 자연과 생활에서 아름다움을 경험한다.

(2) 자유롭게 예술 표현을 한다.

2) 내 용

내용범주	내 용
아름다움 찾아보기	• 자연과 생활에서 아름다움을 느낀다. • 예술에서 아름다움을 느낀다.
창의적으로 표현하기	• 소리와 리듬, 노래로 표현한다. • 움직임으로 표현한다. • 다양한 미술 재료를 경험한다. • 모방하기를 즐긴다.

3) 내용범주

(1) 아름다움 찾아보기

❑ 만 0~2세 공통 : 자연과 생활에서 아름다움을 느낀다.

자연은 영아가 등・하원길, 산책길, 실내외 놀이 공간에서 마주치는 주변 환경을 의미한다. 이는 꽃과 풀, 곤충, 고양이 등의 동식물, 작은 열매나 물, 흙, 돌멩이 등의 자연물, 햇살, 바람, 비와 같은 자연현상을 포함한다. **생활**이란 영아가 기관에서 일과를 보내면서 자연스럽게 경험하는 모든 것을 의미한다. 이는 영아가 반복적으로 경험하는 일상뿐만 아니라 주변 환경과 상호작용하는 가운데 이루어지는 놀이를 포함한다. **아름다움을 느낀다**는 것은 영아가 주변 환경을 보고, 듣고, 만지면서 예쁘고 신기하거나 기분 좋은 것 등의 긍정적 정서를 경험하는 것을 의미한다. 예를 들어, 영아가 주변 환경에서 특별하게 마음을 끄는 것에 대해 유심히 바라보거나, 귀 기울이거나, 쓰다듬거나, 조심스럽게 안아 보거나, 손뼉을 치는 등의 행동으로 나타난다. **자연과 생활에서 아름다움을 느낀다**는 영아가 주변 환경에서 만나는 대상에 대해 감탄, 즐거움, 만족 등의 긍정적인 정서를 경험하는 내용이다.

영아의 경험	영아의 배움 지원
• 영아는 수족관을 오랫동안 쳐다보다가 물고기의 움직임과 색깔이 다양한 해초, 물결의 움직임에 따라 달라지는 색과 모양의 변화에 아름다움을 느끼면서 수족관을 손바닥으로 두드리고 "아~ 아!" 등의 감탄하는 소리를 내며 즐거워한다.	• 교사는 영아가 날씨에 따라 산책, 바깥놀이를 하며 다양한 자연을 몸으로 경험하도록 지원하고, 반에서도 창문 밖으로 들어오는 햇살을 느끼는 등 영아가 자연과 일상에서 아름다움을 느끼도록 지원한다.

(2) 창의적으로 표현하기

❑ 소리와 리듬, 노래로 표현한다.

소리는 자신의 몸과 주변 환경에서 영아의 귀에 들리는 모든 것을 의미한다. 영아는 소리를 귀로 듣거나 몸으로 느끼기도 한다. 자신의 몸에서 들리는 소리는 옹알이, 목소리, 손뼉 치기 등이고, 자연과 생활에서 들리는 소리는 낙엽을 밟으며 나는 바스락 소리와 딸랑이나 종을 흔들 때 나는 소리 등이다. **리듬**은 운율이 있는 말소리나 노래 등 주변의 다양한 소리에서 영아가 특별히 귀 기울이고 재미를 느낄 수 있는 길고 짧은, 강하고 약한, 반복적인 소리 패턴 등을 의미한다. 교사가 불러 주는 노래나 운율감 있는 말놀이, 교사가 안고 흔드는 움직임 속에서 리듬을 느낄 수 있고, 특별한 목소리를 만들어 내거나 고개를 까닥이면서 리듬감을 표현하는 행동으로 나타나기도 한다. **노래**는 영아가 주변에서 자주 듣는 동요, 자장가 등을 포함한 가락과 리듬이 있는 소리를 의미하며, 영아의 노래는 옹알이, 흥얼거림, 한 음절로 부르기 등으로 나타난다. **표현한다**는 영아가 옹알이를 하거나, 목소리로 흥얼거리거나, 노래의 일부를 부르거나 악기나 사물을 두드려 보는 등 다양한 방법으로 자신의 감정, 느낌, 생각을 나타내는 것을 의미한다. **소리와 리듬, 노래로 표현한다**는 영아가 주변 환경에서 듣거나 보고 느끼는 것을 몸이나 놀이 자료로 내는 소리, 가락이나 장단, 강약, 운율이 있는 소리와 노래 등 자신만의 방식으로 나타내 보는 내용이다.

영아의 경험	영아의 배움 지원
• 영아는 장구를 바라보더니 손으로 만져 보다가 손바닥으로 쳐 본다. 영아는 손바닥의 세기를 다르게 하여 장구를 두드릴 때 소리의 크기가 다르게 들리는 것을 발견하고 다양하게 두드려서 소리를 표현한다.	• 교사는 영아가 실내외 환경에서 나는 소리에 관심을 가지고 신기해할 때 함께 귀 기울이며 반응해 주고, 영아가 옹알이나 목소리로 다양한 소리를 내어 볼 때 함께 소리로 호응하면서 영아가 충분히 소리를 탐색하고 표현할 수 있도록 지원한다.

만 2세

1) 목 표

아름다움을 느끼고 즐긴다.

(1) 자연과 생활에서 아름다움을 경험한다.

(2) 자유롭게 예술 표현을 한다.

2) 내 용

내용범주	내 용
아름다움 찾아보기	• 자연과 생활에서 아름다움을 느낀다. • 예술에서 아름다움을 느낀다.
창의적으로 표현하기	• 익숙한 노래와 리듬을 표현한다. • 움직임과 춤으로 표현한다. • 다양한 미술 재료와 도구로 표현한다. • 상상놀이를 한다.

3) 내용범주

(1) 아름다움 찾아보기

❑ 만 0~2세 공통 : 예술에서 아름다움을 느낀다.

예술은 영아가 재미있는 것을 만들고 표현하는 과정 자체와 결과물, 다른 사람들과 함께 듣고 보거나 즐길 수 있는 특별한 형식과 경험을 의미한다. 이는 다양한 감정과 느낌을 불러일으키는 음악, 움직임과 춤, 미술, 상상놀이 등의 형태로 나타난다. **아름다움을 느낀다**는 주변의 소리나 리듬, 움직임과 춤, 미술, 상상놀이 등에 관심을 가지고 감탄, 즐거움, 만족, 슬픔, 놀람 등의 다양한 감정과 특별한 정서를 경험하는 것이다. 예를 들어, 서정적인 음악, 스카프의 하늘거리는 움직임, 물감이나 점토의 색이 섞이며 표현되는 변화의 순간에 주의를 기울이고 소리를 지르거나, 교사가 손 인형으로 들려주는 이야기를 듣고 미소를 짓는 등의 행동으로 나타난다. **예술에서 아름다움을 느낀다**는 영아가 자신이 표현하거나 경험한 예술에서 감탄, 즐거움, 만족, 슬픔, 놀람 등의 다양한 감정과 특별한 정서를 경험하는 내용이다.

영아의 경험	영아의 배움 지원
• 영아는 바닥에 펼쳐진 커다란 종이와 박스 위에서 붓 또는 자신의 손과 발을 자유롭게 활용하여 표현한다. 빨간색과 노란색 물감이 묻은 자신의 손과 발을 전지에 찍어 보다가, 창으로 들어오는 햇살과 그림자, 자신의 발과 발 모양 물감 자국을 바라보며 "우와, 반짝반짝!"이라고 말하며, 예술적 순간의 아름다움을 느끼며 알아 간다.	• 영아에게 다양한 장르의 음악이나 자연의 소리와 같은 부드럽고 편안한 음악을 들려주어 영아가 소리의 아름다움을 경험하도록 지원한다. • 영아가 일상생활에서 미술작품, 음악, 춤, 인형극과 같은 다양한 예술 장르를 접하며 친숙함을 느끼고 예술에 관심을 가지도록, 교사는 현장학습이나 기관으로 찾아오는 공연, 영상을 통한 관람 경험 기회를 제공한다.

(2) 창의적으로 표현하기

❑ 익숙한 노래와 리듬을 표현한다.

익숙한 노래는 영아가 일상생활과 놀이에서 자주 들어 친숙하거나 따라 부를 수 있는 동요, 자장가 등을 말한다. **익숙한 리듬**은 친숙한 사람의 운율이 있는 말소리, 손뼉 치는 소리, 시계 소리 등 주변에서 느낄 수 있는 길고 짧은, 강하고 약한, 반복적인 소리 패턴 등을 의미한다. **표현한다**는 영아가 목소리나 손발 같은 자신의 신체, 사물, 악기 등을 사용하여 감정과 느낌, 생각을 자신만의 방식으로 나타내는 것을 의미한다. 영아는 다양한 노래와 리듬에 익숙해지며 자주 들어 본 노래를 섞어 부르거나 일부를 변형하여 부르고, 일상과 놀이 중에 혼자서 혹은 또래와 함께 노래 부르기를 즐긴다. 또한 규칙적인 리듬과 소리 패턴에 따라 자유롭게 노래하거나 익숙한 리듬을 악기를 두드리거나 인형을 토닥여 주는 등 자신만의 리듬을 만들어 낸다. **익숙한 노래와 리듬을 표현한다**는 영아가 친숙함을 느껴 익숙한 노래를 자신만의 방식으로 부르거나, 악기나 놀이 자료 등을 활용하여 익숙한 리듬을 만들어 보면서 즐거움을 경험하는 내용이다.

영아의 경험	영아의 배움 지원
• 같은 반 또래의 생일잔치 날 "○○에게 노래를 불러 주고 싶어요."라며 평소에 좋아하는 노래를 부르거나, 탬버린과 함께 노래 부르면서 또래에게 축하하는 마음을 표현한다.	• 교사는 영아가 알고 있는 노래를 섞어 부르거나 일부분 지어 부르는 특징이 있음을 알고, 노래와 리듬을 정확하게 표현하거나 박자를 맞추는 것보다 익숙한 노래와 리듬을 자유롭게 표현하고 즐기도록 자발적이고 창의적이며 즐거운 표현에 귀 기울인다.

5. 자연탐구

어디서 나오는 거지?

영아는 태어나면서부터 주변 환경에 관심을 가지고 알고자 한다. 이처럼 타고난 호기심 때문에 영아는 깨어 있는 동안 끊임없이 만지고 움직이고 듣고 보고 맛보고 냄새 맡으면서 세상의 다채로운 것들을 조금씩 배워 간다.

자연탐구 영역은 영아가 호기심을 바탕으로 생활하면서 접하는 다양한 사물, 사람, 동식물, 자연현상과 상호작용하며, 수, 공간, 모양, 규칙성, 생명, 자연 등에 자연스럽게 관심을 가지고 다양한 방식으로 탐색하고 배우는 과정을 즐기는 내용이다.

교사는 영아의 고유한 배움의 방식을 존중하고 이해하며, 영아가 주변 환경과 자연을 주도적으로 탐색하며 배움을 즐기도록 격려한다.

만 0~1세

1) 목 표

주변 환경과 자연을 탐색하는 과정을 즐긴다.

(1) 일상에서 탐색하는 과정을 즐긴다.

(2) 주변 환경에 관심을 가지고 탐색한다.

(3) 생명과 자연에 관심을 가진다.

2) 내 용

내용범주	내 용
탐구과정 즐기기	• 주변 환경과 자연에 대해 호기심을 가진다. • 사물과 자연 탐색하기를 즐긴다.
생활 속에서 탐구하기	• 친숙한 물체를 감각으로 탐색한다. • 일상에서 수에 관심을 가진다. • 공간과 모양을 탐색한다. • 규칙성을 경험한다.
자연과 더불어 살기	• 주변의 동식물에 관심을 가진다. • 날씨의 변화를 느낀다.

3) 내용범주

(1) 탐구과정 즐기기

❑ 만 0~2세 공통 : 주변 환경과 자연에 대해 호기심을 가진다.

주변 환경은 가정, 반, 놀이터, 공원과 같이 영아가 주로 생활하는 공간, 놀잇감, 생활도구, 가구와 같이 영아가 일상에서 자주 접하는 물건, 빛, 소리, 냄새 등을 포함한다. **자연**은 영아가 생활하면서 만나는 곤충, 새, 강아지와 같은 동물, 풀, 꽃, 나무와 같은 식물, 물, 모래, 흙, 돌멩이와 같은 자연물, 햇빛, 구름, 비, 바람과 같은 자연현상 등을 포함한다. **호기심을 가진다**는 영아가 자주 접하는 사물이나 상황과 같이 익숙한 것뿐만 아니라 새로운 것에 대해서도 궁금해하며 주의를 기울이는 것을 의미한다. 영아의 호기심은 가리키기, 응시하기, 가까이 다가가기, 놀라움과 궁금함을 몸짓이나 말소리나 말로 표현하고 알리기 등의 행동으로 나타난다. **주변 환경과 자연에 대해 호기심을 가진다**는 영아가 생활하는 공간에서 자주 접하는 물건, 동식물, 자연물, 자연현상 등에 대해 궁금해하며 주의를 기울이는 내용이다.

영아의 경험	영아의 배움 지원
• 영아는 벽으로 가까이 다가가더니 잠시 쳐다보다가 벽의 오목한 공간에 손가락을 넣어 꾹 눌러 본다. • 영아가 창문에 맺힌 물방울이 햇빛에 반사되어 반짝이는 모습에 시선을 고정한다. 물방울이 움직일 때마다 그 움직임을 따라가며 손을 뻗어 본다.	• 교사는 영아가 자신의 속도와 방식으로 호기심을 가지는 대상에 주의를 기울일 수 있도록 즉각적으로 개입하지 않고 충분한 시간을 제공한다. 예를 들어, 영아가 물웅덩이를 바라보고 있다면, 곧바로 “손으로 물장구쳐 볼까?”라고 제안하지 않고, 영아 스스로 어떻게 반응하는지 기다려 준다.

(2) 생활 속에서 탐구하기

❑ 규칙성을 경험한다.

규칙성은 영아의 주변 환경과 자연, 생활에서 사물이나 사건 또는 자연의 변화가 일정하게 반복되는 순서나 흐름을 의미한다. 누르면 소리가 나는 놀잇감, 리듬감 있고 반복되는 소리, 말, 노래와 동작, 까꿍놀이와 같은 교사와의 반복적인 상호작용, 식사, 낮잠, 씻기와 같이 반복되는 일과, 낮과 밤같이 반복되는 자연현상 등이 포함된다. **경험한다**는 영아가 생활하면서 일정한 순서와 흐름이 반복되는 상황을 시각, 청각과 같은 감각이나 몸의 움직임으로 느끼고 자연스럽게 알아 가는 것을 의미한다. 예를 들어, 영아는 공을 던지고 주워 오는 놀이, 숨기고 찾는 놀이 등을 하면서 일정하게 반복되는 순서를 발견하며, 일관성 있는 일과 흐름에 따라 다음에 해야 할 행동을 스스로 하기도 한다. **규칙성을 경험한다**는 영아가 생활하면서 일정하게 반복되는 순서나 흐름을 감각과 몸의 움직임으로 느끼고, 반복적인 규칙과 예측할 수 있는 상황을 자연스럽게 알아 가는 내용이다.

영아의 경험	영아의 배움 지원
• 영아들은 책이 일렬로 배열된 공간에서 순서대로 기어가는 놀이를 하며, 앞서 이동하는 또래를 따라가고 다시 제자리로 돌아오는 과정에서 일정하게 반복되는 놀이의 흐름을 경험한다. 놀이가 이어지면서 영아들은 반복적인 움직임 속에서 놀이의 규칙을 자연스럽게 이해한다.	• 영아가 일상에서 자연스럽게 규칙성 있는 청각적 자극을 경험하도록 지원한다. 예를 들어, 낮잠 시간 전이나 정리 시간마다 동일한 음악을 들려주거나 북이나 탬버린 등을 일정한 리듬에 맞춰 함께 두드려 볼 수 있다.

(3) 자연과 더불어 살기

❑ 날씨의 변화를 느낀다.

날씨는 하루 동안에 나타나는 햇빛, 바람, 구름, 비, 눈 등과 같은 자연현상이며, 옷차림과 바깥놀이, 반의 모습과 창밖 풍경 등 영아의 일상생활에 영향을 준다. **변화를 느낀다**는 날이 흐리다가 개고, 바람이 약하게 불다가 세게 불고, 비나 눈이 오다가 그치는 등 햇빛, 바람, 구름, 비, 눈 등의 상태가 달라짐을 영아가 알아차리는 것을 의미한다. 영아는 이러한 변화를 시각, 청각, 후각, 촉각 등 감각으로 알아차리고, 땀을 흘리는 것과 같은 신체적 반응, 옷차림이나 일과 흐름의 변화로 알아차리기도 한다. **날씨의 변화를 느낀다**는 영아가 등·하원길, 반, 바깥놀이터, 산책길 등에서 날씨의 변화에 따른 풍경 변화, 땀을 흘리는 것과 같은 신체적 반응, 모자나 우산을 쓰는 것과 같은 옷차림의 변화 등을 일상에서 경험하는 내용이다.

영아의 경험	영아의 배움 지원
• 영아는 바닥에 생긴 그림자를 관심 있게 바라보다가, 구름이 해를 가림에 따라 그림자가 흐려지다 사라지고 다시 나타나는 것에 놀라며 손으로 가리킨다. "그림자가 생겼네.", "어, 없어졌네? 해님이 구름 뒤에 숨었나 봐."라는 교사의 말을 듣고, 그림자의 변화를 지켜본다.	• 교사는 '살랑살랑', '펄럭펄럭', '쌩쌩', '쨍쨍'과 같이 날씨와 관련된 의성어, 의태어 등을 영아에게 들려준다. • 오전, 오후, 해 지는 저녁 등 하루 중 다양한 시간대에 실외 활동을 해 보며 영아가 시간대에 따른 날씨의 변화를 자연스럽게 경험하도록 지원한다.

만 2세

1) 목 표

주변 환경과 자연을 탐색하는 과정을 즐긴다.

(1) 일상에서 탐색하는 과정을 즐긴다.

(2) 주변 환경에 관심을 가지고 탐색한다.

(3) 생명과 자연에 관심을 가진다.

2) 내 용

내용범주	내 용
탐구과정 즐기기	• 주변 환경과 자연에 대해 호기심을 가진다. • 사물과 자연 탐색하기를 즐긴다.
생활 속에서 탐구하기	• 친숙한 물체를 감각으로 탐색한다. • 일상에서 수에 관심을 가진다. • 공간과 모양을 탐색한다. • 규칙성에 관심을 가진다. • 사물을 같고 다름에 따라 구분한다. • 생활 도구에 관심을 가진다.
자연과 더불어 살기	• 주변의 동식물에 관심을 가진다. • 날씨와 계절의 변화를 느낀다.

3) 내용범주

(1) 탐구과정 즐기기

❑ 만 0~2세 공통 : 사물과 자연 탐색하기를 즐긴다.

사물은 영아가 주로 생활하는 공간에서 자주 접하는 물건을 의미한다. 예를 들어, 모빌, 공, 블록, 인형, 상자와 같은 놀잇감과 놀이 자료, 미끄럼틀, 그네, 시소와 같은 놀이기구, 그림책, 잡지, 광고지와 같은 인쇄물, 과일, 빵, 채소와 같은 음식, 젖병, 수저, 컵, 식판, 칫솔과 같이 영아가 일상에서 사용하는 생활 도구, 속옷, 양말, 신발과 같은 의류, 의자, 책상, 소파와 같은 가구 등이 포함된다. **자연**은 영아가 생활하면서 만나는 곤충, 새, 강아지와 같은 동물, 풀, 꽃, 나무와 같은 식물, 물, 모래, 흙, 돌멩이와 같은 자연물, 햇빛, 구름, 비, 바람과 같은 자연현상 등을 포함한다. **탐색하기**는 영아가 호기심을 느끼는 사물이나 자연에 대해 다양한 방식으로 알아보고자 하는 행동을 의미한다. 이는 관찰하기, 만져 보기, 냄새 맡기, 몸으로 느껴 보기, 흔들어 소리 내 보거나 움직여 보기, 뭉치거나 나누어 보기, 두드려 보기, 눌러 보기, 비교하기 등의 행동으로 나타난다. **탐색하기를 즐긴다**는 영아가 사물과 자연에 호기심을 가지고 다양한 방식으로 알아보는 과정을 좋아하여 반복하거나 더 적극적으로 알아보고자 하는 것을 의미한다. **사물과 자연 탐색하기를 즐긴다**는 영아가 생활에서 자주 접하는 사물과 자연을 다양한 방식으로 살펴보고 알아 가는 과정을 좋아하여 이를 반복적으로 시도하고 더 알아보고자 하는 내용이다.

영아의 경험	영아의 배움 지원
• 영아가 쌀과자를 손으로 움켜쥐고 만지작거린다. 쌀과자가 부서지자 흥미로운 표정으로 바라보며 다시 손으로 만져 보기를 반복한다. 이후 부서진 쌀과자를 입에 가져가 맛을 본 뒤, 소리내며 만족스러운 미소를 짓는다.	• 영아가 반복해서 호기심을 보이며 탐색하는 사물이나 자연을 지속적으로 제공하고, 관련된 다양한 자료를 함께 제공하여 탐색을 즐기도록 지원한다. 예를 들어, 영아가 이전에 탐색했던 자연물을 다시 제공하여 자연물의 변화를 살펴보도록 지원할 수 있다.

(2) 생활 속에서 탐구하기

❑ 규칙성에 관심을 가진다.

규칙성은 영아의 주변 환경과 자연, 일상에서 사물이나 사건 또는 자연의 변화가 일정하게 반복되는 순서나 흐름을 의미한다. 색깔과 모양이 반복되는 사물이나 주변 환경, 리듬감 있고 반복되는 소리, 말, 노래와 동작, 교사와 주고받는 반복적인 상호작용, 식사, 낮잠, 씻기와 같이 매일 반복되는 일과, 낮과 밤, 계절과 같이 반복되는 자연현상 등이 포함된다. **관심을 가진다**는 영아가 주변 환경과 자연, 일상에서 사물이나 사건 또는 자연의 변화가 일정하게 반복되는 순서나 흐름에 주의를 기울이고 흥미를 느끼며 더 알아 가고자 시도하는 것을 의미한다. 예를 들어, 규칙성에 대한 영아의 관심은 블록, 자동차 등 놀잇감의 색이나 모양이 일정한 순서로 배열되어 있는 것을 유심히 보거나 배열을 시도하는 모습, 놀잇감 정리 후 바깥놀이 나갈 준비를 스스로 하는 모습, 점심 식사 후 양치질을 준비하는 모습 등으로 나타난다. **규칙성에 관심을 가진다**는 영아가 주변 환경과 자연, 일상에서 사물이나 사건 또는 자연의 변화가 일정한 순서로 반복되는 것에 주의를 기울이고 흥미를 느끼며, 다음에 일어날 일을 더 알아보려고 시도하는 내용이다.

영아의 경험	영아의 배움 지원
• 영아가 색깔이 일정한 순서로 배열된 타일 바닥을 유심히 보다가, 검은색 타일 위에서는 점프하고 흰색 타일은 밟지 않는다는 규칙을 스스로 만들어 시도해 본다. • 영아가 동요 '작은 별'을 부를 때 '반짝반짝' 구절이 나올 때마다 손을 흔들어 본다.	• 영아가 생활하면서 시각적, 청각적, 동작적 규칙성을 경험하고 있을 때 언어로 묘사해 준다. 예를 들어, "하나, 둘, 하나, 둘! 발을 번갈아 구르고 있구나", "빨강, 파랑, 빨강, 파랑! 블록을 순서대로 놓고 있구나"라고 표현할 수 있다. • 영아가 주도적으로 만들어 내는 리듬이나 움직임을 따라 하여 함께 즐거움을 공유함으로써 규칙성에 대한 영아의 관심을 지지한다.

(3) 자연과 더불어 살기

❑ 날씨와 계절의 변화를 느낀다.

날씨는 하루 동안에 나타나는 햇빛, 바람, 구름, 비, 눈 등과 같은 자연현상이며, 영아의 옷차림과 바깥놀이, 반의 모습과 창밖 풍경 등 영아의 일상생활에 영향을 준다. **계절**은 주기적으로 되풀이되는 기온 변화에 따라 일 년을 봄, 여름, 가을, 겨울로 구분한 것을 의미한다. 이는 영아의 놀이, 옷차림, 먹거리, 주변의 풍경 등 일상생활에 영향을 주는 자연현상이다. **변화를 느낀다**는 날이 흐리다가 개고, 바람이 약하게 불다가 세게 불고, 비나 눈이 오다가 그치는 등 햇빛, 바람, 구름, 비, 눈 등의 상태가 달라짐을 영아가 알아차리는 것을 의미한다. 또한 봄, 여름, 가을, 겨울 중 한 계절이 가고 다음 계절이 오면서 사람들의 옷차림이 달라지고 나무에 새싹이 나고 나뭇잎의 색이 변하며, 물놀이, 눈싸움 등 할 수 있는 놀이가 달라짐을 알아차리는 것을 의미한다. 영아는 이러한 변화를 시각, 청각, 후각, 촉각 등의 감각으로 알아차리고, 땀을 흘리는 것과 같은 신체적 반응, 옷차림, 일과 흐름 및 놀이의 변화로 알아차리기도 한다. **날씨와 계절의 변화를 느낀다**는 영아가 등·하원길, 반, 바깥놀이터, 산책길 등에서 날씨와 계절의 변화에 따른 풍경 변화, 땀을 흘리거나 추워지는 신체적 반응, 모자나 장갑, 외투, 털신을 착용하는 것과 같은 옷차림의 변화, 놀이의 변화 등을 일상에서 경험하는 내용이다.

영아의 경험	영아의 배움 지원
• 영아는 매일 나가는 산책길의 모습이 개나리 꽃과 벚꽃이 활짝 피어 달라졌음을 알아차린다. 그리고 겨울 외투가 점점 덥게 느껴짐을 알아차린다. 교사가 말해 주는 봄에 피는 꽃 이름을 들으며, 봄에 날씨가 따뜻해진 것과 꽃이 피는 것과의 관련성에 서서히 관심을 가진다.	• 영아가 날씨와 계절에 따른 환경 변화를 더 풍부하게 느낄 수 있도록 풀, 꽃, 나무, 작은 곤충 등의 동식물을 발견할 수 있는 화단이 있는 곳을 바깥놀이 장소로 택한다. • 특별한 상황을 제외하고는 영아들이 밖에서 햇빛, 바람, 눈 등을 감각으로 느낄 수 있도록 일과 중에 산책이나 바깥놀이를 한다. • 영아가 날씨와 계절에 따른 환경의 변화를 관찰하고 있을 때 충분히 볼 수 있도록 기다려 준다.

생각해 보기

1. 만 0~2세 신체운동・건강, 의사소통, 사회관계, 예술경험, 자연탐구 5개 영역의 내용범주는 어떻게 구성되어 있을까요?
2. 만 0~2세 신체운동・건강, 의사소통, 사회관계, 예술경험, 자연탐구 5개 영역의 내용범주 하위 내용은 어떤 것이 있을까요?
3. 만 0~2세 신체운동・건강, 의사소통, 사회관계, 예술경험, 자연탐구 5개 영역에서 영아들의 경험은 어떻게 이루어지고 있을까요?

참고문헌

교육부・보건복지부(2024). 2024 표준보육과정 해설서.

제7장

3~5세 표준보육과정

1. 신체운동・건강
2. 의사소통
3. 사회관계
4. 예술경험
5. 자연탐구

제 7 장

3~5세 표준보육과정*

3~5세 표준보육과정은 보육과정에서 매우 중요한 국가 수준의 교육과정으로 신체운동・건강, 의사소통, 사회관계, 예술경험, 자연탐구의 5개 영역으로, 각 영역별 3개의 내용범주를 두어 총 15개의 내용범주로 구성되어 있다. 각 영역에 포함된 내용은 신체운동・건강 영역 12개, 의사소통 영역 12개, 사회관계 영역 12개, 예술경험 영역 10개, 자연탐구 영역 13개로서 총 59개로 구성되어 있다.

3~5세 표준보육과정은 교사가 영역별 내용을 총론의 해설과 연계하여 운영하도록 다섯 가지를 제시하고 있다. 첫째, 만 3~5세 유아가 경험해야 할 내용을 구성한다. 둘째, 하루 일과에서 바깥놀이를 포함하여 유아의 놀이가 충분히 이루어지도록 편성하여 운영한다. 셋째, 유아가 흥미와 관심에 따라 놀이에 자유롭게 참여하고 즐기도록 한다. 넷째, 유아가 놀이를 통해 배우도록 한다. 다섯째, 5개 영역의 내용이 통합적으로 유아의 경험과 연계되도록 한다. 또한 59개 내용은 연령으로 구분하지 않고 만 3~5세의 모든 유아가 경험해야 할 내용으로 구성하였다. 이와 같이 연령별로 나누어 제시하지 않은 이유는 유아가 늘 자신의 방식에 따라 가장 적합하게 놀이한다는 유아 경험의 실제를 존중하기 위해서이다. 그러므로 교사는 59개의 내용을 유아의 놀이 특성과 연계하여 융통성 있게 이

* 이 장은 김수향 등(2021)의 보육과정 제7장을 수정 보완한 내용으로 구성하였다.

해하고 유아의 놀이를 중심으로 교육과정을 실천할 수 있어야 한다.

영역별 목표 외 내용범주는 그 의미가 서로 연계되어 있는데 이는 유아가 59개의 내용을 놀이를 통해 자연스럽게 배우며 목표를 경험할 수 있음을 의미하는 것이다. 이에 개정 누리과정에서 교사는 59개 내용을 가르쳐야 할 내용이라고 생각하기보다 유아가 놀이하며 자연스럽게 배우는 경험으로 이해할 필요가 있다고 제시하였다. 이를 위하여 개정 누리과정에서는 영역별 내용에 대한 설명을 유아 경험의 실제와 연계하여 제시하였으며 59개 내용에 대한 설명은 '내용 이해'로, 유아가 유치원과 어린이집에서 경험하는 내용은 '유아 경험의 실제'로 함께 제시하여 교사가 영역별 내용과 유아의 경험을 바로 연계하여 이해할 수 있도록 구성하였다.

<표 7-1> 유아의 내용 이해 및 유아의 배움 예시

내용 이해	유아 경험의 실제
✍ 신체를 인식하고 움직인다. 유아가 자신의 신체에 관심을 가지며 신체 각 부분의 특성을 알고 다양하게 움직이는 내용이다.	물놀이를 하기 전, 교사와 유아들이 함께 체조를 한다. 목을 오른쪽 왼쪽으로 번갈아 가며 돌리고, 어깨를 으쓱거리고, 허리에 손을 얹고 허리를 돌리고, 무릎을 구부렸다가 펴고, 손목과 발목을 돌린다.

이와 같이 59개 내용은 유아의 놀이에서 통합적으로 나타나는 경험이므로, '내용 이해'와 '유아 경험의 실제' 예시는 일대일 대응 방식으로 기술하지 않았다. '내용 이해'와 '유아 경험의 실제'의 예시 수는 범주마다 다르다.

5개 영역의 통합적 이해는 영역별 해설의 마지막 부분인 '○○영역의 통합적 이해'에서는 놀이 사례를 하나씩 제시하고, 각 놀이 사례에서 5개 영역의 내용이 어떻게 통합적으로 나타나는지 해설하였다. 이를 통해 교사가 유아의 놀이를 59개의 내용별로 이해하지 않고, 통합적으로 이해할 수 있도록 하였다. 교사는 유아가 5개 영역의 내용을 통합적으로 경험하며 추구하는 인간상을 향해 성장해 간다는 점을 이해할 필요가 있다. 또한 교사

는 놀이에 따라 5개 영역 중 일부 영역을 놀이와 연결 지을 수 있으며, 교사마다 놀이에 대한 이해와 해석이 다를 수 있다는 점을 인식해야 한다.

따라서 59개 내용 설명과 평가를 연계할 때 유의점은 59개 내용의 해설에 제시한 '유아 경험의 실제' 및 '○○영역의 통합적 이해'는 놀이 분석 사례나 평가의 예시가 아니라는 점이다. 이 예시들은 교사가 유아의 놀이에서 이루어지는 배움을 잘 이해할 수 있도록 돕기 위한 설명이다. 교사는 이 설명을 유아의 놀이에서 나타나는 의미와 배움과 연계하여 이해하는 데 활용할 수 있다. 따라서 교사는 해설서에 제시된 59개의 내용을 유아의 발달 및 성취 기준으로 인식하여 개별 유아의 놀이를 관찰하고 평가하는 틀로 활용하지 않도록 유의해야 한다.

1. 신체운동 · 건강

조금 힘들 것 같지만, 나도 할 수 있어요

유아는 몸을 움직여 놀이하는 것을 좋아하며, 자신의 몸을 건강하고 안전하게 지키고자 하는 힘을 가지고 있다. 신체운동 · 건강 영역은 유아가 자신의 몸에 관심을 가지고 신체활동에 즐겁게 참여하며, 건강하고 안전한 생활을 해나가는 다양한 경험과 관련된 내용이다. 교사는 유아가 몸을 충분히 움직이는 경험을 통해 신체활동의 즐거움을 느끼고 기초 체력을 키우도록 돕는다. 교사는 유아가 일상에서 건강하고 안전한 생활을 실천할 수 있도록 지원할 수 있다.

1) 목 표

실내·외에서 신체활동을 즐기고, 건강하고 안전한 생활을 한다.

(1) 신체활동에 즐겁게 참여한다.

(2) 건강한 생활습관을 기른다.

(3) 안전한 생활습관을 기른다.

2) 내 용

내용범주	내 용
신체활동 즐기기	• 신체를 인식하고 움직인다. • 신체 움직임을 조절한다. • 기초적인 이동운동, 제자리 운동, 도구를 이용한 운동을 한다. • 실내외 신체활동에 자발적으로 참여한다.
건강하게 생활하기	• 자신의 몸과 주변을 깨끗이 한다. • 몸에 좋은 음식에 관심을 가지고 바른 태도로 즐겁게 먹는다. • 하루 일과에서 적당한 휴식을 취한다. • 질병을 예방하는 방법을 알고 실천한다.
안전하게 생활하기	• 일상에서 안전하게 놀이하고 생활한다. • TV, 컴퓨터, 스마트폰 등을 바르게 사용한다. • 교통안전 규칙을 지킨다. • 안전사고, 화재, 재난, 학대, 유괴 등에 대처하는 방법을 경험한다.

3) 목표 및 내용범주 이해하기

신체운동·건강 영역의 목표와 내용범주는 유아가 다양한 신체활동에 즐겁게 참여하고, 청결과 위생, 즐거운 식사, 적당한 휴식을 통해 건강한 생활습관을 기르며, 일상에서 안전하게 생활하는 방법을 배우고 실천하는 내용으로 구성하였다.

- 유아가 자유롭게 신체를 움직이며 놀이하는 즐거운 경험을 강조하고자 기존 누리과정의 '신체 인식하기', '신체 조절과 기본 운동하기', '신체활동에 참여하기' 등의 내용범주를 통합하여 '신체활동 즐기기'로 제시하였다.
- '건강하게 생활하기'에 바른 태도로 즐겁게 음식을 먹는 내용을 새롭게 포함하였으며, 기존 누리과정의 배변이나 낮잠 등 유아의 일상생활과 관련된 내용은 '교수·학습'의 '바'항을 통해 하루 일과 전체에서 지원할 수 있게 하였다.
- 유아안전교육을 강조하고자 관련 법령 및 지침에 세시된 내용을 최대한 반영하여 개정하였다.

❑ 신체활동 즐기기

유아가 스스로 신체를 움직이는 동안 자연스럽게 자신의 신체를 인식하고 조절하며, 실내외에서 다양한 신체활동에 자발적으로 참여하면서 신체활동을 즐기는 내용이다.

❑ 건강하게 생활하기

유아가 스스로 몸과 주변을 깨끗이 하고, 즐겁게 식사하며, 자신의 신체 리듬에 맞게 휴식을 취하고, 질병을 예방하는 다양한 방법을 실천하는 내용이다.

❑ 안전하게 생활하기

유아가 안전하게 놀이하고 생활하며, 자주 접하는 TV, 컴퓨터, 스마트폰을 바르게 사용하고, 안전하게 다닐 수 있도록 교통안전 규칙을 지키며, 안전사고, 화재, 재난, 학대, 유괴 등의 위험한 일이 발생하였을 때 도움을 요청하거나 대처할 수 있는 방법을 경험하는 내용이다.

❖ 내용범주

(1) 신체활동 즐기기

- 목표 : 신체활동에 즐겁게 참여한다.
- 내용
  - 신체를 인식하고 움직인다.
  - 신체 움직임을 조절한다.
  - 기초적인 이동운동, 제자리 운동, 도구를 이용한 운동을 한다.
  - 실내외 신체활동에 자발적으로 참여한다.

내용 이해	유아 경험의 실제
✍ 신체를 인식하고 움직인다. 유아가 자신의 신체에 관심을 가지며 신체 각 부분의 특성을 알고 다양하게 움직이는 내용이다.	물놀이를 하기 전, 교사와 유아들이 함께 체조를 한다. 목을 오른쪽 왼쪽으로 번갈아 가며 돌리고, 어깨를 으쓱거리고, 허리에 손을 얹고 허리를 돌리고, 무릎을 구부렸다가 펴고, 손목과 발목을 돌린다.
✍ 신체의 움직임을 조절한다. 유아가 몸을 움직이며 균형을 잡고, 몸이나 도구의 움직임을 다양하게 조절하는 내용이다. 또한 눈과 손을 협응하며 소근육 움직임을 조절하는 내용이다.	유아들은 얼음땡 놀이를 하면서, 술래가 천천히 걸으면 천천히 걷고, 술래가 빠른 걸음으로 걸으면 빠른 걸음으로 달아난다. 그리고 술래에게 잡힐 듯하면 몸의 방향을 재빨리 바꿔 달아나기도 하고, "얼음!" 하고 외치며 급히 멈춰 서서 즐겁게 웃는다.

(2) 건강하게 생활하기

- 목표 : 건강한 생활습관을 기른다.
- 내용
  - 자신의 몸과 주변을 깨끗이 한다.
  - 몸에 좋은 음식에 관심을 가지고 바른 태도로 즐겁게 먹는다.
  - 하루 일과에서 적당한 휴식을 취한다.
  - 질병을 예방하는 방법을 알고 실천한다.

내용 이해	유아 경험의 실제
✍ 자신의 몸과 주변을 깨끗이 한다. 유아가 손을 씻고 이를 닦는 등 몸을 깨끗이 하는 적절한 방법을 알고 실천하며, 자기 주변을 깨끗하게 정리정돈하는 내용이다. ✍ 몸에 좋은 음식에 관심 가지고 바른 태도로 즐겁게 먹는다. 유아가 몸을 건강하게 하는 음식에 관심을 가지고, 음식을 소중히 여기며, 제자리에 앉아서 골고루 즐겁게 먹는 내용이다.	시금치무침 요리 활동 중에, 교사는 유아가 데친 시금치를 맛보고 싶다고 하여 맛보게 한다. 유아들이 "맛있어", "맛없지", "난 시금치 안 좋아해. 안 먹을래"라고 말하며 인상을 찌푸린다. 교사가 "시금치에 양념 옷을 입혀 맛있게 변신시켜 줄까?" 하고 말한 후, 유아들에게 직접 깨소금, 참기름 등의 여러 양념을 넣고 손으로 무쳐보게 한다. 유아들은 "우와! 좋은 냄새 난다", "맛있겠다!", "저도 주세요"라고 말한다.

내용 이해	유아 경험의 실제
✍ 하루 일과에서 적당한 휴식을 취한다. 유아가 피곤하거나, 몸이 아프거나, 몸을 많이 움직여서 쉬고 싶을 때, 적절한 휴식을 취하는 내용이다.	유아들은 바깥놀이터에서 신나게 놀이한 후 교실로 돌아오자마자, "선생님, 정말 더워요. 에어컨 틀어주세요"라고 다급한 목소리로 요청한다. 교사는 "그래. 선풍기도 켜놓을게. 그런데 땀을 많이 흘렸으니 얼굴이랑 팔을 씻는 것은 어떨까?" 하며 에어컨과 선풍기를 켠다. 유아들은 얼굴과 팔, 손을 씻고 들어와 "이젠 좀 쉬자!"라고 말하며 교실 바닥에 앉기도, 눕기도 한다.

✍ **질병을 예방하는 방법을 알고 실천한다.** 유아가 질병의 위험으로부터 건강을 유지할 수 있는 다양한 생활 방식(몸을 청결히 하기, 날씨와 상황에 알맞은 옷 입기, 찬 음식 적당히 먹기, 정해진 시간에 자고 일어나기, 따뜻한 물 마시기 등)을 경험하는 내용이다.	유아 : 선생님, 나 감기에 걸렸어요. 교사 : 어떡하니, 많이 아파? 유아 : 네. 열도 났어요. 그래서 엄마가 따뜻한 물을 넣어 주셨어요. 교사 : 그렇구나. 따뜻한 물이 감기에 좋지. 오늘은 따뜻한 물을 자주 마셔 봐. 감기가 금방 나을 거야.

(3) 안전하게 생활하기

- 목표 : 안전한 생활습관을 기른다.
- 내용
  - 일상에서 안전하게 놀이하고 생활한다.
  - TV, 컴퓨터, 스마트폰 등을 바르게 사용한다.
  - 교통안전 규칙을 지킨다.
  - 안전사고, 화재, 재난, 학대, 유괴 등에 대처하는 방법을 경험한다.

내용 이해	유아 경험의 실제
✍ **일상에서 안전하게 놀이하고 생활한다.** 유아가 일상에서 위험한 장소, 상황, 도구 등을 알고, 안전한 놀이 방법과 놀이 규칙을 지키며 놀이하고 생활하는 내용이다.	한 유아가 미끄럼틀을 내려오려고 한다. 다른 유아가 미끄럼틀 아래서 바라보다가 올라가려고 한다. 이때 미끄럼틀을 타고 내려오던 유아가 "야, 비켜, 다쳐!" 하고 큰 소리로 외친다. 이 모습을 지켜본 교사는 유아들에게 다가와 안전하게 미끄럼틀을 타기 위한 약속을 정하자고 제안한다.
✍ **TV, 컴퓨터, 스마트폰 등을 바르게 사용한다.** 유아가 일상에서 자주 접하는 TV, 컴퓨터, 스마트폰 등을 필요한 상황에서 적절하게 사용하며, 바른 자세로 이용하는 내용이다.	유아가 색종이를 반으로 접어 한 면에는 모니터를 그리고, 다른 한 면에는 컴퓨터 자판 모양처럼 그린다. 다른 유아들에게 "나는 지금 컴퓨터로 공룡에 대해서 찾아보고 있어" 하며 색종이 자판을 두드린다. 그리고 옆에 있던 친구에게 "같이 찾아볼래?"라고 말한다.

내용 이해	유아 경험의 실제
✍ **교통안전 규칙을 지킨다.** 유아가 일상에서 위험한 장소, 상황, 도구 등을 알고, 안전한 놀이 방법과 놀이 규칙을 지키며 놀이하고 생활하는 내용이다.	3세 유아가 종이 벽돌을 이어 길을 만들고, 그 위에 교통 표지판과 자동차를 일렬로 놓는다. 만들어진 길을 바라보다 갑자기 팔이 움직이는 사람 모형 2개를 가져와 팔 한쪽을 반복적으로 들어 올리고 내리며 "조심, 조심 지나가요. 자동차들은 우리가 건너면 지나가세요"라고 흥얼거린다.
✍ **안전사고, 화재, 재난, 학대, 유괴 등에 대처하는 방법을 경험한다.** 유아가 일상에서 자주 접하는 TV, 컴퓨터, 스마트폰 등을 필요한 상황에서 적절하게 사용하며, 바른 자세로 이용하는 내용이다.	화재경보기 소리와 함께 지진 대피 방송이 들리자, 유아들은 재빨리 책상 아래와 벽쪽으로 대피한다. 지진이 잠시 멈췄다는 안내 방송 후 유아들은 교사의 안내에 따라 침착하면서도 신속하게 바깥으로 대피한다.

2. 의사소통

여기 봐. 새가 날아가고 있어

유아는 주변 사람들과 소통하며 관계를 맺는 능동적인 의사소통자이다. 유아는 다른 사람의 말을 주의 깊게 듣고 자신의 생각과 느낌을 다양한 방법으로 표현하며 소통하는 것을 즐기고, 책과 이야기에 관심을 가진다. 의사소통 영역은 유아가 다른 사람과 소통하며, 일상에서 만나는 글자나 상징에 관심을 가지고 책과 이야기를 즐기는 경험과 관련된 내용이다.

교사는 유아가 자신의 느낌과 생각을 적절하게 말하는 경험을 통해 바른 언어생활을 할 수 있도록 돕는다. 또한 유아가 아름다운 우리말이 담긴 책과 이야기에 흥미를 가지고 언어가 주는 재미와 상상을 충분히 즐길 수 있도록 지원할 수 있다.

1) 목 표

일상생활에 필요한 의사소통 능력과 상상력을 기른다.

(1) 일상생활에서 듣고 말하기를 즐긴다.

(2) 읽기와 쓰기에 관심을 가진다.

(3) 책이나 이야기를 통해 상상하기를 즐긴다.

2) 내 용

내용범주	내 용
듣기와 말하기	• 말이나 이야기를 관심 있게 듣는다. • 자신의 경험, 느낌, 생각을 말한다. • 상황에 적절한 단어를 사용하여 말한다. • 상대방이 하는 이야기를 듣고 관련해서 말한다. • 바른 태도로 듣고 말한다. • 고운 말을 사용한다.
읽기와 쓰기에 관심 가지기	• 말과 글의 관계에 관심을 가진다. • 주변의 상징, 글자 등의 읽기에 관심을 가진다. • 자신의 생각을 글자와 비슷한 형태로 표현한다.
책과 이야기 즐기기	• 책에 관심을 가지고 상상하기를 즐긴다. • 동화, 동시에서 말의 재미를 느낀다. • 말놀이와 이야기 짓기를 즐긴다.

3) 목표 및 내용범주 이해하기

의사소통 영역의 목표와 내용범주는 유아가 일상생활에서 다른 사람의 말이나 이야기를 듣고 말하기를 즐기며, 주변의 상징을 읽고 글자와 비슷한 형태로 써보기에 관심을 가지며, 다양한 책과 이야기를 통해 상상하기를 즐기는 내용으로 구성하였다.

- 유아의 듣고 말하는 경험이 분리되지 않음을 고려하여 기존 누리과정의 '듣기'와 '말하기'를 '듣기와 말하기'로 제시하였다.
- 유아의 읽고 쓰는 경험이 분리되지 않음을 고려하여 기존 누리과정의 '읽기'와 '쓰기'를 '읽기와 쓰기에 관심 가지기'로 제시하였다.
- 유아가 동화와 동시, 말놀이와 이야기 짓기 등 일상에서 자연스럽게 문학을 즐기는 경험에 중점을 두어 '책과 이야기 즐기기' 내용범주를 새롭게 제시하였다.

❑ 듣기와 말하기

유아가 다른 사람의 말이나 이야기를 관심 있게 듣고, 자신의 경험, 느낌, 생각을 상황에 적절한 단어를 사용하여 말하고, 고운 말을 사용하는 내용이다.

❑ 읽기와 쓰기에 관심 가지기

유아가 말과 글의 관계에 관심을 가지고, 주변의 상징, 글자 등을 읽으며, 자신의 생각을 글자와 비슷한 형태로 표현해 보는 내용이다.

❑ 책과 이야기 즐기기

유아가 다양한 책에 관심을 가지고 상상하며, 동화, 동시에서 말의 재미를 느끼고, 말놀이와 이야기 짓기를 즐기는 내용이다.

❖ 내용범주

(1) 듣기와 말하기

- 목표 : 일상생활에서 듣고 말하기를 즐긴다.
- 내용
  - 말이나 이야기를 관심 있게 듣는다.
  - 자신의 경험, 느낌, 생각을 말한다.
  - 상황에 적절한 단어를 사용하여 말한다.
  - 상대방이 하는 이야기를 듣고 관련해서 말한다.
  - 바른 태도로 듣고 말한다.
  - 고운 말을 사용한다.

내용 이해	유아 경험의 실제
✍ 말이나 이야기를 관심 있게 듣는다. 유아가 다른 사람이 하는 말과 흥미로운 주제, 익숙한 경험이 담긴 이야기에 관심을 가지며 듣는 내용이다. ✍ 자신의 경험, 느낌, 생각을 말한다. 유아가 상대방에게 자신의 경험, 느낌, 생각을 자유롭게 말하는 내용이다. ✍ 상황에 적절한 단어를 사용하여 말한다. 유아가 때와 장소, 대상과 상황을 고려하여 적절한 단어와 문장을 선택하여 말하는 내용이다.	유아가 친구들에게 동물원에 놀러 갔던 이야기를 신나고 재미있게 들려준다. 유아는 "나는 호랑이다. 어흥!" 하며 눈을 크게 뜨고, 목소리를 굵고 거칠게 한다. 이어 원숭이에 대한 이야기를 할 때는 가늘고 날카로운 음성으로 바꿔 말한다. 옆에서 이야기를 듣던 유아들이 원숭이 동작과 목소리를 흉내내며 웃는다. 유아들이 병원놀이를 한다. 의사 역할을 하는 유아가 "어디가 아파서 오셨어요?"라고 묻자 환자 역할을 하는 유아가 "의사 선생님, 배가 너무 아파요"라고 말하며 배를 움켜쥔다. 의사가 진찰을 한 후 옆에 있던 간호사 역할을 하는 유아가 "이쪽으로 오세요. 주사 맞아야 합니다"라고 말한다.

내용 이해	유아 경험의 실제
✍ **상대방이 하는 이야기를 듣고 관련해서 말한다.** 유아가 다른 사람이 이야기하는 내용을 듣고 말하는 사람의 생각, 의도, 감정을 고려하여 말하는 내용이다.	유아들이 자신이 가장 좋아하는 음식에 대해 서로 이야기를 나누고 있다. 수정이가 “나는 아이스크림이 좋아. 왜냐하면 시원하고 달콤…” 하고 말을 끝내기도 전에 옆에 있던 우진이가 “나는 짜장면!” 하며 끼어든다. 그때 수정이가 “야! 내가 말하고 있잖아. 내 말 아직 안 끝났거든. 기다려 봐”라고 말하며 “아이스크림은 달콤해. 딸기 아이스크림이 제일 좋아. 넌?”
✍ **바른 태도로 듣고 말한다.** 유아가 말하는 사람에게 주의를 기울이며 듣는 내용이다. 말을 끝까지 듣고, 자신의 의견을 말하는 내용이다. ✍ **고운 말을 사용한다.** 유아가 일상생활에서 자주 쓰는 유행어, 속어, 신조어, 상대방을 비난하는 말을 사용하지 않고, 우리말을 바르게 사용하는 내용이다.	유아가 선생님에게 웃음참기놀이를 하자고 제안한다. 선생님이 유아에게 웃음참기놀이의 방법을 물어보자, 유아는 자신이 생각한 웃음참기놀이의 방법을 또박또박 설명한다. 유아 : 그건… 음… 서로 웃기게 해서 안 웃으면 되는 거예요. 교사 : 어머. 정말 재미있겠는데! 여기 친구도 함께 해도 될까? 유아 : 네. 같이 하면 더 재밌어요. 교사 : 그럼 동생에게 웃음참기놀이를 어떻게 하는지 설명해 줄래? 유아 : 준서야, 서로 웃기게 해서 안 웃으면 되는 거야. 웃음을 참아야 돼. 알겠지? 선생님, 이제 우리 시작해요.

(2) 읽기와 쓰기에 관심 가지기

- 목표 : 읽기와 쓰기에 관심을 가진다.
- 내용
  - 말과 글의 관계에 관심을 가진다.
  - 주변의 상징, 글자 등의 읽기에 관심을 가진다.
  - 자신의 생각을 글자와 비슷한 형태로 표현한다.

내용 이해	유아 경험의 실제
✍ 말과 글의 관계에 관심을 가진다. 유아가 일상에서 말이 글로, 글이 말로 옮겨지는 것에 관심을 갖는 내용이다.	유아들이 음식점놀이를 하고 있다. 유아가 “선생님, 우리 지금 가게 만들 건데 ‘김밥가게’ 어떻게 적어요?” 하며 선생님에게 도움을 요청한다. 선생님은 유아가 잘 볼 수 있도록 보드판에 천천히 ‘김밥가게’ 글자를 크게 적는다. 유아는 보드판의 글자를 보며 천천히 따라 적는다.
✍ 주변의 상징, 글자 등의 읽기에 관심을 가진다. 유아가 일상에서 자주 보는 상징(표지판, 그림문자 등)이나 글자 읽기에 관심을 가지는 내용이다. 유아가 상징이나 글자에는 사람들의 생각과 감정, 정보가 담겨있다는 것을 이해하는 내용이다.	유아가 교실 입구의 비상구 표시등을 가리키며 “저것 봐! 사람이 초록 색깔이야. 이렇게 하고 있어” 하며 비상구 사람의 모습을 흉내 낸다. 함께 이야기를 나누던 유아는 “나 저거 알아. 저거는 불날 때 저쪽으로 빨리 피하라는 말이야”라고 말한다.
✍ 자신의 생각을 글자와 비슷한 형태로 표현한다. 유아가 자신의 생각이나 말을 끼적거리거나 글자와 비슷한 선이나 모양, 글자와 비슷한 형태로 표현하는 내용이다.	

(3) 책과 이야기 즐기기

- 목표 : 책이나 이야기를 통해 상상하기를 즐긴다.
- 내용
  - 책에 관심을 가지고 상상하기를 즐긴다.
  - 동화, 동시에서 말의 재미를 느낀다.
  - 말놀이와 이야기 짓기를 즐긴다.

내용 이해	유아 경험의 실제
✍ **책에 관심을 가지고 상상하기를 즐긴다.** 유아가 책에 흥미를 가지며 책 보는 것을 즐기고 상상하는 즐거움을 경험하는 내용이다.	유아가 여러 책을 한꺼번에 쌓아두고 읽는다. 다른 유아가 와서 "내가 좋아하는 공룡책 여기 있어" 하며 책을 찾는다. 유아가 책장을 넘기며 공룡 이름 맞히기를 하다가 브라키오사우루스가 나오자 "와! 정말 길다. 여기서 여기 끝까지 미끄럼 타면 진짜 재미있겠다", "그런데 여기까지는 어떻게 올라가지?" 하며 낄낄낄 웃는다.
✍ **동화, 동시에서 말의 재미를 느낀다.** 유아가 동화와 동시를 자주 들으며 우리말의 재미와 아름다움을 느끼는 내용이다.	서은이가 친구들에게 이야기를 한다. 서은 : 그 공주님이 사는 성에는 아~주 유명한 사다리가 있어. 그런데 그 사다리는 하늘까지 올라가고, 또 하늘을 넘어 가지고~ 하영 : 우주도 넘어. 서은 : 어. 우주에 우주까지도 넘는대. 유아들 : 헤엑~~
✍ **말놀이와 이야기 짓기를 즐긴다.** 유아가 끝말잇기, 수수께끼, 스무고개 등 다양한 말놀이를 즐기는 내용이다. 자신의 경험, 생각, 상상을 기초로 새로운 이야기를 만드는 과정을 즐기는 내용이다.	3세반에서 교사가 동시를 읽어주자 유아들이 서로 "꼬불꼬불"이라고 말하며 까르르 웃는다. 그리고 유아들은 리본 막대를 휘두르며 "꼬불꼬불" 하며 서로 까르르 웃는다.

3. 사회관계

우리 함께 하자!

유아는 자신을 소중히 여기고 주변 사람과 관계를 맺어나가며 다른 사람을 배려하고 존중한다. 유아는 자신이 살고 있는 사회와 세상에 대해 알고 싶어 한다. 사회관계 영역은 유아가 자기 자신과 다양한 삶의 모습을 이해하고, 다른 사람과 더불어 살아가기 위해 필요한 의미 있는 경험과 관련된 내용이다. 교사는 유아가 자신을 소중하고 가치 있는 사람으로 여기며 다른 사람과 더불어 살아가는 방법을 익히도록 돕는다. 또한 유아가 자신이 속한 사회와 주변 세계에 대해 관심을 가지고 적응해 나갈 수 있도록 지원할 수 있다.

1) 목 표

자신을 존중하고 더불어 생활하는 태도를 가진다.

(1) 자신을 이해하고 존중한다.

(2) 다른 사람과 사이좋게 지낸다.

(3) 우리가 사는 사회와 다양한 문화에 관심을 가진다.

2) 내 용

내용범주	내 용
나를 알고 존중하기	• 나를 알고 소중히 여긴다. • 나의 감정을 알고 상황에 맞게 표현한다. • 내가 할 수 있는 것을 스스로 한다.
더불어 생활하기	• 가족의 의미를 알고 화목하게 지낸다. • 친구와 서로 도우며 사이좋게 지낸다. • 친구와의 갈등을 긍정적인 방법으로 해결한다. • 서로 다른 감정, 생각, 행동을 존중한다. • 친구와 어른께 예의 바르게 행동한다. • 약속과 규칙의 필요성을 알고 지킨다.
사회에 관심 가지기	• 내가 살고 있는 곳에 대해 궁금한 것을 알아본다. • 우리나라에 대해 자부심을 가진다. • 다양한 문화에 관심을 가진다.

3) 목표 및 내용범주 이해하기

사회관계 영역의 목표와 내용범주는 유아가 자신을 이해하고 존중하며, 친구와 가족 또는 다른 사람들과 사이좋게 지내며, 유아가 속한 지역사회와 우리나라, 다양한 문화에 관심을 갖는 내용으로 구성하였다.

- '나를 알고 존중하기'는 기존 누리과정의 '나'와 관련된 세부 내용을 통합하여 새롭게 제시하였다.
- 유아가 자신과 가장 가까운 가족 및 친구를 중심으로 다른 사람과의 관계에서 경험하는 사회적 가치나 태도를 '더불어 생활하기'로 통합하여 제시하였으며, 또한 예(禮), 존중, 배려, 협력 등의 인성 덕목을 반영하였다.
- '사회에 관심 가지기'에서는 문화 다양성을 이해하고 존중하는 내용이 포함되어 있다.

❑ 나를 알고 존중하기

유아가 자신을 나타낼 수 있는 것과 자신의 감정을 알고 상황에 맞게 적절하게 표현하며, 자신이 할 수 있는 것을 스스로 해봄으로써, 긍정적인 자아존중감과 자율성을 경험하는 내용이다.

❑ 더불어 생활하기

유아가 가족의 의미와 소중함을 알며, 친구와 서로 돕고 양보, 배려, 협력하며 사이좋게 지내고, 사람들마다 감정, 생각, 행동이 각기 다름을 알고 존중하여, 친구와의 갈등을 여러 가지 긍정적인 방법으로 해결하는 내용이다. 또한 친구와 어른께 예의 바른 태도로 말하고 행동하며, 사회 공동체의 일원으로서 약속과 규칙의 필요성을 알고 지키는 내용이다.

❑ 사회에 관심 가지기

유아가 사회 구성원으로서 자신이 사는 지역에 관심을 가지고 탐구하며, 우리나라의 상징, 언어, 문화를 알아가면서 대한민국 국민으로서 긍지와 자부심을 가지는 내용이다. 그리고 다른 나라의 다양한 문화에 관심을 가지고 존중하는 경험을 담고 있다.

❖ 내용범주

(1) 나를 알고 존중하기

- 목표 : 자신을 이해하고 존중한다.
- 내용
  - 나를 알고 소중히 여긴다.
  - 나의 감정을 알고 상황에 맞게 표현한다.
  - 내가 할 수 있는 것을 스스로 한다.

내용 이해	유아 경험의 실제
✍ **나를 알고 소중히 여긴다.** 유아가 자신을 나타내는 나이, 성별, 모습 등에 대해 알고, 자신을 소중히 여기며 가치 있는 존재로 느끼는 내용이다. ✍ **나의 감정을 알고 상황에 맞게 표현한다.** 유아가 자신의 감정에 대해 알고 다양한 상황에서 자신의 감정을 적절하게 표현하는 내용이다. ✍ **내가 할 수 있는 것을 스스로 한다.** 유아가 자신이 할 수 있는 일을 알고 자신감을 가지며 자율적으로 실천해 가는 내용이다.	5세반 유아들이 숨바꼭질을 하려고 모여든다. 유아가 “나는 진짜 잘 숨을 수 있어”라고 말하자, 다른 유아들이 “나도 잘하거든. 나는 몸이 작아서 아무 데나 숨을 수 있어”, “나도 잘 숨거든!”이라고 말한다. 이때 다른 유아가 “나도 할래” 하며 다가온다. 먼저 숨바꼭질을 하던 유아가 “너는 늦게 왔으니까 먼저 술래해!”라고 말한다. 늦게 온 다른 유아는 “그런 게 어딨어! 네가 하기 싫어서 그런 거잖아. 가위바위보로 정해. 나도 술래하기 싫다고!”라고 말한다. 유아가 등원하자마자 선생님에게 오늘 자신이 도우미인 것을 확인하며 말한다. “저는 도우미하는 날이 좋아요. 저는 화분에 물주는 것도 잘하고, 친구들에게 간식을 나눠 주는 것도 잘할 수 있어요”라고 말한다.

선생님이 "그럼 오늘의 도우미는 제일 먼저 무엇을 할 생각이야?"라고 웃으며 묻자, "화분에 물 주러 가야지"라고 말하며 물을 뜨러 화장실 쪽으로 간다.

(2) 더불어 생활하기

- 목표 : 다른 사람과 사이좋게 지낸다.
- 내용
  - 가족의 의미를 알고 화목하게 지낸다.
  - 친구와 서로 도우며 사이좋게 지낸다.
  - 친구와의 갈등을 긍정적인 방법으로 해결한다.
  - 서로 다른 감정, 생각, 행동을 존중한다.
  - 친구와 어른께 예의 바르게 행동한다.
  - 약속과 규칙의 필요성을 알고 지킨다.

내용 이해	유아 경험의 실제
가족의 의미를 알고 화목하게 지낸다. 유아가 자신의 가족 구성원을 알고, 가족과 함께 생활하며, 가족은 서로 돕고 살아간다는 것을 경험하는 내용이다. 가족의 구성원이 다양함을 이해하고 존중하는 내용이다.	4세 유아는 가족과 지냈던 일에 대해 그림을 그리며 웃으면서 말한다. "엄마, 아빠랑 캠핑 갔는데 정말 재미있었어요. 아빠가 밥하고 고기를 구웠고, 엄마는 식탁을 차렸어요. 저는 물컵을 꺼냈어요. 밥을 다 먹고 나서, 같이 공놀이도 하면서 놀았어요."

내용 이해	유아 경험의 실제
✍ **친구와 서로 도우며 사이좋게 지낸다.** 유아가 친구들과 함께 놀이하는 즐거움을 느끼고 친구와 서로 도우며 배려하고 협력하며 더불어 살아가는 내용이다. ✍ **친구와의 갈등을 긍정적인 방법으로 해결한다.** 유아가 친구와 갈등이 생겼을 때 자신의 감정과 생각을 제대로 표현하고, 배려, 양보, 타협 등을 통해 해결하는 내용이다.	유아들이 도화지에 물감을 흘리면서 무늬를 만들고 있다. 4세 수연이가 높은 위치에서 물감을 흘러내리게 하다가 물감이 현우의 팔에 튄다. 현우가 얼굴을 붉히며 "야! 내 팔에 물감이 튀었잖아!"라고 말하자 수연이는 "미안해, 이제 작게 뿌릴게"라고 말하며 아까보다 낮은 위치에서 물감을 흘러내리게 한다. 유아들이 고무줄뛰기를 하고 있다. 고무줄뛰기를 하고 싶은 유아들이 많아지자 서로 먼저 뛰겠다고 큰 소리로 이야기한다. 5세 유아들이 누가 먼저 할지 순서를 정해야 한다고 말한다. 이때, 우재가 "우리 먼저 온 순서대로 여기 이름을 적으면 되잖아"라고 말하더니 3세 도하 손을 잡아 이끈다. "도하야, 아까 네가 제일 먼저 왔지? 여기에 네 이름 적어 봐. 못 적으면 형아가 적어줄까?"라고 말한다.

내용 이해	유아 경험의 실제
✍ **서로 다른 감정, 생각, 행동을 존중한다.** 유아가 다른 사람들의 감정, 생각, 행동에 관심을 갖고 감정, 생각, 행동이 서로 다를 수 있음을 이해하고 존중하는 내용이다. ✍ **친구와 어른께 예의 바르게 행동한다.** 유아가 친구와 어른께 배려, 존중, 공경하는 마음을 담아 예절을 실천하는 내용이다. ✍ **약속과 규칙의 필요성을 알고 지킨다.** 유아가 다른 사람과 더불어 살아가기 위해 필요한 약속과 규칙이 있음을 이해하는 내용이다. 상황에 따라 필요한 약속과 규칙을 의논하여 정하고 지키는 내용이다.	5세 유아가 '가위바위보' 하여 이긴 사람이 한 계단씩 올라가는 놀이를 한다. 먼저 계단을 올라간 두 유아가 계단을 다 오르지 못한 유아를 남겨두고 미끄럼틀로 뛰어간다. 혼자 남은 유아가 "나 혼자만 여기 있잖아" 하며 울먹이자, 미끄럼틀로 뛰어가던 유아가 되돌아와 친구의 어깨를 두어 번 토닥이며 "같이 가자"라고 말한다. 그리고 손을 잡고 함께 계단을 올라 미끄럼틀 쪽으로 달려간다. 실내놀이를 마친 뒤 5세반의 몇몇 유아들이 놀이할 때 불편한 점이 있었다고 말한다. 하선이가 "우리끼리 약속 좀 만들어야겠다"라고 말하자 유아들이 매트 위에 모여 앉았고, 진지하게 이야기를 나누며 놀이 약속을 정한다. 다음 날, 유아들끼리 정한 약속을 교사는 색종이에 적어 칠판에 붙여준다. 한 유아는 놀이 약속 옆에 손가락 도장을 찍으며 "내가 지킬 수 있는 약속이 이거야"라고 말한다.

(3) 사회에 관심 가지기

- 목표 : 우리가 사는 사회와 다양한 문화에 관심을 가진다.
- 내용
  - 내가 살고 있는 곳에 대해 궁금한 것을 알아본다.
  - 우리나라에 대해 자부심을 가진다.
  - 다양한 문화에 관심을 가진다.

내용 이해	유아 경험의 실제
✍ 내가 살고 있는 곳에 대해 궁금한 것을 알아본다. 유아가 자주 접하는 가까운 주변 지역과 이웃에 대해 관심을 가지고, 궁금한 것을 알아보며, 지역 구성원으로서 유대감과 소속감을 느끼는 내용이다.	유아들이 함께 블록으로 동네를 만든다. 유아들은 도서관을 만들면서 이야기를 나눈다. "여기는 도서관! 우리 도서관 가봤지? 우리 동네에 도서관이 있으니까 좋다. 그치?", "응, 선생님한테 내일 또 도서관 가자고 말씀드리자."
✍ 우리나라에 대해 자부심을 가진다. 유아가 우리나라의 전통에 친숙해지고, 우리나라의 상징, 언어, 문화 등을 경험하면서, 우리나라에 대해 자랑스러운 마음을 가지는 내용이다. ✍ 다양한 문화에 관심을 가진다. 유아가 다른 나라의 다양한 문화와 생활양식에 대해 관심을 가지고, 문화의 다양성을 이해하며 존중하는 내용이다.	바깥놀이터에서 유아들과 선생님이 이야기를 나눈다. 우재 : 너희들은 우리나라에서 누가 제일 좋아? 유아들 : 이순신 장군! 세종대왕! 교사 : 왜 좋아하는데? 시연 : 한글을 만들었잖아요. 나는 한글을 진짜 잘 쓰는데, 한번 보세요. (모래 바닥에 나뭇가지로 자신의 이름을 쓴다) 유아들 : 나도 내 이름 써야지, 아! 맞다. 내일 한글날이라 했지.

4. 예술경험

나무가 물감 옷을 입어요

유아는 일상에서 아름다움과 경이감을 느끼고 즐기며 표현하는 풍부한 감성을 가진 존재이다. 예술경험 영역은 유아가 자연, 생활, 예술에서 아름다움을 찾아보고 느끼며, 다채롭고 창의적인 방법으로 자신의 경험, 생각, 느낌을 표현해 보고, 다양한 예술 표현을 존중하는 경험과 관련된 내용이다. 교사는 유아가 아름다움을 느끼고 즐기며 창의적으로 표현하는 과정을 통해 풍부한 감수성을 기르도록 돕는다. 또한 유아가 다양한 예술 감상을 통해 상상력을 키우고 예술 표현이 가지고 있는 고유의 가치를 존중하도록 지원할 수 있다.

1) 목 표

아름다움과 예술에 관심을 가지고 창의적 표현을 즐긴다.

(1) 자연과 생활 및 예술에서 아름다움을 느낀다.

(2) 예술을 통해 창의적으로 표현하는 과정을 즐긴다.

(3) 다양한 예술 표현을 존중한다.

2) 내 용

내용범주	내 용
아름다움 찾아보기	• 자연과 생활에서 아름다움을 느끼고 즐긴다. • 예술적 요소에 관심을 갖고 찾아본다.
창의적으로 표현하기	• 노래를 즐겨 부른다. • 신체, 사물, 악기로 간단한 소리와 리듬을 만들어 본다. • 신체나 도구를 활용하여 움직임과 춤으로 자유롭게 표현한다. • 다양한 미술 재료와 도구로 자신의 생각과 느낌을 표현한다. • 극놀이로 경험이나 이야기를 표현한다.
예술 감상하기	• 다양한 예술을 감상하며 상상하기를 즐긴다. • 서로 다른 예술 표현을 존중한다. • 우리나라 전통 예술에 관심을 갖고 친숙해진다.

3) 목표 및 내용범주 이해하기

> 예술경험 영역의 목표와 내용범주는 유아가 자연, 생활, 예술에서 아름다움을 느끼고 음악, 움직임과 춤, 미술, 극놀이 등의 예술에서 자신의 느낌과 생각을 창의적으로 표현하는 과정을 즐기며, 다양한 예술 작품을 감상하며 다른 사람의 예술 표현을 존중하는 내용으로 구성하였다.

- 유아가 자연과 생활, 예술에서 아름다움을 느끼고 즐기는 경험을 반영하여 '아름다움 찾아보기'를 새롭게 편성하였다.
- '창의적으로 표현하기'에서는 유아가 자신의 느낌과 생각을 음악, 움직임과 춤, 미술, 극놀이 등을 통해 자유롭게 표현하는 과정을 즐기는 내용으로 구성하였다.
- '예술 감상하기'에서는 유아가 다양한 예술을 통해 상상하기를 즐기고, 우리나라 고유의 전통 예술에 친숙해지는 경험을 강조하였다.

❑ 아름다움 찾아보기

유아가 자연과 생활에서 아름다움을 느끼며 예술적 요소에 관심을 가지고 찾아보는 내용이다.

❑ 창의적으로 표현하기

유아가 노래를 즐겨 부르고, 간단한 소리와 리듬을 만들어 보며, 자유롭게 움직이며 춤추고, 다양한 미술 재료와 도구를 활용하여 표현하며, 경험과 이야기를 극놀이로 표현하는 내용이다.

❑ 예술 감상하기

유아가 자신과 또래의 작품뿐만 아니라 다양한 예술을 감상하며 상상하기를 즐기고, 서로 다른 예술 표현을 존중하며, 우리 고유의 전통 예술에 친숙해지는 내용이다.

❖ 내용범주

(1) 아름다움 찾아보기

- 목표 : 자연과 생활 및 예술에서 아름다움 느끼고 즐긴다.
- 내용
  - 자연과 생활에서 아름다움을 느끼고 즐긴다.
  - 예술적 요소에 관심을 갖고 찾아본다.

내용 이해	유아 경험의 실제
✍ 자연과 생활에서 아름다움을 느끼고 즐긴다. 유아가 자신의 주변에서 만나는 자연, 공간, 사물 등의 아름다움을 풍부하게 느끼며 즐기는 내용이다. ✍ 예술적 요소에 관심을 갖고 찾아본다. 유아가 주변의 자연과 생활에서 다양한 소리나 리듬 등의 음악적 요소, 색이나 형태 등과 같은 미술적 요소를 발견하고, 사물이나 동식물의 움직임에서 아름다움을 경험하는 내용이다.	벚꽃이 바람을 타고 눈처럼 휘날린다. 유아들이 "저것 봐! 눈이 오는 것 같아. 분홍색 눈이야. 정말 예쁘다!" 하며 감탄한다. 유아들은 하늘을 향해 고개를 들고 두 팔을 벌리며 흩날리는 벚꽃잎을 맞기도 하고, 바람결에 날아가는 벚꽃잎을 쫓아다니기도 한다. 그리고 땅에 떨어진 벚꽃잎을 조심스럽게 다루며 한 잎 한 잎 줍기도 한다. 유아는 바깥놀이터에서 스카프를 재빠르게 높이 올렸다 내리기를 반복하며 바람에 스카프를 날려보기도 한다. 스카프가 펄럭이고 날아가는 모습을 보며 "바람 따라 춤추는 것 같아", "파도같이 움직여" 하며 즐거워한다.

(2) 창의적으로 표현하기

- 목표 : 예술을 통해 창의적으로 표현하는 과정을 즐긴다.
- 내용
  - 노래를 즐겨 부른다.
  - 신체, 사물, 악기로 간단한 소리와 리듬을 만들어 본다.
  - 신체나 도구를 활용하여 움직임과 춤으로 자유롭게 표현한다.
  - 다양한 미술 재료와 도구로 자신의 생각과 느낌을 표현한다.
  - 극놀이로 경험이나 이야기를 표현한다.

내용 이해	유아 경험의 실제
✍ **노래를 즐겨 부른다.** 유아가 흥얼거리거나 친구들과 함께 소리와 박자 등을 느끼고 노랫말을 바꾸어 불러보며 노래 부르기를 즐기는 내용이다. ✍ **신체, 사물, 악기로 간단한 소리와 리듬을 만들어 본다.** 유아가 자신의 신체, 주변의 사물, 리듬 악기 등을 사용하여 소리와 리듬을 창의적으로 만들어 보는 내용이다.	유아가 바깥놀이터의 소꿉놀이 그릇을 모두 뒤집어 펼쳐 놓고 숟가락으로 여기저기 두드린다. 이때 교사가 지나가자, "선생님, 들어 보세요. 소리가 모두 달라요. 저는 지금 피아노 치고 있어요" 하며 최근에 배운 새 노래 '유리창에 예쁜 은구슬'을 흥얼거린다. 선생님은 "오! 정말 소리가 다르네. 정말 피아노 치는 것 같네" 하며 유아의 곁에서 함께 노래한다.

내용 이해	유아 경험의 실제
✍ **신체나 도구를 활용하여 움직임과 춤으로 자유롭게 표현한다.** 유아가 자연과 생활에서 발견한 다양한 움직임을 자유롭게 표현하고 나아가 자신의 생각과 느낌을 자신의 신체나 다양한 도구를 활용하여 움직과 춤으로 표현하는 내용이다.	유아가 창문 밖으로 나뭇잎이 바람에 날리는 모습을 보며 큰 소리로 "와! 저것 봐. 나뭇잎이 데굴데굴 잘도 굴러가고 있어!"라고 말한다. 잠시 후 유아는 교실에 있는 리본 막대를 들고 동그랗게 흔들면서 "나뭇잎이 동글동글 굴러가고 굴러가고"라고 흥얼거린다.

✍ **다양한 미술 재료와 도구로 자신의 생각과 느낌을 표현한다.**

유아가 자연과 생활에서 발견한 다양한 재료와 도구를 활용하여 여러 가지 방법으로 표현하는 내용이다. 자신의 경험, 느낌, 생각 등을 창의적으로 표현하는 과정을 즐기는 내용이다.

✍ **극놀이로 경험이나 이야기를 표현한다.**

유아가 자신의 경험, 다양한 상황, 이야기를 자유롭게 상상하며 극놀이로 표현하는 과정을 즐기는 내용이다.

유아가 친구들에게 꿀벌놀이를 하자고 제안한다.

수진 : 나는 여왕벌 할래. 너희들은 모두 일벌 해. 아이 배고파. 일벌들아 꽃에게 가서 꿀을 가져와.

유찬 : (날갯짓하며 교실을 한 바퀴 돌아와 수진이에게 손을 내밀며) 이건 꿀이야. 자, 먹으세요!

승민 : 나는 말벌이야. 너희들은 꿀벌이니까 도망가야 돼. 웽웽.

꿀벌 역할을 맡은 두 유아가 "으악!" 하며 달아난다. 이 모습을 보고 있던 희원이와 민이가 "얘들아, 잠깐 기다려 봐. 우리가 꿀벌집 만들어 줄게"라고 말하며 상자, 사인펜, 물감 등을 가지고 모인다.

(3) 예술 감상하기

- 목표 : 다양한 예술 표현을 존중한다.
- 내용
  - 다양한 예술을 감상하며 상상하기를 즐긴다.
  - 서로 다른 예술 표현을 존중한다.
  - 우리나라 전통 예술에 관심을 갖고 친숙해진다.

내용 이해	유아 경험의 실제
✍ **다양한 예술을 감상하며 상상하기를 즐긴다.** 유아가 자신과 또래의 작품이나 음악, 춤, 미술작품, 극 등 다양한 예술을 감상하고 자유롭게 상상하기를 즐기는 내용이다.	유아들이 분홍색 한지를 구기고 찢어서 꾸민 봄꽃 작품을 감상하며 "와! 예쁘다. 어! 이건 어떻게 했지? 이렇게 하니까 진짜 꽃 같다. 꽃냄새 맡아 보자. 흠, 꼭 봄꽃 요정이 나타날 것 같아, 그치" 하며 친구와 마주 보고 웃는다.
✍ **서로 다른 예술 표현을 존중한다.** 유아가 자신과 또래의 작품, 음악, 춤, 미술 작품, 극 등에 포함된 다양한 표현을 존중하는 내용이다.	유아들이 '밀양 아리랑'을 들으며 장구를 자유롭게 두드린다. 한 유아가 "얘들아! 날 좀 보소" 하고 노래를 흥얼거리며 두 손으로 장구를 두드린다. 옆에 있던 유아가 장구를 세운 후 두드리며 "나는 세워서 두드려야지. 2개로도 할 수 있어"라고 말한다. 그러니까 옆에서 바라보던 유아가 "어? 세워서도 할 수 있네. 그렇게 쳐도 좋은 것 같다" 한다.
✍ **우리나라 전통 예술에 관심을 갖고 친숙해진다.** 유아가 우리나라 고유의 전통 음악, 춤, 미술, 건축물, 극 등에 관심을 가지고 전통 예술을 감상하며 우리나라 문화에 친숙해지는 내용이다.	

5. 자연탐구

얘들아! 여기 개미가 기어가고 있어

유아는 호기심이 넘치는 과학자다. 궁금한 것에 대해 답을 찾기 위해 적극적으로 탐색하고 탐구하며 이를 즐긴다. 자연탐구 영역은 유아가 물질, 사물, 자연현상, 동식물 등의 특성과 변화를 수학적, 과학적으로 탐구하는 다양한 경험과 관련된 내용이다. 교사는 유아가 호기심을 가지고 주도적으로 탐구하는 과정을 즐기며, 스스로 궁금증을 해결해 가도록 돕는다.

또한 유아가 주변의 동식물, 생명, 자연환경에 관심을 가지며 생명을 소중히 여기고 사람과 자연이 더불어 살아가는 방법을 실천하도록 지원할 수 있다.

1) 목 표

탐구하는 과정을 즐기고, 자연과 더불어 살아가는 태도를 가진다.

(1) 일상에서 호기심을 가지고 탐구하는 과정을 즐긴다.

(2) 생활 속의 문제를 수학적, 과학적으로 탐구한다.

(3) 생명과 자연을 존중한다.

2) 내 용

내용범주	내 용
탐구과정 즐기기	• 주변 세계와 자연에 대해 지속적으로 호기심을 가진다. • 궁금한 것을 탐구하는 과정에 즐겁게 참여한다. • 탐구과정에서 서로 다른 생각에 관심을 가진다.
생활 속에서 탐구하기	• 물체의 특성과 변화를 여러 가지 방법으로 탐색한다. • 물체를 세어 수량을 알아본다. • 물체의 위치와 방향, 모양을 알고 구별한다. • 일상에서 길이, 무게 등의 속성을 비교한다. • 주변에서 반복되는 규칙을 찾는다. • 일상에서 모은 자료를 기준에 따라 분류한다. • 도구와 기계에 대해 관심을 가진다.
자연과 더불어 살기	• 주변의 동식물에 관심을 가진다. • 생명과 자연환경을 소중히 여긴다. • 날씨와 계절의 변화를 생활과 관련짓는다.

3) 목표 및 내용범주 이해하기

자연탐구 영역의 목표와 내용범주는 유아가 호기심을 가지고 궁금한 것을 적극적으로 탐구하는 과정을 즐기며, 생활 속의 문제를 수학적, 과학적으로 탐구해 보면서, 생명과 자연환경을 존중하는 내용으로 구성하였다.

- '탐구과정 즐기기'는 유아가 주변 세계와 자연에 대해 호기심을 가지고 즐겁게 탐색하는 모습을 반영하여 제시하였다.
- '생활 속에서 탐구하기'는 일상의 문제를 수학적, 과학적 방식으로 탐구하는 유아의 경험을 반영한 것이다.
- '자연과 더불어 살기'는 유아가 생명과 자연환경의 소중함을 경험하는 내용으로 새롭게 편성한 것이다. 기존 누리과정에서 사회관계 영역의 세부 내용인 '자연과 자원을 아끼는 습관을 기른다'와 자연탐구 영역의 내용인 '생명체와 자연환경 알아보기'와 '자연현상 알아보기'의 세부 내용들을 종합하여, 지속 가능한 사회를 위한 삶의 태도를 형성하는 내용으로 구성하였다.

❑ 탐구과정 즐기기

유아가 주변 세계와 자연에 대해 지속적으로 호기심을 가지고, 궁금한 것을 탐구하는 과정에 적극적으로 참여하면서 서로 다른 생각에 관심을 갖는 내용이다.

❑ 생활 속에서 탐구하기

유아가 물체의 특성과 변화를 여러 가지 방법으로 탐색하고, 물체를 세어 수량을 알아보고, 물체의 위치와 방향, 모양을 알고 구별하며, 길이와 무게 등의 속성을 비교하고, 반복되는 규칙을 찾아보고, 모은 자료들을 기준에 따라 분류하며, 도구와 기계에 관심을 가지고 생활 속의 문제를 다양하게 탐구하는 내용이다.

❑ 자연과 더불어 살기

유아가 주변의 동식물에 대해 관심을 가지고, 생명과 자연 환경을 소중히 여기며, 날씨와 계절의 변화를 생활과 관련짓는 내용이다.

❖ 내용범주

(1) 탐구과정 즐기기

- 목표 : 일상에서 호기심을 가지고 탐구하는 과정을 즐긴다.
- 내용
  - 주변 세계와 자연에 대해 지속적으로 호기심을 가진다.
  - 궁금한 것을 탐구하는 과정에 즐겁게 참여한다.
  - 탐구과정에서 서로 다른 생각에 관심을 가진다.

<table>
<tr><th>내용 이해</th><th>유아 경험의 실제</th></tr>
<tr><td>✍ 주변 세계와 자연에 대해 지속적으로 호기심을 가진다.
유아가 물질, 물체, 동식물, 자연현상 등에 호기심을 가지고, 놀이에서 지속적으로 궁금한 것을 찾아가거나 표현하는 내용이다.

✍ 궁금한 것을 탐구하는 과정에 즐겁게 참여한다.
유아가 궁금한 것을 알아보기 위해 관찰, 비교, 분류, 예측, 실험 등의 다양한 탐구과정을 자발적으로 즐기는 내용이다.

✍ 탐구과정에서 서로 다른 생각에 관심을 가진다.
유아가 탐구하는 과정에서 자신의 생각을 또래나 교사와 함께 공유하고, 서로 다른 생각에 관심을 가지는 내용이다.</td><td>유아들의 모래 구덩이 만들기가 계속되고 있다. 오늘은 유아들이 모래 속으로 물을 붓는다. 한 유아가 “물이 자꾸 없어져”라고 말한다. 옆에 있던 유아들도 함께 “왜 자꾸 없어지지”, “땅을 더 파야 해”, “아니야, 빨리 물을 부어야 해”라고 이야기 나누며 물이 스며드는 것에 호기심을 가진다.

어제는 메뚜기를 발견하여 관찰하던 유아들이 오늘은 방아깨비를 이리저리 살펴보며 이야기를 나눈다.
수연 : 방아깨비 발밑이 찐득찐득해. 너도 해 볼래?
가현 : 약간 간지러운데, 찐득해. 풀에 붙으려고 그런가 봐.
규리 : 음… 먹이를 잡아먹으려고 그런 거야.
수연 : 이거 봐. 찐득한 발로 내 손을 잡으려고 하는 것 같아.</td></tr>
</table>

(2) 생활 속에서 탐구하기

- 목표 : 생활 속의 문제를 수학적, 과학적으로 탐구한다.
- 내용
  - 물체의 특성과 변화를 여러 가지 방법으로 탐색한다.
  - 물체를 세어 수량을 알아본다.
  - 물체의 위치와 방향, 모양을 알고 구별한다.
  - 일상에서 길이, 무게 등의 속성을 비교한다.
  - 주변에서 반복되는 규칙을 찾는다.
  - 일상에서 모은 자료를 기준에 따라 분류한다.
  - 도구와 기계에 대해 관심을 가진다.

내용 이해

✍ **물체의 특성과 변화를 여러 가지 방법으로 탐색한다.**

유아가 주변에서 쉽게 발견할 수 있는 친숙한 물체나 물질의 크기, 모양, 색, 냄새, 소리, 질감과 같은 기본적 특성에 관심을 갖는 내용이다. 나아가 그 물체나 물질을 자르고 섞는 등 다양한 방법으로 변화시켜 보며, 변화되는 특성과 변화되지 않는 특성이 무엇인지 탐색해 보는 내용이다.

✍ **물체를 세어 수량을 알아본다.**

유아가 일상에서 수에 관심을 가지고, 수량을 세어 많고 적음 및 수량의 변화를 알아보는 내용이다.

유아 경험의 실제

우리밀 과자를 만드는 과정에서 유아들은 버터와 계란, 밀가루를 숟가락으로 휘저으며 놀라운 표정으로 말한다. "어? 이것 봐! 반죽이 점점 갈색으로 변하고 있어", "색깔이 진하게 변한다", "점점 찐득찐득해지고 있어", "섞는 게 힘들어. 이제 네가 해봐."

유아들이 모여 하고 싶은 놀이에 대해 자유롭게 이야기를 나누고 있다.

민지 : 야, 우리 같이 놀자. 뭐할까?
현우 : 나는 술래잡기.
민지 : 나는 꼬마야 줄넘기 할래.
현우 : 우리 손들어서 정하자. 술래잡기하고 싶은 사람 손! … 한 명, 두 명, 세 명.
그러면 줄넘기하고 싶은 사람 손!
민지 : 똑같잖아. 술래잡기도 3명이고, 줄넘기도 3명이잖아.

내용 이해

✍ **물체의 위치와 방향, 모양을 알고 구별한다.**
유아가 자신과 물체를 기준으로 앞, 뒤, 옆, 위, 아래 등 공간 안에서 위치와 방향을 알아가는 내용이다. 유아가 주변 환경에서 네모나 세모, 둥근 기둥, 상자 모양 등을 찾고 다양한 모양에서 공통점과 차이점을 알아가는 내용이다.

✍ **일상에서 길이, 무게 등의 속성을 비교한다.**
유아가 일상에서 길이나 무게 등 측정 가능한 속성을 알고, 이 속성을 기준으로 물체를 비교하여 순서 지어보는 내용이다. 이 과정에서 유아는 자신의 신체를 비롯하여 다양한 물체를 활용하고, 다양한 비교 어휘를 사용하면서 순서를 지어보는 내용이다.

유아 경험의 실제

유아들이 숨바꼭질을 한다. 한 유아가 "선생님, 쉿! 나 여기 밑에 숨어 있다고 말하면 안 돼요"라고 말하곤 미끄럼틀을 올라가는 계단 아래쪽으로 들어가 숨는다. "내 앞에 계단이 있으니까 친구들에게 난 잘 안 들키겠지? 하하"라고 혼잣말을 하며 웃는다.

복도에서 5세 수진이가 3세 승우와 4세 민석이를 만난다. 수진이가 "내가 키 재줄게. 너희 둘이 여기에서 봐"라고 말한다. 승우와 민석이가 등을 마주 대고 서자 수진이는 "니가 좀 더 큰데. 내가 누가 무거운지도 봐줄게" 하며 두 유아를 차례로 뒤에서 두 팔로 안고 들어올린다. 수진이는 "너보다 얘가 좀 더 무거워" 하며 웃는다.

내용 이해

✍ **주변에서 반복되는 규칙을 찾는다.**
유아가 생활 주변에서 사물이나 사건의 양상이 일정한 순서로 반복 배열되는 것에 관심을 갖고 즐기며, 반복되는 배열에 숨어 있는 질서와 규칙을 발견하여 다음에 올 것이 무엇인지를 예측하는 내용이다.

✍ **일상에서 모은 자료를 기준에 따라 분류한다.**
유아가 일상생활에서 흥미와 관심에 따라 필요한 자료를 다양한 방법으로 모으고, 수집한 자료의 공통점과 차이점을 탐색하며, 이를 하나 또는 그 이상의 다양한 기준(예 모양, 크기, 색깔 등)에 따라 정리하고 조직해 보는 내용이다.

✍ **도구와 기계에 대해 관심을 가진다.**
유아가 일상생활에서 사용하는 다양한 도구와 기계에 관심을 가지고 직접 사용해 보면서, 도구와 기계가 우리의 생활에 어떠한 도움을 주는지에 대해 관심을 가지는 내용이다.

유아 경험의 실제

바깥놀이터에서 유아가 친구들에게 "우리 이 열매 모으자. 개미는 이걸 좋아하거든" 하며 제안하자, 유아들이 "여기 많다"라고 말하며 바닥에 떨어진 작은 열매를 줍기 시작한다. 한 유아가 솔방울을 내밀자, "아니야. 솔방울은 너무 커, 좀 작은 게 필요해. 동그랗게 이거랑 똑같이 생긴 것만" 하고 말한다. 잠시 후 유아들이 주운 열매를 모으고, "이것 봐, 진짜 다 똑같은 열매다", "그런데 여기 빨간 건 잘 익은 건가", "내일 오면 개미가 빨갛게 익은 건 다 먹었겠지"라고 말하며 빨간 열매와 초록 열매를 골라낸다.

유아들이 선생님과 함께 콩나물무침 요리를 하고 있다. 작은 절구를 보던 한 유아가 "와! 맷돌이다"라고 말하자, 다른 유아들이 "저건 콩콩 찧는 거야", "맷돌이 아니고?" 하며 선생님을 쳐다본다. 선생님은 "이건 절구인데"라고 말하자, 유아들이 "오늘 콩나물 무침에 쓰려고요" 하고 묻는다. 선생님은 "그래. 이걸로 깨소금을 만들어 볼까?"라고 말하며 절구 안에 깨를 넣는다.

(3) 자연과 더불어 살기

- 목표 : 생명과 자연을 존중한다.
- 내용
  - 주변의 동식물에 관심을 가진다.
  - 생명과 자연환경을 소중히 여긴다.
  - 날씨와 계절의 변화를 생활과 관련짓는다.

내용 이해	유아 경험의 실제
✍ 주변의 동식물에 관심을 가진다. 유아가 등·하원, 산책, 바깥놀이터, 교실에서 접할 수 있는 동식물을 관찰하거나 직접 길러보면서, 동식물의 특성에 관심을 가지고 탐구하는 내용이다. ✍ 생명과 자연환경을 소중히 여긴다. 유아가 동식물뿐만 아니라 동식물이 살아가기에 좋은 환경에 대해 관심을 가지고, 이들을 생명체로서 소중히 여기는 내용이다. ✍ 날씨와 계절의 변화를 생활과 관련짓는다. 유아가 낮과 밤, 날씨, 계절의 변화를 느끼고, 자연의 변화가 자신의 옷차림, 놀이 등 일상생활에 영향을 준다는 것을 이해하고 적절하게 대처하는 내용이다.	교사 : 벌써 도토리가 떨어져 있었어. 성민 : 네. 다람쥐들이 도토리를 많이 먹으라고 조금만 주웠어요. 교사 : 어머! 네가 주워온 도토리를 보니까 정말 가을이 온 걸 알겠구나. 네 말대로 다람쥐들은 맛있는 도토리를 먹는 가을이라서 신나겠다. 성민 : 저는요. 가을이 제일 좋아요. 교사 : 아~ 그렇구나. 왜? 성민 : 가을은 진짜 시원하잖아요. 난 더운 날씨가 싫어요. 유아가 개미를 발견하고 모두 놀란다. “야 개미다”, “여기 봐”, “으~악”, “무서운 거 아니야” 한 유아가 “열매 같은 걸 가져가나 봐. 무겁겠다”, “배가 고픈가 봐”, “어디로 가지”, “밟지 마”라고 이야기하며 개미가 지나갈 수 있도록 몸을 옆으로 비키며 개미를 쳐다본다.

생각해 보기

1. 다음 놀이 관련 내용의 동영상을 보고 유아들이 놀이를 통해 배우는 것이 무엇인지 생각해 보세요.

EBS 다큐멘터리 <놀이의 힘> 시리즈

1부 : 놀이는 본능이다 2부 : 진짜 놀이 가짜 놀이 3부 : 놀이는 경쟁력이다

참고문헌

교육부(2024). 2024 개정 표준보육과정 해설서.
교육부·보건복지부(2019). 2019 개정 누리과정 해설서.
김수향·박수연·안은희·유은숙·이귀옥·이성주(2021). **보육과정**. 공동체.

부록

0~5세 표준보육과정 한눈에 보기

I. 신체운동·건강			
	0~1세	2세	3~5세
신체활동 즐기기	다양한 감각을 경험한다.		
	신체와 주변을 탐색한다.	신체를 인식하고 움직인다.	
	대소근육을 조절한다.		신체 움직임을 조절한다.
	기본 운동을 시도한다.	기본 운동을 즐긴다.	기초적인 이동운동, 제자리 운동, 도구를 이용한 운동을 한다.
	실내외 신체활동을 즐긴다.		실내외 신체활동에 자발적으로 참여한다.
건강하게 생활하기	도움을 받아 몸을 깨끗이 한다.	자신의 몸과 주변을 깨끗이 해 본다.	자신의 몸과 주변을 깨끗이 한다.
	음식에 관심을 가진다.	음식을 즐겁게 먹는다.	몸에 좋은 음식에 관심을 가지고 바른 태도로 즐겁게 먹는다.
	하루 일과를 편안하게 경험한다.	하루 일과를 즐겁게 경험한다.	하루 일과에서 적당한 휴식을 취한다.
	건강한 배변 습관을 갖는다.		
			질병을 예방하는 방법을 알고 실천한다.
안전하게 생활하기	안전한 상황에서 놀이하고 생활한다.	안전하게 놀이하고 생활한다.	일상에서 안전하게 놀이하고 생활한다.
			TV, 컴퓨터, 스마트폰 등을 바르게 사용한다.
	안전한 상황에서 교통수단을 이용해 본다.		교통안전 규칙을 지킨다.
	위험하다는 말에 주의한다.	위험한 상황에 대처하는 방법을 경험한다.	안전사고, 화재, 재난, 학대, 유괴 등에 대처하는 방법을 경험한다.

II. 의사소통			
	0~1세	2세	3~5세
듣기와 말하기	표정, 몸짓, 말과 주변의 소리에 주의를 기울인다.	표정, 몸짓, 말에 주의를 기울여 듣는다.	말이나 이야기를 관심 있게 듣는다.
			자신의 경험, 느낌, 생각을 말한다.
			상황에 적절한 단어를 사용하여 말한다.
	상대방의 이야기를 들으면서 말소리를 낸다.	상대방의 이야기를 듣고 말한다.	상대방이 하는 이야기를 듣고 관련해서 말한다.
	표정, 몸짓, 말소리로 의사를 표현한다.	자신의 요구와 느낌을 말한다.	바른 태도로 듣고 말한다.
			고운 말을 사용한다.
읽기와 쓰기에 관심 가지기			말과 글의 관계에 관심을 가진다.
	주변의 그림과 상징에 관심을 가진다.		주변의 상징, 글자 등의 읽기에 관심을 가진다.
	끼적이기에 관심을 가진다.	끼적이며 표현하기를 즐긴다.	자신의 생각을 글자와 비슷한 형태로 표현한다.
책과 이야기 즐기기	책에 관심을 가진다.	책에 관심을 가지고 상상한다.	책에 관심을 가지고 상상하기를 즐긴다.
	말놀이와 이야기에 재미를 느낀다.		동화, 동시에서 말의 재미를 느낀다.
			말놀이와 이야기 짓기를 즐긴다.

<table>
<tr><th colspan="4">Ⅲ. 사회관계</th></tr>
<tr><th></th><th>0~1세</th><th>2세</th><th>3~5세</th></tr>
<tr><td rowspan="3">나를 알고 존중하기</td><td colspan="2">나의 고유함을 알아간다.</td><td>나를 알고 소중히 여긴다.</td></tr>
<tr><td colspan="2">나의 욕구와 감정을 표현한다.</td><td>나의 감정을 알고 상황에 맞게 표현한다.</td></tr>
<tr><td>나에게 친숙한 것을 안다.</td><td>내가 좋아하는 것을 해 본다.</td><td>내가 할 수 있는 것을 스스로 한다.</td></tr>
<tr><td rowspan="6">더불어 생활하기</td><td>안정적인 애착을 형성한다.</td><td>가족에게 관심을 가진다.</td><td>가족의 의미를 알고 화목하게 지낸다.</td></tr>
<tr><td>또래에게 관심을 가진다.</td><td>또래와 함께 놀이한다.</td><td>친구와 서로 도우며 사이좋게 지낸다.</td></tr>
<tr><td colspan="2"></td><td>친구와의 갈등을 긍정적인 방법으로 해결한다.</td></tr>
<tr><td colspan="2">다른 사람의 감정과 행동에 관심을 가진다.</td><td>서로 다른 감정, 생각, 행동을 존중한다.</td></tr>
<tr><td colspan="2"></td><td>친구와 어른께 예의바르게 행동한다.</td></tr>
<tr><td>반에서 편안하게 지낸다.</td><td>지켜야 할 약속이 있음을 안다.</td><td>약속과 규칙의 필요성을 알고 지킨다.</td></tr>
<tr><td rowspan="3">사회에 관심 가지기</td><td colspan="2" rowspan="3"></td><td>내가 살고 있는 곳에 대해 궁금한 것을 알아본다.</td></tr>
<tr><td>우리나라에 대해 자부심을 가진다.</td></tr>
<tr><td>다양한 문화에 관심을 가진다.</td></tr>
</table>

<table>
<tr><th colspan="4">Ⅳ. 예술경험</th></tr>
<tr><th></th><th>0~1세</th><th>2세</th><th>3~5세</th></tr>
<tr><td rowspan="2">아름다움 찾아보기</td><td colspan="2">자연과 생활에서 아름다움을 느낀다.</td><td>자연과 생활에서 아름다움을 느끼고 즐긴다.</td></tr>
<tr><td colspan="2">예술에서 아름다움을 느낀다.</td><td>예술적 요소에 관심을 갖고 찾아본다.</td></tr>
<tr><td rowspan="5">창의적으로 표현하기</td><td rowspan="2">소리와 리듬, 노래로 표현한다.</td><td rowspan="2">익숙한 노래와 리듬을 표현한다.</td><td>노래를 즐겨 부른다.</td></tr>
<tr><td>신체, 사물, 악기로 간단한 소리와 리듬을 만들어 본다.</td></tr>
<tr><td>움직임으로 표현한다.</td><td>움직임과 춤으로 표현한다.</td><td>신체나 도구를 활용하여 움직임과 춤으로 자유롭게 표현한다.</td></tr>
<tr><td>다양한 미술 재료를 경험한다.</td><td>다양한 미술 재료와 도구로 표현한다.</td><td>다양한 미술 재료와 도구로 자신의 생각과 느낌을 표현한다.</td></tr>
<tr><td>모방하기를 즐긴다.</td><td>상상놀이를 한다.</td><td>극놀이로 경험이나 이야기를 표현한다.</td></tr>
<tr><td rowspan="3">예술 감상하기</td><td colspan="2" rowspan="3"></td><td>다양한 예술을 감상하며 상상하기를 즐긴다.</td></tr>
<tr><td>서로 다른 예술 표현을 존중한다.</td></tr>
<tr><td>우리나라 전통 예술에 관심을 갖고 친숙해진다.</td></tr>
</table>

<table>
<tr><th colspan="4">Ⅴ. 자연탐구</th></tr>
<tr><th></th><th>0~1세</th><th>2세</th><th>3~5세</th></tr>
<tr><td rowspan="3">탐구 과정 즐기기</td><td colspan="2">주변 환경과 자연에 대해 호기심을 가진다.</td><td>주변 세계와 자연에 대해 지속적으로 호기심을 가진다.</td></tr>
<tr><td colspan="2">사물과 자연 탐색하기를 즐긴다.</td><td>궁금한 것을 탐구하는 과정에 즐겁게 참여한다.</td></tr>
<tr><td colspan="2"></td><td>탐구과정에서 서로 다른 생각에 관심을 가진다.</td></tr>
<tr><td rowspan="7">생활 속에서 탐구하기</td><td colspan="2">친숙한 물체를 감각으로 탐색한다.</td><td>물체의 특성과 변화를 여러 가지 방법으로 탐색한다.</td></tr>
<tr><td colspan="2">일상에서 수에 관심을 가진다.</td><td>물체를 세어 수량을 알아본다.</td></tr>
<tr><td colspan="2">공간과 모양을 탐색한다.</td><td>물체의 위치와 방향, 모양을 알고 구별한다.</td></tr>
<tr><td colspan="2"></td><td>일상에서 길이, 무게 등의 속성을 비교한다.</td></tr>
<tr><td>규칙성을 경험한다.</td><td>규칙성에 관심을 가진다.</td><td>주변에서 반복되는 규칙을 찾는다.</td></tr>
<tr><td></td><td>사물을 같고 다름에 따라 구분한다.</td><td>일상에서 모은 자료를 기준에 따라 분류한다.</td></tr>
<tr><td></td><td>생활 도구에 관심을 가진다.</td><td>도구와 기계에 대해 관심을 가진다.</td></tr>
<tr><td rowspan="3">자연과 더불어 살기</td><td colspan="3">주변의 동식물에 관심을 가진다.</td></tr>
<tr><td colspan="2"></td><td>생명과 자연환경을 소중히 여긴다.</td></tr>
<tr><td>날씨의 변화를 느낀다.</td><td>날씨와 계절의 변화를 느낀다.</td><td>날씨와 계절의 변화를 생활과 관련짓는다.</td></tr>
</table>

제8장

표준보육과정 운영

1. 영아반 보육과정 운영계획 및 운영
2. 유아반 보육과정 운영계획 및 운영
3. 영아반 하루 일과 운영계획 및 운영
4. 유아반 하루 일과 운영계획 및 운영

제 8 장

표준보육과정 운영*

이 장에서는 보육과정의 효과적인 운영을 위하여 보육과정 운영에 대한 전반적인 내용들을 살펴보고, 예시를 통해 보육과정의 편성·운영 내용을 실제로 적용할 때의 교육계획과 일과 구성의 과정 운영방안을 모색해 보고자 한다. 또한 다양한 환경구성 및 유아·놀이중심 교육과정에서 놀이, 일상생활, 활동이 잘 이루어질 수 있도록 고민하고 지원하는 교사의 역할과 인식 및 실천방법을 중심으로 안내하고자 한다.

1. 영아반 보육과정 운영계획 및 운영

영유아를 위한 보육을 계획하기 위해서는 보육과정 전반의 목표와 내용, 계절적 특성, 영유아가 속한 환경에서의 경험과 흥미, 그리고 영유아의 개인적, 연령적 적합성 등과 같은 다양한 측면이 고려되어야 한다. 이를 바탕으로 영유아를 위한 보육은 대체적으로 연, 월, 주, 일일 보육계획으로 구성되며 연령에 따른 질적 차이로 인해 영아와 유아를 구분하여 보육계획이 구성될 수 있다.

---

* 이 장은 김수향 등(2021)의 보육과정 제8장을 수정 보완한 내용으로 구성하였다.

영아를 위한 보육계획을 수립하고 운영하기 위해서 다음과 같은 사항을 고려해야 한다.

- 발달적, 심리적, 생리적인 면에서 개별 영아의 요구에 우선하여 보육계획을 수립하고 운영한다.
  연령이 어린 영아일수록 발달의 차이가 매우 크고 개별적인 요구가 많으므로 교사는 영아 개인에게 개별화된 활동을 계획하고 민감하게 반응하는 개별적 보육계획을 마련한다.
- 일상적 양육을 기반으로 보육계획을 수립하고 운영한다.
  만 0세 영아에게 있어 수면, 수유 및 이유, 배변 등의 생리적 욕구 충족은 가장 적합한 실제이며 만 1~2세 영아도 일상적 양육을 기반으로 주도성과 자율성을 습득해 갈 수 있기 때문에 일상적 양육계획이 필요하다. 또한 교사는 영아의 건강과 안전을 위한 사전준비로 시작하여 등원 및 맞이하기, 안전과 청결을 위한 교사의 준비, 일상생활, 놀이 활동, 귀가 및 가정과의 연계에 이르기까지 영아의 건강하고 안정적인 일과를 안내하는 보육 프로그램을 계획・운영하여야 한다.
- 관계중심의 보육 프로그램을 계획한다.
  영아는 양육자와의 안정적인 애착을 기반으로 주변 세계와 건강한 관계를 형성하기 때문에 영아와 교사의 개별적인 관계중심의 보육 프로그램을 계획・운영하여야 한다.

1) 연간보육계획

연간보육계획은 전체 프로그램에 대한 포괄적인 계획이며 1년간의 지침으로서 1년 동안 해야 할 보육목표 및 내용의 전체적인 흐름을 쉽게 파악할 수 있도록 수립한다.

연간계획은 학급 차원보다는 기관 차원에서 수립하는 것이 일반적이며 일 년간의 중요한 경험(예 기관 적응, 계절, 명절, 그 해의 특별한 국가적 행사, 기관 행사, 진급 등)을 미리 염두에 두고 계획한다. 연간계획은 한 학급에서만 공유되는 것이 아니라 기관 전체의 구성원이 공유하는 자료이므로 기관 차원에서 연간계획을 검토해야 한다. 또한 유아에게서 발현되는 놀이 주제가 학기를 진행하는 동안 즉각적으로 반영될 수 있도록 여지를 남기고 연간계획을 작성한다. 또 영아들은 수시로 관심사가 달라지고 짧은 탐색과 놀이를 반복하는데 이러한 영아의 특성과 경험을 이해하고 지원할 수 있도록 사전 계획은 최소화하고 공간, 자료, 일과, 상호작용, 안전에서 어떻게 지원할 것인가를 추가하여 만들어 가는 '대강화 계획'을 수립하도록 한다.

영아들은 발달상의 편차가 크기 때문에 연간계획을 구체적이고 일률적으로 수립하는 것이 어렵다는 점을 감안하여 영아들의 적응기간, 계절, 발달단계, 흥미와 경험, 어린이집의 특성과 특히 연령 등을 고려하여 연간보육을 계획한다.

이에 영아를 위한 연간보육계획을 할 때는 <표 8−1>의 다음과 같은 점들을 고려하여 작성한다.

<표 8-1> 연간보육계획 수립 시 고려사항

- 어린이집 표준보육과정에서 추구하는 인간상, 어린이집의 철학, 지역사회의 특성, 개인 수준의 다양성을 고려하여 자율적으로 수립하기
- 어린이집 전체 구성원이 공유하는 자료이므로 어린이집 차원에서 수립하는 것이 일반적이며 일 년간의 중요한 경험과 일정을 염두에 두고 계획하기
  - 어린이집 적응, 계절, 명절, 기관 행사, 진급 등 고려
  - 기존 계획안을 연령별, 반별 특성에 적합하게 변경하여 사용 가능
- 영아에게서 발현되는 놀이경험이 즉각적으로 반영될 수 있도록 여지를 남기며 계획하기
- 연간보육계획은 영아의 놀이 경험에 따라 시기와 기간 등이 변경될 수 있음

<표 8-2> 가능성을 고려한 영아반 연간계획안 – 예시

월	가능한 행사의 예시	가능한 놀이 및 일상생활
3	입학, 집단면담, 부모회	• 영아가 흥미와 관심을 보일 때 이를 지원하는 놀이(예 탈것, 동식물, 물, 열매 등) • 계절과 관련된 놀이(예 산책이나 영아가 계절에 따른 변화에 관심과 흥미를 보일 때) • 월령에 적절한 놀이 – 실내외에서 다양한 도구를 이용하여 신체놀이 하기 – 실외에서 동물(예 곤충, 새)과 식물 관찰하기 – 블록으로 놀이하기(예 나르기, 높이 쌓기, 옆으로 쌓기, 간단한 구성물 만들기 등) – 역할놀이 하기(예 아기 돌보기, 병원놀이, 가게놀이 등 영아의 생활과 경험이 반영된 놀이) – 의사소통을 지원하는 다양한 놀이(예 책 읽기, 또래나 교사와 말하고 듣기) – 다양한 자료와 재료로 놀기(예 식재료, 물, 모래, 자연물, 인공물로 놀이하기) 다양한 재료와 도구로 하는 끼적이기, 그리기, 만들기 등 • 1년 내내 이루어지는 기본생활지도와 적응(예 가정의 변화에 따른 적응, 휴가 또는 질병으로 인한 결석이나 장기간 결석 후 재적응 등) • 배변훈련(예 영아의 월령과 준비에 따라 다양한 시기에 이루어지는 배변훈련)
4	봄산책 어린이날 행사	
5		
6	가족참관 또는 참여	
7		
8	물놀이/여름산책	
9	가족과 함께하는 가을산책	
10		
11	가을산책	
12	겨울산책	
1	진급 준비	
2	수료	진급준비

출처 : 교육부(2025). 2세 실행자료, p. 204.

2) 월간, 주간 및 일일 보육계획

제4차 어린이집 표준보육과정에서는 기존 방식처럼 교사가 교육적 의도를 가지고 영아의 경험을 미리 조직하기보다는 영아의 놀이에서 나타나는 흥미를 중심으로 함께 만들어 가는 보육과정을 지향한다. 따라서 사전 계획을 최소화하고 영아가 관심과 흥미를 보이는 놀이를 적극 지원하는 방향으로 계획한다.

또한 0~2세 보육과정은 3~5세 보육과정에 비해 '기본생활'이 강조되며, 일과 중 많은 시간을 차지하는 일상생활이 곧 영아중심의 탐색과 놀이가 될 수 있도록 지원한다.

이에 영아를 위한 월간 및 주간, 일일보육계획을 수립할 때는 <표 8-3>과 같은 점들을 고려해야 한다.

<표 8-3> 월간, 주간, 일일 보육계획 수립 시 고려사항

- 월간, 주간, 일일 계획을 모두 수립해야 하는 것은 아니며, 반별로 하나만 선택하여 작성 가능
- 계획안의 양식과 내용, 작성 주기는 어린이집과 교사의 필요에 맞게 자율적으로 결정하기
- 월간, 주간, 일일 계획은 영아의 흥미와 요구, 놀이, 사전경험, 지역적 특성, 계절 등에 기초하여 수립하기
  - 교사가 예상 주요 경험에 맞추어 계획을 수립했더라도 영아의 흥미와 요구, 놀이상황에 따라 놀이계획이 변경될 수 있음
  - 하루 일과에서 바깥놀이를 포함하여 영아 놀이가 충분히 이루어지도록 편성, 운영하기
  - 일상생활 지도 시 영아가 경험할 수 있는 탐색과 놀이 반영하기
- 계획단계부터 영아의 자발적인 탐색이 가능하도록 기술해 보기
  - 예 '한지를 뿌려보아요'보다는 '한지로 놀이해요'라고 기술한 뒤 영아의 자발적이고 다양한 색을 허용하며 관찰해 보기
  - 안전교육을 계획하더라도 일회성 집단교육이 아닌 개별적 상호작용이나 반복놀이로 경험할 수 있도록 지원하기

위의 사항을 고려하여 다양한 방법으로 보육계획을 작성할 수 있는데 월간, 주간, 일일 계획을 모두 수립하여야 하는 것은 아니며 하나만 선택하여 작성할 수 있다. 또한 매일 진행되는 놀이를 기록하고 다음 날 지원할 내용을 간단히 계획하여 기록하며, 계획안의 양식과 내용, 작성 주기는 각 기관과 교사의 필요에 맞게 자율적으로 결정하여 작성하고, 놀이시간은 전이시간을 고려하여 충분히 이루어지도록 해야 한다. 그리고 '놀이와 활동, 일상생활'으로 구성된 일과를 기록하되, 바깥놀이를 포함한 유아의 자유놀이 진행에서 중심이 되는 내용을 기록하여야 한다. 보육일지를 작성할 때는 자연스러운 놀이상황을 관찰하고 이를 통해 교사가 지원하고자 하는 내용을 간략히 기록할 수 있도록 하고, 놀이

중 작성한 메모나 유아의 놀이사진, 놀이 결과물 등을 활용하여 기록할 수 있다. 이때 반 운영의 특이사항(부모 면담, 부모 요구사항, 감염병 발병 상황, 안전사고 등)이 있는 경우 이에 대해 간략히 작성하거나 주간보육계획 또는 일일보육계획을 포함하여 작성할 수 있다.

실행해 보기

주간보육계획안 세우기

월간보육계획안에서 원하는 주제를 선택하여 주제의 목적과 목표를 이루어 갈 수 있는 구체적인 놀이를 영역과 활동, 일상생활로 나누어 하루 일과에서 바깥놀이를 포함하여 영아 놀이가 충분히 이루어지도록 계획해 보세요(일상생활 지도 시 영아가 경험할 수 있는 탐색과 놀이 반영하기).

	월	화	수	목	금
놀이					
일상생활					
바깥놀이					
활동					
기타					

3) 영아반 보육일지

영아의 놀이는 지속 시간이 짧고 시시각각 변하며 상황에 따라 매우 다양하게 나타난다. 특히 영아기는 또래와의 놀이 상호작용뿐 아니라 교사와의 접촉과 보살핌을 통해 안정을 찾는 일상의 경험 또한 매우 중요한 시기이다. 따라서 교사가 계획한 놀이나 활동보다 영아가 관심과 흥미를 보이는 놀이, 개별적인 일과 운영에서의 의미 있는 경험들을 선별하고 기록하는 것이 중요하다. 따라서 보육일지는 '놀이(실내놀이, 바깥놀이)', '일상생활'로 구성된 일과 중 의미 있는 내용을 중심으로 기록하도록 한다. 또한 어린이집 평가에서는 모든 하루 일과를 시간 순으로 기재할 필요는 없으나, 실내놀이 시간, 바깥놀이 시간, 낮잠시간(만 3세 이하) 등은 기재하여야 한다고 명시하고 있다. 일지 작성 시, 영아의 놀이와 일상생활 중 영아의 고유한 특성이나 의미 있는 변화를 발견, 선택하여 기록하고 영아에게 필요한 놀이와 일상 지원이 무엇인지를 생각하면서 보육일지를 작성하여야 한다.

전날의 일지에 기록한 평가 ▶ 오늘의 계획 세우기 ▶ 오늘의 일지에 기록한 평가 ▶ 내일의 계획 세우기

이에 영아를 위한 보육일지 작성에서는 <표 8-4>와 같은 점들을 고려해야 한다.

<표 8-4> 보육일지 작성 시 고려사항

- 영아의 자연스러운 놀이상황을 관찰하고 이를 통해 교사가 지원하고자 하는 내용을 간략히 기록하기
  - 흥미를 보인 놀이 기록, 주요 놀이에 대한 평가 또는 다음 놀이를 위한 지원계획 등 포함
  - 영아 월령이 낮을수록 개별적인 일과 운영과 교사 지원에 대한 내용이 포함되도록 작성
- 놀이 중 작성한 메모나 영아의 놀이사진, 놀이 결과물 등 활용 가능
- 반 운영의 특이사항(부모면담, 부모 요구사항, 감염병 발병 상황, 안전사고 등)이 있는 경우 이에 대해 간략히 기록하기
- 주간보육계획 또는 일일보육계획을 포함하여 작성 가능
- 보육일지는 정해진 서식이 없으며 각 어린이집의 상황에 맞는 별도 양식 사용 가능

실행해 보기

일일보육계획안 세우기

주간보육 및 영아가 흥미를 보인 놀이 기록과 주요 놀이에 대한 평가 또는 다음 놀이를 위한 지원계획 등을 포함하여 일일보육계획안을 작성해 보세요.

반 이름		연령		날짜	
일과계획	오늘의 계획				
등원					
놀이					
일상생활					
귀가					
일지(오늘의 기록 및 평가/내일을 위한 계획)					
등원					
놀이					
일상생활					
귀가					
평가					

2. 유아반 보육과정 운영계획 및 운영

표준보육과정은 '영유아·놀이 중심'을 추구하는 보육과정으로 영유아의 건강과 행복, 놀이를 통한 배움의 가치를 최대한 존중하여 반영하여야 한다. 이에 교사는 영유아의 목소리에 귀 기울이며, 영유아의 의견을 존중하고 반영하는 보육과정을 구성하고 운영하는 것이 필요하다. 유아반 보육과정의 운영계획 시에는 영유아가 주도적으로 놀이하며, 유아에게서 발현되는 놀이가 즉각적으로 반영될 여지를 가지고 계획한다. 또한 유아의 놀이는 시시각각 변화하므로 교사가 미리 모든 놀이를 계획하여 수립하기는 어렵기 때문에 교사의 교육적인 의도보다 놀이과정에서 나타나는 흥미를 중심으로 계획을 채워가는 것이 중요하다. 따라서 유아의 흥미를 존중하여 유아 놀이에 따라 지원할 내용을 간단히 계획(사전 계획 최소화)하고, 유아의 흥미와 요구, 놀이 상황을 추가하여 만들어 가는 보육과정이 중요하며, 이것이 '대강화 계획'이다.

또한 2019 개정 누리과정에서는 보육계획을 미리 수립하여 그대로 실행하는 것을 지양하고 일상에서 실행되는 교육과정을 만들어 가는 것을 강조하고 있다.

1) 연간보육계획

연간보육계획은 학급 차원보다는 기관 차원에서 수립하는 것이 일반적이며 일 년간의 중요한 경험을 미리 염두에 두고 계획한다. 이에 연간보육계획을 수립할 때는 다음 <표 8−5>의 사항을 고려하여야 한다.

<표 8-5> 연간보육계획 수립 시 고려사항

• 개정 누리과정에서 추구하는 인간상, 어린이집의 철학, 지역사회의 특성, 개인 수준의 다양성을 고려하여 자율적으로 수립하기 • 어린이집 전체의 구성원이 공유하는 자료이므로 어린이집 차원에서 수립하는 것이 일반적이며 일년간의 중요한 경험과 일정을 염두에 두고 계획하기 – 어린이집 적응, 계절, 명절, 그 해의 특별한 국가 행사, 기관 행사, 진급 등 고려 • 유아에게서 발현되는 놀이 주제가 즉각적으로 반영될 수 있도록 여지를 남기고 계획하기 • 연간보육계획은 유아들의 놀이 경험에 따라 시기와 기간 등이 변경될 수 있음

실행해 보기

연간보육계획안 세우기

연령에 따른 발달 수준을 고려하여 재미있는 놀이주제를 찾아 연간보육계획안을 작성해 보세요. 어린이집 적응, 계절, 명절, 기관 행사, 진급 등의 시기를 고려하여 예상되는 놀이주제를 적어보세요. 또한 교사가 흥미 있거나 재미있다고 느껴지는 놀이주제에는 어떤 것이 있는지 생각해 기록하고 유아들의 다양하고 실제적인 표상활동을 지원할 수 있는 놀이주제도 생각해 보세요.

만 3세		만 4세		만 5세	
월	예상 놀이주제	월	예상 놀이주제	월	예상 놀이주제
3		3		3	
4		4		4	
5		5		5	
6		6		6	
7		7		7	
8		8		8	
9		9		9	
10		10		10	
11		11		11	
12		12		12	
1		1		1	
2		2		2	

2) 월간, 주간, 일일 보육계획안

개정 누리과정은 교사가 유아의 경험을 미리 조직하기보다 유아의 놀이를 관찰하고 이를 지원하는 방식을 제안한다. 유아의 놀이를 관찰해 보면 계속 변화하고 교사가 계획한 대로 흘러가지 않으며, 때로는 교사의 기대 이상으로 심화될 수 있기 때문에 모든 놀이지원 계획을 미리 수립하기는 어렵다. 따라서 유아의 놀이주제에 맞추어 지원할 내용을 간단히 계획하도록 한다. 월간, 주간, 일일 계획안은 기관과 교사의 필요에 맞게 형식이나 분량이 자율적으로 구성될 수 있다. 교사는 매일 진행된 영유아의 놀이를 기록하고 다음날 지원할 내용을 간단히 계획할 수 있다. 또한 월간, 주간, 일일 보육계획을 수립하는 경우 다음의 <표 8-6>의 사항을 고려하여 작성하여야 한다.

<표 8-6> 월간, 주간, 일일 보육계획 수립 시 고려사항

- 월간, 주간, 일일 계획을 모두 수립해야 하는 것은 아니며, 반별로 하나 선택하여 작성 가능
- 계획안의 양식과 내용, 작성 주기는 어린이집과 교사의 필요에 맞게 자율적으로 결정하기
- 월간, 주간 또는 일일 계획은 유아의 흥미와 요구, 놀이, 사전경험, 지역적 특성, 계절 등에 기초하여 수립하기
- 교사가 예상 놀이주제에 맞추어 계획을 수립했더라도 유아의 흥미와 놀이상황에 따라 놀이 계획이 변경될 수 있음

실행해 보기

월간보육계획안 세우기

연간교육계획안에 기록한 놀이주제 중에서 유아들과 함께 가장 해보고 싶은 놀이주제를 선택하여 주제 조직망을 구성하고 주 차수별 소주제와 목표를 설정하여 월간보육계획안을 작성해 보세요.

예상 놀이주제			
주	주제	소주제	목표

3. 영아반 하루 일과 운영계획 및 운영

1) 영아반 하루 일과의 운영

어린이집에 다니는 영유아들의 하루 일과는 보육대상의 연령, 보육기관의 특성이나 프로그램의 성격에 따라 다르게 구성될 수 있다. 특히 만 0~1세 영아는 성장·발달의 개인차가 크기 때문에 세심한 보육과 교육적 자극이 구체적이고 체계적으로 제공되도록 계획하여야 한다.

영아를 위한 하루 일과의 구성은 일반적으로 일상생활 관련 활동과 놀이로 나눈다.

하루 일과에서 바깥놀이를 포함하여 영아의 놀이가 충분히 이루어지도록 편성하여 운영하고 놀이중심 보육과정에서는 교사가 미리 계획하여 하루 일과를 운영하기보다는 영아의 흥미와 관심에 따라 놀이를 충분히 즐길 수 있도록 탄력적으로 편성·운영하는 것이 중요하다.

먼저 일상생활 관련 활동은 등원 및 맞이하기, 기저귀 갈이 및 배변, 수유나 이유, 간식 및 점심, 낮잠 및 휴식, 하루의 마무리 및 귀가지도 등으로 이루어지고 영아의 놀이는 대소근육 활동을 포함한 실내외 놀이 활동으로 이루어진다.

영아의 하루 일과 운영은 영아의 신체리듬과 욕구를 토대로 적절하게 시간을 배분하여 규칙적인 하루 일과 속에서 영아가 안정감을 가질 수 있도록 운영하되, 상황에 따라 융통성 있게 조절하도록 하여야 한다.

영아를 위한 하루 일과 구성 시에는 <표 8-7>의 사항을 유의하여야 한다.

<표 8-7> 영아를 위한 하루 일과 구성 시 유의점

만 0~1세 하루 일과 구성 시 유의점
• 만 0~1세 하루 일과계획은 규칙성과 일관성을 가지도록 하는 동시에 각 영아의 개별적인 욕구를 충분히 반영하여 실행하도록 해야 한다. • 하루 일과 중 수유 및 이유식, 낮잠 및 휴식, 기저귀 갈기 등의 일상적인 양육활동은 교사와 영아가 정서적 유대감을 형성할 수 있는 기회가 된다. 교사는 민감한 관찰을 통해 영아의 요구에 즉시 반응하도록 하며, 영아와 개별적인 상호작용을 하여 양육자와 애착 형성이 이루어지도록 한다. • 하루 일과는 당일 영아들이 보이는 흥미나 요구, 예상치 못한 상황이나 사건 등을 고려하여 융통성 있게 운영한다. • 먹고, 자고, 배변활동을 하는 생리적인 리듬이 다른 영아들의 하루 일과는 각 영아의 요구에 따라 융통성 있게 시간과 공간을 활용해야 한다. 예를 들면, 영아들이 낮잠시간이 아닌 때에 잠이 들더라도 수면에 방해받지 않도록 적절한 공간을 준비하여 쉴 수 있도록 한다. • 실외놀이는 영아의 건강을 위해 매우 중요한 활동으로 반드시 매일 계획하여 실시하도록 하며 이를 실행하지 못하는 경우 대체활동을 계획하여 운영한다. • 안전하고 풍부한 놀이환경 속에서 교사와 정서적 안정과 애착이 이루어지는 놀이와 활동이 일과 전반에 이어지도록 한다. • 자유놀이 시간에 교사는 영아들이 흥미를 보이는 활동이나 놀이를 따라가며 개별적으로 상호작용해 준다. 또한 교사가 계획한 활동에 관심을 보이는 영아에게는 자연스럽게 활동을 안내하면서 반복적으로 즐겁게 경험하도록 한다. • 교사는 영아들의 일상생활과 놀이에 대한 관찰을 토대로 하루 일과의 실행 여부와 평가를 구체적으로 기술하여 기록한다. 이러한 관찰과 평가는 다음 보육계획에 반영하며, 부모와의 정보 소통을 위한 자료로 활용한다.
만 2세 하루 일과 구성 시 유의점
• 영아마다 개별 등원시간이 다를 수 있으므로 영아별로 예상 등원시간에는 계획된 일과를 진행한다. • 낮잠시간에 교사는 채광조절 및 조용한 음악 등의 환경을 조성하고, 영아의 개별적인 낮잠습관을 배려하면서 영아들을 혼자 두지 않고 돌보도록 한다. • 보육계획에 계획된 기본생활 및 안전 관련 활동을 하루 일과에서 자연스럽게 실행하도록 한다. • 하루 일과 중에 교사는 또래와 교사, 가족과 연관된 사회관계 증진활동을 다양하게 경험할 수 있는 기회를 준다.

출처 : 보건복지부(2013).

(1) 영아를 위한 하루 일과 계획 및 운영

영아기는 신체, 정서, 언어, 인지 등 전 영역의 발달이 급격하게 이루어지면서 주변 환경을 탐색하려는 욕구도 매우 왕성한 시기이다. 따라서 교사들은 영아 자신이 가진 흥미와 관심에 따라 자유롭게 참여하고 스스로 선택한 놀이를 충분히 즐길 수 있도록 지원하여야 한다. 또한 영아의 개별적 특성과 요구를 존중하는 데에 어려움이 되는 교사 자신의 고정적이고 정형화된 틀은 없는지 되돌아보는 노력이 필요하다.

영아 시기는 각 시기마다 고유한 발달적 특성을 가지고 있고 교사가 이를 이해하며 상호작용하는 것은 매우 중요하며 어린 영아일수록 발달의 개인차가 크고 개별 영아의 신체리듬, 건강상태, 흥미 관심사에 따라 어린이집에서 보이는 모습이 크게 달라진다.

언어표현이 미숙한 영아들을 대할 때 영아의 일반적인 발달 특성, 영아마다 보이는 개인차, 개별 영아의 특성과 욕구를 이해하면 더 편안하고 질 높은 상호작용이 이루어질 수 있다.

(2) 세부 일과 운영

영아반의 세부 일과 운영은 등원 및 맞이하기, 기저귀 갈이 및 배변, 수유나 이유, 간식 및 점심식사, 낮잠 및 휴식, 하루의 마무리 및 귀가 등의 일상생활 관련한 것과 실내·외에서 이루어지는 놀이와 활동 등으로 구성된다.

① 영아를 위한 일상 관련 활동

- 등원 및 맞이하기

영아와 첫 대면이 이루어지는 시간이다. 영아는 환영받는 느낌으로 보육교사와 만나고 사회적 관계를 맺는 기술을 관찰하고 실행해 보는 기회가 될 수 있다.

어린 영아들은 등원 시 언제나 부모와 떨어지는 데 어려움이 있다. 특히 만 1세 정도가 되면 분리불안이 고조되기도 한다. 이를 고려하여 교사는 영아를 개별적으로 맞이하고 부모와 함께 영아의 신체적·심리적 상태에 대한 이야기를 나누며 영아가 안정적인 분위기에서 교실로 들어올 수 있도록 배려해야 한다. 너무 서둘러 부모와 떨어지게 하거나 교실로 데려오는 것이 아니라 충분히 시간을 가지고 부모와 헤어지고 교사와 함께 교실로 편안하게 들어올 수 있도록 배려하는 것이 필요하다. 또한 만 2세의 경우는 영아가 등원 시 교사는 개별적으로 맞이해 주며 영아의 표정이나 기분 등을 살핀다. 영아를 기쁘게 맞이한다는 것을 느낄 수 있게 해주며 즐거운 마음으로 어린이집으로 들어올 수 있도록 배려한다.

이에 등원 및 맞이하기 시 교사의 준비사항과 교사의 역할은 <표 8-8>과 같다.

<표 8-8> 등원 및 맞이하기 시 교사의 준비사항과 역할

교사의 준비사항	교사의 역할
• 교실 환기하기 • 수유용품 및 물 준비하기 • 영아의 개별 소지품 확인하기 • 보육용품이나 비품의 모서리보호대 점검하기 • 교실 청결 및 안전사항 확인하기 • 위생용품 준비하기 • 일일보고서 작성 준비하기	• 영아들에게 밝은 표정으로 반갑게 인사하고 따뜻하게 맞이한다. • 영아의 건강, 청결, 정서 상태를 시진한다. • 부모에게 가정에서 있었던 경험, 영아에 대한 간단한 정보를 듣는다. • 영아가 지난밤 잠든 시간, 아침에 일어난 시간, 아침 수유 및 이유식 또는 식사 여부를 알아보고 건강상태와 약 투여의뢰 등을 확인한다.

• 기저귀 갈이 및 배변

기저귀 갈이는 개별적으로 이루어지는 활동으로 교사는 영아를 민감하게 관찰하여 기저귀 갈이를 해주어야 하며 기저귀 갈이 시간을 일대일 상호작용의 좋은 기회로 활용하여야 한다. 기저귀 갈이 및 배변 시간은 자존감 형성과 손 씻기, 물 아껴 쓰기 등과 같은

기본생활습관에 중요한 영향을 미치므로 개인 영아의 발달 및 심리, 정서 상태를 고려하여 영아가 스트레스를 받지 않도록 적절하게 지도하여야 한다. 이때 무리한 배변훈련은 영아들의 정서를 불안하게 할 수 있으므로 영아가 배변훈련에 의지를 보이거나 발달적으로 성숙된 시기를 기다리는 것이 영아가 안정되게 배변훈련할 수 있는 적합한 방법이라 볼 수 있다.

만 2세 영아들은 대부분 배변훈련을 했지만, 여전히 기저귀를 하고 있는 영아들이 있다는 것을 이해해야 한다. 배변훈련이란 모든 영아가 같은 시기에 하는 것이 아니며 속도의 차이가 있음을 이해하고, 배변훈련을 한 영아들은 더욱더 자연스럽게 배변을 하고 옷을 벗고 입는 등의 행동을 스스로 해볼 수 있도록 지도한다. 기저귀를 하고 있는 영아는 배변훈련에 대한 발달적인 신호를 잘 살피고 적합한 지도가 이루어질 수 있도록 해야 한다.

이에 기저귀 갈이 및 배변 시 교사의 준비사항과 교사의 역할은 <표 8-9>와 같다.

<표 8-9> 기저귀 갈이 및 배변 시 교사의 준비사항과 역할

교사의 준비사항	교사의 역할
• 배변 전 교사 손 씻기 • 기저귀 갈이 매트 소독하기 • 기저귀, 물휴지 준비하기 • 수시로 기저귀 살피기 • 배변 후 교사 반드시 손 씻기 • 보육실 환기하기 • 밀폐된 휴지통 준비하기 • 수유와 이유 전후, 낮잠 전후, 간식 전후, 실외 활동 전후에 정기적으로 기저귀 살피기	• 기저귀 갈이 후 영아와 눈을 맞추며 기분이나 감정에 대해 상호작용한다. • 배변 시 영아 눈높이에 맞는 위치에 마주 앉아 영아들이 편안한 마음으로 배변할 수 있도록 격려해 준다. • 배변순서를 대화하는 형태로 이야기해 준다. • 영아 스스로 비누로 손을 씻고 수건에 손을 닦도록 격려한다. • 영아들이 물을 절약하는 습관을 가지도록 도와준다.

- 수유나 이유, 간식 및 점심식사

영아들은 수유나 이유식을 통해 성장에 필요한 음식을 섭취하며 정서적 안정감을 형성할 수 있다. 특히 교사와의 개별적 상호작용을 통해 애착과 긍정적인 관계를 형성하게 된다. 만 2세부터는 점차 일정한 시간에 간식 및 점심을 제공하는 것이 좋고, 자율성 및 주도성, 음식에 대한 기호가 뚜렷해지므로 영아의 영양과 건강을 고려하여 다양한 종류의 식사를 지속적으로 제공하여 영아의 맛에 대한 선호가 한쪽으로 편중되지 않도록 하고 식사의 즐거움을 느낄 수 있도록 정서적 환경을 배려하는 것이 필요하다. 스스로 하려고 하는 성향이 강하므로 교사는 이를 인정하고 스스로 잘 성취해 낼 수 있도록 지원하는 것이 필요하다. 간식 및 점심시간을 통해 먹는 즐거움을 경험하고 바른 식습관을 형성하도록 한다. 하루 1회 식사와 2회 정도의 간식을 계획할 수 있으며 이때 영양소를 고루 갖춘 균형 있는 식단과 다양한 종류의 간식이 제공되어야 한다. 이에 수유나 이유, 간식 및 점심식사 시 교사의 준비사항과 교사의 역할은 <표 8-10>과 같다.

<표 8-10> 수유나 이유, 간식 및 점심식사 시 교사의 준비사항과 역할

교사의 준비사항	교사의 역할
• 교사의 손 씻기 • 소독한 젖병 준비하기 • 이유식 테이블 소독제로 닦기 • 영아용 개별 물병 준비하기 • 수유용 물을 끓인 후 적정 온도로 식혀 준비해 놓기 • 수유에 필요한 손수건, 가제수건 준비하기 • 턱받이, 수건, 물휴지 준비하기 • 간식용 음식은 적당한 온도, 먹기 좋은 크기로 준비하기	• 수유와 이유 시 영아들은 음식을 새롭게 만나게 되므로 충분히 적응할 시간을 주어야 한다. • 수유와 이유는 위생적이고 개별적으로 실시한다. • 교사는 영아를 반드시 팔에 안고 우유병을 잡아주며 눈을 맞추면서 이야기해 주는 등의 애정 어린 상호작용을 한다. • 영아들이 먹은 식사와 간식의 종류, 양, 시간을 기록하여 귀가 시 부모에게 전달한다. • 교사는 영아와 함께 식사를 하면서 식사지도를 한다. • 식사 후 개인 식판, 숟가락, 포크를 스스로 정리하도록 돕는다. • 식사 후 영아가 양치하도록 돕는다.

• 낮잠 및 휴식

영아는 낮잠과 휴식을 통해 성장과 즐겁고 건강하게 생활할 수 있는 새로운 에너지를 보충한다. 어린 영아들일수록 하루에 잠을 자는 시간이 많다. 만 1세가 되고 점점 연령이 증가하면서 횟수와 시간이 줄고 대개는 1번 정도의 낮잠을 자게 된다. 낮잠을 자주, 많이 자는 영아의 경우 교사는 자는 시간과 횟수를 이해하고 영아의 생활 리듬에 따라 낮잠 시간을 배려할 수 있도록 한다. 잠드는 데 힘들어하거나 짜증을 부리는 영아의 경우, 정서적으로 안정되게 교사가 다독여 주고 시간이 걸리더라도 편안하게 잠들 수 있도록 배려한다.

만 2세의 경우 활동량이 급증하는 시기이므로 교사는 영아가 적절한 시간에 낮잠을 자고 휴식할 수 있도록 배려해야 한다. 적당한 낮잠은 다음 활동으로 전이하는 데에 신체적으로나 심리적으로 긍정적인 영향을 미치므로 편안하고 안정된 분위기를 조성하여 잠을 잘 수 있도록 해야 한다. 이 시기 영아들은 정서적인 변화가 심한 편이므로 적절한 휴식을 통해 정서를 편안하게 하는 것 또한 필요하다. 자신의 이부자리를 스스로 준비하고 정리해 보는 등의 기회도 제공하여 성취감을 맛볼 수 있도록 하는 것 또한 필요하다.

이에 낮잠 및 휴식 시 교사의 준비사항과 교사의 역할은 <표 8-11>과 같다.

<표 8-11> 낮잠 및 휴식 시 교사의 준비사항과 역할

교사의 준비사항	교사의 역할
• 교실 환기하기 • 적절한 실내 온도 유지하기 • 기저귀 상태 확인 및 화장실 다녀오게 하기 • 자는 영아 수시로 살피기 • 교실 정리, 바닥먼지 닦기 • 블라인드로 조도 조절하기 • 편안한 옷으로 갈아입히기 • 영아가 자는 동안 교실에 함께 있기	• 각 영아의 낮잠습관을 관찰하고 낮잠을 돕기 위한 방법을 알아둔다. • 개별적으로 잠들 수 있도록 안거나 쓰다듬어 주는 등의 상호작용을 하여야 한다. • 조용한 음악을 틀어주어 정서적으로 편안히 잠들 수 있도록 한다. • 어린 영아는 안아주어 잠이 깰 수 있도록 도와준다. • 개별 영아의 낮잠시간을 기록하여 귀가 시 부모에게 전달한다.

- 하루의 마무리 및 귀가

하루의 마무리 및 귀가는 하루 일과를 끝내고 귀가하는 시간으로 교사는 영아들과 하루의 기분, 건강상태 등에 대해 개별적으로 상호작용하고 옷차림 등을 살펴 귀가할 수 있도록 돕는다. 이때 교사는 영아가 하루 동안 생활한 모습을 세심하게 살피고, 이를 바탕으로 부모에게 특이한 부분에 대해서는 함께 이야기 나누는 시간이 필요하다. 또한 만 2세의 경우 영아의 옷과 머리 등을 살펴주며 오늘 한 활동에 대한 이야기를 나누고 부모와의 만남에 대한 기대를 나누는 것 또한 중요하다. 영아의 하루 일과 중 특별히 기억할 만하고 칭찬할 만한 것들을 이야기하고 격려하여 하루에 대한 성취감을 가지고 귀가할 수 있도록 배려한다. 부모와 만났을 때도 영아가 하루 지낸 이야기들을 즐겁게 나누고 뿌듯한 마음으로 귀가할 수 있도록 한다.

이에 하루의 마무리 및 귀가 시 교사의 준비사항과 교사의 역할은 <표 8-12>와 같다.

<표 8-12> 하루의 마무리 및 귀가 시 교사의 준비사항과 역할

교사의 준비사항	교사의 역할
• 수유 및 이유, 점심 및 간식 상황 전달하기 • 어린이집에서 영아의 활동 간략히 전달하기 • 영아의 개별 용품 점검 후 요청하기 • 영아의 건강 및 안전의 특이사항 전달하기	• 개별 영아들이 하루의 일과를 조용히 정리하고 즐거운 마음으로 부모님을 만날 수 있도록 정서적으로 지지해 준다. • 부모님께 전달할 내용을 미리 정리해 준비한다. • 영아가 약속된 보호자와 함께 귀가하는지 확인한다.

〈영아를 위한 일과 운영 사례〉

1. 영아가 편안하고 즐거운 하루 만들기

- 영아반의 일과는 크게 등·하원, 일상생활, 놀이로 이루어진다. 교사는 일과를 어느 정도 일정한 흐름에 따라 운영하여 영아가 하루를 예측하고 심리적 안정감을 가지고 자율적으로 일과에 참여하도록 지원한다.

등·하원, 일상생활, 놀이가 어우러진 일과

만남/헤어짐의 인사, 내 자리에 나의 물건(신발, 가방, 물병, 기저귀, 외투, 양말 등) 정리/챙기기

수유, 이유식, 간식, 점심식사와 양치질, 손 씻기, 낮잠 및 휴식, 기저귀 갈이 및 배변활동, 안전교육

바깥놀이를 포함한 충분한 실내외 놀이

출처 : 시립오천어린이집 놀이실행자료.

- 일과를 어느 정도 일정한 흐름으로 운영하되, 영아의 신체 리듬, 날씨와 계절, 흥미와 관심, 기관의 상황 및 행사 등을 고려하여 융통성 있게 운영한다.
- 영아는 신체 리듬의 개인차가 크므로 이를 고려하여 편안하게 일과를 운영해야 한다. 등·하원 시간, 낮잠 횟수와 길이, 수유 및 이유식 여부와 횟수 등에 따라 일과를 개별적으로 운영한다.
- 교사는 날씨와 계절을 고려하여 영아가 놀이하며 배울 수 있도록 일과를 운영한다. 날씨를 고려하여 바깥놀이 시간대를 변경하거나 실내 대근육 활동으로 대체하여 충분히 신체활동을 하도록 지원한다.
- 영아의 흥미와 관심에 따라 일상생활과 놀이를 편안하게 즐기도록 일과를 탄력적으로 편성하여 운영할 수 있다. 교사는 실내놀이를 더 하고 싶어 하거나, 바깥놀이를 하고 싶어 하거나, 비가 오는 날씨에 호기심을 보이는 등 영아의 관심과 욕구를 민감하게 알아차리고, 이를 반영하여 일과를 운영한다.

계획된 일과			변경된 일과
등원 및 실내놀이, 수유, 이유식, 간식, 기저귀 갈이– 배변활동, 실내놀이, 바깥놀이 점심식사/양치질 낮잠 및 휴식	연일 무더위가 이어지고 있어 바깥놀이를 햇볕이 뜨겁지 않은 등원 직후 오전으로 변경함	▶	등원 바깥놀이 및 자율 간식 기저귀 갈이–배변활동 실내놀이 점심식사 / 양치질
	기관에서 조금 떨어져 있는 동네 공원으로 놀이하러 가려고 오전 일과를 바깥놀이 하는 것으로 변경함	▶	등원 및 실내놀이 간식 기저귀 갈이–배변활동 바깥놀이 점심식사 / 양치질
	생일잔치가 있어 오전에 바깥놀이를 운영하기 어려움. 오후에 바깥놀이를 많이 하기로 함	▶	등원 및 실내놀이 기저귀 갈이–배변활동 행사 실내놀이 점심식사 / 양치질 바깥놀이

출처 : 교육부(2025). 0~1세 실행자료, p. 93.

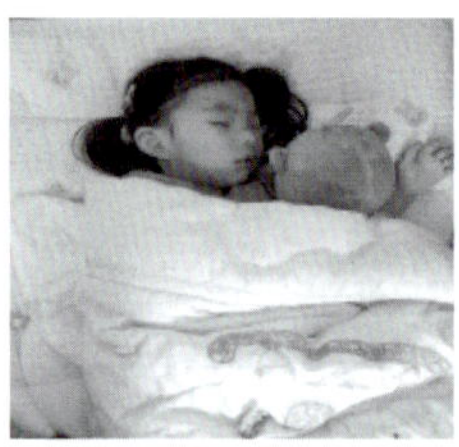

교사는 아침 일찍 등원하는 영아가 신체리듬과 생리적 요구에 따라
휴식을 취하거나 간식을 먹을 수 있도록 지원한다.

날씨가 더워서 바깥놀이를 오전에 일찍 시작한다.
교사는 반 출입문에 “우리는 지금 바깥놀이터에 있어요”라고 안내하고,
오전 간식도 바깥놀이터에서 먹기로 한다.

영아들이 창밖에 관심을 갖고 우리반이 산책 가는 모습을 바라보다가
사물함으로 가서 산책 모자를 꺼낸다. 그 모습을 보고 교사는
"그래! 우리도 산책하러 가자" 하고 말한 뒤 영아들과 산책을 나가서 즐거운 시간을 보낸다.

- 유아반이 있는 기관에서는 교사들 간에 협의하여 다른 연령과 놀이 경험을 공유하는 기회를 제공할 수 있다.
- 영아들은 유아들과 함께 놀이하거나 유아들이 놀이하는 모습을 지켜보며 유아반의 다양한 놀이자료를 자신에게 가장 적합한 방식으로 활용하여 놀이할 수 있다.
- 영아들이 유아반으로 이동하여 놀이 경험을 공유할 경우, 교사는 영아에게 위험할 수 있는 유아반 놀이 자료를 미리 영아의 손이 닿지 않는 곳에 정리하여 영아들이 안전하게 놀이하도록 지원할 수 있다.

영아가 유아반에서 유아들과 함께 물감놀이에 자유롭게 참여하고 있다.

출처 : 시립오천어린이집 놀이실행자료.

2. 편안한 등・하원 지원하기

- 영아가 기대감을 가지고 편안하게 하루를 시작하도록 지원한다.
- 영아에게 기관은 가정과는 다른 낯선 환경이며 영아마다 익숙해지는 데 필요한 시간이나 방식이 다르므로 개별 영아의 방식을 존중한다. 기관에 어느 정도 적응된 다음에도 영아는 신체 리듬, 건강 상태, 가정 상황 등에 따라 등원할 때 부모와 헤어지는 것을 어려워할 수 있다. 교사는 영아의 마음을 이해하고 공감하며 편안하게 하루를 시작하도록 지원한다.

영아를 친절하고 따뜻하게 맞이한다.

등원 시 부모가 잠시 그림책을 읽어준다.

영아가 가정에서 지낸
이야기와 영아의 기분에 대해
교사와 부모가 대화를 나눈다.

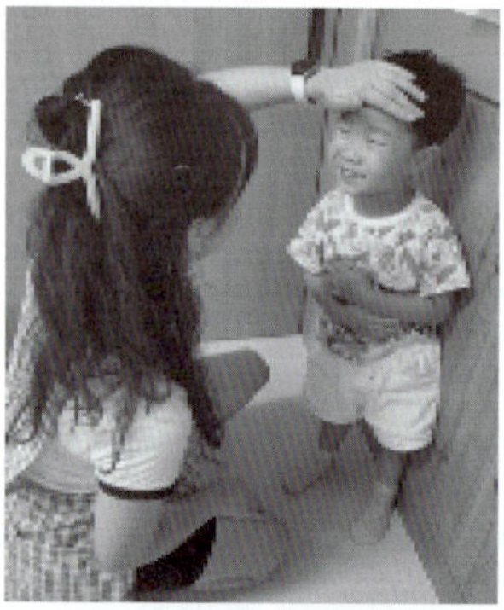

등원 시 영아의 건강상태와
투약 여부를 살핀다.

부모와 잘 헤어질 수 있도록 격려한다.

출처 : 시립오천어린이집 놀이실행자료.

② 영아의 놀이 및 활동

- 실내·외 놀이 및 활동

영아는 놀이하면서 성장한다. 놀이시간은 실내놀이 활동시간과 실외놀이 활동시간으로 구분된다. 실내놀이는 충분한 시간을 계획하여 영아들이 개별적으로 자유롭게 놀잇감을 가지고 놀면서 탐색할 수 있도록 한다.

실외 공간은 자연스럽게 햇빛, 바람, 하늘, 비, 구름 등의 자연현상을 경험하고 자연과 접촉하고 감각적인 경험을 할 수 있다. 또한 하루 종일 실내에서 생활하는 어려움과 지루함에서 벗어나 새로운 기분으로 전환될 수 있고, 편안하며, 정서적 안정감을 가져올 수 있기에 영아에게 있어 중요한 활동시간이 될 수 있다. 실외 활동은 연령이나 날씨 상황 등을 고려하여 일광욕, 산책, 유희실 놀이로 가능하며 무엇보다도 놀이 시 영아들의 안전에 중점을 두어야 한다.

영아들은 탐색과 반복놀이 등을 즐긴다. 이동능력이 점점 발달해 가면서 영아는 자신이 관심 있어 하는 대상에 자유롭게 접근하고 이를 가지고 탐색중심의 놀이를 하며, 만 1세가 되어가면서 탐색과 더불어 대상을 수집하고 조작하는 놀이가 증가한다. 교사는 이와 같은 영아의 특성을 이해하고 개별적인 놀이 형태와 흥미를 잘 파악하여 적합한 지도를 해야 한다. 즉, 교사가 계획한 활동을 하기보다는 영아가 자유롭게 탐색하고 놀이하는 가운데 교사는 영아에게 반응해 주며 함께 놀이를 하는 형식으로 지원하는 것이 중요하다.

만 2세 영아는 언어적으로 많이 발달하여 놀이에 있어서도 역할놀이와 같은 언어적인 요소가 가미된 놀이를 많이 한다. 상징놀이도 나타나 영아의 놀이가 더욱 풍부해진다. 교사는 영아들이 어떤 이야기를 하며 어떤 놀이를 하고 있는지 세심하게 관찰할 필요가 있으며 적절한 시간에 개입하여 영아의 놀이가 더욱 확장될 수 있도록 지원해야 한다. 또한 영아의 활동성이 많이 증가하며 신체조절력이 발달하므로 적절한 신체활동을 지속적으로 할 수 있도록 지원하는 것이 필요하다.

실내·외 놀이 및 활동 시 교사의 준비사항과 교사의 역할은 <표 8-13>과 같다.

<표 8-13> 실내·외 놀이 및 활동 시 교사의 준비사항과 역할

교사의 준비사항	교사의 역할
• 응급용품 준비하기 • 물휴지, 수건 준비하기 • 실내놀이 활동 시 계획안에 따라 놀잇감 및 놀이가 준비되어 있는지 확인하기 • 실외놀이터 바닥에 위험한 물건이 있는지 살피기 • 날씨 살펴보기(우천 시 대체활동 고려) • 실외놀이터 시설물 안전 살피기	• 영아가 스스로 선택한 활동에 몰입하고 즐길 수 있도록 교사의 적절한 개입과 개별적인 상호작용이 필요하다. • 영아의 요구에 민감하게 반응한다.

2) 영아반 환경구성

영아를 위한 보육공간은 유아를 위한 교실과는 차별되어야 하며 보다 신중하고, 세심하게 주의를 기울여야 한다. 영아를 위한 실내환경은 무엇보다 가정과 같이 따뜻하고 편안한 분위기로 구성해 주는 것이 중요하다. 또한 안전하고 청결하면서도 유아들의 탐색과 놀이를 적절하게 자극해 줄 수 있는 다양한 교재·교구를 제공한다. 영아가 보고 듣고 만지며 자유롭게 표현할 수 있는 놀이환경은 놀이가 다양하게 이루어지도록 하는 중요한 교육적 자원이다. 영아를 위한 실내환경은 일상생활 영역과 놀이 영역으로 구분할 수 있다. 영아의 연령이 어릴수록 일상생활 영역이 차지하는 비율이 높아지고, 연령이 높을수록 놀이 영역에 비중을 두어 환경을 구성해 준다. 따라서 교사는 다양한 실내외 놀이환경과 풍부한 놀이자료를 제공하여 영아의 놀이가 활성화되도록 돕는다.

무엇보다 영아들의 정서적인 요구를 고려하여 안락하고 편안하게 쉴 수 있는 휴식영역을 제공하고, 휴식영역에는 부드러운 쿠션이나 인형을 준비해 주어 영아들이 편안한 마음으로 쉬거나 놀이할 수 있도록 한다. 그리고 영아의 눈높이의 벽면과 사물함에 영아나 가족, 또래, 친숙한 동물 사진 등을 붙여주어 심리적 안정감을 갖도록 돕는다.

놀이중심 교육과정 운영을 위한 환경구성을 살펴보면 다음과 같다.

(1) 실내놀이 환경구성

어린이집은 다수의 영유아가 함께 생활하며 같은 시간에 여러 가지 놀이와 활동이 이루어지는 장소이다. 그러므로 보육실은 연령, 발달 특성을 고려하여 기본적인 욕구를 충족해 줄 수 있는 일상생활 공간과 흥미 있는 대상을 탐색할 수 있는 놀이 공간을 적절하게 배치하여야 한다. 영아기에 하루 종일 먹고, 쉬고, 자고, 화장실 가는 등의 일상생활이 주로 이루어지므로 이러한 욕구를 충족시킬 수 있도록 수유 및 기저귀 갈이 등의 일상생활 영역에는 적절한 설비를 갖추어야 하며 보육실 내에 마련하도록 한다.

영아반은 유아반처럼 여러 개의 영역을 세분화하여 배치하기보다는 영아의 특성에 맞는 몇 개의 흥미영역을 통합하여 구성하는 것이 좋다. 움직임에 대한 욕구가 강하고 신체 및 운동기능의 발달이 급격하게 일어나는 영아기 특성을 고려하여 신체영역은 보육실 내에 설치하는 것이 바람직하며 탐색과 움직임을 위한 공간이 충분히 확보되어야 한다. 또한 영아기는 감각운동 기능을 활용한 탐색활동이 주를 이루므로 다양한 사물 및 소리 탐색활동이 탐색영역에서 이루어질 수 있다. 보육교사는 영아가 부딪힐 만한 부분이 없도록 배치하고 안전에 유의하도록 하며, 영아는 유아에 비해 성인의 눈에서 벗어나면 위험한 상황에 처하는 경우가 많으므로 모든 영아를 한눈에 파악할 수 있도록 구성한다.

어린이집에서 하루 종일 생활하다 보면, 가정에서처럼 휴식을 취하거나 혼자서 활동하는 등 조용한 시간을 보내고 싶을 때가 있으므로 가정과 같이 편안하고 안락한 공간을 마련하여 긴장감이나 부정적 감정을 해소할 수 있도록 휴식 공간을 마련해 준다. 휴식 공간을 별도로 마련하기 어려울 경우, 언어영역과 통합하여 마련할 수 있다. 이때 보육교사는 휴식을 취하고자 하는 영아가 충분히 휴식을 취할 수 있도록 분위기를 조성하고 공간을 마련해 주며, 보육교사의 시선이 항상 영아를 주시하도록 한다(보건복지부, 2014).

(2) 실외놀이 환경구성

실외놀이터는 영아가 날씨의 변화와 자연현상을 감각적으로 경험할 수 있는 공간이다. 영아를 위한 실외환경은 영아의 신체 크기에 적합한 공간을 확보하고, 발달단계에 따른 지각력과 개별운동 능력을 고려하여 구성한다. 영아가 다양한 바닥 소재와 흥미로운 시야, 소리, 냄새 등을 경험할 수 있도록 배려한다.

실외환경은 동적인 영역과 정적인 영역을 구분하여 배치한다. 동적인 영역에서는 바퀴 달린 놀잇감이나 세발자전거 등을 이용하기 위해 단단한 바닥재 영역이 필요하며, 미끄럼틀과 그네, 시소 등의 종합 놀이터 또는 붕붕카나 자전거 등의 놀잇감을 배치해도 좋다. 정적인 영역에서는 휴식을 위한 공간과 더불어 영아가 만지고 탐구할 수 있도록 잔디, 모래, 돌, 진흙, 물 등의 탐색 공간이나 나무그늘, 정자 등을 배치하거나 돗자리를 깔고 그림책이나 탐색 놀잇감을 포함하여 환경을 구성할 수 있다. 또한 자연적인 영역으로 꽃, 채소, 나무를 관찰하거나 재배할 수 있는 영역과, 토끼나 강아지 등의 동물을 관찰할 수 있는 영역, 놀잇감 보관을 위한 보관창고가 필요할 수도 있다. 외부의 차량이나 사람들로부터 영아를 보호할 수 있도록 배려하고, 안전을 위해 놀이 상황을 교사가 한눈에 파악하고 필요시 도울 수 있도록 공간을 구성한다.

4. 유아반 하루 일과 운영계획 및 운영

1) 유아반 하루 일과의 운영

(1) 유아를 위한 하루 일과 계획 및 운영

어린이집의 하루 일과는 영유아가 주도하는 놀이를 중심으로 편성·운영하도록 한다. 영유아는 하루 일과에서 놀이, 일상생활, 활동 등을 하면서 다양한 경험을 한다. 놀이는 바깥놀이를 포함하여 하루 일과 중 가장 길게, 우선적으로 편성·운영하여 영유아가 충분히 놀이할 수 있도록 한다. 일상생활에 포함되는 등원, 손 씻기, 화장실 다녀오기, 간식, 점심, 낮잠, 휴식 등은 유아의 신체적 리듬을 반영하여 편성·운영함으로써 유아들이 즐겁게 하루를 보낼 수 있도록 한다. 활동은 영유아가 놀이를 통한 배움을 확장해 갈 수 있도록 돕는 교사의 지원이다. 교사는 영유아가 주도하는 놀이를 지원하기 위해 필요에 따라 활동을 계획하여 운영할 수 있지만 교사는 미리 계획한 활동을 모두 해야 한다거나 정해진 순서대로 일과를 운영해야 한다는 부담을 내려놓아야 한다. 하루 일과를 운영할 때는 유아가 주도하는 놀이의 흐름에 따라 융통성 있게 일과를 운영해야 하고, 놀이시간은 짧게 여러 번 제공하기보다 긴 시간으로 편성하여 놀이의 흐름이 끊기지 않고 영유아가 충분히 놀이하고 몰입할 수 있도록 한다.

그리고 교사는 바깥놀이를 포함하여 놀이시간을 2시간 이상 확보하되, 날씨와 계절, 기관의 상황, 영유아의 관심사와 놀이 특성 등을 고려하여 융통성 있게 편성·운영한다. 예를 들어, 하루 일과에서 바깥놀이는 미세먼지, 날씨 등을 고려하여 실내놀이로 편성 운영할 수 있고, 다른 날은 바깥놀이를 길게 편성할 수도 있다. 또한 유아-교사, 유아-유아, 유아-교구 간 활발하고 다양한 상호작용이 일어나도록 해야 한다.

유아가 활동에 적극적으로 참여할 수 있도록 돕고, 휴식이 필요한 유아에게는 보육실에 적절한 공간을 마련하여 개인적 휴식을 취할 수 있도록 해야 한다.

만 3~5세반 하루 일과를 구성할 때에는 <표 8-14>의 고려사항과 일과운영의 강조점을 생각하여 구성한다. <표 8-15>는 교사가 유아들의 흥미와 놀이 상황을 반영하여 하루 일과를 구성한 예시이다.

<표 8-14> 만 3~5세반 하루 일과 구성 시 고려사항과 강조점

고려사항	• 일과 구성 시, 바깥놀이를 포함한 놀이시간을 가장 우선으로 그리고 충분히 편성하기 • 일상생활은 놀이를 하는 과정에서도 허용할 수 있도록 융통적으로 운영하기 • 유아가 생각하는 충분한 놀이시간 허용하기 • 놀이와 연결하여 활동 운영하기(놀이 흐름에 따라 진행해 보기) • 일과의 순서를 고정하지 않고 놀이 흐름에 따라 변경할 수 있도록 허용하기 • 유아가 주도적으로 일과를 구성해 볼 수 있도록 기회 주기
강조점	• 안전하고 위생적으로 보육환경을 구성하고 발달적으로 적합하게 운영해야 한다. • 유아 발달 수준과 생활 리듬을 고려한 일과를 제시해야 한다. • 유아 연령별 발달 수준의 차이와 개인차에 따른 교사의 역할이 중요하다.

<표 8-15> 유아들의 흥미와 놀이 상황을 반영하여 하루 일과를 구성한 예시

등원
조용한 놀이
정리정돈
하루 일과 계획
간식
자유놀이(실내/외)
정리정돈
대소집단 활동
점심
조용한 놀이
정리정돈
평가(또는 동화)
귀가

➡

<table>
<tr><td></td><td>등원</td></tr>
<tr><td rowspan="5">놀이
(실내/ 외)</td><td></td></tr>
<tr><td>간식</td></tr>
<tr><td>활동</td></tr>
<tr><td></td></tr>
<tr><td>점심</td></tr>
<tr><td rowspan="3"></td><td>(정리정돈)</td></tr>
<tr><td></td></tr>
<tr><td>귀가</td></tr>
</table>

2) 유아반 환경구성

(1) 놀이 공간

적절한 교재와 교구가 갖추어진 물리적 환경은 프로그램의 질적 수준에 영향을 미치는 중요한 요인이며, 환경구성은 유아의 심리적 안정, 신체적 안전, 발달적 적합성, 다양성을 고려하여 구성하는 것이 바람직하다.

유아교육기관에서 환경으로서의 공간은 실내외 공간 또는 유아가 이용하는 지역사회 공간까지 포함된다. 어린이집은 유아들에게 물리적인 건축물 이상의 의미를 가지며, 내부에서 살아가는 구성원과의 상호작용을 통해 의미를 부여받는 장소이다.

유아는 놀이를 통해 하나의 공간을 자신들의 놀이에 적합한 공간으로 새로운 목적을 부여하여 사용하기도 하고, 놀이할 공간을 스스로 찾아내거나 만들기도 하며, 공간과 공간을 연결하여 새로운 놀이로 확장하며 놀이가 이루어진다.

이에 <표 8-16>에서는 유아반 놀이 공간 구성에 대해 다음과 같은 고려사항을 제시하였다.

<표 8-16> 유아반 놀이 공간 구성 시 고려사항

• 놀이영역의 공간을 유아들의 자유로운 '놀이'에 따라 재조정하기 • 놀이 공간의 크기를 유아의 놀이에 따라 확장, 축소하기 • 흥미영역의 제한(두 영역의 융합, 책상의 수 늘리기 등)을 두지 않기 • 놀이에 따라 보육실의 책상과 의자를 최소한으로 배치해 보기 • 유아에게 놀이 공간 배치의 주도권 주기 • 보육실 외에 다른 공간(복도, 로비, 계단, 강당 등)에서 놀이해 보기 • 실내놀이를 바깥놀이터에서 진행해 보기

이때 교사는 유아가 공간에 부여하는 의미를 이해하기 위해 놀이의 전개를 지켜보면서 유아의 놀이를 방해하는 요소가 무엇인지를 관찰하고, 유아의 의견을 반영하여 놀이 공간을 구성하고 운영해 나가는 자율성을 가진다. 유아기관에서 환경으로서의 공간은 실내와 실외의 공간 또는 유아가 이용하는 기관 밖의 지역사회 공간까지 포함한다.

또한 유아는 놀이를 통해 하나의 공간을 자신들의 놀이에 적합한 공간으로 새로운 목적을 부여하여 사용하기도 하며 놀이할 공간을 스스로 찾아내거나 만들기도 하고, 공간과 공간을 연결하여 새로운 놀이로 확장하기도 한다.

교사는 새로운 교실이나 보육실의 실내놀이 공간을 어떻게 구성할지, 실외놀이 공간을 어떻게 활용할지에 대해 고민하게 된다. 교실에 기존의 영역이 구성되어 있다고 하더라도 학급의 원아 수, 성별의 비율, 유아들의 전반적인 놀이 성향을 고려하여 적합성을 판단해 보아야 한다.

그리고 학기 초에는 놀이 자료를 구분하기 위한 기본적인 영역을 구분하고 각 영역이 지나치게 협소해지지 않도록 가구를 배치해 보는 것이 좋다. 또한 한번 정한 영역을 한 학기 내내 고정하지 않고 놀이에 따라 즉각적으로 재배치해 주려는 융통성을 발휘하며 실내외 전체 공간을 놀이를 위해 다양하게 활용하려는 노력이 필요하다.

<표 8-17>은 놀이 공간에 대한 교사의 다양한 고민에 대한 활용방법 예시자료이다.

<표 8-17> 놀이 공간에 대한 교사의 다양한 고민에 대한 활용 예시

교사의 고민	활용방법	
놀이 공간을 교사가 임의로 정해도 될지 고민이 생기는 경우	 공간 구성의 주도권을 유아에게 제공하여 놀이하기	 유아들의 생각으로 공간 재배치
놀이하는 공간이 좁은 경우	 놀이 공간 확보를 위해 필요 없는 가구 제거 후 재배치	 교실 이외의 공간을 활용한 재배치
교실에서의 놀이 공간이 부족한 경우	 다양한 놀이 공간 활용	 교실 밖의 놀이 공간 활용
놀이 장소의 제한에 대한 고민이 있는 경우	 계단이나 복도 공간을 활용	 다양한 놀이 공간 확보

실내에서 하던 놀이를 실외에서 하는 경우	 다양한 공간에서의 자동차 놀이(공원)	 실외에서 돗자리를 펴고 그림 그리기

출처 : 시립오천어린이집 놀이실행자료.

(2) 놀이자료

유아에게 놀이자료는 세상을 만나고 자신의 감정과 생각을 표상하는 매개이다. 유아는 다양한 놀이자료를 풍부하게 사용하고 자신만의 방식으로 재창조하는 과정을 통해서 사물에 대한 탐색, 심미적인 경험, 또래와의 상호작용, 성취감 등을 얻을 수 있다. 유아기관에서는 교사가 준비한 자료에 더하여 유아가 매일 마주치게 되는 일상의 사물들, 자연물이나 자연현상 등 모든 것이 자료가 될 수 있다. 경우에 따라 OHP나 조명기구, 다양한 디지털 매체 등은 유아의 놀이를 더 풍부하게 만들어 준다.

놀이방법이 이미 정형화되어 있거나 특별한 교육적 목표를 가진 자료를 교사가 제공하더라도 유아는 다른 방식으로 놀이할 수 있다. 유아의 배움은 이미 만들어진 놀잇감과 놀이방법을 통해서만 일어나는 것은 아니다. 교사가 제공한 놀잇감일지라도 자신만의 탐색방법이 허용되었을 때 배움이 일어난다. 그러므로 교사는 유아가 어떤 자료에 흥미를 가지고 탐색하고자 하며 놀이를 통해 새롭게 의미를 부여할 때 이를 수용해 주어야 한다. 유아에게 위험하거나 유해하지 않은 한 모든 자료가 놀이자료가 될 수 있다는 새로운 가치를 함께 실현하려는 열린 마음과 유아의 주도성을 인정해 주는 태도를 가지는 것이 필요하다. 또한 유아가 매일 마주치는 일상의 사물들, 자연물이나 자연현상 등 모든 것이 놀이자료이며, 교실마다 놓여있는 블록, 소꿉놀이 세트, 퍼즐, 미술도구뿐만 아니라 자연에서 볼 수 있는 흙, 모래, 돌, 나무, 꽃 등의 모든 것들이 유아가 가지고 놀이하는 순간, 놀이자료가 된다. 놀이자료를 제공할 때 고려할 사항은 다음과 같다.

- 정형화된 상업적인 놀잇감보다는 다양한 열린 자료 제공하기
- 유아 놀이를 관찰하여 필요한 놀이자료 제공하기
- 유아 놀이에 따라 놀이자료를 과감히 빼거나 풍부하게 제공하기
- 유아의 일상에서 만나는 모든 것이 놀이자료가 될 수 있음을 이해하기
- 놀이자료를 정해진 방법으로만 사용하도록 제한하지 않기
- 유아가 정한 놀이자료 활용방법 격려하기

다양한 놀이자료를 활용한 놀이방법을 살펴보면 다음과 같다.

교재·교구를 활용한 놀이

건물과 길 만들기

경사로 만들기

자연물과 자연현상을 활용한 놀이

자연물을 활용한 개미집 만들기

그림자 만들기

생활물품을 활용한 놀이 (스카프, 테이프 등)

테이프를 활용한 우리 동네 꾸미기

종이컵으로 집 꾸미기

재활용품을 활용한 놀이

폐품을 활용한 놀잇감 만들기

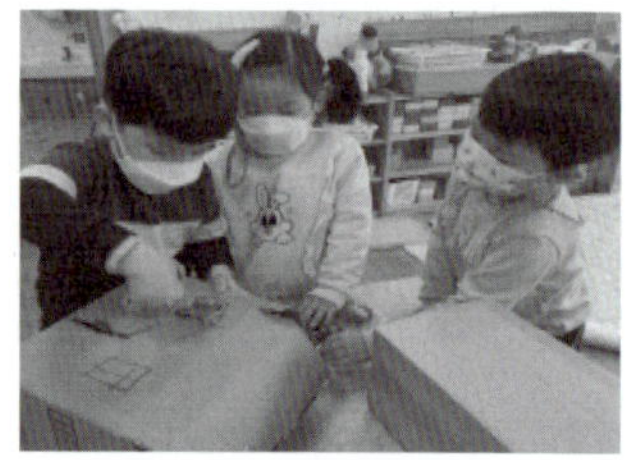
상자를 활용한 만들기

신체를 활용한 놀이

무궁화 꽃이 피었습니다 놀이

엉덩이 씨름놀이

출처 : 시립오천어린이집 놀이실행자료.

마지막으로 통합학급에서는 놀이 공간과 자료를 계획하거나 구성할 때 일반 유아의 놀이 흐름에 따라 공간, 자료, 일과 구성 등에서 계획이 변경될 때 장애 유아에게 불편함이 없을지 점검하여야 한다. 예를 들어, 새로운 공간을 제시할 때 보행 워커를 사용하는 장애 유아가 있다면 접근하기 어려운 점은 무엇인지, 독립적으로 이동할 수 있도록 지지대가 설치된 공간인지 확인해야 한다. 소근육 힘이 부족한 장애 유아를 위해서는 힘을 키울 수 있는 다양한 감각교구나 적은 힘으로도 활동할 수 있는 다양한 놀이자료를 함께 제공해 주어 불편함을 겪지 않도록 해주어야 한다.

생각해 보기

1. 영유아기 보육과정의 특성과 보육교사의 역할에 대해 알아보세요.
2. 보육과정의 연령별 특성과 차이점에 대해 알아보세요.
3. 보육과정의 운영계획과 하루 일과를 구성할 때 고려해야 할 사항에 대해 알아보세요.
4. 보육과정 운영의 효율성을 높이기 위한 보육계획의 수립에 대해 알아보세요.
5. 유아의 흥미와 요구를 반영한 보육계획을 수립하여 다양한 놀이지원 및 실행방법에 대해 토의해 보세요.

참고문헌

고문숙・권민균・김명화・김수영・김수향・임영심・정정희(2015). 보육과정. 양서원.

교육부(2025). 2024 개정 표준보육과정(0~2세) 해설서. 교육부.

______(2025). 2024 개정 표준보육과정(0~1세) 실행자료. 교육부.

______(2025). 2024 개정 표준보육과정(2세) 실행자료. 교육부.

______(2025). 2024 개정 표준보육과정(0~2세) 모든 영아를 위한 지원자료.

교육부・보건복지부(2019). 2019 개정 누리과정 놀이이해자료.

________________(2019). 2019 개정 누리과정 놀이실행자료.

________________(2019). 2019 개정 누리과정 해설서.교육부.

교육부・보건복지부・육아정책연구소・육아종합지원센터(2019). 2019개정 누리과정 교사 연수자료.

김계중・조영주・김정숙・문수영・최종문(2018). 보육과정. 창지사.

김미량・김수희(2014). 영유아교수방법론. 공동체.

김수향・박수연・안은희・유은숙・이귀옥・이성주(2021). 보육과정. 공동체.

김은희(2019). 놀이되기의 영유아교수학습 관계와 귀기울임으로 만들어가기. 창지사.

김정원・김유정・이효정(2014). 영유아를 위한 교수-학습방법. 공동체.

보건복지부(2020). 제4차 어린이집 표준보육과정 해설서.

보건복지부・어린이집안전공제회・중앙육아종합지원센터(2019). 개정 누리과정 시범어린이집 운영 사례집.

시옥진・강성순・김녹현・김재현・남은영・이용환・이우언・전대성(2020). 보육과정. 양성원.

신지연・신혜원・서원경・박원순(2016). 영유아 교수학습방법. 파워북.

신혜은・고태순・장세희(2016). 영유아 교수방법. 양서원.

임부연・오정희(2018). 영유아 교수・학습방법. 동문사.

정태희・윤정한・임수양(2014). 영유아교수방법론. 양서원.

중앙육아종합지원센터(2020). 제4차 어린이집 표준보육과정 놀면서 자란다 유아(3~5세 보육과정).

한은숙(2014). 영유아교수・학습의 이론과 실제. 정민사.

황혜경・김용희・김지영・심윤희・김보영・이회현(2015). 영유아보육과정. 양서원.

제9장

영아의 기본생활습관 지도

1. 모유 · 분유 수유와 이유식 습관 지도
2. 배변활동 습관 지도
3. 수면활동 습관 지도

제 9 장

영아의 기본생활습관 지도*

2024년 개정 표준보육과정에서는 이전 만 0~2세 연령에서 6개였던 영역 중 '기본생활 영역'을 '신체운동 · 건강 영역'으로 통합하였다(교육부, 2025). 세부 내용으로 만 0~1세는 '음식에 관심을 가진다', '건강한 배변 습관을 갖는다'가 있으며, 만 2세는 '음식을 즐겁게 먹는다', '건강한 배변 습관을 갖는다'가 있다(교육부, 2025). 만 0~2세에서 가장 중요한 보육 중 하나는 기본생활습관을 형성하는 것이다. 물론, 기존 교육과정의 영역을 모두 포함시켰으나 이 장에서는 영아에게 있어서 가장 중요한 기본생활을 다시 강조하고, 식생활 습관, 배변 습관, 현재는 교육과정에 빠져 있는 수면 습관을 추가하여 세 가지 기본생활 습관을 살펴보고자 한다. 이 세 가지 기본생활습관은 교육현장에서 보육교사가 제일 어려워하는 분야임과 동시에 교사의 마음대로 되지 않아 아동 학대가 가장 많이 나타날 수 있는 영역이다. 이 점을 고려하여 영유아의 발달 특성과 이해를 통해 식생활, 배변, 수면 습관을 접근하고자 하며, 습관 형성에 기초가 되는 기본적인 내용을 다루고자 한다. 나아가 월령별 기본생활습관별 특징을 안내하여 구체적인 영아의 기본생활습관 교육을 돕고자 한다.

* 이 장은 김수향 등(2021)의 보육과정 제9장을 수정 보완한 내용으로 구성하였다.

1. 모유 · 분유 수유와 이유식 습관 지도

1) 모유 수유

(1) 모유의 정의

여성이 출산 후 유방에서 나오는 젖을 모유라고 한다. 모유는 혈액으로 만들어지며 임신과 출산을 거쳐 유방 안에 있는 유선이 발달하면서 모유가 생성되고, 이를 아기에게 직접적으로 먹이는 것을 모유 수유라 한다(심지현 · 고현진 · 김숙희 · 서은희 · 양애선 · 이순덕 · 이순주 · 정은영, 2015b). 모유는 아기에게도 완전식품이면서 감염 및 면역학적 측면에서도 최상의 식품이다(Gulick, 1982, 김진경 · 최혜미 · 류은정, 2011 재인용). 출산 후 첫날부터 일주일 사이에 나오는 노란색을 띤 젖을 초유라고 하며, 초유의 색은 진하고, 면역 물질과 단백질, 지방, 유당, 비타민, 미네랄 등 영양물질이 많이 함유되어 있다(심지현 외, 2015b).

(2) 모유의 종류

모유는 일반적으로 전유와 후유로 구분되며 <표 9-1>에 제시하였다(심지현 외, 2015).

<표 9-1> 전유와 후유 비교

전 유	후 유
• 유방에서 처음으로 나오는 맑은 젖 • 수분 함량이 높고, 갈증 해결에 사용되나 지방 함량이 부족함 • 전유만 먹게 되면 묽은 변으로 기저귀 발진 발생 가능성이 높음	• 전유 후 나오는 진한 젖 • 지방 함량이 높고, 체중 증가에 도움이 됨 • 모유 수유 시 전유와 후유를 모두 먹이기 위해서는 양쪽 젖을 15분 간격으로 수유해서 전유와 후유를 모두 먹여야 함 • 유축 시에도 전유와 후유 모두 빼내야 함

출처 : 심지현 외(2015b).

(3) 모유 착유 및 보관방법

모유를 직접 먹일 수도 있지만, 일을 하는 어머니들은 직접 먹일 수 없어 착유를 할 수 있다. 착유 시는 일회용 저장팩에 보관하였다가 수유한다. 모유를 착유하는 경우 착유 과정에서 보관까지 위생적으로 철저히 관리해야 한다. 특히 모유는 신생아가 먹는 것이기 때문에 부주의로 변질되고 균이 생기면 안 된다(심지현 외, 2015b).

① 착유 후 저장팩에 보관 시 보관방법은 세 가지이다(심지현 외, 2015b).

- 실온 15~26℃에서 3~4시간 이하 보관을 권장한다.
- 냉장일 경우 2~4℃에서 3일간 보관을 권장한다.
- 냉동일 경우 영하 0~18℃까지는 6개월 이하 정도 보관이 가능하다.

② 얼렸던 모유를 해동하는 방법에는 두 가지 방법이 있다(심지현 외, 2015).

- 냉동실에 얼렸던 모유를 냉장고에 넣었다가 해동시킨다. 이때 실온에서는 3~4시간 이하, 냉장에서는 24시간 이내에 먹여야 하며 다시 냉동하지는 않고, 못 먹일 경우 시간이 지나면 버려야 한다.
- 냉동했던 모유를 실온에서 해동할 경우 실온에서는 바로 먹이는 것이 좋고, 냉장에서는 4시간 정도 보관이 가능하다. 수유 후 남은 모유는 아까워서 잠깐 보관하기보다 그냥 버리는 것을 권한다.

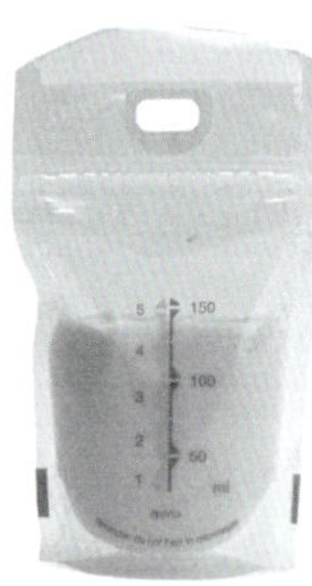

|그림 9-1| 모유 저장팩

(4) 수유 간격

수유 간격은 신생아마다 양이 다르고 소화에 걸리는 시간이 달라서 아이가 원할 때 주는 것을 원칙으로 한다. 어린이집에 오는 영아 대부분 유축한 모유를 먹일 수 있다. 수유 간격은 개월 수에 맞추어 시간을 나누어 구분한다(심지현 외, 2015b).

① 1개월 이내 신생아는 평균 2시간 간격으로 1일 총 12회 수유한다.

② 2~3개월 신생아는 평균 3시간 간격으로 1일 총 8회 수유한다.

③ 4개월 이후는 3~5시간 간격으로 1일 총 6~8회를 수유한다.

어머니 이외에 교사가 대신해서 수유를 진행할 경우 반드시 수유일지를 작성해야 하며 작성 시 수유 시간과 양을 정확하게 기록해야 한다. 그래야 수유일지를 통해 어머니와 교사가 정보를 공유하여 영아에게 정해진 시간과 수유 양을 공급할 수 있기 때문이다.

20○○년 월 일 요일 날씨 :								
구분	시간	식사			수면	소변	대변	목욕
		모유 (ml/분)	분유 (ml)	이유식 (ml)				
오전	6:							
	7:							
	8:							
	9:							
	10:							
	11:							
오후	12:							
	13:							
	14:							
	15:							
	16:							
	17:							
	18:							
저녁	19:							
	20:							
	21:							
밤중	22:							
	23:							
	0:							
	1:							
	2:							
	3:							
	4:							
	5:							
종합 & 총횟수								
메모사항 & 전달사항								

20○○년 월 일 요일 날씨 :								
구분	시간	식사			수면	소변	대변	목욕
		모유 (ml/분)	분유 (ml)	이유식 (ml)				
오전	6:							
	7:							
	8:							
	9:							
	10:							
	11:							
오후	12:							
	13:							
	14:							
	15:							
	16:							
	17:							
	18:							
저녁	19:							
	20:							
	21:							
밤중	22:							
	23:							
	0:							
	1:							
	2:							
	3:							
	4:							
	5:							
종합 & 총횟수								
메모사항 & 전달사항								

|그림 9-2| 수유일지 예시

2) 분유 수유

(1) 분유의 정의

분유 수유는 모유가 아닌 유제품으로 조제된 분유로 수유하는 경우이며 인공수유라고도 한다. 산모의 상태에 따라 모유와 분유 중 선택해서 수유할 수 있다(심지현 외, 2015b). 보통 모유는 모유 저장팩에 담아 어린이집 교사에게 전달해 주기 때문에 부모가 전달하는 양이 정해져 있다. 그러나 분유일 경우 부모가 어린이집에 분유통 자체를 보내어 보관하기 때문에 교사가 분유 양과 종류, 타는 법을 알아야 영아에게 수유할 수 있다.

(2) 분유 양

분유의 양도 영아의 개월 수에 따라 조절하여 제공한다(맘앤앙팡, 2021. 2. 16.).

① 출생~2주는 60~100ml씩 3~4시간 간격으로 하루 6~10회 제공한다.
② 생후 2주~1개월은 80~120ml씩 4~5시간 간격으로 하루 8~10회 제공한다.
③ 생후 1~2개월은 120~180ml씩 4~5시간 간격으로 5~6회 제공한다.
④ 생후 3~6개월은 150~200ml를 5시간 간격으로 하루 4~5회 제공한다.
⑤ 생후 6~8개월은 160~200ml를 5시간 간격으로 하루 4~5회 제공한다.
⑥ 생후 8~9개월은 180~210ml를 6~7시간 간격으로 하루 3~4회 제공한다.
⑦ 생후 9~12개월은 210~240ml를 7~8시간 간격으로 하루 3회 제공한다.

전체적으로 개월 수가 올라갈수록 분유의 양을 조금씩 늘리면서 간격을 줄인다. 특히 6개월부터는 이유식과 혼용하기 때문에 이유식 시작 후 분유를 갑자기 끊어서는 안 되며, 이전 개월 수의 양을 유지하면서 서서히 줄여나간다. 분유의 양이 안내되었어도 영아의 상태나 음식 섭취를 받아들이는 태도에 따라 먹는 양이 다를 수 있기 때문에 반드시 보호자와 상의하여 정한 뒤 적정량을 제공한다.

(3) 분유 종류

분유는 조제분유와 성장기용 조제식 분유로 구분한다. 조제분유는 모유 수준의 유당이 함유된 분유로 신생아 초기부터 이유식 전까지 먹이는 분유이며, 성장기용 조제식 분유는 유당이 적어 이유식과 병행할 때 사용하는 분유이다(심지현 외, 2015b). 분유의 종류는 일반, 액상, 특수 분유로 구분하며 자세한 내용은 <표 9-2>와 같다.

<표 9-2> 분유의 종류

일반분유	• 일반분유는 가루 형태로 4단계로 구분한다. ① 0~3개월 1단계 분유] 조제분유 ② 4~6개월 2단계 분유 ③ 6~12개월 3단계 분유] 조제식 분유 ④ 12개월 이후 4단계 분유
액상분유	• 액상분유는 3단계로 구분한다. ① 0~6개월 1단계 분유 ② 6~12개월 2단계 분유 ③ 12~24개월 3단계 분유
특수분유	• 특수분유는 가루 형태로 단계가 없다. • 6개월 이후 사용이 가능하다. • 특수분유는 일반분유나 액상분유와 달리 배앓이, 설사, 알레르기, 선천성 대사이상 등 문제가 있을 때 소아과 전문의의 진료 후 사용할 수 있다.

출처 : 심지현 외(2015b).

(4) 분유 타는 법

분유를 타기 위해서는 젖병, 젖꼭지, 분유, 물이 필요하다. 젖병과 젖꼭지의 종류는 다양하고, 브랜드도 많으나 대부분 보호자가 선택하여 준비한 것을 사용하면 된다(심지현 외, 2015b).

① 일반 가루분유와 특수분유

분유를 탈 때는 물은 꼭 100℃로 끓인 물을 식혀서 사용해야 하고, 각 분유 회사별로 사용하는 분유의 양과 물의 양을 확인해야 한다. 또한 먹기 전에 바로 타야 하며, 수유 후 남은 분유는 아까워하지 말고 버린다. 분유를 먹일 때는 아기를 반드시 손으로 안고 먹인 후 다 먹은 뒤에는 트림을 꼭 시킨다. 트림은 아기의 어깨뼈 사이를 부드럽게 토닥여 주면서 등을 쓸어주어 아기의 입에서 트림 소리가 나는 것을 확인해야 한다.

예를 들어, 분유 한 스푼에 물 40ml가 필요한 경우라면 먼저 물을 끓이고 40~50℃로 식혀 준비하고 물을 젖병에 40ml 따른 후, 분유 스푼 1개를 분유통에서 퍼서 분유통 입구 돌출된 부위에 스푼을 쓸어 분유 가루를 평평하게 만든 뒤 젖병에 넣고, 젖병을 좌우로 부드럽게 돌리듯이 분유 가루를 물에 녹여준다. 이때 스푼 위 분유 가루를 평평하게 하는 게 중요한데 이는 분유의 정량을 지키기 위해서이다. 또한 위아래로 젖병을 흔들지 않고 좌우로 돌려서 분유를 녹이는 이유는 공기 생성을 적게 하여 아이의 배앓이를 줄이기 위해서이다. 따라서 교사는 각 분유사별로 스푼의 크기와 그 양을 확인하는 것이 필요하다.

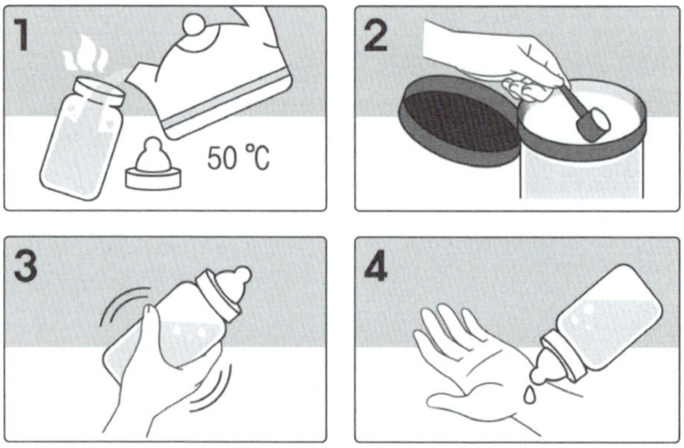

|그림 9-3| 분유 타기

1. 끓인 물을 50℃로 식혀서 잘 소독된 젖병에 넣습니다.
2. 분유제품에 들어있는 전용스푼을 이용해 분유 스푼 윗면을 수평으로 깎아줍니다.
3. 젖병에 정량의 분유를 넣은 후 충분히 좌우로 돌리면서 녹입니다.
4. 분말이 완전히 녹으면 온도를 확인 후 먹이십시오.

출처 : 아이배냇 홈페이지.

② 액상분유

액상분유일 경우 아기의 개월 수에 맞추어 액상분유를 열어 필요한 만큼 젖병에 담은 뒤 남은 분유는 냉장 보관한다. 따뜻한 물에 젖병을 넣어 액상분유 온도를 40~50℃로 미지근하게 맞추어 준다. 분유의 온도를 모를 경우는 분유 한 방울을 손목 안쪽에 떨어뜨려 미지근하면 알맞은 온도이다.

(5) 분유 교체 방법

기존에 먹이던 분유를 다른 분유로 바꾸려 할 때는 최소 3단계로 나누어서 바꾸어야 한다. 이를 지키지 않을 경우 소화가 안 되거나 배변이 어렵거나 토하는 등 다양한 반응을 보일 수 있다. 분유를 교체하기 위해서는 3단계 동안 소요되는 시간이 최소 일주일에서 최대 21일까지 걸리기 때문에 분유 교체 전 분유 양이 충분한지 꼭 확인한 후 실시해야 한다(심지현 외, 2015b). 분유 교체 방법은 다음 <표 9-3>과 같다.

<표 9-3> 분유 교체 3단계

구 분	내 용
1단계	기존 분유와 새로운 분유를 7:3의 비율로 혼합하여 분유를 만들어 수유한 뒤 3~7일 정도 시간을 두고 아기의 상태를 살핀다.
2단계	기존 분유와 새로운 분유를 5:5의 비율로 혼합하여 수유한 뒤 3~7일 정도 시간을 두고 아기의 상태를 살핀다.
3단계	기존 분유와 새로운 분유를 3:7의 비율로 혼합하여 수유한 뒤 3~7일 정도 시간을 두고 아기의 상태를 살핀다.

|그림 9-4| 분유 교체하기

출처 : 아이배냇 홈페이지.

3) 이유식

(1) 이유식의 정의

이유식은 모유나 분유에서 고형식으로 바꾸어 나가는 과정의 음식으로, 미음과 같은 유동식에서 시작해 무른밥, 진밥을 거쳐 일반 밥을 먹게 된다(채남수 · 박현주, 2014 : 14).

이유식의 변화 : 유동식 → 무른밥 → 진밥 → 일반밥

이 시기는 단계별 가능한 재료를 충분히 활용하여 아이에게 이유식을 접하게 해주어야 잇몸 발달과 삼키는 기능을 돕고, 부수어 삼키는 기능도 발달된다. 또한 철분, 미네랄, 단백질, 비타민 등의 영양소도 골고루 섭취하게 된다. 이유식은 단순히 아기에게 음식을 주기보다 아기와의 교감과 스스로 먹을 수 있는 기회 제공을 통해 자립할 수 있는 방법을 안내하는 계기가 될 수 있다. 아이가 잘 먹을 경우 칭찬해 주어 자존감도 높일 수 있다(채남수 · 박현주, 2014 : 14). 어린이집에서는 만 3~5세 중심의 식단으로 식사가 준비되지만 영아의 이유식을 따로 만들어 제공할 수 있다면, 어린이 · 사회복지급식관리지원센터(https://dietary4u.mfds.go.kr)에서 제공하는 영아기 이유식 식단을 참고하면 된다. 이곳에서는 초기, 중기, 후기로 구분하여 날짜별 이유식 안내를 제공한다. 만 0세반과 만 1세반의 경우 영아의 부모에게 이유식을 준비해 주실 것을 권장할 수 있다. 만약 부모님이 준비해 주셨다면 냉장 보관을 하였다가 먹기 직전 물에 중탕하여 데워 먹이면 된다.

(2) 이유식 종류와 시기

이유식은 분유를 먹는 아기는 6개월부터, 모유를 먹는 아기는 7개월부터 시작한다. 대체로는 6개월 정도에 시작하면 된다(채남수 · 박현주, 2014 : 15).

① 1단계 : 이유 초기(생후 4~6개월, 미음)

젖병 빨기 단계에서 먹기를 연습하는 단계로 음식에 적응하기 위한 유동식 형태인 미음을 하루에 한 번 먹는다. 3일마다 한 가지씩 재료를 바꾸어 가면서 먹었던 재료의 알레르기 반응이 있는지 없는지 살펴본다. 간식은 이유식 시작 후 1달 후부터 주기 시작한다(채남수・박현주, 2014 : 48－49).

② 2단계 : 이유 중기(생후 7~9개월, 죽)

반고형식 형태의 죽을 하루에 두 번 먹이고, 그 사이에 간식을 준다. 이가 2~4개 나며, 삼키는 능력도 많이 좋아진다. 이 시기 모유만 수유할 경우 철분, 미네랄, 비타민 등 영양소가 부족할 수 있어 이유식으로 이와 같은 영양소를 보충해 주어야 한다(채남수・박현주, 2014 : 84－85).

③ 3단계 : 이유 후기(생후 10~12개월, 무른밥, 진밥)

이가 4~8개 나와 앞니를 이용해 음식을 자르고 씹을 수 있다. 고형식 형태의 무른밥과 진밥 형태를 하루에 3번 먹인다. 다양한 식재료의 맛을 느끼고 스스로 밥 먹는 습관을 갖게 해주어야 한다(채남수・박현주, 2014 : 140－141).

④ 4단계 : 이유 말기(만 1세 이후, 한 그릇 밥)

유아식으로 넘어가기 직전 단계로 어금니가 나오기 시작하지만 소화능력이 완전하지 않아 어른식보다는 아이식에 맞추어 음식을 해주고 간도 덜한 음식을 먹이는 것이 좋다(채남수・박현주, 2014 : 210－211).

4) 식생활 특징

영아의 전반적인 식생활 발달 특징을 이해한다면 식생활을 보육에 적용할 때 도움이 될 수 있다. 앨런과 마로츠(Allen & Marotz, 2007 : 66, 76－77, 86, 95, 121)가 제시한 월령별 식생활습관에 대한 내용을 한국아동패널 연구진이 영아의 기본생활습관 특징을 이해하기 위한 도구로 활용하였다. 이 도구를 활용하여 한국 영아의 식생활 특징을 정리한 연구를 안내하면 다음과 같다(이귀옥, 2016).

(1) 4~10개월 영아

- 하루에 5~8회 정도 수유를 한다.
- 영아는 도움 없이도 혼자 젖꼭지를 잘 물며, 손으로 젖꼭지를 입으로 가져가기도 한다.
- 영아는 젖꼭지나 젖병을 힘차게 빤다. 때로는 너무 세게 빨아서 사레에 걸리기도 한다.

→ 이 시기는 올바른 수유 습관을 갖는 것이 중요하며, 부모의 규칙적인 수유를 통해 영아가 부모를 신뢰하며 구강기적 욕구를 만족시킬 수 있게 안내하는 것이 중요하다.

(2) 11~18개월 영아

- 영아는 배가 고플 때나 좋아하는 음식을 먹을 때 혼자 숟가락을 사용하며, 컵을 잘 사용하고, 가끔 도움이 필요하기는 하지만 혼자 음식을 먹는 것을 더 많이 한다.
- 14개월 전후로 하여 음식 관련 도구 사용을 허용해야 한다.
- 이 시기 영아의 18%는 식욕이 예전 같지 않아 음식을 입에 물고 있거나, 좋아하는 음식만 먹으려 한다.

→ 이 시기는 혼자 먹기 위해 스스로 해보려는 시도를 격려하고, 흘리고 못 먹더라도 도구를 이용해 먹을 수 있게 교사와 부모가 안내해 주어야 한다. 어린이집 교사는 도구 사용방법을 바르게 안내해 주고, 기회를 자주 주고 기다려 주어야 한다. 또한 음식 선호가 생기기 때문에 어린이집 식단에 나와 있는 모든 음식을 골고루 다 먹는 것이 힘들 수 있다. 따라서 교사는 이런 점을 감안하여 식사지도 시 좋아하는 음식부터 먹는 것을 격려하고 좋아하지 않는 음식은 시도하는 것만으로 칭찬과 격려를 해주는 것이 필요하다.

(3) 23~31개월 영아

- 좋아하는 음식과 싫어하는 음식이 분명하며, 이 시기 영아의 31~32% 이상은 늘 먹던 친숙한 음식만을 고집한다.
- 이 시기 94~95% 영아는 물을 쏟을 때도 있지만 컵이나 유리잔을 사용해서 물을 마실 수 있다.
- 이 시기 영아의 56~58%는 어른이나 손위 형제자매의 식사 예절을 모방하며 배운다.
  → 이 시기 교사는 영아가 선호하는 음식과 선호하지 않는 음식을 파악하고, 싫어하는 음식은 음식의 재료를 먼저 탐색하고 안내하여 친숙하게 만드는 것이 필요하다. 교사가 롤모델이 되어 영아와 같이 맛있게 먹는 모습을 보여주는 것도 좋은 방법이다. 빨대 컵보다 일반 컵에 마실 수 있게 안내하는 것이 필요하다.

2. 배변활동 습관 지도

1) 배 설

(1) 배뇨

신생아는 출생 시 방광 내에 소변을 보유하고 있고, 94%는 출생 후 24~48시간 이내 첫 소변을 본다. 첫 소변량은 15ml 정도 되며, 하루에 20회 정도 소변을 볼 수 있어 생후 첫 주의 하루 소변량은 200~300ml이다. 이후에는 소변의 양이 계속 늘어 하루에 25ml/kg 정도 본다(심지현 외, 2015a).

(2) 배변

출생 후 일주일 동안 대변의 색과 횟수, 묽기는 매우 다양하다. 대변의 변화 과정은 신생아의 경우 생후 24시간 이내에 암녹색 변이 배출되는데 양수, 장 분비물, 점막 세포, 태아의 솜털, 태지, 담즙 등이 섞여 있는 변인 '태변'이 배출되고, 수유 후 3일까지는 묽고 점액성 변으로 녹갈색에서 황갈색 변이 나타나며, 태변보다 점성이 덜한 변인 '이행변'이 배출된다. 생후 4일부터 모유 수유 변은 노란색부터 황금색 풀죽 같은 형태로 1일 2~4회 배출하며, 분유의 경우 연노란색에서 연갈색으로 1일 1~2회 변인 '정상변'으로 점진적으로 위장관의 기능에 따라 대변 양상이 변화한다. 정상변 이후로는 1일 2~4회 배변하며, 분유의 경우는 연갈색으로 단단한 변을 1일 1~2회 배변한다(심지현 외, 2015a).

2) 배변 케어

배변 케어는 기저귀를 사용하여 이루어지며, 기저귀의 재질에 따라 다회용과 일회용으로 구분한다. 각자 장단점이 있지만 천 기저귀는 예전 방식 그대로 큰 소창을 접어서 사용하는 기저귀와 '땅콩 기저귀'나 '포켓용 기저귀' 등 천을 접지 않고 사용하는 기저귀도 있다. 천 기저귀와 일회용 기저귀의 장단점을 비교하면 <표 9-4>와 같다(맘스네이처, 2021. 1. 15.).

<표 9-4> 천 기저귀와 일회용 기저귀 비교

구 분	천 기저귀	일회용 기저귀
보건위생적 측면	한 번 소변을 보면 금방 젖어 수시로 갈아주어야 함. 잦은 교체로 엉덩이가 짓무르지 않음	흡수성이 좋아 금세 흡수하여 보송함이 유지되어 갈아주는 횟수가 천 기저귀에 비해 적은 편임. 이로 인해 소변 중 암모니아 성분이 피부를 자극하여 짓무를 수 있음
통기성	통기성이 우수하나, 기저귀 커버 사용 시 통기성이 떨어짐	합성수지, 펄프, 흡습제 등으로 통기성이 떨어짐

유해물질	천연 소재로 해당 없음	피부 자극 성분인 형광증백제 성분, 프탈레이트, 폼알데히드 같은 성분 등을 사용함
편리성	수시로 갈아주어 손이 많이 가며, 세탁 과정에 많은 노동이 필요함	사용 후 버리기 때문에 편리함, 소변을 2~3회 보아도 사용할 수 있어 보육하는 사람의 노력을 덜어줌
재활용	계속 빨아서 사용 가능하며, 물려줄 수 있고, 소창 같은 크기의 천 기저귀는 목욕타올, 속싸개 등으로 사용 가능함	재활용 불가하며, 썩는 데도 100년 이상 걸려 환경오염의 문제가 생김
경제성	구입 후 기저귀 뗄 때까지 사용 가능	구입 비용이 계속 발생함
배변훈련	배변 후 아이가 바로 느껴 대소변을 아이가 빨리 가림	흡수력이 좋아 아이들이 감각적으로 배변훈련이 늦어짐

출처 : 맘스네이처(2021. 1. 15).

<표 9-4>와 같이 천 기저귀의 장점은 천연 소재의 천을 사용하여 피부 보호와 유해물질로부터 피부가 약한 영아를 보호할 수 있어 믿고 사용할 수 있으며, 환경오염을 덜 시킨다는 점이다. 반면 매번 삶고 건조 과정이 오래 걸린다는 단점이 있다. 이 같은 단점으로 인해 어린이집에 아이를 등원시키는 부모들은 천 기저귀 대신 일회용 기저귀를 주로 보낸다. 일회용 기저귀는 한 번 쓰고 버린다는 편리성이 장점이나 유해물질 노출의 위험성과 환경을 오염시킬 수 있다는 단점을 가지고 있다. 그러나 어머니 대부분은 일회용 기저귀를 더 선호한다. 일회용 기저귀는 밴드형과 팬티형 두 가지 종류가 있다.

(1) 밴드형 기저귀

밴드형 기저귀는 일자형 기저귀에 접착 밴드가 붙어 있는 형식으로 신생아부터 입기 시작한다. 영아의 무게별로 밴드형 기저귀가 준비되어 있으며, 영아의 허벅지나 허리에 기저귀가 끼면 다음 단계로 교체할 시기라는 것을 알 수 있다.

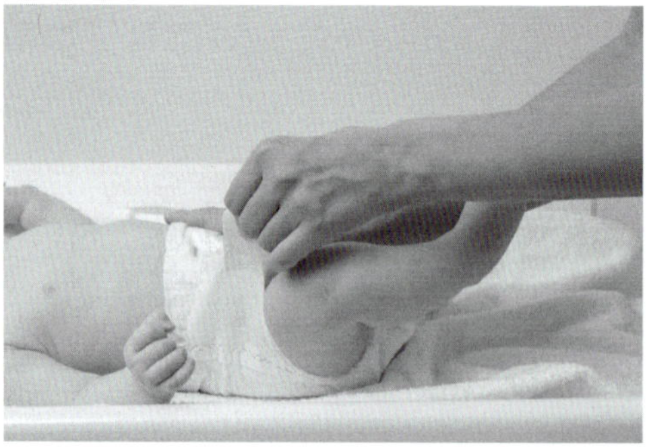

|그림 9-5| 밴드형 기저귀

(2) 팬티형 기저귀

팬티형 기저귀는 팬티 모양으로 한 번에 입힐 수 있다. 영아가 뒤집기 시작하면 가만히 누워서 기저귀를 입지 않아 밴드형을 펼치고 접착밴드를 붙일 여유가 없어진다. 이럴 때 팬티형 기저귀는 팬티처럼 한 번에 입힐 수 있어 움직이는 영아에게 사용하기 용이하다. 팬티형도 영아의 몸무게별로 크기가 구분되어 있으며 영아의 허벅지나 허리에 기저귀가 끼면 다음 단계로 교체할 시기라는 것을 알 수 있다. 영아는 집보다 어린이집에 있는 시간이 길다 보니 교사가 기저귀 사이즈를 체크해서 부모에게 안내하는 상황이 더 자주 발생할 수 있다.

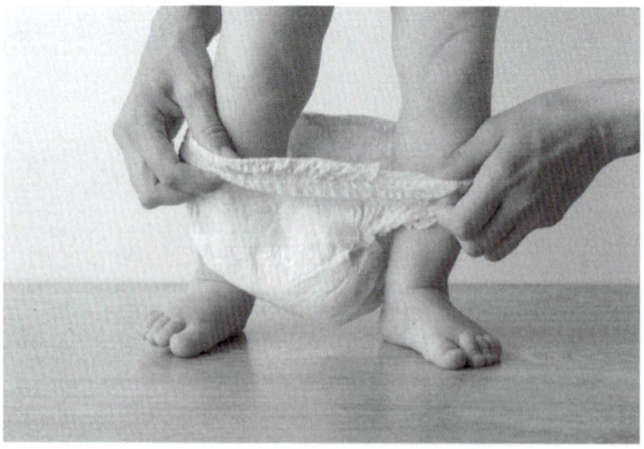

|그림 9-6| 팬티형 기저귀

(3) 기저귀 갈이 방법

기저귀 갈이 방법은 소변과 대변이 다르며 다음의 순서로 진행된다(심지현 외, 2015a).

① 영아를 기저귀 갈이대나 기저귀 바닥매트에 눕힌다.
② 아래 옷을 탈의하고 새 기저귀(밴드일 경우)를 엉덩이 밑에 깐다.
③ 기저귀의 배설물을 안으로 말아 넣어 기저귀의 겉면이 보이도록 하고 더러워진 기저귀를 조심스럽게 빼서 한쪽에 놓는다.
④ 소변일 경우 물티슈로 회음부를 앞에서 뒤로 닦고 엉덩이를 닦아내며, 대변일 경우는 대변 묻은 곳을 소변과 같은 방향으로 물티슈로 닦아내고 개수대에서 엉덩이를 닦는다. 만약 개수대가 없다면 엉덩이 전용 물티슈로만 깨끗이 처리한다.
⑤ 부드러운 면 수건으로 물기를 닦아 건조시키며 피부 상태를 관찰한다.
⑥ 중요한 것은 물기가 완전히 마른 뒤 새 기저귀를 채운다는 것이다.
⑦ 기저귀를 교체한 뒤 한쪽에 두었던 기저귀는 소변일 경우 그대로 말아 섭으며, 대변일 경우는 화장실 변기에 대변을 버린 뒤 말아서 기저귀 전용 쓰레기통에 버려야 한다.

3) 배변훈련

영아는 생후 18개월을 전후하여 대소변을 조절할 수 있는 능력이 생기게 된다. 영아의 개월 수별로 훈련을 통해 기저귀를 뗄 수 있다(이정은, 2004 : 37). 대략 24개월에 26%, 30개월에 85%, 36개월에는 98% 정도 대소변을 가리게 되며, 대소변훈련에 걸리는 기간은 대략 3개월 정도이다. 보통 남자아이보다 여자아이가 먼저 가리며, 대변보다 소변을 먼저 가리게 된다(대한소아청소년학회). 배변훈련을 위해서는 영아가 준비되었는지 다음과 같은 내용을 살펴보아야 한다.

(1) 사전 신체성숙(이정은, 2004 : 39)

① 소변 간격을 살펴서 기저귀가 젖는 시간 간격이 2시간 이상 되면 방광에 소변을 모아둘 능력이 생긴 것으로 보고 배변훈련이 가능함을 알 수 있다.

② 신체적으로 혼자 옷을 입을 수 있고, 손가락과 손을 이용해 쉽게 물건을 집을 수 있으며, 도와주는 사람이 없어도 쉽게 집 안을 돌아다닐 수 있을 정도라면 배변훈련을 할 수 있다.

③ 배변훈련을 하면서 부모나 교사의 지시에 따라야 하기 때문에 지적 발달도 중요하다.

④ 신체 부위를 알고, 부위를 쉽게 가리킬 수 있으며, '쉬'라는 의사를 전달할 수 있으면 가능하다.

(2) 소변훈련(이정은, 2004 : 39-40)

① 생후 13~18개월

영아 변기를 준비하여 배변훈련보다는 먼저 변기와 친해지게 만드는 과정이 필요하며 하루 세 번 5분 정도 앉아 친숙한 느낌이 들게 한다. 변기에 앉아 '쉬' 하면서 한 번에 30초 이내로 소변을 보도록 유도하고, 소변을 보지 못하더라도 점차 횟수를 늘려 연습한다.

② 생후 19~24개월

소변과 관련 감각이 생기는 시기로 '쉬 마렵다'고 표현하면 영아 변기에 앉혀서 소변을 보도록 유도한다. 쉬를 하다 다른 곳에 실수해도 괜찮다고 하면서 느긋하게 대처한다. 영아가 소변을 보겠다는 의사표현을 하게 되면 기저귀 대신 팬티로 갈아입힌다. 혹은 이 중간 단계에서 일반 팬티 입기 전 단계로 팬티에 천이 덧대어져 있는 형태인 배변훈련 팬티를 입혀 배변 팬티가 젖으면 불편함을 표시함으로써 소변을 가릴 수 있다. 팬티가 자주 젖어 부모나 교사 입장에서는 처리가 힘들 수 있으나 이 과정이 잦을수록 배변훈련이 빨리 이루어질 수 있다. 또한 이 시기에는 밥 먹기 전이나 잠자기 전후로 소변을 누이는 규칙적인 습관을 형성해 준다.

③ 생후 25~36개월

소변이 나오는 감각을 완전하게 알아가는 과정이다. 소변이 나올 만한 시기를 잘 가늠해서 변기로 데려가 한 번에 '쏴아' 하고 나오는 감각을 체험하게 하면 곧 가릴 수 있다. 피곤하면 실수할 수 있기 때문에 주기적으로 변기에 앉는 것도 필요하다. 실수를 하더라도 부모나 어린이집 교사가 '다음에는 잘해보자'라고 격려를 하여 대소변 실수가 잘못이 아니라는 것을 인식시켜 줄 필요가 있다.

(3) 대변훈련

① 36개월 이후 훈련

소변과 달리 대변은 모양과 냄새가 확실하고 배에 힘만 주면 나올 수 있어서 소변 이후 대변도 잘 가릴 수 있다. 대신 대변도 소변처럼 훈련 중에 실수할 수 있는데 소변보다 대변은 '더럽다'는 인식을 갖지 않게 부모나 어린이집 교사의 태도가 중요하다. 대변보기를 거부하지 않고 자연스럽게 이루어지도록 격려하고, '응가'와 '쉬'를 구분할 수 있게 안내하며, '응가'라는 말에 익숙해지면 혼자 변기에 앉도록 촉진한다. 영아가 혼자 대변을 보았으면 크게 칭찬하고 대변보는 일을 뿌듯한 경험으로 받아들이게 한다.

② 대변 처리와 일지

영아가 어린이집에서 대소변을 실수했다면 교사는 젖은 팬티와 바지를 물에 애벌 빨래해 비닐에 싸서 집에 보낸다. 영아가 실수를 했어도 교사는 영아를 혼내지 않고 편하게 다음에 잘할 수 있게 안내한다. 특히 만 1세반과 만 2세반일 경우 대변훈련은 각 영아별 개별지도로 이루어져야 하기 때문에 영아의 개월 수에 따라 배변훈련이 시작되는 시기가 달라 교사 입장에서는 일 년 내내 배변훈련을 하는 것처럼 느껴질 수 있다. 따라서 교사는 배변일지를 개별로 작성하여 각자 영아에게 맞는 배변훈련을 시켜주는 것이 필요하다.

4) 대변 발달 문제

배변훈련이 끝났어도 소변을 조금씩 팬티에 지리거나, 놀다가 소변보는 것을 잊어버려 실수하거나 혹은 너무 자주 소변을 보러 화장실에 가는 경우가 생긴다. 이는 소변 조절은 가능하지만 대장에 변이 많아 방광을 눌러 나타나는 현상으로, 대장 발달이 미흡해서 나타나는 일반적인 현상이다. 따라서 이런 영아의 신체발달적 상황을 모르는 경우 부모나 교사가 영아의 조절 미숙으로 나타난 실수로 착각할 수도 있다. 이럴 경우 대변은 주기적으로 보는지, 혹은 그 양은 적절한지를 살펴야 한다. 어떤 경우 변비를 먼저 치료하는 것이 필요하기 때문에 부모와 상의하여 의사에게 처방을 받아 유산균이나 배변유도제를 사용할 수도 있다. 40~42개월 이상부터는 점차 대장의 감각이 발달되어 대변과 소변 조절 능력이 안정화되어 저절로 치유될 수 있다.

5) 배변 특징

영아의 개월 수별 배변 특징을 이해하면 배변 지도에 도움이 될 수 있다. 앨런과 마로츠(Allen & Marotz, 2007 : 67, 77, 86, 95, 122)가 제시한 월령별 배변 습관에 대한 내용을 한국아동패널 연구진이 영아의 기본생활습관 특징을 이해하기 위한 도구로 활용하였다. 이 도구를 활용하여 한국 영아의 배변 특징을 정리한 연구를 안내하면 다음과 같다(이귀옥, 2016).

(1) 4~10개월 영아

- 7~10개월 사이 대변보는 시간이 일정하다.
- 이 시기 영아의 72~78%는 하루에 1~2회 대변을 보며, 경우에 따라 대변을 못 보기도 한다.

  → 이러한 특징으로 배변은 월령이 높아질수록 규칙적이고 안정적이 될 수 있다. 또한 경우에 따라 하루에서 3~4일까지는 배변을 못 볼 수 있으며 이 또한 정상이다.

(2) 11~18개월 영아

- 이 시기 영아의 18% 이상은 기저귀나 옷에 대소변을 보면 어른에게 알린다. 그러나 34% 이상은 대소변을 가리지 못하나 대소변 시간이 일정하며, 괄약근 조절감이 생긴다.
- 14개월 전후로 괄약근 조절능력이 형성되기 시작하지만 개인차가 있을 수 있고, 배변훈련은 괄약근 조절이 형성된 18~30개월 사이에 주로 이루어진다.

  → 이 시기는 괄약근 조절능력이 생기기 시작하는 시기이기는 하나 배변훈련을 시작하는 시점으로 고려해야지 배변훈련 마무리 단계로 생각하면 안 된다.

(3) 23~31개월 영아

- 26개월 전후로 다른 사람들이 화장실을 사용하는 것을 지켜보거나 자기 스스로 대소변을 참을 수 있다.
- 이 시기 50% 이상의 영아는 몇 분 동안 유아용 변기에 앉아 있으려고 하나 젖은 상태에 대한 불편함을 표현한다.

  → 이 시기 영아가 젖은 상태를 표현할 수 있다는 것은 자신의 소변을 처리할 새로운 방법을 안내하기를 바란다는 신호이기 때문에 규칙적인 배변훈련이 가능하다. 배변훈련을 하기 위해 변기에 매일 같은 시각 10분 정도 앉히는 연습을 할 수 있다.

이때 너무 무리하게 배변훈련을 하기보다 자연스럽게 이루어지도록 도와주어야 하며, 실패했을 때는 격려를, 성공했을 때는 칭찬을 하여 성취감을 얻도록 해야 한다.

3. 수면활동 습관 지도

신생아는 출생 후 2~3일간은 출생의 피로를 회복하기 위해 지속적인 수면을 유지한다(김미예·구현영·권인수·김태임·김희영·심미경·윤희옥·이수연·장군자·정승은·조갑출, 2014, 심지현 외, 2015a 재인용). 하루에 16~18시간, 밤과 낮의 주기와 상관없이 잠을 잔다. 수면의 지속시간은 20분~6시간이며 보통 생후 1개월 정도 지나야 밤낮을 구분한다(심지현 외, 2015). 성인의 잠과 영아의 잠은 완전히 다른 패턴을 가지고 있다. 따라서 이 둘의 잠 패턴을 이해해야 영아의 수면을 이해할 수 있다.

1) 수면의 종류

수면은 일반적으로 두 가지인 렘(REM : Rapid Eye Movement)수면과 비렘(NREM : Non Rapid Eye Movement)수면으로 구분한다. 렘수면은 얕은 잠이며, 비렘수면은 깊은 잠이라 한다.

수면은 렘수면에서 비렘수면으로 넘어가는 잠의 패턴을 한 주기로 나타내며, 한 주기가 끝나면 잠깐 깨어 각성 상태를 거쳐 다시 이전 단계의 수면 단계로 넘어가 새로운 주기의 수면이 시작된다. 성인의 경우 밤 동안 4~5번이 반복되며, 주기는 90~120분 정도이다(송현주, 2014).

(1) 렘수면(REM : Rapid Eye Movement)

렘수면 시 뇌파를 측정하면 사람이 깨어있을 때 나타나는 베타파(beta waves)가 나타난다. 그 특징으로는 눈꺼풀 아래 눈동자가 움직이고, 심장 박동 수와 혈압, 그리고 호흡이 불규칙하다. 이 단계에서 꿈을 꾸면 꿈의 내용을 쉽게 기억할 수 있다. 성인의 수면주기 동안 렘수면이 차지하는 비중은 20~25%이다(송현주, 2014).

(2) 비렘수면(Non-REM : Non-Rapid Eye Movement)

렘수면 다음 단계로 깊게 잠에 빠지는 상태이며, 미동도 없고, 심장 박동 수가 안정적으로 나타나며, 이때 뇌 활동 역시 매우 느리고 규칙적이다. 눈꺼풀 안의 눈동자가 거의 움직이지 않으며, 호흡이 느리고 규칙적으로 나타난다. 전체 수면 중 75~80%에 해당하며, 비렘수면은 크게 4단계로 구분한다(송현주, 2014).

① 1단계는 잠의 첫 30초~5분 사이로 꾸벅꾸벅 조는 상태이며 큰 소리가 나면 깜짝 놀라고, 깜빡 졸았는지 모를 수 있다.

② 2단계는 1단계 이후 10~45분 사이에 나타나며 좀 더 깊은 수면으로 들어가지만 이 상태에서는 쉽게 잠에서 깬다.

③ 3~4단계는 2단계 이후 더 깊은 수면 상태로 빠지며 주변 환경 변화에도 잠에서 깨어나기 힘들다. 강제로 잠이 깨게 되면 어리둥절한 상태가 되며, 무슨 일이 있었는지 알아차리는 데 몇 초에서 몇 분 정도 걸린다. 잠을 자다가 렘수면에 들어가기 전 단계인 1단계 혹은 2단계로 잠시 돌아가기도 한다.

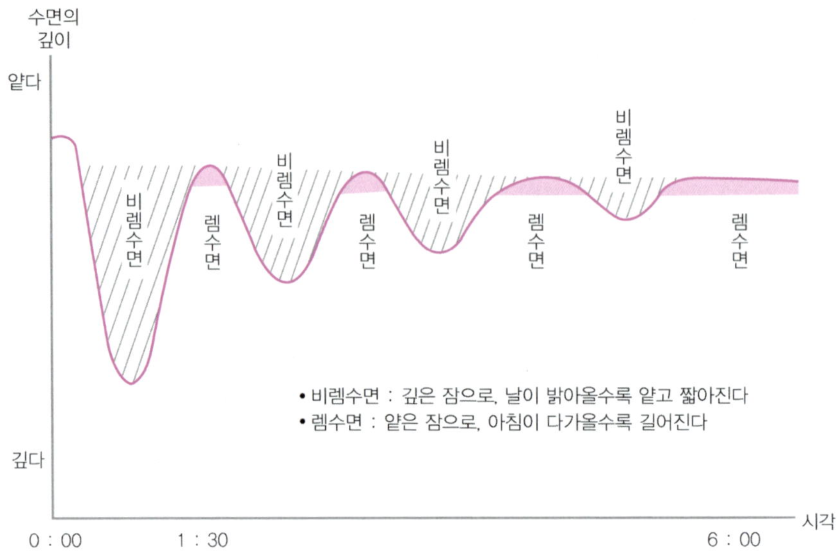

|그림 9-7| 성인의 수면주기

출처 : 니시노 세이지(2017), p. 51.

2) 영아 수면

신생아는 서로 다른 6개의 수면－각성 상태를 가진다. 수면－각성 상태는 규칙적인 호흡을 하고 눈동자의 움직임도 없는 '깊은 수면', 불규칙 호흡과 눈동자가 움직이는 '얕은 수면', 불규칙한 호흡으로 눈을 뜨기도 하고 움직임이 있는 '졸음', 규칙적인 호흡과 눈을 크게 뜨고 반짝이며, 가까운 물체를 응시하는 '조용한 각성 상태'와 불규칙적 호흡, 가벼운 신체 움직임과 자극에 민감한 '활발한 각성 상태', 그리고 짜증스럽게 울고, 조화롭지 않은 몸부림으로 호흡이 불규칙적인 '울음' 형태로 나타난다(심지현 외, 2015a).

6개월 미만의 아기는 활발한 수면과 조용한 수면의 잠을 자는데, 활발한 수면은 자는 동안 눈꺼풀이 움직이고 숨도 고르지 않고 깜짝 놀라기도 하는 렘수면과 비슷하며, 조용한 수면은 외부자극에도 상관없이 잠을 자는 비렘수면의 상태와 유사하다. 수면주기는

45분~1시간으로 성인의 절반 수준이다. 즉, 성인은 90~120분 동안 렘수면과 비렘수면이 2 : 8 비율로 나타나지만, 영아는 45~60분 동안 활발한 수면과 조용한 수면이 5 : 5의 비율로 나타나서 얕은 잠의 비중이 성인에 비해 더 높은 편이다(이현주, 2016 : 128).

3~6개월 정도 되면 서서히 어른의 수면과 비슷하게 렘수면과 비렘수면 패턴이 생기면서 90분까지 주기가 점차 늘어난다. 영아도 각 수면주기가 끝날 때마다 잠깐 깨는 각성 시간이 있다. 잠깐 깨는 시간이 지나면 성인과 마찬가지로 다시 새로운 수면주기가 시작되거나 잠에서 완전히 깨어나게 되는데, 아기의 수면주기가 성인의 절반이기 때문에 깨는 각성 시간의 횟수도 성인의 두 배로 나타난다(이현주, 2016 : 128).

수면 주기에서 렘수면 상태 비중이 성인의 두 배인 50%를 차지하여 깊은 수면을 하지 못하는 것처럼 보일 수 있으나 이는 안전한 수면패턴으로 두뇌발달에 아주 중요한 역할을 하는 시간으로 볼 수 있다(이현주, 2016 : 129).

3) 영유아 수면 시간

영아의 권장 수면 시간은 0~3개월 신생아일 경우 14~17시간이며, 4~11개월 영아는 12~15시간, 만 1~2세 영아는 11~14시간, 미취학 만 3~5세 유아는 10~13시간, 취학연령인 만 6~13세 아동은 9~11시간, 청소년인 만 14~17세는 8~10시간이다. 영아의 잠이 부족하면 성장·발달에 지장이 있고, 집중력 저하와 학습장애를 유발할 수 있기 때문에 올바른 수면패턴을 확립하고 충분한 수면을 취해 영아의 성장·발달에 문제를 초래하지 않는 것도 중요하다(Knutson, Phelan, Paskow, Roach, Whiton, Langer, Sunshine, Mokrzycki, Broughton, Chokroverty, Lichstein, Weaver, & Hirshkowitz, 2017).

보통 어린이집에서 만 3세반까지는 낮잠 시간을 갖는 이유도 충분한 수면을 통해 정상 발달을 돕기 위함이다. 그러나 수면패턴이 불규칙하거나 늦게 잠을 자는 영아의 경우는 낮잠 자는 시간을 힘들어하고 잠을 자지 않는 경우가 많다. 이럴 경우 낮 시간에 야외활동과 같은 바깥놀이 활동을 많이 하여 햇볕을 쬐어 세로토닌 호르몬을 많이 축적하면 밤이 되었을 때 세로토닌이 멜라토닌으로 변화하여 밤에 영아가 쉽게 잘 수 있게 도와준다. 이런 활동이 규칙적으로 일어난다면 수면패턴 규칙이 생겨 낮잠 시간도 잘 적응할 수 있다(아이랑 놀기짱, 2020. 1. 31).

4) 수면 특징

영아의 개월 수별 수면 특징을 이해하면 수면 지도에 도움이 될 수 있다. 앨런과 마로츠(Allen & Marotz, 2007 : 67, 77, 87, 95, 122)가 제시한 월령별 수면 습관에 대한 내용을 한국아동패널 연구진이 영아의 기본생활습관 특징을 이해하기 위한 도구로 활용하였다. 이 도구를 활용하여 한국 영아의 수면 특징을 정리한 연구를 안내하면 다음과 같다(이귀옥, 2016).

(1) 4~10개월 영아

- 6개월 이전 영아 65%는 밤중에 깨지 않고 계속 잠을 잔다.
- 93% 이상의 영아는 자기 전 손가락을 빨려고 한다.
- 6개월 이후 영아는 잘 깨는 경향은 있지만 손가락 빠는 경향은 줄어든다.
- 4~10개월 영아 66~70% 이상이 취침 전 수유 후 금방 잠이 든다.
- 78~82% 이상 영아는 잠들기 전 혼자 옹알이, 손장난 등의 놀이를 한다.
- 65~71% 이상 영아는 하루 14~16시간 동안 잠을 잔다.

→ 보육교사는 이 시기 영아에게 충분한 수면을 취할 수 있게 도움을 주어야 하며, 잠들기 전 영아들이 졸림을 표현하는 사인을 알아둘 필요가 있다. 이를 통해 잠잘 시간을 파악하고 안내해야 한다.

(2) 11~18개월 영아

- 42~44%의 영아는 보통 8~9시경에 잠들어 10~12시간 정도 잔다.
- 영유아 40~41%는 잠들기 전 부모가 책을 읽어주거나 자장가를 불러준다.
- 15~18%는 잠자기 전 인형이나 이불, 책 등을 찾는다.

→ 이 시기 영아는 자기 전 활동으로 책 읽기나 자장가가 필요할 수 있으므로 교사는 사전에 이를 파악하여 자기 전 준비해 주는 것이 필요하다. 또한 영아별로 각자 애착 인형이나 물건이 있을 수 있기 때문에 필요하다면 애착 물건을 가지고 잘 수 있게 허용할 필요도 있다.

(3) 23~31개월 영아

- 영아의 85% 이상은 밤에 9~12시간 정도 잠을 잔다.
- 88~90%는 낮잠을 자는 편이다.
- 69~74% 이상 영아는 잠자리 들기를 싫어하고, 잠자리에 들기 위해 여러 번 타일러야 하며, 잠자기 전 책 읽기, 대화하기, 좋아하는 장난감 두기와 같은 수면습관을 가지고 있다.

→ 이 시기 영아들은 낮잠 자기를 싫어하는 시기여서 낮잠으로 교사를 어렵게 할 수 있다. 각 영아별 차이를 확인하여 낮잠 자기 전 각자 자신이 좋아하는 수면습관 등을 살펴보고, 만약 낮잠을 자기 싫어한다면 다른 영아의 수면을 방해하지 않는 선에서 허용하여 자지 않고 조용한 활동을 할 수 있게 안내하는 것도 필요하다. 그 대신 낮잠을 자지 않아 밤에 일찍 잠을 자야 함을 부모에게 안내할 필요가 있다.

생각해 보기

1. 영아에게 분유를 바꾸기 위한 순서를 설명해 보세요.
2. 이유식을 4단계로 제시하는 방법을 구체적으로 설명해 보세요.
3. 소변은 가리지만 대변을 가리지 못하는 36개월 영아의 구체적인 지도 방안을 설명해 보세요.
4. 낮잠 시간 운영 시 잠에 쉽게 빠지지 않는 영아에 대해 구체적 방안을 설명해 보세요.

참고문헌

교육부(2025). 2024 개정 표준보육과정(0~2세) 해설서. 교육부.

김수향 · 박수연 · 안은희 · 유은숙 · 이귀옥 · 이성주(2021). **보육과정**. 공동체.

김진경 · 최혜미 · 류은정(2011). 산전 모유수유 교육 방법에 따른 초산모의 산후 모유수유 지식, 방법, 실천율. **한국간호교육학회지**, 17(1), 90-99.

니시노 세이지(2017). **스탠퍼드식 최고의 수면법**. 조해선 역. 북라이프.

심지현 · 고현진 · 김숙희 · 서은희 · 양애선 · 이순덕 · 이순주 · 정은영(2015a). NCS 학습 모듈 산후육아지원-04 신생아 관리. (사)한국여성인력개발센터연합.

________________________________(2015b). NCS 학습 모듈 산후육아지원-05 수유관리. (사)한국여성인력개발센터연합.

이귀옥(2016). 생후 3년간 영아의 일상생활습관 형성에 관한 연구. **아동부모학회지**, 2(1), 5-33.

이정은(2004). **우리아이 나쁜 버릇 바로잡기 : 잘 먹고 잘사는 법 시리즈 028**. 김영사.

이현주(2016). **느림보 수면교육**. 폭스코너.

채남수 · 박현주(2014). **매일 따라 하기 쉬운 캘린더 이유식 201**. 덴스토리.

Allen, K. E., & Marotz, L. R.(2007). *Developmental Profiles. Pre-birth through twelve.* THOMSON, DELMAE LEARNING.

Knutson, K. L., Phelan, J., Paskow, M. J., Roach, A., Whiton, K., Langer, G., Sunshine, D., Mokrzycki, M., Broughton, W. A., Chokroverty, S., Lichstein, K. L., Weaver, T. E., & Hirshkowitz, M.(2017). The National Sleep Foundation's sleep health index. *Sleep health, 3*(4), 234-240.

〈웹사이트〉

대한소아청소년과학회. https://terms.naver.com/entry.nhn?docId=1976712&cid=42830 &categoryId=42830에서 2025. 6. 30. 인출

맘스네이처. 일회용 기저귀, 천기저귀 소개. http://moms-nature.com에서 2021. 1. 15. 인출

맘앤앙팡. 12개월까지 분유양. http://enfant.designhouse.co.kr에서 2021. 2. 16. 인출

송현주(2014). 수면발달. https://terms.naver.com/entry.nhn?docId=2094140&cid= 41991&categoryId=41991에서 2021. 2. 16. 인출

아이랑 놀기짱(2020. 1. 31). 저녁에 늦게 자려는 아이, 어떻게 해야 일찍 잠들까요?. https://blog.naver.com/bicdaddy/221781474154에서 2021. 2. 16. 인출

아이배냇 홈페이지. 컨피던트 순산양유아식, 어떻게 타면 되나요?. http://www.ivenet.co.kr/con-fident/character.php에서 2021. 2. 16. 인출

제10장

놀이와 보육

1. 놀이의 개념
2. 놀이의 특징
3. 놀이의 교육적 가치
4. 놀이와 2024 개정 표준보육과정

제 10 장

놀이와 보육*

교육부는 아이 행복 중심의 교육·보육 실현을 위한 2024 개정 표준보육과정을 확정 발표하고 2025년 3월 1일부터 시행하고 있다(교육부, 2024). 2024 개정 표준보육과정(0~2세)은 영유아의 주도성과 놀이를 통한 배움을 강조하고 있다. 또한 현장의 다양성과 자율성을 추구하는 누리과정(3~5세)과의 연계를 강화하여, 영아기 발달단계에 따라 맞춤형으로 교육·보육을 받을 수 있도록 설계하였다. 2024 개정 표준보육과정에서는 영유아중심과 놀이중심을 추구하는 것을 강조하고 있다(교육부, 2025).

따라서 이 장에서는 놀이중심 교육과정에 대한 이해를 돕기 위해 놀이의 개념, 특징, 놀이의 교육적 가치, 놀이와 보육과정의 내용을 살펴보고자 하였다.

1. 놀이의 개념

놀이의 개념 정의에 앞서 2024 개정 표준보육과정의 놀이의 강조점부터 먼저 살펴보고자 한다. 유보통합의 배경에서 2024년 5월에 표준보육과정 개정을 위한 정책연구가 추진

* 이 장은 김수향 등(2021)의 보육과정 제10장을 수정 보완한 내용으로 구성하였다.

되었다. 이 연구의 결과를 반영하여 교육부는 2024년 12월 9일에 0~2세 표준보육과정을 일부 개정하여 고시하였다. 표준보육과정 구성에서 역점을 두는 방향은 영유아중심과 놀이중심의 추구이다(교육부, 2025).

영유아중심과 놀이중심을 추구한다.
표준보육과정은 '영유아 · 놀이 중심'을 추구하는 보육과정이다. '영유아중심'을 추구한다는 것은 보육과정을 운영하는 과정에서 영유아의 건강과 행복, 놀이를 통한 배움의 가치를 최대한 존중하여 반영하는 것을 의미한다. 교사는 영유아의 목소리에 귀 기울이며, 영유아의 의견을 존중하고 반영하는 보육과정을 구성하고 운영해야 한다. '놀이중심'을 추구한다는 것은 영유아가 주도하는 놀이를 중심으로 보육과정을 구성하고 운영한다는 것을 의미한다. 영유아는 놀이하면서 세상을 탐색하고 자신을 표현하며 다른 사람과 교류한다. 또한 영유아는 자신의 흥미와 관심에 따라 즐겁게 놀이하는 과정에서 자연스럽게 배운다. 표준보육과정은 교사가 주도하는 보육과정에서 영유아가 주도적으로 놀이하며 배우는 보육과정으로의 변화를 추구한다. 각 기관에서는 표준보육과정의 취지를 반영하여 영유아 주도적인 놀이가 충분히 이루어지도록 보육과정을 구성하고 운영해야 한다.

출처 : 교육부(2025). 2024 개정 표준보육과정(0~2세) 해설서, pp. 19-20.

따라서 영유아 및 놀이 중심을 추구하는 표준보육과정에서는 교사를 영유아의 놀이 지원자로 제안한다. 교사는 놀이의 특성, 의미, 가치를 이해하여 영유아가 즐겁게 놀이하면서 배우도록 지원할 수 있다. 교사는 적절하게 환경을 구성하고, 영유아와 바람직한 상호작용을 하여 영유아가 놀이에 몰입하고 놀이를 확장하도록 돕는 역할을 한다(교육부, 2025).

그러므로 교사는 영유아의 놀이에 대한 이해가 우선되어야 한다. 성공적인 놀이중심 교육과정 실행을 위해 가장 우선적으로 해결되어야 할 것이 '놀이'에 대한 개념이다. 놀이에 대한 개념은 김수향 등(2021)의 보육과정을 재구성하고 수정 보완하였다.

놀이의 개념은 고대 플라톤(Platon), 아리스토텔레스(Aristotles)로부터 정의되고 중요성이 강조되었다. 플라톤은 유아는 자발적인 놀이를 통해 내적 욕구가 자연스럽게 표출되므로, 자연스러운 성향과 미덕이 나타나 타고난 소질을 길러줄 수 있는 놀이로 교육시켜야 한다고 주장하였다(김희태 · 정석환, 2012 재인용). 아리스토텔레스는 "어린이는 놀이 본능을 길러주어야 한다"고 주장하며 유아에게 있어서 놀이의 중요성을 강조하였다(구경선, 2008 재인용). 루소(Rousseau, 1762)는 아동은 마음껏 뛰고 놀아야 한다고 주장하였는데, "어린이는 뛰고, 놀고, 달려야 하며, 울고 싶으면 울어야 한다. 어린이의 모든 움직임은 자신을 튼튼히 하려는 신체의 요구이다"라고 말했다. 또한 루소는 신체 훈련을 위해 놀이가 중요한 수단이 된다고 생각했으며 놀이를 통해 정신건강에 큰 영향을 미치는 것은 강인한 신체 훈련이라고 간주하였다. 그러므로 아동기는 감각기관을 발달시키는 결정적 시기라고 생각했으며 이러한 감각기관의 발달은 신체 훈련을 통해 이루어진다고 주장하였다(이민애, 2019 재인용).

프뢰벨(Fröbel)은 루소의 교육사상과 페스탈로치(Pestalozzi)의 영향을 받았으며, 인간 발달의 최고 단계로 유아 발달기에 전개되는 것이 놀이라고 주장하였다. 그는 놀이를 통해 아동 내면의 특징들과 아동이 가지고 있는 능력을 밖으로 표출할 수 있다고 생각하였다. 그 이유는 놀이란 내적 필연성과 충동으로부터 자기 안에 있는 것을 능동적으로 표현하는 것으로 보았기 때문이다. 그러므로 놀이는 자연스럽게 표출되는 활동으로 선택적인 행위가 아니라고 설명하였다(이민애, 2019 재인용). 듀이(Dewey)는 놀이와 일은 서로 구별되며 놀이는 수행 자체의 즐거움을 가져다줄 수 있는 활동을 일컬으며 활동 결과들을 위해 의식적이며 의도적으로 수행되지 않는 활동들이라고 주장하였다. 또한 가비(Garvey, 1977)는 놀이의 동기는 내면적이고 무의식적이며 자발적이고 즐거운 것이라고 정의하였으며, 놀이는 아동의 창의성, 언어습득, 문제해결, 사회화 및 인지적 현상과 관계한 능동적인 참여를 수용한다고 하였다.

인지발달 이론가 피아제(Piaget, 1962)는 놀이를 인지발달의 한 형태로 간주하였으며 그는 아동의 인지발달이 놀이경험과의 밀접한 관계에 의해 이루어진다고 주장하였다. 그리고 인간의 적응을 동화(assimilation)와 조절(accommodation)의 적절한 균형으로 동시에 일어나는 과정으로 보았다. 비고츠키(Vygotsky, 1976) 역시 유아의 사회・문화적 상호작용의 매개체로서 놀이의 중요성을 강조하고 있다. 그리고 추상적 사고의 확대와 근접발달영역 내에서 유아의 지식과 경험을 높은 수준으로 향상시키는 데 중요한 역할을 하는 것이 놀이라고 하였다. 브루너(Bruner, 1996)는 유아는 놀이를 매개체로 언어・논리적 지식을 조직화하여 사고의 서술적 능력을 확장하고 완성한다고 하였으며, 서술적 사고능력을 촉진하는 것이 놀이라고 강조하고 있다.

또한 최근 들어 놀이의 교육적 가치로 부정적 정서를 정화시키는 카타르시스(catharsis)의 효과를 들고 있다(Johnson, 2005). 존슨(Johnson, 2005) 등에 의하면, 놀이는 부정적인 감정을 제기시켜 주는 정화(catharsis)의 효과를 가지며 이는 심리적 외상을 경험한 사건 등과 연관된 것을 의미한다고 하였다(이민애, 2019 재인용). 프로이트(Freud)는 주로 인간의 행동을 정신적 세계에서 분석하였으며, 놀이의 가치는 정서적인 좌절 극복의 측면에서 아동의 불안을 감소시킨다고 주장하였다. 또한 그는 쾌락의 원리로 놀이의 치료적 가치를 강조하였으며 기쁨과 만족감의 추구를 놀이의 동기로 설명하였다. 놀이를 통한 정신적 외상의 극복을 해소하기 위해 유아는 초현실적인 상황 속에서 수동적인 자세로 부정적 경험을 받아들이는 존재에서 능동적인 경험을 제공하는 존재로 역할을 바꾸기도 한다(이민애, 2019 재인용).

이와 같이 학자들은 놀이의 개념 및 교육적 가치를 다양하게 언급하고 있지만, 종합해 보면 다음과 같다. 놀이는 영유아기뿐만 아니라 인간의 삶 속에서 재미와 즐거움을 내포하고 있으며 인간의 본능이다. 그리고 놀이의 본질로서의 유희 또한 인간이 추구하는 기본 본성 중의 하나이다(Huizinga, 2018, 홍정아・김소향, 2020 재인용). 인간 활동의 가장 중요한 동력 중 하나는 '즐거움'이다. 즐겁고 재미가 있어야 활동이 시작될 가능성이 매우 크며, 구조나 시스템에 의해 강요된 활동이라 하더라도 그것이 계속되기 위해서는 즐겁거나 재미가 있어야 지속 가능하다(김남희, 2019).

무언가에 호기심을 가지고 하고 싶다고 생각하는 것의 주된 내용도 '왠지 재미있을 것 같다'는 것이다. 즐겁고 재미있는 것이 가져다주는 행복감이 힘든 노동이나 일로 인한 고통을 상쇄시키기 때문이다. 경우에 따라서 그 힘듦이나 고통을 즐기기까지 한다. 이처럼 즐거움과 재미의 내용이나 형태가 무척 다양함에도 불구하고 행복하기 위해 인간이 무언가를 행하는 것은 '놀이본능(playing instinct)'이다. 그러므로 삶을 아름답고 즐겁고 풍요롭고 행복하게 만들어 주는 인간 활동은 '놀이'이며, 이런 측면에서 문명의 근본은 놀이이다(김남희, 2019).

놀이의 반대말은 일(work)이 아니라 우울함(depression)이다. 이것은 비자율적인 선택에 의해 시달리고 지쳐서 무감각해진 영혼의 상태다. 이러한 영혼을 다시 생동감 있게 되살리기 위해서는 놀이적 특성이 필요하다. 순수하게 재미있던 이전의 감각을 다시 찾아서 충실하고 몰입하는 느낌을 가지도록 해야 한다. 그리고 여기에 덧붙여서 내가 이 일을 왜 하는지에 대한 목적과 합리적이고 계획적인 일의 과정이 이루어져야 결과와 과정을 함께 만족할 수 있고 행복을 느끼게 된다(김남희, 2019).

특히 유아들의 놀이는 생활일 뿐만 아니라 여러 가지 지식을 획득하는 수단이기도 하다. 성인의 시각에서 보면, 놀이는 시간을 없애는 무의미한 것일 수도 있지만, 유아의 시각에서 놀이는 성장과 발달에 영향을 미치는 중요한 활동이며, 그들의 삶인 것이다. 유아는 자신의 생각과 감정을 쉽게 언어화할 수 없으므로 언어보다는 놀이에 의해 이를 더 적절하게 표현할 수 있으며, 놀이를 통해 새로운 지식을 쉽게 획득한다(조형숙, 2013). 또한 영유아는 놀이하며 자신의 유능함을 드러내고 즐겁게 배우며 성장한다. 일상에서 자연스럽게 자연, 사물, 사람 등을 만나며 세상과 교감하는 방식은 놀이를 통해 깊어진다. 영유아에게 놀이는 앎이자 삶의 방식이다. 영유아는 놀이를 통해 자신이 경험한 세상을 재구성하며 세상에 대한 이해를 넓혀나간다. 영유아가 주도하는 놀이는 성인의 간섭과 통제가 최소화되고 영유아가 다양한 놀이환경과 만날 때 활발하게 나타난다(보건복지부, 2020).

따라서 놀이중심 교육과정에서 지향해야 할 놀이의 방향은 다음과 같다(Cailois, 1958; Huizinga, 1938, 홍정아 · 김소향, 2020 재인용).

첫째, 놀이 자체가 수단이 아니라 목적이 되어야 한다. 즉, 놀이가 지향해야 하는 목적으로서의 놀이보다는 수단으로서의 놀이를 활용한 관점(Bruner, 1996; Vygotsky, 1976)에서 벗어나야 한다. 즉, 수단으로서의 놀이는 유아에게 놀이의 본질인 재미와 몰입을 통한 자유로운 활동이 아닌, 놀이를 위한 의무적 과정으로 인식되는 결과를 초래할 수 있다. 놀이는 문화를 창조하는 원동력으로 인간의 본능이기 때문에 놀이는 문화에 스며져 있고, 문화와 사회에 관련되어 있는 인간의 모든 행동은 놀이에서 유래된다는 점에서 놀이와 인간 삶은 밀접한 관계에 있다. 즉, 유아교육에서는 놀이를 유아 전인발달의 매개체로 보아야 한다.

둘째, 사회문화적 관점에서의 놀이는 놀이자 간 합의된 규칙이 있고, 이런 놀이규칙은 유아가 사회를 이해하는 초석이 된다. 놀이는 일정한 규칙이 있고 그 규칙을 내면화하는 것이 사회문화적 상호작용이며, 이는 놀이를 통해 이루어진다. 유아는 협상을 통해 만들어진 놀이규칙을 지키기 위해 자기 규제의 정신능력을 발달시킨다.

셋째, 하위징아(Huizinga)는 놀이는 놀이 자체의 본질로서의 재미를 추구하여 유아가 몰입할 수 있는 자유로운 놀이 행위가 되어야 한다고 주장하였다(Huizinga, 1938, 홍정아 · 김소향, 2020 재인용). 유아들은 자유롭게 선택한 놀이에서 재미를 느끼고 몰입을 통한 긍정적 정서와 행동의 자유를 얻게 된다.

넷째, 놀이는 비일상적으로 제한된 시공간이 분리된 것이며, 유아교육에서 놀이는 유아의 삶이며 유아의 현실이다. 놀이는 일상생활 안에 존재하는 일시적 세계로서 현실을 떠나 어떤 행위의 수행에만 몰입하는 고정된 시간과 공간을 말하는 것이다(김겸섭, 2008). 놀이는 '일상적인' 생활이 아니라는 점에서 장소와 지속성에 의해 '일상적인' 삶과는 구분된다. 하위징아는 특히 정신적으로 분리된 점을 강조하고 있다. 즉, 놀이에 몰입함으로써 오는 현실에서의 분리를 비일상적이고 시공간적 제한으로 보았다(Huizinga, 1938, 홍정아 · 김소향, 2020 재인용). 유아에게 놀이는 현실과 상상의 세계를 구분 짓기 힘들 정도로 상상의 세계에서의 놀이에 몰입한다. 유아는 놀이로 인한 재미에서 오는 현실에서의 분리를 경험할 수 있으며, 유아는 놀이의 시작과 끝을 스스로 정하는 자유로움으로 현실세계와의 분리를 경험할 수 있다.

따라서 이러한 다양한 학자들의 놀이에 대한 이론을 종합하여 김남희(2019)가 제시한 놀이의 정의는 다음과 같다.

> '놀이'란 좋아하는 대상을 가지고 즐기는 마음으로 행하는 창조적 작업이며, 효율성과 상관없이 신나게 움직여 에너지를 분출하면서 순수한 즐거움을 추구하는 것이다. 이것은 각자 나름의 무의식이 가진 고유성을 드러내면서 '진정한 자아'로 돌아가는 것으로, 부지불식간에 진행되며 이성의 방해요소를 걷어내고 자신의 무의식에 내재되어 있는 힘을 발산하는 것이다. 누구나 자신의 고유성에 충실할 수 있다면, 섬세한 내면의 구조를 따라 우리 안에 애초부터 존재해 왔던 근원적인 규칙을 따르면서 감춰져 있던 진짜 자아를 드러낼 수 있다.

2. 놀이의 특징

놀이는 보는 관점에 따라 그 특징들이 여러 형태로 분류된다. 놀이의 특성상 다층적이고 다원적인 측면이 많기 때문에 세세한 분류가 의미 없기도 하다. 그럼에도 불구하고 놀이가 지닌 특징 몇 가지를 정리함으로써 놀이의 개념을 좀 더 구체화시키고 교육적으로 내재된 의미와 가치들을 탐색해 보고자 한다.

또한 놀이의 특징을 순수성과 자발성, 반복성과 규칙성, 경쟁심, 무상성으로 들고 있다(김남희, 2019).

따라서 유아교육 차원에서 해석되고 설명될 수 있는 놀이의 특징을 순수성과 자발성, 반복성과 규칙성, 역동성 · 비선형성 · 무질서, 경쟁심으로 나누어 학자들이 제시한 내용을 요약하면 다음과 같다(김수향 · 박수연 · 유은숙 · 이귀옥 · 이성주, 2021).

1) 순수성과 자발성

놀이는 어떤 다른 것도 염두에 두지 않고 그 자체가 목적인 것이 특징이다. 즉, 놀이 그 자체로 너무 즐거워서 무아지경에 빠져 있는 몰입의 경지가 놀이이다. 이러한 놀이가 순수성과 결부되는 가장 좋은 예는 '영유아의 놀이'다.

일단 놀이에 몰두하게 되면, 어떤 환경에 놓여있더라도 주변의 상황과 관계없이 부지불식간에 자신을 당당하고 대담하게 드러내며 이용 가능한 주변의 도구들을 가지고서 상상력을 마음껏 구현시켜 본다. 굳이 어린아이가 아니라 하더라도 놀이를 순수성으로 접근한다면, 즉 현실과 분리된 공간이나 상황에서 이해득실을 따지지 않고 어느 정도 초탈하게 놀아본다면 순수한 내면의 자아를 확인할 가능성은 남녀노소 불문하고 누구에게나 있다. 즉흥적으로 행하는 창작이나 아름다움과 관련된 작업들은 순수한 형태의 놀이이다. 춤추고 노래하고 그리거나 만드는 행위를 통해 내면의 미학적인 충동을 마음껏 발산하는 것이다. 이때 놀이는 자유의 결정체이며, 그 자체가 보상이고 존재 이유다. 놀이로 인한 결과나 보상은 놀이가 사회제도와 연결되는 영역에서 발생하는데 이 경우에는 순수성의 차원에서 벗어나는 것이다.

자발성은 놀이의 현실과 유리된 측면을 강조하는 비실재성, 불특정한 상황에서 의도치 않게 발생하는 우연성, 정해진 형식에 얽매이기보다는 자유롭고 변화나 응용이 가능한 유연성 등과 연결된 특징인데, 개인의 스타일(style)이나 양식(code) 등과도 맞닿아 있다.

이는 비생산적이거나 예측 불가능함에도 불구하고 스스로의 기호나 취향으로 놀이를 선택해서 참가하는 특징을 말한다. 자발적으로 참가하여 시작되지만 놀이에 빠져들다 보면 시간 가는 줄 모르고 몰입하게 되며, 놀이 안에 내재된 여러 가지 변수로 인해 우연적이고 즉흥적인 판단과 행동들이 끊임없이 일어난다. 그래서 스스로 시작했음에도 불구하고 나를 잊는 무아지경도 가능하고, 규칙에 나를 맞추거나 승리를 쟁취하기 위해 나를 조절하는 측면도 필요하다.

놀이는 목표 지향적인 활동이 아니기 때문에 그야말로 천재의 변덕스러움, 재기 발랄함과 같은 요소들이 융합하고 상쇄된다. 이런 과정을 통해 자율성을 함양할 수 있으며 자기 이해의 영역을 넓힐 수 있게 된다.

2) 반복성과 규칙성

놀이를 계속하거나 다음에 또 다시 반복해서 하게 되는 결정적인 이유는 즐거움, 즉 재미가 있기 때문이다. 시간 낭비나 쓸데없는 짓쯤으로 평가될 수 있음에도 불구하고 지속적인 반복이 일어나는 것은 즐거움이나 재미가 주는 카타르시스 효과가 매우 강력하기 때문이다. 개인적인 측면에서 볼 때, 즐겁게 반복되던 놀이가 취미생활이 될 정도의 수준에 이르렀다면 이미 그 개인에게는 어떤 것보다 행복하고 중요한 삶의 요소로 자리 잡았다고 볼 수 있다.

놀이하는 과정에서 개인은 놀이를 재미있도록 확장하고 변형시키면서 성장을 도모하게 마련이다. 단계별로 예상 밖의 힘든 요인들이 나타나기도 하지만 주어진 여건 안에서 노력을 통해 극복해 가며 자타가 인정할 정도의 경지에까지 나아간다. 이런 과정을 통해 얻을 수 있는 교육적 효과는 한계를 극복하거나 어려움에 맞설 수 있는 능력을 증대시킨다는 것이다. 두려움에 맞섬으로써 '용기'가 무엇인지 배우며, 성취습관의 형성과 확대로 '자존감'을 키울 수 있는 기회를 갖게 된다. 사회적인 측면에서 놀이의 반복성이 드러나는 형태는 축제나 의례가 그 대표적인 예이다. 이러한 축제나 의례는 공동체를 결속시킨다.

반복적으로 행해진 놀이는 일정한 패턴을 가지고, 이러한 규칙적인 패턴은 강제성을 지니는 규범적 의미를 가지게 된다. 패턴화된 놀이는 허용된 것과 금지된 것을 규정하는 규칙의 체계이다. 그래서 놀이를 계속 진행하려 한다면 규칙에 절대복종해야 한다. 규칙을 깨는 순간 위반으로 놀이는 파괴되며, 이런 면에서 강제적이고 결정적이다. 규칙 앞에서 누구나 공평하며, 내용보다 형식이 강하다는 측면에서 놀이는 명료성과 정확성을 내포한다.

3) 역동성 · 비선형성 · 무질서

놀이의 특징을 이종희, 조은진과 김송이(2009)는 역동적이고, 비선형적이며, 예측 불가능하고, 무질서적이라고 설명하고 있다. 즉, 놀이의 이러한 특징은 결코 단점이나 문제점이 아니라 오히려 강점으로 간주된다. 왜냐하면 놀이의 이와 같은 특징은 무질서하게 보이는 자연세계의 특성과 닮았고, 현대사회의 변화무쌍한 문화 현상이나 마음이 복잡하게 작용하는 인간관계의 양상과도 흡사하기 때문에 놀이는 아동으로 하여금 자연세계에, 그리고 인적 관계와 사회적 현상에도 자율적이고도 생산적으로 적응하도록 돕는 강력한 기제가 된다는 것이다(이종희 · 조은진 · 김송이, 2009).

4) 경쟁심

재미만큼이나 놀이에 참가하고 그것을 지속시키는 원동력은 경쟁자보다 잘해서 원하는 결과를 얻고 싶은 욕망이다. 그러나 이러한 강렬한 욕망에도 불구하고 게임의 규칙을 준수해야 한다. 이와 같이 경쟁심이 가진 양면적 특성을 잘 조절함으로써 자기훈련, 자기조절의 자율성을 갖춘 인격으로 성장할 수 있으며, 노력을 통해 훌륭한 매너를 가진 성인으로 성장할 수 있다. 더욱 요구되는 것은 예의를 지키면서 상대방을 능가하며, 원칙에 따라서 상대방을 신뢰하고, 증오심을 품지 않고 상대방과 싸우는 것이다. 게다가 경우에 따라서 발생할 수 있는 실패, 불운이나 불행을 처음부터 각오해야 하며, 분노하거나 절망하지 않으면서 패배를 감수해야 한다. 따라서 놀이는 정당한 경쟁에서 성공과 실패를 스스로 조절할 수 있는 자기조절 능력이 요구된다(김남희, 2019).

3. 놀이의 교육적 가치

국제놀이협회(International Play Association)는 놀이와 레크리에이션이 인간의 삶 전체에 지대한 혜택을 준다는 점을 강조하면서, 1989년을 기하여 유엔 총회에서 만장일치로 유엔 아동권리협약(UN Convention on the Rights of the Child)의 54개 조항 가운데 놀이에 관한 내용을 담고 있다(이종희 · 조은진 · 김송이, 2009). 이처럼 놀이는 유엔과 같은 국제기구가 아동의 기본 권리로서 특별히 옹호하고 각국의 관심을 유도해야 할 사안이다.

아동 관련 놀이의 중요성은 최근에 떠오른 쟁점은 아니다. 놀이는 이미 기원전 4, 5세기경 플라톤, 소크라테스, 아리스토텔레스와 같은 고대 그리스의 학자들이 인간의 표현과 사고, 지식의 형성 등과 연관 지어 탐구한 주제이다. 17세기와 18세기 무렵 철학적 대세가 계몽주의, 합리주의, 낭만주의로 이어질 즈음에는 놀이의 가치가 보다 구체적으로 조명되었다. 놀이는 인간의 이성뿐 아니라 예술과 도덕성의 발현에도 기여하는 정신적 장(칸트)으로, 인간으로 하여금 현실의 삶을 초월하여 미적·창조적 세계로 이르게 하는 에너지원(쉴러)으로, 인간의 영적 본성이 자연스럽게 개화되도록 하는 통로(프뢰벨)로 묘사되기도 하였다(Frost, Worthan, & Reifel, 2008).

놀이의 교육적 가치는 영아기와 유아기 모두 중요하다. 특히 영아기의 놀이는 더욱더 인간발달에서 중요한 의미를 가지고 있다. 영아기의 놀이의 가치를 살펴보면 다음과 같다.

영아의 생활 그 자체가 놀이이다. 이영애(2021)는 놀이를 통한 즐거움 속에 배움이 일어난다고 보았다. 영아들은 놀이를 자신을 표현하는 수단으로 활용하며 놀이를 통해 기본생활과 기초적인 지식과 습관 습득, 전인적 성장 발달을 도모하기에 영아기 놀이는 중요하다(유기미, 2022). 영아는 놀이를 통해 자신이 가지고 있던 고유함, 존재의 가치, 각자의 개성을 드러내며, 같은 주제의 놀이를 반복함으로써 놀이를 더욱 발전시킨다. 놀이는 새로움의 연속이며 그 속에서 영아들이 느끼는 차이는 곧 배움이 되는데, 이는 영아들의 삶 자체가 놀이를 통한 배움이라고 볼 수 있다(이영애, 2021).

박보영(2023)은 영아들의 놀이는 하나의 맥락이 지속되기보다 변형되기도 하며 끊기고 다시 나타나거나 합쳐지고 나누어진다고 하였다. 영아의 놀이는 단편적이고 짧아 이해하기 어렵거나 배우지 않는다는 의견이 많았으나 영아들은 주변의 물질과 얽히며 조금씩 다른 놀이를 생성하고 있으며 그 놀이가 성인의 관점에서는 하나의 놀이로 이어지지 않는 것처럼 보일지 몰라도 영아들은 자신을 둘러싸는 물질에 감각적으로 반응함으로써 놀이를 변형시킨다. 이는 사건의 속성을 가진 놀이 속 배움의 특징이라고 볼 수 있으며 영아의 놀이는 조금씩 다른 모습으로 변형되는 것임을 이해할 필요가 있다(박보영, 2023).

이처럼 영아의 놀이는 전인적 발달을 도모하며 그 속에서 수많은 배움이 이루어지고 있음을 시사하고 있다. 2024 개정 표준보육과정에서도 영아의 놀이를 통한 배움을 강조하고 있다.

김수향 등(2021)이 제시한 놀이의 일반적 교육적 가치를 재구성하여 제시하면 다음과 같다.

첫째, 놀이는 건강한 뇌 발달과 사고기능을 향상시킨다. 이러한 이론은 유아교육에서 놀이중심 학습원리를 지지하는 중요한 단서이다(김경철 · 홍정선, 2005). 영유아의 뇌 건강에 놀이가 필수적인 요소인가를 학자들의 이론을 중심으로 살펴보면 다음과 같다.

우선적으로 놀이는 긍정적인 정서와 신체적인 움직임을 수반한다. 놀이 속에는 근본적으로 위협, 공포, 스트레스가 존재하지 않기 때문에 긍정적인 정서가 보장된다. 놀이 상황에서 최적의 학습을 위한 낮은 각성 상태를 유지한다는 것이다(Caind & Caine, 1994). 낮은 각성 상태란 도전적이고 위협이 없는 상태로 아드레날린, 노르아드레날린, 코르티솔 등의 신경전달물질이 일정한 농도가 유지되어 정서가 안정된 상태가 된다는 것이다(김경철 · 홍정선, 2005).

또한 놀이는 신체적 움직임을 수반한다. 김유미(2000)에 의하면 놀이와 같이 인간의 움직임을 다루고 있는 부위로 알려졌던 소뇌(cerebellum)가 인지활동의 중추라고 알려진 대뇌피질(cerebral corrtex)의 기능을 좌우하는 배전반의 역할을 한다고 한다. 말하자면 소뇌는 입력된 자극을 대뇌피질로 전달할 것인지 아니면 무시할 것인지를 판단하여 대뇌의 작용을 활발하게 하거나 억제시키는 스위치의 역할을 한다는 것이다. 즉, 놀이를 하면 영유아의 몸으로 전해진 여러 가지 감각자극들이 대뇌피질을 자극하는데, 그중에서도 움직임과 관련된 자극은 소뇌 부위에서 더욱 활성화되어 피질 부위를 좀 더 강하게 자극한다고 볼 수 있다. 결국 놀이로 인한 몸의 움직임은 소뇌를 활성화하고, 소뇌의 활성화는 대뇌피질의 활성화를 촉구하는 것이므로 소뇌도 사고기능에 큰 역할을 한다고 볼 수 있다. 따라서 놀이는 대뇌의 사고기능을 향상시킨다고 할 수 있다. 결론적으로 놀이는 정서적으로 건강한 뇌 발달과 사고기능 향상의 원동력임을 알 수 있다.

둘째, 놀이는 창의성을 증진하는 원동력이다. 영유아들은 놀이 과정을 통해 지식을 축적시키며 그 지식들이 어떤 맥락에 처했을 때 어떻게 받아들여지고 변형되는지 다양하게 경험하면서 내면의 정보들을 확보해 나간다. 맥락에 대한 통찰력이 어느 순간, 어떤 자극에 의해 발휘되면 지식과 정보는 섬광처럼 새로운 해석과 새로운 재창조에 의해 창의적 지식과 정보로 재탄생한다(김남희, 2019).

즉, 하고 싶은 일을 자유롭게 할 수 있을 때 우리 안에 있는 에너지가 드러나는 형태가 '창의성(creativity)'이고, 좋아서 하는 그 일에 푹 빠져 있을 때 느끼는 재미가 '몰입(flow)'이다.

따라서 위대한 예술적 창조는 잘 훈련받은 성인 예술가가 어린아이의 순수한 놀이 의식으로 돌아갈 때 얻어진다. 결국 많이 하는 것, 즉 많은 경험으로서의 연습과 반복적인 노력만이 창의성의 재료를 풍부하게 해주는 방법이다. 자신이 가진 잠재력, 상황의 변수, 환경적 뒷받침 등 너무 많은 것들을 고려하면 결과에 대한 두려움과 부정적인 마음이 생겨 계속 반복해서 할 수 없게 된다. 단순한 마음으로 뛰어들어, 즉 피하지 않고 받아들이면서 시도하고 반복할 때 우연과 같이(실은 노력에 따른 필연인) 창의성이 실현된다. 예술이나 아름다운 세상은 힘든 노력과 자유로운 놀이를 통해 만들어지는 결과물이다(김남희, 2019).

셋째, 놀이는 자기 이해와 자아실현이다. 한바탕 제대로 놀고 있을 때 우리는 자신의 가장 순수한 인간성과 진실한 개성을 표출하면서, 이때 진정 살아있는 것 같은 느낌을 받는다. 그것은 내면에서 우러나온 욕구와 욕망이 표출되어 나의 '본질적 자아'가 드러나기 때문이다. 그래서 후련하면서도 충만한 느낌이 든다. 이처럼 놀이의 가치는 직접 경험할 때 가장 잘 이해할 수 있으며, 감정적인 맥락에서만 이해 가능하기 때문에 분석하기 시작하면 그 특유의 쾌감이 사라진다. 그러므로 놀이는 있는 그대로의 모습인 내면의 진실을 찾고 표현하기 위한 촉매제이며, 이 과정에서 자연스럽게 우러나오는 것들이 진짜 놀이다(김남희, 2019).

성인뿐만 아니라 어린 아이도 제대로 놀기 위해서는 심리적인 안정감이 보장되어야 한다(Sutton-Smith, 1997). 실패해도 다시 돌아갈 수 있고, 또다시 도전해 볼 기회가 올 것이며, 원하는 대로 되지 않는다 하더라도 최소한의 생존이 보장된다는 안전장치가 있어야만 놀이의 순수한 기능이 살아난다(심성보 외, 2015). 놀이는 비자율적 선택에 의해 시달리고 지쳐서 무감각해진 영혼의 상태를 다시 생동감 있게 되살려 주는 것이다. 놀이과정 속에서 인간은 자기 자신을 제대로 이해할 수 있게 된다(김남희, 2019).

넷째, 놀이는 관계성이다. 인간에게 식욕과 수면욕, 성욕 다음에 자리매김하는 근원적인 본능은 '놀이'라 할 수 있다. 태어나는 순간부터 엄마와 상호작용하는 모든 반응은 놀이다. 엄마와의 관계를 통해 행복한 결속을 경험하면서 두뇌의 발달은 엄청난 속도로 일어나며, 이것은 이후에 경험하게 될 복잡한 놀이와 생존을 위한 활동의 토대가 된다. 그러므로 인간은 놀이를 하기 위해 태어났고 놀이를 통해 발달한다고 할 수 있다. 놀이는 인간에게 근원적인 활동이며, 의식과 언어 이전의 것으로, 복잡한 지적 체계와 상관없이 저절로 시작되는 활동이다(김남희, 2019).

모든 놀이는 사람이든 사물이든 대상과의 상호작용을 통해 이루어지는 것이므로 관계를 통해 상호작용하는 법을 학습하는 기초가 된다. 또한 뇌 기반에 기초한 연구에서도 영유아들의 사회·정서 발달을 위해서는 정서적 환경 제공뿐만 아니라 자유놀이, 여럿이 함께하는 놀이 기회를 제공하여야 한다는 연구결과를 제시하고 있다(양수영, 2012). 그러므로 이 시기에 논다는 것은 행동하는 것이며 인지적, 정서적, 사회적 발달의 밑거름이 된다. 아이들의 세계에서 공동체 의식은 사회적인 놀이의 형태로 나타나는데, 다른 친구와의 충돌과 차이를 조절하는 능력을 학습하고, 공통의 감정과 생각을 이끌어 내어 다른 사람들과 공유하는 법을 배우게 된다. 놀이는 미래에 필요한 삶의 기술을 연습하고 세상을 배우는 계기로서, 사람의 마음을 읽고 상황을 이해하는 법, 사회적 신호를 알아차리는 법을 가르쳐 준다. 그러므로 아이들에게 놀이는 세상을 이해하는 가장 중요한 통로이다(김남희, 2019).

마지막으로 보육과정의 교육내용 측면에서 놀이의 교육적 가치를 제시하면 다음과 같다. 2019 개정 누리과정에서 놀이와 교육내용의 연계성 탐구에서 제시한 놀이 사례를 중심으로 교육적 가치를 해석하고자 한다(임부연, 2020).

사례 : 굴비 반찬으로 식사하는 유아의 놀이현상 : 의미와 교육 내용 이해하기

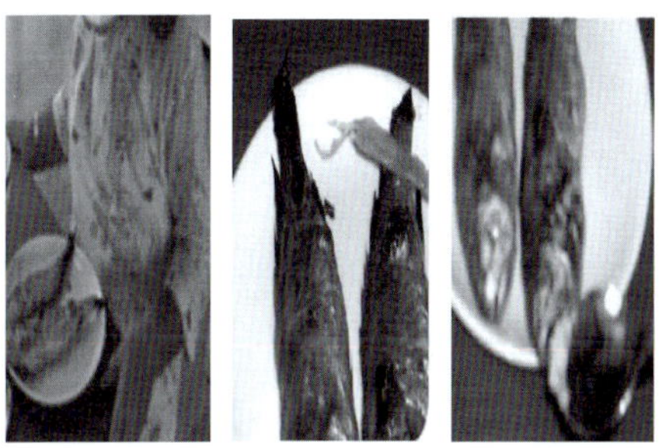	(놀이 현상) 유아가 굴비 두 마리를 반찬으로, 식사를 하고 있다. 유아는 생선이 '탄 부분'에 주목하여 '아프겠다'고 하면서 입으로 '호~' 불어주고, 곧 이어 김치를 찢어서 이를 생선의 탄 꼬리 부분에 마치 상처 난 곳에 대일밴드를 붙이듯이 살포시 덮어주고 있다. 이어서 굴비도 배가 고프다는 것을 알고 숟가락으로 밥을 조금 뜬 후에 생선의 입에 대고 먹여주며 즐거워한다. 이후 굴비를 해체하며 맛있게 밥을 먹는다.
(놀이의 의미 읽기) 유아가 마주한 대상은 굴비가 아니라 많이 타서 아픈 생명체로서 놀이의 대상이자 유아가 관계 맺는 세계이다. 유아는 자신과 관계가 있는 세상인 '굴비'가 아프게 탄 부분에 주목하고 호 불어준다. 여기서 유아가 세계를 향해 갖는 '돌보고자 하는 인성'이 나타나며 대일밴드를 붙여주기 위하여 밴드를 만들 수 있는 가장 좋은 대상(김치)를 발견하여, 찢어 붙여 준다. 굴비와 김치는 유아에게 모두 마주한 세상이고, 사물이고 놀이자료이다. 놀이자료와 세상은 구분되는 것이 아니고, 유아가 세상에 속하고 알기 위하여 관계 맺는 상호작용하는 각각의 주체들이다.	(놀이와 교육내용 연계하기) 유아는 생선의 탄 부분에 주목하여 '물질의 변화'를 이해하고 탄 부분에 밴드를 붙이는 것을 통하여 다른 대상(사람)을 존중하고 배려하는 모습을 보인다. 생선도 살아 있는 생물로서 밥을 먹어야 함을 이해하며 동식물 돌보기의 내용을 놀이를 통해 배우는 것을 볼 수 있다. 즐겁게 먹는 놀이 경험 속에서 유아는 자연탐구와 사회관계 등을 자연스럽게 경험하며 감성이 풍부하고 더불어 사는 유아로 성장해 가고 있음을 알 수 있다.

출처 : 임부연(2020). 2019 개정누리과정에서 놀이와 교육내용의 연계성 탐구. 어린이교육비평, 10(2), 24.

위의 사례에서 놀이의 교육적 가치를 생각해 본다면 유아의 앞에 놓인 생선의 이름이나 마리 수 등은 현재 유아에게 중요한 것이 아니다. 세계(굴비)와의 마주침은 곧바로 유아에게 감각적 대응과 흥미를 불러일으킨다. 교사의 입장에서 단순히 '바르게 앉아 먹기'라는 생활지도와 관련한 교육적 가치를 성취하는 데 초점을 둘 것인지 등을 고려해 보아야 한다. 이러한 모든 것을 놀이의 교육적 가치로 간주할 수 있다. 그러나 더 큰 의미는 유아의 놀이는 세계와의 만남이며, 그 접속은 밥과 반찬(놀이자료가 아닌 것), 색종이와 블록(놀이자료) 등으로 명료하게 구분되지 않는다. 유아는 자신의 감각에 호소하는 여러 사물들과 만나면서, 그 경험 속에서 유아의 관심과 흥미가 촉발된다. 유아는 자신이 알고 있는 모든 방식을 동원하여 그 사물과 교감하며 세상을 이해하고, 관계를 맺으며 성장한다. 유아의 놀이는 일상의 삶과 얽혀있다. 놀이 속에서 즐거운 놀이의 의미, 교육내용은 서로 분리되기 어려우며 통합적이며 전체성을 가지고 있다(임부연, 2020). 이러한 측면에서 보육의 교육내용 면에서 놀이의 교육적 가치는 무궁무진하다.

4. 놀이와 2024 개정 표준보육과정

놀이와 2024 개정 표준보육과정의 관계를 김수향 등(2021)을 중심으로 재구성하면 다음과 같다. 역사적으로 유아교육의 주된 초점은 놀이를 유아교육과정의 중심에 두는 것이었다. 루소, 프뢰벨 등의 놀이 선구학자들은 놀이중심 교육의 개념에 대해 이미 오래전부터 강조해 왔으며 1920년부터 1930년대에 일어난 아동연구 운동과 듀이의 진보주의 운동은 놀이를 중심으로 한 교육이 이루어져야 하는 것을 강조하였다. 그러나 '기본으로 돌아가자'는 운동에 의해 1970년대 이후부터 1980년대 초반까지는 놀이중심의 교육이 쇠퇴했으나 그 후 구성주의 모델 및 발달에 적합한 놀이의 실제에 대한 관심은 놀이를 다시 교육에서 중요한 위치로 부상시켰다(이민애, 2019).

놀이는 능동적인 학습이 일어나게 하는 기회를 제공하므로 구성주의 교육에서 중요한 요소가 되며(Johnson, Christie, & Yawkey, 1999), 유아에게 발달적으로 적합한 학습의 기회를 제공하는 가장 좋은 수단 중의 하나(Bredekamp & Copple, 1997)이기 때문에 교사들이 놀이를 교수전략으로 사용할 것을 권장하고 있다.

많은 교육학자들은 놀이가 교육의 과정 속에 위치할 수 있다는 것에는 공감하지만 놀이가 어떤 교육적 요건을 갖추어야만 그 역할을 제대로 할 수 있음을 강조하고 있다. 즉, 놀이 활동이 보다 더 교육적이고 가치가 있는 활동으로 되기 위해서는 정비된 놀이환경 제공과 교육에 적용되는 놀이가 교수적이어야 하며 효율적인 지도의 필요성이 있음을 주장하고 있다(이민애, 2019). 이러한 관점에서 2024 개정 표준교육과정 역시 예외는 아니다. 즉, 2024 개정 표준보육과정에서도 역점을 두는 방향은 영유아중심과 놀이중심 추구이다(교육부, 2025).

따라서 놀이중심 보육과정 실행을 위해서는 다음과 같은 두 가지 방향에 초점을 두어야 한다(이연선 · 연희경, 2021).

첫째, 놀이는 유아들이 배움을 구성해 나가는 가장 능동적인 행위이다. 놀이는 특정한 개념으로 정의하기보다 유아들의 배움이 가장 잘 드러나는 맥락이자 유아들이 배움을 구성해 나가는 가장 능동적인 행위로서 바라보아야 한다. 이에 놀이 그 자체는 교육과정의 내용이자 방법으로 적용하며, 유아의 흥미와 관심, 놀이를 통한 배움을 중심으로 교육과정이 구성될 가능성을 드러내는 부분이다.

둘째, 만들어 가는 교육과정이다. 만들어 가는 교육과정은 이미 존재하는 것으로서가 아닌 미완성 혹은 구성으로 간주될 수 있으며, 이러한 이미지를 가짐으로써 교육과정 실행과정에 내재된 계획과 평가, 투입된 산출과 같은 효율성의 문제를 피할 수 있다. 전통적인 관점의 교육과정의 실행방식은 학습자로서 상대가 겪는 변화나 성장을 객관화하여 이해하는 것이었다. 그러나 만들어 가는 교육과정의 관점에서 학습자의 변화와 성장은 절대적인 의미에서 원인에 따른 결과가 아닌, 한 경험에서 다른 경험으로의 변화, 같은 경험하는 자들만이 표현할 수 있는 일련의 양상으로 이해할 수 있을 것이다. 끊임없이 변화하는 과정으로서 교육과정을 구성하는 것, 이러한 접근 방식은 교육과정이 만들어지는 과정이 끝날 때까지는 교육과정에 대해 알 수 없음을 전제하며, 교육과정에 참여하는 모두가 교육과정의 대상이자 주체가 되어야 함을 의미한다.

유아교육현장에서 유아들의 놀이가 교육과정과 만나 그 속에서 발현되는 놀이와 배움이 일어나면서 진정한 발달이 이루어진다. 이것을 임부연과 손연주(2019)는 '놀이~배움'의 지형도로 표현하였으며 형태를 크게 다섯 가지의 지형으로 읽어보는 작업을 하였다.

① **놀이 없는 학습**(지루한 배움 : learning without play)

'놀이 없는 학습'은 교사가 직접적으로 가르치고자 하는 지식을 학습자의 상태나 지식의 유희성을 고려하지 않고 목표 성취만을 위해 수업하는 것으로, 지루한 수업과 놀이가 주어지지 않는 지루한 교육과정의 형태이다.

② **놀이와 학습**(놀이, 학습 따로 : play or learning)

'놀이와 학습'은 교사가 주도하는 수업과 유아들의 놀이가 따로따로 발생하는 것으로 교사는 계획된 수업에 주력하고, 지루함을 보완하고자 유아들에게 놀이 시간을 따로 배려하는 것이다.

③ **놀이 속 배움**(자유놀이가 곧 배움 : learning by play)

'놀이 속 배움'은 유아들의 자유놀이가 많은 배움을 발생시킨다고 보는 것이다. 유아들은 어떤 장소나 시간 속에서 놀이의 맥락이 주어지는 순간 놀이에 몰입하고 놀이를 창조한다.

④ **놀이를 배움**(놀이의 다양한 배움 : learning about play)

'놀이를 배움'은 놀이에 대한 관심이 증폭되고 놀이의 개발과 제공이 늘어나면서 유아들이 다양한 놀이의 레퍼토리를 많이 알게 되는 것이다.

⑤ **놀이로 배움**(즐거운 배움 : playful learning)

'놀이로 배움'은 즐거운 배움을 의미하는 것으로 놀이성(playful)이 풍부하여 즐거움의 성질(joyful)이 배움 속에 충만함을 의미한다.

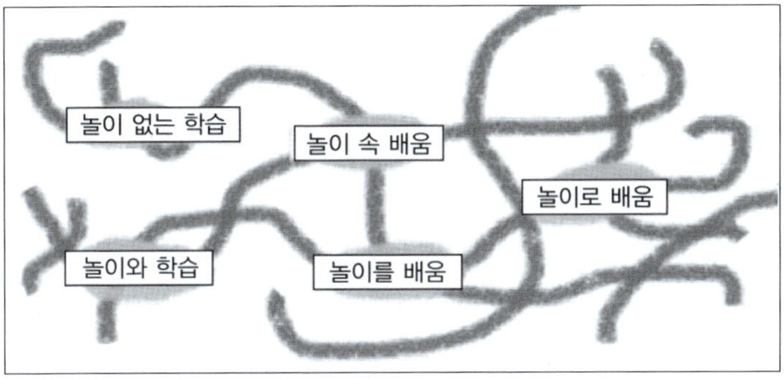

[그림 10-1] 유아교육과정 속에서 발현되는 '놀이~배움'의 지형도

출처 : 임부연 · 손연주(2019). 유아교육과정의 맥락 속에서 살펴본 '놀이~배움'의 의미. 학습자중심교과교육연구, 19(3), 274.

이처럼 교육과정 속에서 논의되는 '놀이~배움'은 역동적이고 다채롭게 펼쳐지는 과정이며, 둘이 섞여들어 경계를 흐리게 하기에 어디부터 어디까지가 배움이고 놀이인가를 구분하는 것은 쉽지 않다. 교사가 국가 수준에서 교육과정을 제시하기는 하지만, 그에 대한 선택과 발현의 주도권은 유아들에게 있다. 아이들은 디오니소스적 '쾌'를 감각적으로 경험하는 놀이 그 자체를 즐기며 삶의 경험 속에서 배움과 사유는 끊임없이 펼쳐지게 된다. 이는 가시적으로 평가할 수 없는 아이들의 내부작용이며 어떻게 펼쳐질지 모르기에 '놀이~배움' 속에서 교육과정은 끊임없이 재구성되고 변형되는 역동적이고 예측 불가능한 사건이 되며, 흥미진진하고 살아있는 것으로 기능한다.

이를 위해 현재의 교육과정은 조금 더 '열림'의 방향으로 이동하고 발현적인 놀이맥락의 공간을 융통성 있게 열어주어야 할 것이다. 또한 교사는 교육과정을 살아있는 것으로 접근하여, 가르치는 것이 아니라 단지 배움의 장을 열어줄 뿐, 아이들이 직접 놀이하고 배우는 삶의 시간들을 격려해야 할 것이다. 또한 교사와 아이들, 교육과정이 앞으로 함께 놀이하는 놀이 감수성, 놀이에 대한 고민, 민감성, 창작성, 즉흥성, 융통성과 같은 역량들을 함양함으로써 노마드(nomade)[1]적이고 예측 불가능한 '놀이~배움'을 실현해 나갈 수 있기를 기대한다(임부연 · 손연주, 2019).

이러한 관점에서 2024 개정 누리과정에서는 '놀이~배움'의 실현을 위한 교사의 역할을 다음과 같이 네 가지로 설명하고 있다(교육부, 2025).

1. 영유아가 놀이를 통해 배우도록 한다.

표준보육과정에서는 모든 영유아가 자신의 흥미와 관심에 따라 자유롭게 참여하고 주도하는 놀이를 강조한다. 영유아가 주도하는 놀이는 영유아가 자신만의 방식으로 자유롭게 이끌어 가는 놀이를 의미한다. 교사는 놀이에 대한 이해를 바탕으로 영유아가 스스로 놀이를 선택하고 참여하는 과정을 적절히 지원해야 한다.

영유아는 놀이하며 자신의 유능함을 드러내고 즐겁게 배우며 성장한다. 일상에서 자연스럽게 자연, 사물, 사람 등을 만나며 세상과 교감하는 방식은 놀이를 통해 깊어진다. 영유아에게 놀이는 앎이자 삶의 방식이다. 영유아는 놀이에서 자신이 경험한 세상을 재구성하며 세상에 대한 이해를 넓혀 나간다. 교사는 영유아가 반복적으로 놀이하는 과정에서 배우고 성장한다는 점을 이해하고 이를 지원해야 한다. 성인의 간섭과 통제가 최소화되고 영유아가 다양한 놀이환경과 만날 때 영유아는 활발하게 놀이를 주도한다. 따라서 교사가 미리 준비한 놀이를 선택하게 하기보다는 영유아가 자유롭게 놀이하며 즐기는 방식으로 바꿔 가야 한다. 교사는 영유아가 주도하는 놀이에 내재된 의미와 가치를 파악하고 영유아가 놀이를 지속하고 몰입하도록 지원해야 한다. 교사는 놀이 상황과 맥락에 따라 새롭게 생성되는 영유아의 놀이를 존중하고 이해하면서 영유아가 필요로 하는 놀이 자료, 공간, 안전 등을 고려하여 지원해야 한다.

2. 영유아중심과 놀이중심을 추구한다.

표준보육과정은 놀이를 통한 영유아의 배움을 강조한다. 영유아는 어디서나 자유롭게 놀이하며 배울 수 있지만, 기관에서 경험하는 놀이는 교사의 지원을 바탕으로 더욱 유의미한 배움이 될 수 있다. 교사는

---

1) 철학자 들뢰즈(Deleuze)에 의해 철학적 의미를 부여받은 말로, 특정한 가치와 삶의 방식에 얽매이지 않고 끊임없이 자기 자신을 바꾸어 나가며 창조적으로 사는 인간형

다양한 방식으로 영유아가 놀이를 통해 배우고 성장하도록 돕고 지원하는 역할을 해야 한다. 특히 영아에게 놀이는 세상을 경험하는 과정이다. 교사는 영아의 반복되는 놀이를 존중하고 그 즐거움을 충분히 느끼도록 해주되, 영아가 새로운 놀이도 탐색해 보도록 영아 개인의 리듬을 고려해 지원해 주어야 한다.

- 놀이를 통한 배움의 이해

영유아는 놀이하면서 자연스럽게 세상과 교감하며 성장해 간다. 놀이는 시작과 끝이 정해져 있지 않고, 이어지고 끊어지며 새롭게 생성되어 가는 연속적 과정이며 이는 곧 배움의 과정과 같다. 교사는 영유아의 놀이를 배움의 과정으로 이해하고 영유아의 놀이를 지원해야 한다.

표준보육과정에서는 영유아가 놀이를 통해 경험하는 배움을 5개 영역과 연결 지어 이해할 수 있도록 안내한다. 표준보육과정의 각 영역은 기관에서 경험해야 할 의미 있고 가치 있는 배움의 내용으로 구성되어 있다. 이는 교사가 가르쳐야 할 내용이 아니라 영유아가 즐겁게 놀이하면서 배우는 내용이다. 교사는 영유아의 놀이에서 나타나는 통합적 경험을 영역별 내용과 연결해 보면서 놀이를 통한 영유아의 배움을 이해할 수 있다.

- 놀이와 연계한 활동을 통한 영유아의 배움 지원

교사는 일상생활 경험과 활동에도 영유아의 흥미와 관심을 반영하여 영유아가 즐겁게 경험하며 배우도록 지원해야 한다. 활동을 운영할 때 교사는 영유아가 주도하는 놀이의 내용과 활동이 연계되도록 지원하여 영유아가 즐겁게 배우도록 한다. 예를 들어, 현재 영유아가 놀이에 부합하면서 영유아의 흥미나 관심과 관련된 동화 듣기, 노래 부르기, 요리하기, 게임 등을 제안하여 즐겁게 놀이하는 방식으로 활동을 할 수 있다. 또한 영유아가 자신의 놀이를 또래들에게 소개하기, 놀이 규칙 정하기, 특정 관심사를 함께 알아보기 등 상황에 따라 이야기를 나눌 수도 있다. 만일 교사가 영유아의 놀이를 지원하려고 다양한 활동을 계획했더라도 이는 영유아의 관심과 흥미에 따라 얼마든지 수정할 수 있다. 영유아의 흥미나 관심 등을 고려하지 않고 미리 정해진 생활 주제에 따라 활동을 진행하기보다는 영유아가 주도하는 놀이와 연계하여 활동을 진행하는 것이 바람직하다.

교사는 영유아의 건강과 안전에 필요한 일상생활 습관 지도나 안전 교육을 계획하여 운영할 수 있다. 영유아는 실제 생활 경험에서 의미 있게 배우므로 교사는 일과 중 적절히 개입하여 영유아를 지원할 수 있다. 기관에서는 영유아가 놀이 안전과 생활 안전을 지키고, 위험한 일이 발생하였을 때 도움을 받아 대처하는 능력을 기르도록 안전 교육을 실시해야 한다. 안전 교육이 필요한 항목으로는 성폭력 및 아동학대 예방, 실종 · 유괴 예방과 방지, 보건위생관리, 재난대비 안전, 교통안전 등이 있으며, 이는 안전 교육 관련 법령 및 지침 등에서 제안하는 내용을 바탕으로 영유아가 이해하기 쉬운 방식으로 지도한다. 영아의 경우는 대집단 형태로 교육하는 것보다 놀이와 연계하거나 전이 시간을 이용하여 자연스럽게 안전 교육을 하는 편이 효과적이다.

- 자율성을 바탕으로 영유아의 놀이 배움 지원

표준보육과정에서는 놀이에서 영유아의 배움을 지원하고자 교사의 자율성을 강조한다. 영유아는 자신에게 가장 적합한 방식으로 놀이하기 때문에 놀이를 예측하기 어렵다. 교사는 영유아의 특성, 안전, 놀이 환경, 자료, 날씨, 기관의 상황 등을 고려하여 놀이를 지원해야 한다. 교사는 영유아가 놀이하며 배우도록 상황에 따라 필요한 교육적 판단을 자율적으로 할 수 있어야 한다. 예를 들어, 교사는 영유아의 놀이가 자신이 계획한 주제나 활동과 다르게 놀이하더라도 영유아의 놀이를 존중하여 계획된 활동을 변경할 수 있다.

교사가 영유아의 놀이를 존중한다는 것은 영유아의 놀이를 바라만 보거나 방관하는 것이 아니라, 영유아의 배움에 필요한 지원 내용을 생각하고, 준비하고, 지원하는 과정을 모두 포함한다. 예를 들어, 교사는 영유아가 놀이하며 경험한 내용을 관찰하고, 놀이에서 나타나는 배움에 주목하여 이를 기록할 수 있다. 이러한 기록은 교사가 영유아의 놀이를 지원할 때 자율적으로 판단하는 근거가 된다. 교사는 계획안을 활용하여 영유아가 실제 놀이한 내용을 적합한 방식으로 기록하고, 그에 따른 교사의 지원 내용도 함께 작성할 수 있다. 계획안은 영유아가 놀이하며 배우는 과정을 이해하는 자료가 되며, 이를 작성하면서 영유아에게 필요한 놀이 지원도 함께 계획할 수 있다.

3. 영유아가 다양한 놀이와 활동을 경험할 수 있도록 실내외 환경을 구성한다.

표준보육과정에서 놀이환경은 영유아가 놀이하는 실내외 모든 공간과 놀이 자료를 포함한다. 영유아가 보고 듣고 만지며 자유롭게 표현할 수 있는 놀이환경은 다양한 놀이를 하는 데 중요한 교육적 자원이다. 따라서 교사는 실내외 놀이환경과 놀이 자료를 다양하고 풍부하게 제공하여 영유아의 놀이가 활성화되도록 돕는다. 이러한 환경과 자료는 누구도 제외되지 않고 모든 영유아가 활용할 수 있도록 특성과 요구에 적합하게 마련되어야 한다.

- 다양하고 안전한 실내외 놀이 공간 구성

각 기관의 실내 공간은 영유아에게 가장 친숙한 놀이환경이다. 교사는 놀이 공간을 구성하고 변형해 나가며 영유아의 자유로운 놀이를 지원할 수 있다. 실내 공간은 영유아가 가장 좋아하는 놀이를 중심으로 구성하는 것이 좋으며, 영유아가 흥미를 보이지 않는 영역은 다른 영역과 통합하여 재구성하거나 다른 영역으로 대체할 수 있다. 영유아의 관심과 흥미, 요구에 따라 새로운 영역을 구성할 수 있으며, 이때 영유아가 주도적으로 놀이 영역을 창조할 수 있도록 지원해야 한다. 또한 영아의 경우에는 몸을 움직여 탐색할 수 있도록 충분한 공간을 마련해야 한다. 복도나 계단, 구석진 공간 등 영유아가 놀이할 수 있는 실내 공간은 먼저 안전에 문제가 없는지 살펴본 후에 놀이 공간으로 구성해야 한다.

실외 공간은 영유아가 마음껏 뛰어놀며 자연과 계절의 변화를 만나고 탐색하는 놀이환경이다. 교사는 영유아가 몸을 충분히 움직여 즐겁게 놀이하고 위험에서 자신을 안전하게 보호하는 능력을 기르도록 지원해야 한다. 이처럼 실외 놀이환경은 영유아가 안전하게 놀이할 수 있는 공간과 자료로 구성해야 한다.

또한 영유아가 활발한 신체 움직임을 바탕으로 모험과 도전을 통해 궁금한 것을 자유롭게 탐색하도록 구성해야 한다. 실외 자투리 공간, 텃밭, 통로, 작은 마당 등은 공간의 특성과 안전을 고려하여 놀이환경으로 구성하며, 기관의 상황에 따라 인근 공원과 놀이터 등도 놀이 공간으로 활용할 수 있다.

- 풍부한 놀이 자료 제공

놀이 자료는 영유아가 놀이에 사용할 수 있는 놀잇감, 매체, 재료와 도구 등을 포함한다. 영유아에게 놀이 자료는 자신의 감정과 생각, 상상 등을 자유롭게 표현하는 수단이자 세상에 대한 이해를 넓혀 나가는 데 중요한 역할을 하는 매개물이다. 특히 영아에게는 발달 특성에 맞게 크기, 감촉, 모양, 색, 기능 등을 고려하여 놀이 자료를 제공하는 것이 좋다. 교사는 영유아에게 일상의 평범한 사물, 자연물, 악기, 미술 재료, 그림책, 재활용품 등을 적절히 제공할 수 있으며, 계절이나 행사, 국경일과 관련된 자료는 시기에 맞게 제공해야 한다. 또한 비구조적인 열린 자료를 풍부하게 제공하여 영유아가 자신만의 방식으로 활용할 수 있도록 지원하며, 영유아가 찾아낸 새로운 놀이 자료나 창의적인 놀이 방식을 인정하고 존중해야 한다. 놀이 자료를 제공할 때는 영유아가 자유롭게 탐색하도록 자료의 사용 방법이나 놀이 방식을 지나치게 제한하지 않도록 유의해야 한다.

4. 영유아와 영유아, 영유아와 교사, 영유아와 환경 사이에 능동적인 상호작용이 이루어지도록 한다.

각 기관에서 영유아는 또래, 교사 및 자신을 둘러싼 환경 등과 관계를 맺으며 성장한다. 또한 영유아는 놀이에서 또래와 교사, 자연환경 등과 적극적으로 상호작용하면서 세상을 이해하고 배워 나간다. 특히 영아는 또래 간 상호작용과 함께 교사와 애착과 신뢰감을 형성하는 것이 중요하다. 교사는 영유아가 놀이에서 만나는 다양한 관계에 관심을 기울이고 함께 상호작용하며 배움을 지원해야 한다.

- 영유아 사이의 상호작용

영유아가 주도하는 놀이중심 보육과정을 운영하면 영유아 사이에서 상호작용이 더 활발하고 빈번하게 일어난다. 영유아는 또래들과 함께 놀이하면서 자신의 생각을 표현하고, 또래의 의견을 듣고 때때로 생각을 바꾸기도 한다. 더 재미있게 놀이하려고 양보하고, 배려하고, 나와 다른 의견을 수용하여 조절하는 경험도 할 수 있다. 교사는 영유아가 자유롭고 활기차게 놀이할 수 있는 분위기를 제공하고 영유아 사이의 다양한 상호작용을 격려해 주어야 한다.

• 교사와 영유아의 상호작용

교사는 영유아의 놀이에 귀 기울여 놀이의 의미와 배움을 발견하고, 이를 확장하도록 다양한 상호작용을 해야 한다. 교사는 영유아가 흥미와 관심을 두는 것에 함께 주목하고, 칭찬, 격려, 미소, 공감 등 정서적 또는 언어적 상호작용을 함으로써 영유아의 놀이를 긍정적으로 수용하고 격려한다. 교사는 답이 정해진 질문을 하거나 일방적으로 지식을 전달하려고 개입하는 것이 아니라 영유아의 흥미와 관심에 교감하며 놀이를 지원하는 상호작용을 해야 한다. 이때 영유아의 놀이에서 나타나는 상상력, 사물을 의인화하여 이해하는 영유아의 독특한 놀이 표현을 지지하고 교감하는 태도를 지녀야 한다. 교사는 영유아와 주변 세계를 이해하는 공동 놀이자로서 놀이 중에 나타나는 어려움을 함께 해결하면서 영유아의 배움을 이끄는 상호작용을 할 수 있다.

• 영유아와 환경의 상호작용

영유아·놀이 중심 표준보육과정에서는 영유아와 환경의 상호작용이 매우 중요하다. 환경은 영유아의 놀이가 활성화되는 배경이자 영유아가 다양한 배움을 경험하는 원천이 된다. 영유아와 환경의 상호작용은 영유아 주변의 친근한 공간, 자료, 일상생활에서 자연스럽게 접하는 모든 환경과의 교감을 포함한다. 영유아는 놀이에서 다양한 사물, 자료, 자연물 등을 만지고 움직여 보며 새로운 흥미와 관심을 가지게 되고, 이는 창의적 표현으로 이어지기도 한다. 영유아는 물과 모래, 블록과 종이 등을 가지고 매일 다른 놀이를 하며 즐긴다. 또한 종이로 접은 새에게 물을 먹여 주기도 하고, 나뭇잎이 떨어진 나무를 춥다고 감싸 주며 즐거워한다. 영유아가 환경과 교감하면서 표현하는 말과 행동은 모두 영유아가 환경과 상호작용하며 배우는 과정이다. 영유아는 스스로 환경을 충분히 반복적으로 탐색하는 과정에서 배워 나가므로, 교사는 영유아의 환경 탐색에 관심을 가지고 지원해야 한다. 교사는 영유아와 환경의 상호작용에 주의를 기울이고 존중하며 영유아가 환경과 즐겁게 상호작용하도록 지원해야 한다.

출처 : 교육부(2025). 2024 개정 표준보육과정(0~2세) 해설서, pp 35-39.

결론적으로 놀이중심 보육과정 실행을 위해서 놀이에 대한 교육적 가치, 교사와 영유아와 함께 만들어 가는 놀이중심 교육과정에 대한 이해가 이루어져야 한다.

생각해 보기

1. 놀이는 무엇인가요?
2. 놀이의 교육적 가치는 무엇인가요?
3. 2024 개정 표준보육과정의 놀이중심 보육과정 실행을 위한 교수·학습 방법은 무엇인가요?

참고문헌

교육부(2025). 2024 개정 표준보육과정(0~2세) 해설서. 교육부.

구경선(2008). 유아교육사상사-이해를 돕기 위한 역사와 사회적 접근. 교육아카데미.

김겸섭(2008). '놀이학'의 선구자, 호이징하와 Caillois의 놀이담론 연구. 인문연구, 54, 147-190.

김경철 · 홍정선(2005). 유아 교수-학습 원리의 뇌 과학적 의의. 열린유아교육연구, 10(4), 199-244.

김남희(2019). 놀이의 특징과 교육적 가치. 윤리교육연구, 52, 253-276.

김미소 · 서영숙(2018). 유아의 "진짜" 놀이 경험에 대한 의미 탐구. 유아교육연구, 38(3), 349-368.

김수향 · 박수연 · 안은희 · 유은숙 · 이귀옥 · 이성주(2021). 보육과정. 공동체.

김유미(2000). 동작교육의 두뇌 생리학적 근거와 교육적 시사점. 한국체육교육학회, 4(2), 280-296.

김희태 · 정석환(2012). 유아교육사상사. 파란마음.

박보영(2023). 1세 영아는 어떻게 배우나? : 영아~물질의 얽힘을 통해 바라본 배움의 방식. 영유아교육과정연구, 12(2), 68-89.

보건복지부(2020). 제4차 어린이집 표준보육과정 해설서. 보건복지부.

심성보 외(2015). 인생교육론. 서현사.

양수영(2012). 뇌 기반 연구에 기초한 유아교육의 방향탐색. 한국교육문제연구, 30(2), 87-113.

유기미(2022). 영아반 보육교사의 놀이중심 교육과정 실천적 경험. 중부대학교 대학원 박사학위논문.

이민애(2019). 유아놀이중심 교육의 개념 및 교수설계모형 개발 연구. 경상대학교 대학원 박사학위논문.

이상임(2021). 영아와 교사가 함께 만들어가는 영아반 교육과정 실행 경험의 의미. 강릉원주대학교 일반대학원 박사학위논문.

이연선 · 연희경(2019). '놀이중심 교육과정 전환'에 따른 예비유아교사교육에서의 세 가지 쟁점연구. 학습자중심교과교육연구, 21(3), 1481-1507.

이종희 · 조은진 · 김송이(2009). 놀이. 아동학회지, 30(6), 309-321.

임부연(2020). 『2019 개정 누리과정』에서 놀이와 교육내용의 연계성 탐구. 어린이교육비평, 10(2), 5-32.

임부연 · 손연주(2019). 유아교육과정의 맥락 속에서 살펴본 '놀이~배움'의 의미. 학습자중심교과교육연구, 19(3), 266-287.

홍정아 · 김소향(2020). 유아교육에서 '놀이의 의미 탐구' Huizinga와 Caillois의 놀이이론을 중심으로. 유아교육 · 보육복지연구, 24(2), 131-160.

황농문(2013). 공부하는 힘. 위즈덤하우스.

Bredekamp, S., & Copple, C.(1997). *Developmentally Appropriate Practice in Early Childhood Programs*(Rev ed.). National Association for the Education of Young Children. NW : Washington D.C.

Bruner, J.(1996). *The Culture of Education*. Cambridge, MA : Harvard University Press.

Caillois, R.(1958). 놀이와 인간, *LES JEUX ET LES HOMMES*. 이상률 역(1996). 문예출판사.

Caine, R. N., & Caine, G.(1994). *Making Connections*. NY : Addison-Wesley Publishing Company.

Huizinga, J.(1938). 호모 루덴스, *Homo Ludens*. 이종인 역(2018). 연암서가.

Johnson, J. E., Christie, J., & Yawkey, T.(1999). *Play and Early Childhood Development*(2nd ed.). New York : Longman.

Jorgenson, O.(2003). Brain scam? Why education should be careful about embracing brain research. *The Education Forum, 67*(4), 364-369.

Piaget, J.(1956). *The Origins of Intelligence in Children*. NY : International University Press.

________(1962). *Play, Dreams and Imitation in Childhood*. New York : Norton.

Sutton-Smith, B.(1997). T*he Ambiguity of Play*. Cambridge : Havard University Press.

Vygotsky, L. S.(1976). Play and its role in the mental development of the child. In J. Bruner, A. Jolly, & K. Sylva(Eds.), *Play : Its role in development and evolution*. New York : Basic Books.

____________(1978). *Mind In Society : The development of higher psychological process*. Cambridge, MA : Havard University Press.

제11장

가정 및 지역사회 연계 놀이중심 교육과정

1. 가정 연계 놀이중심 교육과정
2. 지역사회 연계 놀이중심 교육과정

제 11 장

가정 및 지역사회 연계 놀이중심 교육과정*

이 장에서는 2024 개정 표준보육과정에서 제시한 영유아 · 놀이 중심 교육과정 실현을 위해 가정 및 지역사회 연계 교육의 필요성 및 가정 및 지역사회 연계 놀이중심 프로그램을 살펴보고자 한다.

영유아, 교사, 원장, 부모 및 지역사회가 함께 실현해 가는 것을 추구한다.
표준보육과정은 영유아와 교사, 각 기관, 지역사회와 가정의 협력 및 참여로 함께 실현해 가는 보육과정이다. 표준보육과정은 국가 수준의 보육과정이 제시하는 공통적이고 일반적인 기준을 바탕으로 교사가 자율성을 가지고 영유아와 함께 보육과정을 만들어 나가는 것을 강조한다. 교사와 원장은 영유아의 관심과 흥미 및 놀이에 대한 이해를 바탕으로 영유아의 놀이를 지원하는 보육과정 운영의 주체이다. 또한 교사와 원장은 부모가 영유아 · 놀이 중심 보육과정의 의미를 이해하고 협력할 수 있도록 지원해야 한다. 부모는 영유아 · 놀이 중심 보육과정의 의미를 이해하고 영유아가 가정과 기관에서 주도적으로 충분히 놀이하도록 기관과 협력하고 지원해야 한다. 각 기관은 지역사회의 공공기관이나 단체와 협력하여 지역사회의 인적 · 환경적 · 문화적 자원을 통해 영유아가 풍부한 경험을 하도록 보육과정 운영을 지원해야 한다.

출처 : 교육부(2025). 2024 개정 표준보육과정(0~2세) 해설서.

* 이 장의 주요 내용은 김수향 등(2021)의 보육과정 제11장의 내용을 재구성하고 수정 보완하였다.

1. 가정 연계 놀이중심 교육과정

1) 가정 연계 교육의 필요성

인간의 성장·발달에 영향을 미치는 가정환경의 중요성은 이미 지난 수십 년 동안 많은 학자들과 이론들에 의해 강조되어 왔다. 특히 영유아기의 가정환경은 언어, 인지, 사회성, 정서발달에 있어 중요한 부분이다. 특히 언어발달의 결정적 시기인 만 0~8세에 가정환경은 매우 중요하다. 따라서 이 시기의 영유아들에게 교육을 담당하는 교육기관인 유아교육기관에서 가정 연계 없이 독립적 교육을 한다면 그 효과는 반감될 것이다. 따라서 가정과 연계한 교육의 필요성이 요구된다.

가정 연계 교육에는 부모참여 활동, 부모교육 활동 및 부모가 유아교육기관에서 실시하는 활동과 운영에 참여하는 모든 교육적 활동이 포함된다. 가정 연계에서 '연계'의 의미를 보면, '연계'라는 표면적인 의미 이상으로 그 이면의 뜻에 대한 공감대가 충분히 이루어져야 하는데, 이는 가정과 유아교육기관이 함께하기 위해 공동으로 노력해야 한다는 점이다(박희숙, 2009).

- 영아의 다양한 놀이에 부모가 함께 참여하며 놀이의 즐거움과 중요성을 함께 나누고, 부모 정기 면담을 진행해 누적된 영아의 배움과 성장, 영아의 특성을 공유하고 상호 이해하는 기회를 만든다.

교사는 연 2회 이상 부모와 정기 면담을 진행해 영아의 고유한 특성, 변화 및 성장, 앞으로의 지원 계획을 나눈다.

부모를 대상으로 영아·놀이 중심 보육과정에 대한 부모의 이해와 참여를 이끈다.

영아 중심 보육과정 실행을 담은 전시회를 열어 부모와 공유한다.

반에서 실행하는 놀이에 가족이 개별 또는 집단으로 참여할 기회를 수시로 제공하여 부모의 적극적인 보육과정 참여를 이끈다.

출처 : 교육부(2025). 2024 개정 표준보육과정(0~2세) 0~1세 실행자료, p. 155.

유아들은 가정과 유아교육기관에서 많은 시간을 생활하기 때문에 두 환경이 서로 이질적이고 분리되어 있다면 유아들에게 갈등과 혼란만을 야기할 것이다. 따라서 유아들이 생활하는 가정과 유아교육기관의 협력적 관계를 통해 일관성 있는 교육이 이루어질 필요가 있다.

가정 연계 교육활동에 있어서 부모의 참여는 잘 계획되고, 종합적이고 장기적으로 지속될 때 가장 효과적이다. 또한 유아들이 어렸을 때 부모를 교육에 참여시키면 유아가 유아교육기관에서 생활하는 내내 그 효과가 지속된다(이영자 · 권영례, 1998). 부모는 자녀가 유아교육기관에서 보이는 일상생활 모습과 또래관계에 대해 정보를 얻을 수 있고, 유아의 발달 상태를 객관적으로 이해할 수 있으며, 가정에서 자녀를 지도하는 데 유용한 정보를 얻을 수 있다. 교사의 입장에서는 부모와의 의사소통을 통해 유아의 가정환경, 가정에서 보이는 모습, 개인적인 요구, 관심, 능력 등에 대해 알 수 있기 때문에, 유아와의 관계를 형성하고 유아를 지도하는 데 도움을 얻을 수 있다(이미자 · 문혁준, 2008). 이처럼 유아교육을 위한 가정에서의 부모 역할은 점점 강조되고 있으며, 교사와 부모가 동반자로서 동등한 입장에서 유아교육기관과 가정이 연계되어 교육을 실시할 때 유아의 발달과 성장에 긍정적인 영향을 미치며 올바른 가치관이 성립될 수 있기 때문에 가정 연계 교육의 가치는 더욱 강조되고 있다.

2) 가정 연계 놀이 프로그램

가정 연계 놀이 프로그램 역시 시대와 사회적 변화에 따라 단순하게 부모들에게 양육 지원 형태의 놀이 프로그램이 아니라 역동적이며 실천적인 프로그램으로 진행되어야 하며, 부모 자신의 강점과 약점을 놀이 프로그램을 실행하면서 체득할 수 있어야 한다(조순규, 2019).

가정 연계 놀이중심 프로그램을 부모교육 프로그램으로 연계한 놀이중심 프로그램을 살펴보면 다음과 같다.

(1) 영유아 놀이중심 부모교육 프로그램

놀이가 삶의 일부인 영유아를 둔 부모들의 양육에 실질적인 도움을 제공할 수 있도록, 영아기의 놀이발달을 이해하고 영유아와의 상호작용 중심으로 양육자가 영유아와 함께 놀이할 수 있는 놀이중심의 부모교육 프로그램을 개발하였다. 여기에서 제시한 놀이중심 부모교육 프로그램은, 영유아가 양육자와 교감과 상호작용 및 놀이를 통하여 세상을 경험하고 전인적 발달과 성장을 하는 것은 숙지하고 있으나 실제 영유아발달에 적합한 상호작용 및 놀이방법에 미숙하여 효과적으로 영유아를 돌보지 못하는 부모들의 양육부담을 덜어주고 부모의 요구를 수용하기 위하여 개발되었다(신경화 · 하연희, 2019).

교육 운영은 주 1회로 하여 6주 프로그램으로 설정하였다. 부모 자신에 대한 이해, 영유아 이해, 영유아의 인지발달, 언어발달, 사회성 발달, 신체발달, 정서발달에 관한 내용으로 주제를 선정하였다. 또한 각 회기마다 마음열기(흥미 유발과 라포 형성), 생각하기(주제별 강의), 함께하기(가정 연계 활동 실습), 실천하기(과제안내)로 구성된다.

<표 11-1> 영유아 놀이중심 프로그램 구성

횟 수	주 제	교육내용
1	부모 이해	• 마음열기 : 나는 어떤 부모인가? • 생각하기 : 올바른 가정의 부모 되기 • 함께하기 : 바람직한 부모상 바라보기 • 실천하기 : 부부가 부모상 함께 실천하기
2	영유아 이해	• 마음열기 : 영유아 발달 체크리스트 • 생각하기 : 특별한 영유아기의 이해 • 함께하기 : 거울 놀이, 이끌어 주기 활동 • 실천하기 : 거울 놀이, 이끌어 주기 활동 실천

3	지혜 돌봄 (영유아의 인지발달)	• 마음열기 : 강을 건너요 • 생각하기 : 영유아 돌봄과 지혜 • 함께하기 : 숫자놀이, 칠교놀이 • 실천하기 : 숫자놀이, 칠교놀이 실천
4	관계 돌봄 (영유아의 언어와 사회성 발달)	• 마음열기 : 듣기 좋은 말과 듣기 싫은 말 • 생각하기 : 언어와 사회성 돌보기 • 함께하기 : 소리 터널, 종이컵 탑 쌓기 활동 • 실천하기 : 소리 터널, 종이컵 탑 쌓기 활동 실천
5	인성 돌봄 (영유아의 신체와 정서 발달)	• 마음열기 : 큰 원 스트레칭, 몸으로 말해요 • 생각하기 : 사랑과 움직임 돌보기 • 함께하기 : 천로역정 • 실천하기 : 편지 쓰기
6	비전 돌봄 (영유아 강점)	• 마음열기 : 내 자녀에 대한 바람 • 생각하기 : 꿈과 비전이 있는 영유아 가정 • 함께하기 : 우리 가정의 십계명 만들기 • 실천하기 : 포트폴리오 만들기

출처 : 신경화·하연희(2019). 영유아 놀이 중심 부모교육 프로그램 모형 구성. 학습자중심교과교육연구, 19(13), 242-243.

위 영유아 놀이중심 부모교육 프로그램 4회차에 해당하는 '관계 돌봄(영유아의 언어와 사회성 발달)' 활동을 재구성하여 제시하면 다음과 같다.

- 마음열기 : 듣기 좋은 말과 듣기 싫은 말
  - 자녀 입장 : 듣기 좋은 말과 듣기 싫은 말(5개 생각하기)
- 생각하기 : 언어와 사회성 돌보기
  - 자녀와 공감대를 형성할 수 있는 대화주제는?
  - 자녀와 함께할 수 있는 놀이는?
- 함께하기 : 소리 터널, 종이컵 탑 쌓기 활동
  - 소리 터널 : 종이컵 전화기로 자녀에게 하고 싶은 말 생각하기

– 종이컵 탑 쌓기 활동 계획(언제, 어디서, 어떻게)

- 실천하기 : 소리 터널, 종이컵 탑 쌓기 활동 실천

(2) 아동의 권리를 존중하는 놀이 활동

아동의 권리를 존중하는 놀이 활동은 영유아가 자신의 생각과 방법대로 놀이를 주도하고 부모는 영유아의 놀이를 존중하고 격려함으로써 영유아 권리를 이해하고 부모의 역할이 무엇인지 경험해 볼 수 있다.

여기에서는 아동의 권리를 존중하는 놀이 활동으로 '물감놀이'를 제시하였다.

① 계획 및 준비하기

- 활동목표
  - 물감놀이를 통해 영유아는 자신의 생각과 감정을 표현해 보고, 부모는 자녀를 존중하는 경험을 해본다.
  - 영유아의 권리를 존중하기 위한 바람직한 양육태도는 무엇인지 알아본다.
- 참여대상
  - 만 1~5세 영유아와 부모
  - 학부모 외에 다른 가족 구성원이 참여할 수 있다.
  - 가정통신문과 전화를 통해 참여 신청 여부와 참여자 수를 미리 확인한다.

② 아동권리 존중 물감놀이 활동하기

- 활동
  - 물감놀이 : 도트물감, 색깔풀, 솜방망이, 스펀지 도장 등을 이용하여 다양한 방법으로 물감놀이를 한다. 물감을 사용하여 활동하므로 활동하기 편한 옷을 입거나, 여분의 옷을 가져올 수 있도록 안내한다. 액자를 만들기 위해 다양한 크기, 재질, 모양의 종이를 사용할 수 있으며 영유아들이 좋아하는 놀잇감이나 가족사진을 출

력하여 사진 위에 찍기놀이를 할 수 있다.

- 액자 만들기 : 찍기놀이 한 종이를 원하는 모양으로 오려 미리 준비해 둔 액자에 붙여본다.

물감놀이에서 아동 권리 존중 사례

- 물감놀이에서 물감색과 액자구성의 선택권은 누가 가질 것인가?
- 선택권 결정과정은?

③ 마무리하기

- 오늘 영유아와 함께 즐거웠던 활동에 대해 이야기 나누어 본다.
- 포토존에서 영유아와 부모가 함께 폴라로이드 사진을 찍고, 찍은 사진은 영유아들이 볼 수 있도록 언어영역에 붙여둔다.

(3) 가정 연계 전래놀이 활동

가정 연계 놀이 활동으로서 우리나라 전래놀이는 유아들에게 친근하게 다가와 흥미와 호기심을 유발시키며, 또한 대부분의 전래놀이가 혼자놀이보다는 둘 이상의 많은 인원일수록 재미가 더해진다. 그동안 대대로 이어온 우리 고유의 전래놀이는 유아의 발달단계에 따라 신체적, 인지적, 정서적 발달을 돕는 데 교육 목적을 가지고 있고, 어릴 때는 성인의 도움으로 놀이하나, 성장하면서 자발적으로 놀이하거나 집단놀이와 노래를 부르면서 흥을 돋우며, 놀잇감을 사용하여 놀기도 한다. 유아교육과정에서의 전래놀이와 관련된 인간상은 '우리 문화에 대한 이해의 토대 위에 새로운 가치를 창조하는 사람'을 제시하고 있다. 이렇듯 지식 정보화 시대를 주도할 새로운 가치 창조는 우리 문화에 대한 인식이 바탕이 된다. 즉, 유아기부터 전통문화에 관심을 가지고 우리 문화유산과 전래동화와 동요, 전래놀이를 체험함으로써 자신이 속한 사회에 대하여 자긍심을 갖고 전통문화의 소중함을 깨닫도록 해야 한다(이미나 · 김경희, 2018).

이처럼 전래동요의 교육적 가치는 유아교육기관에서 활용할 뿐만 아니라 가정과 연계하여 이루어질 때 그 교육적 효과가 상승할 것임을 알 수 있다. 특히 누리과정의 인성덕목인 배려, 존중, 협력, 나눔, 질서, 효의 내용이 포함된 전래놀이를 가정 연계로 진행할 때 그 교육적 효과는 높을 것으로 기대된다.

인성덕목이 포함된 전래놀이 프로그램을 제시하면 다음과 같다(김수향·안지령·이은희, 2019).

<표 11-2> 유아교육기관과 가정 연계 전래놀이 프로그램

전래놀이 프로그램	인성덕목	전래놀이 프로그램	인성덕목
별 하나 나 하나	나눔	손치기 발치기	협력
어디에	존중	콩받아라 팥받아라	배려
동무동무 어깨동무	협력	돼지씨름	질서
까막잡기	존중	남생이놀이	존중
투호놀이	질서	여우야 여우야	존중
무궁화꽃이 피었습니다	질서	별 하나 나 하나	나눔

전래놀이 프로그램 중 실례로 '별 하나 나 하나' 가정 연계 활동을 소개하면 다음과 같다.

<table>
<tr><td>전래놀이</td><td colspan="2">별 하나 나 하나(인성덕목 : 나눔) – 유아교육기관 활동</td></tr>
<tr><td>교사의 기대</td><td colspan="2">– 〈별 하나 나 하나〉 놀이를 이해할 수 있다.
– 〈별 하나 나 하나〉 놀이를 친구와 역할을 나누며 할 수 있다.
– 〈별 하나 나 하나〉 놀이를 통해 〈나눔〉을 경험할 수 있다.</td></tr>
<tr><td>단 계</td><td>놀이 진행 방법</td><td>자료 및 유의점</td></tr>
<tr><td>놀이 열기</td><td>– 여러분 그동안 잘 지내었나요? 우리 함께 인사해요.
(선생님과 공수로 인사한다)
– 그리고 친구들과도 함께 인사할까요?
(친구들과도 함께 공수로 인사한다)
– 여러분, 밤 하늘에 떠 있는 별을 본 적이 있나요?
– 여러분, 같이 별을 헤아려 볼까요?
(준비된 별 그림을 짚어보거나, 손가락을 접으며 헤아려 본다)</td><td>〈별 하나 나 하나〉 가사판, 공, 별 그림 10개</td></tr>
<tr><td>놀이 하기</td><td>– (〈별 하나 나 하나〉 노래 불러보기) 우리 친구들 정말 잘 불렀어요.
– 〈별 하나 나 하나〉 노래를 나누어서 한 번 불러볼까요?
– 짝과 마주 앉아서 공으로 서로 주고받아 보아요.
– 짝과 마주 앉아서 공을 주고받으며 〈별 하나 나 하나〉 노래를 불러보아요.</td><td></td></tr>
<tr><td>놀이 나누기</td><td>– 친구와 함께 〈별 하나 나 하나〉 놀이를 해본 느낌이 어떠하였나요?
– 노래를 나누어서 불렀을 때 기분은 어떠하였나요?
– 친구와 공을 나누어 가지고 놀이해 본 기분은 어떠하였나요?
– 여러분, 오늘 모두들 친구들과 노래도 나누어 부르고, 공도 나누어 주면서 놀이하는 모습이 참 좋았습니다.
함께 놀이한 친구에게 "고마워!"라고 인사해 보기로 해요.
(서로 공수하며, "고마워"라고 인사해 보기)
– 여러분, 이제 인성 선생님과는 헤어지기로 해요.
우리 마침 인사합시다.
(공수하며) "선생님 감사합니다."</td><td>서로 자기의 역할에 대해 '나눔'을 경험할 수 있도록 한다.</td></tr>
<tr><td>놀이를 통한 배움</td><td>신체운동・건강〉신체활동 즐기기〉신체 움직임을 조절한다.
– 짝을 바꾸어 가며 놀이를 할 수 있다.
– 역할을 바꾸어 가며 놀이를 할 수 있다.
– 친구와 서로 마주보며 나눔을 경험했는지를 평가한다.
– 놀이를 통해 자연스러운 나눔이 이루어졌는지를 평가한다.</td><td></td></tr>
<tr><td colspan="3">가정 연계 활동 지원 – 교육계획안에 〈별 하나 나 하나〉 가사 알려주기</td></tr>
</table>

전래놀이	별 하나 나 하나(인성덕목 : 나눔) – 가정 연계 활동	
교육적 기대 효과	– 〈별 하나 나 하나〉 놀이를 이해할 수 있다. – 〈별 하나 나 하나〉 놀이를 부모와 역할을 나누며 할 수 있다. – 〈별 하나 나 하나〉 놀이를 통해 〈나눔〉을 경험할 수 있다.	
단 계	놀이 진행 방법	자료 및 유의점
놀이 열기	부모와 함께 별 만들기 별 하나 나 하나 노래 불러보기 별 하나 나 하나 별 둘 나 둘 별 셋 나 셋 별 넷 나 넷 별 다섯 나 다섯 별 여섯 나 여섯 별 일곱 나 일곱 별 여덟 나 여덟 별 아홉 나 아홉 별 열 나 열 모두 다 땄다!	〈별 하나 나 하나〉 가사판, 공, 별 그림 10개
놀이 하기	– 부모님과 마주앉아서 공을 서로 주고받아 보아요. – 부모님과 마주앉아서 공을 주고받으며 〈별 하나 나 하나〉 노래를 불러보아요.	
놀이 나누기	– 부모님과 함께 〈별 하나 나 하나〉 놀이 인증샷 찍어서 유아교육기관 홈페이지에 올리기 – 가장 재미있었던 순간 그림으로 표현하기 – 부모님께 마치는 인사하기 (공수하며) “아버님(어머님) 감사합니다.”	서로 자기의 역할에 대해 ‘나눔’을 경험할 수 있도록 한다.
놀이를 통한 배움	신체운동・건강 〉 신체활동 즐기기 〉 신체 움직임을 조절한다. – 부모님과 역할을 바꾸어 가며 놀이를 할 수 있다. – 부모님께 감사하는 마음을 가진다.	

2. 지역사회 연계 놀이중심 교육과정

교육부는 아이 행복 중심의 교육・보육 실현을 위한 2024 개정 표준보육과정을 확정 발표하고 2025년 3월 1일부터 시행하고 있다(교육부, 2024). 2024 개정 표준보육과정(0~2세)은 영유아의 주도성과 놀이를 통한 배움을 강조하고 있는데, 특히 부모 및 지역사회가 함께 실현해 가는 것을 강조하고 있다(교육부, 2025).

'영아 자체가 하나의 보육과정이다.'라고 말할 수 있을 정도로 영아는 보육과정에서 가장 중심이 된다. 하지만 영아의 발달 특성상 영아를 둘러싼 다양한 주체들의 지원에 따라 영아의 경험이 달라질 수 있다. 영아 중심의 보육과정을 실현하기 위해서 여러 주체의 협력과 참여가 전제되어야 한다. 보육과정을 실행하는 주체로 먼저 교사를 떠올리지만, 교사 외에 가정, 이웃, 지역사회 등도 보육과정을 실행하는 또 다른 주체들이다. 특히 이주배경, 장애, 발달이 느린 영아 등과 같이 특별한 개별적 요구를 가진 영아를 지원하기 위해서는 기관 내에서 교사 간의 연계, 가정 및 지역사회와의 연계가 갖는 역할이 더 중요하다.

모든 영아는 개별적 특별함 안에서 자신만의 유능함과 함께 무한한 잠재력을 지니고 있다. 특별한 요구를 가진 모든 영아는 사회문화적 배경이나 능력과 관계없이 동등한 권리를 누리며 영아를 위한 최선의 이익을 보장받아야 한다. 영아를 중심으로 교사, 보호자, 지역사회 등이 상호 존중하고 협력하는 문화 안에서 모든 영아는 개별적 학습자로서 자신의 존재를 있는 그대로 인정받을 수 있다.

출처 : 교육부(2025). 2024 개정 표준보육과정(0~2세) 모든 영아를 위한 지원자료, p. 101.

이에 따라 지역사회 연계 교육의 필요성 및 지역사회 연계활동을 소개하고자 한다(김수향 외, 2021).

1) 지역사회 연계 교육의 필요성

영유아는 태어나면서 가정과 다양한 지역사회에 속하게 되며 이러한 환경 속에서 자아를 형성해 가고 사회화되면서 자기 자신을 발전시켜 나간다. 유아교육기관에서도 지역사회나 주변 환경을 소재로 다양한 경험을 제공함으로써 유아는 사회생활에 필요한 지식, 기술, 태도 등을 내면화하게 된다(우정희, 2007).

지역사회 연계 교육의 필요성을 학자들의 이론 및 실제 프로그램 적용 성공사례를 중심으로 살펴보면 다음과 같다.

첫째, 듀이(Dewey, 1956)는 교육과정 편성에서 학교와 지역사회와의 상호작용을 강조하였다. 듀이(Dewey, 1956)는 교육과정의 편성은 '학교와 지역사회'의 관점에서 지역사회와의 상호작용을 강조하면서 이루어져야 한다고 주장하였다. 즉, 교육과정의 편성은 유아의 발달과 생활을 통합하여 구성하여야 한다고 주장하였으며, 또한 교육과 개인적 경험과의 관련성을 강조하면서 학교를 가정이나 아동이 속한 지역사회의 생활과 보다 밀접하게 관련시켜야 한다고 하였다. 이러한 점을 볼 때 지역사회와 상호작용적인 놀이중심 교육과정 편성이 이루어져야 함을 시사하고 있다.

둘째, 굴로(Gullo, 1990)는 유아교육은 지역사회 연계를 통해 발전한다고 설명하고 있다. 굴로(Gullo, 1990)는 다른 어떠한 교육기관보다도 유아교육기관은 부모와 지역사회의 요구를 반영하는 것이 용이하며, 특히 유아교육 발전을 위해 부모와 지역사회가 함께 공동의 노력을 할 수 있는 관계에 있다고 하였다.

셋째, 브론펜브레너(Bronfenbrenner, 1979)의 생태학적 체계이론 관점이 있다. 지역사회 연계 교육과정 편성의 당위성 부분에 있어 브론펜브레너(Bronfenbrenner, 1979)의 생태학적 체계이론을 간과할 수 없다. 즉, 생태학적 체계이론에 있어 인간의 발달은 그와 관련한 직접적인 환경과 동심원 선상에 영향을 받는다는 것이다. 즉, 미시체계에 속하는 가족, 학교, 친구, 이웃이 미시체계 내에서 직접적인 상호작용을 하게 되는데, 이러한 미시체계 간의 상호관계, 즉 부모와 교사 간의 관계, 형제 관계 등이 밀접하게 이루어질수록 발달이 순조롭게 진행된다고 하였다. 거시체계는 미시체계, 중간체계, 외체계를 모두 포함한다(방인옥 · 박찬옥 · 이기현 · 김은희, 2000). 유아교육기관의 교육내용에 있어서 가정, 유아교육기관의 중요성은 강조되고 있지만 중간체계에 속한 이웃, 지역사회의 다양한 기관과 장소, 환경 등에 관한 부분은 상대적으로 덜 중요하게 인식되면서 수업내용의 비중이 적거나 수업운영에 있어서도 수동적인 모습이 나타나고 있다(우정희, 2007).

넷째, 지역사회 연계 교육 프로그램의 성공사례의 관점(레지오 에밀리아 접근법)이 있다. 지역사회 연계 교육의 성공적인 사례로 이탈리아 북부 레지오 에밀리아 지역에서 시작된 레지오 에밀리아 접근법을 들 수 있다. 레지오 에밀리아 접근법은 대학교 및 행정기관이 주축이 되어 지역협력 체계를 구축하여 사회문화적인 요인과 적절하게 조화되어 프로그램을 운영하여 성공한 대표적인 사례이다. 즉, 유아와 교사, 부모, 지역사회 구성원 간의 관계를 통해 교육이 상호협력적으로 이루어지고 있다(New, 1999). 미국에서는 각 주 및 지방자치단체가 부모, 유아교육기관, 그리고 대학교와 협조적 관계를 맺고 지역 유아교육을 발전시키고 있으며, 서구뿐만이 아니라 일본도 유아교육과 보육의 발전을 위하여 지역사회와의 연계를 강조하였다(우정희, 2007; 최기영, 1996). 이와 같이 각국마다 다양한 형태의 지역사회 연계 교육을 실시하고 있다.

다섯째, 우리나라 유아교육과정(유치원 교육과정과 표준보육과정)에서 지역사회 연계교육과정 관점이 있다. 영유아의 성장과 경험에 중요한 영향을 미치는 요인은 가족과 지역사회 구성원이며, 영유아가 성장하여 사회에 소속되어 적극적 역할을 담당함으로써 사회에 기여할 수 있는 인간으로 기르기 위해서는 지역사회의 역할이 중요하다(여성가족부, 2009).

마지막으로, 이러한 다섯 가지 관점에서 볼 때 영유아들이 올바르게 성장하기 위해서는 유아교육기관에 한정하지 않고 지역사회의 지원과 도움을 통한 연계 교육이 이루어져야 함을 알 수 있다. 이 다섯 가지 관점은 놀이중심 교육과정에서도 유아교육기관에 한정된 놀이가 아니라 지역사회와 연계하여 확장된 놀이 활동이 필요함을 교육적으로 시사하고 있다.

2) 지역사회 연계 놀이 프로그램

유아교육기관에서 지역사회 연계 주요 교육내용은 지역사회에 대해 알기, 지역사회와 관계 형성하기, 지역사회 문제의 인식 및 해결, 지역사회에 대한 공동체 의식 향상 등을 들 수 있다(우정희, 2007). 지역사회 연계 활동은 관공서 현장견학이나 지역사회 인사 초청 등을 들 수 있다.

이러한 관점에서 지역사회 '장난감 도서관'과 '어린이 박물관'을 활용한 연계활동을 살펴보면 다음과 같다.

(1) 지역사회 장난감 도서관을 활용한 놀이 프로그램

지역사회 장난감 도서관은 영유아들에게 다양한 놀이를 접할 수 있는 환경과 기회를 제공해 주는 기관으로 영유아들의 지능발달 및 감성계발과 장난감 구입에 따른 부모님들의 경제적 부담을 덜어주고 있다. 이 책에서는 의왕 아이사랑 장난감 도서관을 활용한 놀이 프로그램을 재구성하여 제시하고자 한다(https://www.uweducare.or.kr/toy, 2025. 9. 2. 인출).

활동 1. 홈페이지를 찾아보아요

활동 2. 어떤 장난감이 있을까? (오전점)

영역		이런 놀잇감이 있어요!
안전하게 운전해요		
여러가지 탈 것이 있어요	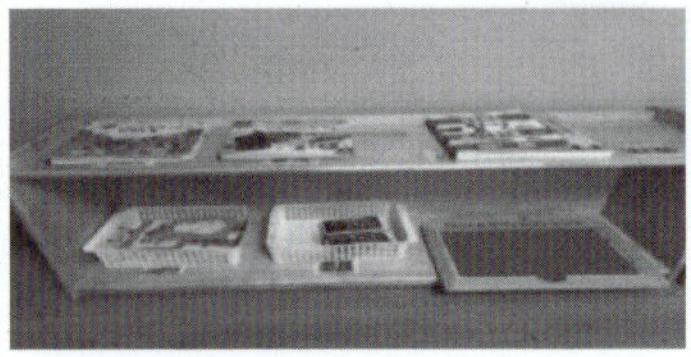	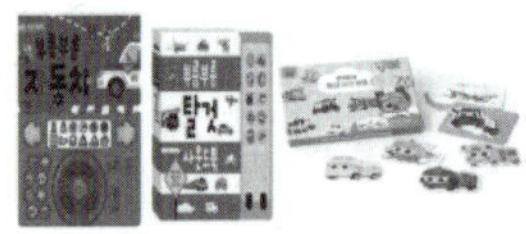
다양한 탈 것이 있어요		
탈것을 깨끗하게 청소해요		
다양한 길을 만들어요		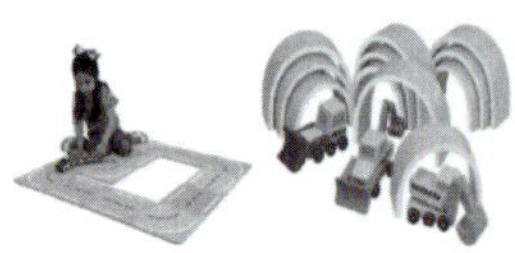
내가 좋아하는 탈 것 노래를 불러요	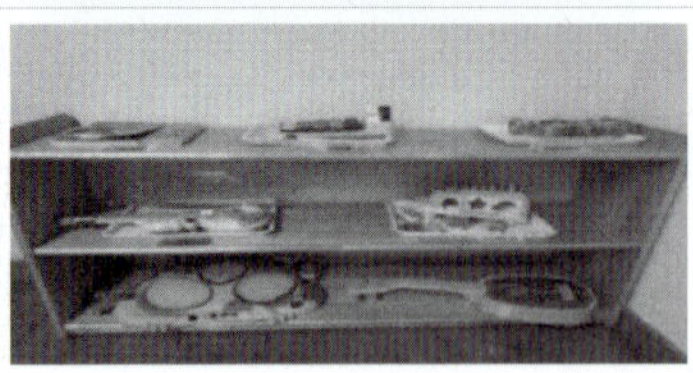	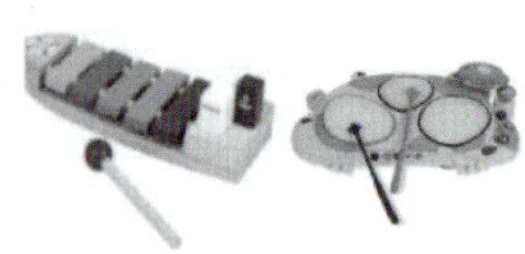

활동 3. 내가 다니는 유아교육기관에서 장난감 도서관에 가려면?

우리 집에서 장난감 도서관을 가려면?

주소 및 연락처

- (16051) 경기도 의왕시 보식골로 30-10 어린이랜드 1층 장난감도서관
- Tel: 031)345-2195

활동 4. 내가 좋아하는 장난감을 찾아보세요

내가 좋아하는 장난감을 대출해 보세요.

활동 5. 도서관에서 대출한 장난감으로 가정에서 부모님과 함께 재미있게 놀아보아요

부모님과 놀이 중 가장 생각나는 부분을 그림으로 그리거나 글로 표현해 보세요.

(2) 지역사회 박물관을 활용한 놀이 프로그램

지역사회 연계 놀이중심 활동으로 우리 지역 박물관을 활용할 수 있다. 국립민속박물관(어린이 박물관)을 활용한 놀이 프로그램을 소개하면 다음과 같다(https://www.nfm.go.kr/kids/2025. 9. 2. 인출).

활동 1. 어린이 박물관은 어떤 곳일까요?

어린이박물관은 어떤 곳일까요?

어린이박물관은 전시, 교육, 연구, 교류 등의 영역에서
어린이를 위한 다양한 체험과 서비스를 제공하고 있습니다.
국립민속박물관 어린이박물관에서 재미있고 다양한 놀이와 체험을 통해
우리 문화와 세계문화에 대해서 알아보아요!

**어린이 눈높이에 맞는
체험형 전시가 있습니다.**

전시실에서는 우리 문화와 세계문화를
주제로 전시를 개최하고 있습니다.

**다양한 교육 프로그램을
운영하고 있습니다.**

학교와 연계하여 운영하는 교육프로그램은 물론,
가족 교육, 방학 교육, 소외계층, 전시 연계 교육도 마련하고 있습니다.
또한 박물관 방문이 힘든 곳 어린이들을 위해 유물자료들로 전시 버스를 꾸며
'찾아가는 어린이박물관'도 운영하고 있습니다.

**어린이 중심의 박물관 기반을
강화하기 위해서도 노력하고 있습니다.**

어린이 관련 유물 및 자료를 수집, 보존하면서 어린이를 위한 다양한 온라인 콘텐츠를
개발, 보급하고 있습니다. 세계의 어린이와 함께하는 박물관을 만들기 위해
국내외 많은 어린이박물관과 교류·협력하고 있으며, 이를 통해 전시, 교육, 자료 등
다양한 영역에서 풍부한 경험을 할 수 있도록 노력하고 있습니다.

활동 2. 박물관에서 내가 하고 싶은 것은?

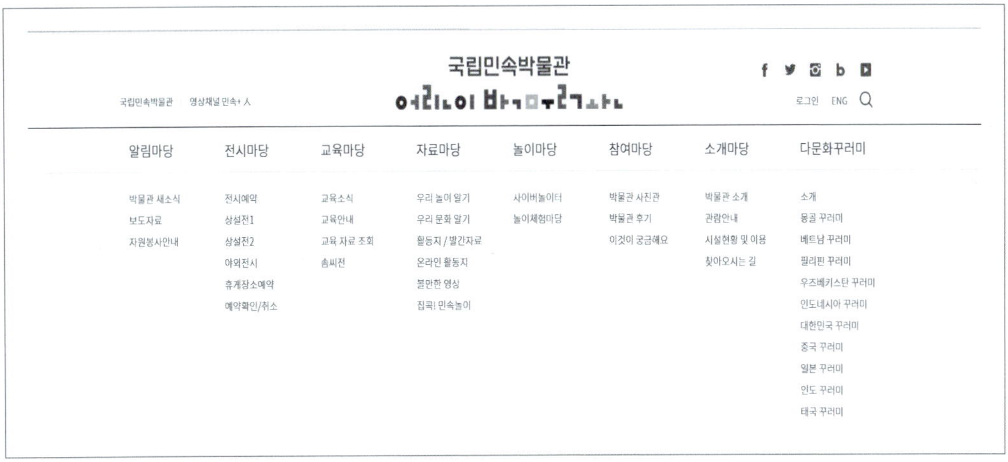

활동 3. 박물관에서 우리 놀이를 알아보아요

생각해 보기

1. 놀이중심 교육과정에서 가정 및 지역사회 연계 교육의 필요성은 무엇인가요?
2. 가정 및 지역사회 연계 놀이중심 프로그램을 구성한다면 어떻게 할 수 있을지 생각해 보세요.

참고문헌

교육부(2025). 2024 개정 표준보육과정(0~2세) 0~1세 실행자료. 교육부.

______(2025). 2024 개정 표준보육과정(0~2세) 모든 영아를 위한 지원자료. 교육부.

______(2025). 2024 개정 표준보육과정(0~2세) 해설서. 교육부.

김수향・박수연・안은희・유은숙・이귀옥・이성주(2021). **보육과정**. 공동체.

김수향・안지령・이은희(2019). 교사유형에 따른 전래놀이 인성교육 활동이 만 2세 영아의 행동변화에 미치는 영향. 인성과 기본생활 습관을 중심으로. **한국열린유아교육학회 학술대회 논문집**, 53-63.

박희숙(2009). 가정 연계 모델 중심 유아환경 교육 프로그램 개발을 위한 기초연구. **열린유아교육연구**, 14(5), 1-23.

보건복지부(2000). **제4차 어린이집 표준보육과정**. 보건복지부.

신경화・하연희(2019). 영유아 놀이 중심 부모교육 프로그램 모형 구성. **학습자중심교과교육연구**, 19(13), 233-250.

여성가족부(2007). **표준보육과정의 구체적 보육내용 및 교사지침**. 여성가족부.

우성희(2007). 유아교육기관의 지역사회 연계교육 실태. **열린유아교육연구**, 12(6), 195-214.

이미나・김경희(2018). 전래놀이 프로그램이 유아의 행복감과 리더십에 미치는 효과. **예술인문사회 융합 멀티미디어 논문지**, 8(8), 433-441.

이미자・문혁준(2008). 교사-어머니의 의사소통과 어머니의 유아교육기관 만족도 및 양육스트레스. **한국아동학회**, 29(1), 1-14.

이영자・권영례(1998). **유아교육기관운영관리**. 한국방송대학교출판부.

조순규(2019). 심리운동 기반 부모교육 프로그램 개발의 필요성. **심리운동연구**, 5(1), 85-97.

최기영(1996). 지역사회 유아교육에 대한 부모와 교사의 인식 및 요구. **교수논총**, 12(2), 1-33.

Bronfenbrenner, U.(1979). *The Ecology of Human Development*. Masschusetts : Harvard University Press.

Dewey, J.(1956). *The School and Society*. Chicaco & London : The University of Chicago Press.

Gullo, D. F.(1990). The changing family context. *Young Children, 49*(4), 35-39.

New, R. S.(1999). What should children learn? making choices and talking chance. *Early Childhood Research & Praction, 1*(2), 15.

제12장

외국 보육과정

1. 뉴질랜드
2. 스웨덴
3. 영 국
4. 프랑스
5. 미 국
6. 일 본

제 12 장

외국 보육과정

이 장에서는 외국의 다양한 보육과정에 대해 알아보고자 한다. 외국의 보육과정은 국가 수준에서 교육과 보육이 통합된 영유아교육과정을 개발하여 적용하고 있는 뉴질랜드, 스웨덴, 영국, 프랑스, 지방분권화된 교육과정을 시행하고 있는 미국, 통합을 추진하고 있는 일본의 인정어린이원에 대해 살펴보고자 한다.

1. 뉴질랜드

1) 유보통합 현황

(1) 유아교육 · 보육체계

뉴질랜드는 1986년 이전에는 유아교육과 보육에 대한 체계가 교육부, 사회복지부, 마오리 사업부(Māori Affairs)로 분리되어 있었으나, 1986년에 유아교육과 보육에 대한 관리 책임이 교육부로 통합되었다(Meade & Podmore, 2010). 이후 영유아기에 질 높은 유아교육·보육(ECEC)을 제공하기 위해 '5세 이전' 영유아기 교육 · 보육 통합정책 시행과 교사양성 체제 및 재정지원 체계, 유아교육 · 보육의 질 관리를 위해 1989년 '교육법(Education Act)'

을 제정하여 통합된 유아교육·보육의 법적 체계를 마련하였다(류미향·박선미·안혜령, 2023).

뉴질랜드의 유아교육·보육 행정 체계는 교육부－교육청－학교를 중심으로 운영되었고, 1989년 교육개혁으로 개별 교육기관 중심의 학교운영위원회(BOT : Board of Trustees)를 중심으로 운영되었다. 중앙집권적이었던 뉴질랜드의 교육행정 체계는 6개의 독립된 기관인 교육부(교육정책과 예산 담당), 교육평가청(교육기관 관리·감독), 자격관리청(교육과정 편제 및 각종 시험 주관), 교사양성 및 자격관리 기관(교사의 수급과 질 관리), 고등교육과 직업교육 담당으로 분리되었다(최은영·조경진, 2024).

(2) 유아교육·보육 실행 계획 2019~2029(Early Learning Action Plan 2019~2029)

뉴질랜드는 2018년 3개년간의 교육정책 수립 계획과 2019~2029년까지 10년간의 유아교육·보육 실행 계획을 발표하였다. 이 계획에 포함된 정부의 교육활동 프로그램은 교육인적자원 전략(Education Workforce Strategy), 학습 지원 실행 계획 2019~2025(Learning Support Action Plan 2019~2025), 카 히키티아와 타우 마이 테 리오(Ka Hikitia and Tau Mai Te Reo : The Māori Education Strategy and The Māori Languate in Education Strategy), 태평양 교육 실행 계획(Action Plan for Pacific Education, 뉴질랜드 교육부), 교육과정, 학습진전과 학습성취 프로그램(Curriculum, Progress and Achievement Programme; 이하 CPA 프로그램), Nation Education and Learning Priorities(NELP) 등이다.

유아교육·보육 실행계획(ELAP)의 이념은 모든 유아는 소중한 'taonga(보물)'이고, 유아는 성장과 발전을 위한 내재적 잠재력을 가지고 선조와 문화유산에 대한 지속적인 연결을 가지고 태어난다는 것이다. 이에 따라 모든 유아가 ① 전인적 웰빙(a good life), ② 자기 정체성·언어·문화가 존중·강화되는 고품질(quality) 환경에서 학습·성장(thrive)하도록 계획되어 있다. 이러한 고품질 초기학습 서비스는 유아의 발달을 촉진하고 '출발선에서의 형평성(equity from the start)'을 실현하는 효과적인 방법이며, 부모와 와나우(확대가족)가 자녀의 '최초 교사(first teachers)'로서 역할 수행을 할 수 있도록 핵심적 지원 기반을 제공하는 것이다. Early Learning Action Plan(ELAP) 2019~2029년에서는 상호 의존적인 5개의 목표와 서비스 유형의 질 향상, 형평성과 서비스 유형이 함께 연계되도록 25개의 조치를 제시하였다. 이 계획의 중요한 과제는 성인 대 아동 비율 개선, 인센티브와 규제를 통한 교사주도 기관에서 자격을 갖춘 교사 인력 확보, 정부의 네트워크 관리 기능 개발 등이다. 특히 교육을 위한 10년 목표에 제시된 과제 가운데 초기학습 부분에서 '유아와 그들의 와나우('태어나 함께 묶인 사람들' extended family 친족 · 가까운 친구 · 마을 공동체)를 중심으로 한 학습자들'이라는 내용은 학습자와 그들의 와나우가 교육의 중심이라는 의미를 내포하고 있다(최은영 · 조경진, 2024).

2) 뉴질랜드의 영유아교육과정(Ministry of Education, 2023)

뉴질랜드의 국가 수준의 영유아교육과정 초안인 테 와리키(Te Whāriki)는 1993년에 발행되었고, 1996년에 정식으로 발표되었다. 뉴질랜드는 인가된 모든 유아교육 · 보육 서비스에 대해 필수 교육과정을 설정하고, 출생부터 취학연령까지 아동의 발달을 지원하기 위한 지침과 교육과정은 마오리어로 짠 매트를 의미하는 '테 와리키'로 은유적인 의미를 담아 제시하였다. 즉, '테 와리키' 교육과정은 4개의 원칙(Principles : 권한 부여, 전체적인 발달, 가족 및 지역사회, 관계)과 5개의 교육과정 요소(Strands : 웰빙, 소속감, 기여, 의사소통 및 탐구)와 엮는 것을 의미한다(Ministry of Education, 2017).

뉴질랜드의 Te Whāriki – Early Childhood Curriculum(Ministry of Education, New Zealand, 2017)의 문서 체계는 서론, 교육과정의 원칙, 교육내용 영역, 영역별 내용 제시로 구성되어 있다. 테 와리키 교육과정의 비전은 '유능하고 자신감 있는 학습자, 의사소통자, 정신과 신체, 영적으로 건강하며, 소속감과 사회 기여 의식을 가지게 하는 것'이다. 뉴질랜드

교육과정의 기초단계인 테 와리키의 네 가지 교육원리(역량강화, 전인 발달, 가정·지역사회, 관계)는 4장에 걸쳐 제시되어 있으며, 이는 교육과정 의사결정, 교육과 실제를 위한 지침이 된다. 첫 번째 원리인 역량강화는 영유아가 잠재력을 발휘하고 성장할 수 있도록 권위와 힘을 인정받는다는 것이다. 두 번째 원리는 영유아가 인지, 신체, 정서, 영적, 사회문화적 모든 차원에서 전인적 성장을 이루도록 풍부한 교육과정이 제공되어야 함을 의미한다. 세 번째 원리는 가정과 지역사회와 관계하며 자신의 문화, 지식, 공동체가 인정받고, 주변 사람들이 다양한 환경과의 연결을 도와줄 때 최상의 학습과 발달이 이루어짐을 의미한다. 네 번째, 관계의 원리는 사람, 장소, 사물과의 상호적 관계를 통해 자기 생각과 이론을 실행해 보고 발전시킬 기회를 제공해야 함을 의미한다(류미향·박선미·안혜령, 2023; The Fawcett Society, 2022).

(1) 영유아기 교육과정의 특징

뉴질랜드의 국가 수준 영유아교육과정인 테 와리키의 원칙은 영유아에게 권한을 부여하는 것(아이가 학습하고 성장할 수 있도록 권한 부여), 영유아가 학습하고 성장하는 방식의 반영(아이들이 학습하고 성장하는 전체적인 방식을 반영), 가족과 지역사회의 협력(더 넓은 세계의 가족과 지역사회와의 연계), 반응적이고, 상호 협력적인 관계(유아가 타인, 장소 및 물건과의 반응적이고 상호 교류적인 관계를 통해 학습)를 통한 학습을 강조하고 있다(최은영·조경진, 2024).

뉴질랜드의 Te Whāriki－Early Childhood Curriculum(2017)은 만 0~5세 영유아를 대상으로 교육부에서 개발하여 제공하는 공통교육과정으로 요소, 목표, 학습성과로 구성되어 있으며, 이들은 서로 유기적으로 연결되어 있다(표 12－1).

<표 12-1> 뉴질랜드의 Te Whāriki의 영유아기 교육과정의 요소, 목표, 학습성과

요 소	목 표	학습성과
웰빙 아이의 건강과 웰빙이 보호되고 양육된다.	아이들은 다음과 같은 환경을 경험한다: • 그들의 건강이 증진된다. • 그들의 감정적 건강이 육성된다. • 위험으로부터 안전하게 보호된다.	시간이 지나면서 지도와 격려를 받으며, 아동은 점점 더 많은 능력을 갖추게 된다: • 자신의 건강을 지키고 스스로 돌보는 능력 • 자신을 관리하고 자신의 감정과 필요를 표현하는 능력 • 자신과 다른 사람들을 위험으로부터 보호하는 능력
소속감 어린이와 그들의 가족들은 소속감을 느낀다.	아동과 가족은 다음과 같은 환경을 경험한다: • 가족 및 더 넓은 세상과의 연결고리가 확인되고 확장된다. • 그들은 자신들의 자리가 있다는 것을 안다. • 그들은 일상적인 예절, 관습 및 정기적인 사건들과 함께 편안함을 느낀다. • 그들은 허용 가능한 행동의 한계와 경계를 알고 있다.	시간이 지남에 따라 지도와 격려를 받으면서, 아동은 점점 더 능력이 증진된다: • 그들의 세상에서 사람, 장소 및 사물 간의 연결을 만드는 능력 • 이 장소의 돌봄에 참여하는 능력 • 여기에서 일어나는 일을 이해하고 변화에 적응하는 능력 • 카우파파(원칙), 규칙들 및 타인의 권리를 존경하는 것
기여 학습 기회는 공평하며 각 아이의 기여를 가치 있게 여긴다.	아동과 가족은 환경을 체험한다: • 성별, 능력, 나이, 인종 또는 배경과 관계없이 학습에 대한 공평한 기회가 제공된다. • 그들은 개인으로 인정받는다. • 그들은 다른 사람들과 함께 학습하고 공존하도록 격려받는다.	지도와 격려를 받으며, 시간이 지나면 아동은 점차적으로 더 많은 능력이 증진된다: • 사람들을 공정하게 대하고 놀이에 참여시키는 능력 • 자신의 학습능력을 인지하고 평가하는 능력 • 다양한 전략과 기술을 사용하여 다른 사람들과 함께 놀이하고 배우는 능력

의사소통 자신과 다른 문화의 언어와 상징이 촉진되고 보호된다.	아동과 가족은 다음의 환경을 경험한다: • 다양한 목적을 위한 비언어적 의사소통 기술을 발전시킨다. • 다양한 목적을 위한 언어적 의사소통 기술을 발전시킨다. • 자신의 문화 및 다른 문화의 이야기와 상징을 경험한다. • 창의적이고 표현력 있는 다양한 방법을 발견한다.	시간이 지남에 따라 지도와 격려를 받으면 아동은 점점 더 많은 것을 할 수 있게 된다: • 몸짓과 움직임을 사용하여 자신을 표현하기 • 구두 언어를 이해하고 다양한 목적에 활용하는 능력 • 이야기를 듣는 것을 즐기며 그 이야기를 되돌려 말하거나 새롭게 만드는 능력 • 인쇄물 기호와 개념을 인식하고 즐기며 의미와 목적을 가지고 사용하기 • 수학적 기호와 개념을 인식하고 즐기며 의미와 목적을 가지고 사용하기 • 다양한 재료와 방법을 사용하여 자신의 감정과 생각을 표현하기
탐구 환경을 적극적으로 탐구함으로써 학습한다.	아동과 가족은 다음의 환경을 경험한다: • 그들의 놀이가 의미 있는 배움으로 인정받고 자발적인 놀이의 중요성이 인정된다. • 자기 신체에 대한 자신감과 조절 능력을 얻는다. • 능동적인 탐색, 사고 및 추론을 위한 전략을 배운다. • 자연, 사회, 물리 및 물질세계를 이해하기 위한 작동 이론을 발전시킨다.	지도와 격려를 받으며 시간이 지나면, 아동은 점점 더 많은 능력을 갖추게 된다: • 놀이, 상상, 발명 및 실험하기 • 자신감 있게 움직이고 신체적으로 도전하는 능력을 발전시키기 • 논리적 사고와 문제 해결을 위한 다양한 전략을 사용하는 능력을 발전시키기 • 자신의 세계를 이해하기 위한 이론을 생성하고 정교화하는 능력 발전시키기

출처 : Ministry of Education(2023, April). Early Learning Curriculum Framework| He Anga Marau Kōhungah unga 2023, Part A, Strands, goals and learning outcomes, https://assets.education.govt.nz/public/Documents/News/News－2023/Early－Learning－Curriculum－Framework－2023.pdf (2023. 6. 9. 인출); 김은영 외(2024), p. 35; 최은영 · 조경진(2024), p. 35.

2. 스웨덴

1) 유보통합 현황

(1) 육아정책 관점

스웨덴의 육아정책 과제는 양성평등과 여성의 노동시장 참여로, 남녀가 모두 경제활동에 참여하는 맞벌이 가구 모형에 근거하여 영유아 공보육·교육체계를 확립·발전시켜 왔다. 스웨덴의 육아정책은 모든 아동기 서비스와 의무교육 체계가 교육부 산하로 완전히 통합된 체계를 갖추고, 취학 전 영유아기 교육·보육(ECEC)과 이후 학교 체계가 각기 다른 연령을 대상으로 하면서도 동일한 예산과 규제, 훈련과 교육, 서비스 전달의 제 측면에서 일관성 있고 유기적인 관계를 이루고 있다. 즉, 스웨덴의 ECEC 정책은 육아지원 체계와 맥을 같이하고 있다. 구체적으로 부모의 육아휴직 및 보험과 각종 수당을 지원하고 있고, ECEC 기관 이용 비용을 비용 상한제하에서 자녀 수와 이용 시간, 부모의 소득수준, 모 취업 여부와 육아휴직 등을 고려하여 지원하고 있다(최윤경·김윤환·이혜민, 2015).

(2) 유아교육·보육체계

스웨덴의 유아교육과정에 관한 법은 1998년 처음 시행되었고, 유치원과 종일제 보육을 통합하여 프리스콜라(pre-school/förskola)라는 기관을 만들었다(문무경, 2006). 스웨덴 ECEC는 '양성평등 신념과 보육', '자연 친화, 놀이 중심', '학부모 참여의 제도화'를 특징으로 할 수 있다. 스웨덴의 ECEC 기관은 프리스콜라, 유아학급, 취학아동을 위한 보육 등의 유형으로 구분된다. 각 유형과 특징은 다음 표와 같다(표 12-2).

<표 12-2> 스웨덴 ECEC 기관 유형 및 특징

기 관		이용아동 연령	특 징
프리스콜라	프리스콜라	만 1~5세	• 원칙적으로 취업 혹은 학업 중인 부부가 이용 가능 • 미취업 상태이거나 육아휴직인 경우에도 이용 가능 • 연중무휴 종일 보육서비스(부모 근무시간에 따라 조정 가능) • 평균 3학급 정도로 구성, 학급당 인원은 15~24명 정도로, 3명의 교직원 배치 • 지자체별로 비용 상한제 금액이 정해져 있음
	pedagogical care	만 1~12세	• 비형식적 기관, 2009년부터 Family daycare에서 pedagogical care로 명칭 변경 • 가정 방문 데이케어(만 1~12세 이용 가능, 보통 만 1~5세 이용) • 가정보육과 방과후센터는 취업/학업 중에만 이용 가능 • 지자체별로 보육 상한액이 정해져 있음
	개방형 프리스콜라 (open preschool)	만 1~5세	• 전업주부를 위한 시설, 비형식적 기관 • 기관(프리스콜라)에 다니지 않는 아동이 부모/양육자와 함께 이용하는 서비스 • 시간제(정기적 등록 필요 없음) • 부모, 가정보육교사 등이 함께 방문하여 가정에서 접하기 어려운 교재 등을 이용 • 주로 3세 미만 아동을 대상으로 함. 학기 중-시간제 위주, 방학 중-전일제 위주로 제공됨
유아학급 (pre-school class, forskoleklass)		만 6세 (취학 전 아동)	• 취학 직전 유아를 위한 기관으로 초등학교 내 위치 • 반일+방과 후 보육으로 구성됨 • 강제적으로 이용하는 기관은 아니나 높은 이용률로 준의무교육에 해당함, 이용률 99% • 연간 525시간이 무상으로 제공됨

취학아동을 위한 보육	여가활동 센터	만 6~12세	• 부모가 취업/학업 중이면 도움을 주기 위해 구성 • 학교에 다니지 않거나 학교가 휴일이면 아동을 보육하고, 학교에 다닐 때는 학교에서 경험할 수 없는 경험을 제공, 아동발달 지원 • 연중무휴, 시간제 서비스 제공 • 지자체별로 보육 상한액이 정해져 있음
	pedagogical care	만 1~12세	• 가정 방문 데이케어 • 가정보육과 방과후센터는 부모가 취업/학업 중인 경우에만 이용 가능 • 지자체별로 보육 상한액이 정해져 있음

출처 : Swedish National Agency for Education(2015). The Swedish Education System. Retrieved from http://skolnet.skolverket.se/polopoly/utbsys−eng/; 문무경(2006). 스웨덴의 육아정책 : 유아교육과 보육, 학교교육의 통합을 중심으로. 육아정책연구소; 이삼식(2012). 외국의 보육·양육정책 : 스웨덴 사례. 보건·복지 Issue & Focus, 169, 1−8; 최윤경·김윤환·이혜민(2015). 스웨덴 육아정책(Ⅱ) : 교사정책을 중심으로. 육아정책연구소.

스웨덴의 유아교육·보육(ECEC) 정책은 1996년 교육개혁을 통해 유아학교에서 대학교육까지 평생학습 체제를 구축하였고, 유아학교(만 1~5세)와 유아학급(preschool class, 만 6세), 초등학교(9년), 여가활동센터 간 연계 체계를 마련하였다. 스웨덴의 ECEC는 교육·보육 정책의 측면에서 스웨덴 아동의 건강하고 역량 있는 성장 발달을 위해 교사양성과정과 자격기준의 강화, 교육과정의 개정을 통한 교육개혁 작업을 꾸준히 이행하고 있다. 특히 스웨덴의 보육정책은 양성평등 일·가정 양립의 이념적 원칙에 근거하여 ECEC 기관이 부모의 근무시간에 맞춰 하루 11시간 이상의 종일제 운영을 기본으로 하는 점, 종일제 공보육·교육시설 외 사적 영역의 다양한 서비스 이용권을 보장하는 수요자 중심의 인프라로 변화하고 있는 부분, ECEC 프로그램의 운영에 있어 민주사회주의 국가 운영철학을 바탕으로 아동중심의 교육적 특성에 근간한 교육과정의 운영, 통합 체제하의 교사의 다양한 배출경로, 유아교사 자격의 3.5년 대학 연한, 교사의 8시간 근무시간 준수 및 안정된 대체 교사 운용 등은 특징적인 정책 사항이라고 할 수 있다(최윤경·김윤환·이혜민, 2015).

2) 스웨덴의 영유아교육과정

스웨덴의 유아교육과정에 관한 법은 1998년 처음 시행되었다. 1998년 국회에 의해 스웨덴에서 처음 시행된 유아교육과정(SOU 1997 : 157)은 일원화된 취학전 교육과정(Lpfö 98)의 제정을 통해 복지부에서 담당하던 보육이 교육부(The Ministry of Education and Research)로 이관되어 시행되었고, 유아교육의 학교 교육으로의 편입을 통해 유보통합을 이루고 교육활동과 보육서비스를 아우르는 국가 수준의 교육과정이다. 또한 유아교육이 평생학습과정의 첫 단계임을 명시하면서 유아교육은 보호를 제공, 아동의 발달과 학습 촉진, 부모들이 전일제로 일하거나 학업 중이면 지원할 수 있도록 하였다. 이 교육과정은 유아교육의 전반적인 지향점과 목표를 명시하고 있으나, 이를 어떤 방법으로 달성할 것인가에 대해서는 명시하지 않고, 지방자치단체들과 교사들이 목표 달성을 위하여 효과적인 접근들과 방법들을 모색하면서 지역 수준의 교육 계획들을 수립·개발해 나가도록 하였다(최윤경·김윤환·이혜민, 2015).

이후 스웨덴은 Curriculum for the Preschool Lpfö 18(Swedish National Agency for Education, 2018; 김은영 외, 2024)을 적용하고 있다. 이 교육과정은 크게 돌봄, 발달, 배움을 위한 유아학교(preschool)의 기본 가치와 핵심과제, 목적과 지침을 중심으로 2개의 장으로 구분되어 있다. 또한 유아학교가 교육법에 기초한 학교 체제의 일부이며 민주주의와 UN 아동권리협약을 반영한 가치와 권리를 근간으로 하고 있음을 강조하고 있다. 구체적으로 유아학교의 과업으로 제시된 내용은 돌봄과 발달, 학습을 통한 총체적 접근, 놀이중심 교육과정, 소통과 창조, 지속 가능한 발달, 건강, 웰빙이다. 유아교육의 목적과 지침은 유아교육의 방향성과 책무성에 대한 일반적인 진술을 시작으로 기준과 가치 등 8개 영역에서의 목적, 지침, 조직의 영역을 각각 구분하여 제시하였다(김은영 외, 2024).

<표 12-3> 스웨덴의 영유아교육과정에서 제시하는 유아학교(preschool)의 목적과 지침

① 기준과 가치
- 목적 : 개방성, 타인에 대한 존중과 도움, 공감, 상황적 윤리에 대한 반성과 성찰 등
- 지침 : 교사와 조직의 책무에 관한 내용

② 돌봄, 발달과 학습
- 목적 : 유아교육은 영유아의 탐구, 호기심, 놀이에 초점을 두고 자신과 주변 환경을 이해할 수 있도록 도와야 하며 교육과정과 아동의 흥미를 중심으로 돌봄, 발달, 학습을 병행
- 지침 : 교육과정의 목적과 부합하는 교수활동과 교사의 책무를 구체화하였음, 교사와 조직은 모든 아동이 새로운 것에 의미를 두고 즐겁게 배우며, 도전하고 지식을 습득할 수 있도록 장려함 등

③ 아동의 참여와 영향
- 목적 : 유아교육은 아동이 자신의 행동과 환경에 책임을 지도록 격려하며 민주주의를 이해하도록 도움, 민주적 가치에 부합하는 협력과 의사결정 능력의 육성 등
- 지침 : 교사와 조직은 아동의 참여를 촉진하고 의견을 존중하며, 모든 유아가 학습 환경에 영향을 미칠 수 있는 기회를 보장해야 함

④ 유아학교와 가정
- 목적 : 아동이 풍부하고 다방면으로 발달할 수 있는 최적의 여건을 조성하기 위해 가정과 신뢰에 기반한 협력
- 지침 : 교육과정 목표에 기반해 아동의 발달지표, 평가척도, 목표 설정이 같은 기준을 따르도록 설계, 면담 전·후 자료에 교육 활동과 연계하고 보호자가 교육평가에 참여할 기회 제공

⑤ 연계와 협력
- 목적 : 유아교육은 취학 전 학급·초등학교·학령기 방과 후 돌봄 기관과 협력관계를 갖고, 교육내용에 관한 지식·경험 및 정보 공유를 통한 아동발달과 학습에 맥락성·연속성 및 발달을 촉진하며, 각 기관의 전이 과정에서 아동과 보호자를 준비시키기 위한 협력 방식 마련
- 지침 : [...]

⑥ 사후 관리, 평가와 발달
- 목적 : 모든 구성원은 각자 역할에 따라 교육활동을 제공, 교육개선, 교육목표 달성을 위해 필요한 조치를 검토·파악
- 지침 : [...]

⑦ 교사의 책무
- 목적 : 유아교육은 교사 지도하에 지식과 가치를 습득, 발달 통해 아동의 발달과 학습 촉진, 교사는 목표 지향적 과정을 주도하고 교육에 대한 책임을 져야 함
- 지침 : [...]

⑧ 기관장의 책무
- 목적 : 기관장은 교육 전반에 총괄 책임을 짐
- 지침 : [...]

출처 : Swedish National Agence for Education(2018). Curriculum for the Preschool Lpfö 18, pp. 13-21; 김은영 외(2023). 유보통합을 위한 표준보육과정과 유치원교육과정의 통합교육과정 마련의 필요성과 개편방향 연구. 교육부 · 육아정책연구소; 김은영 외(2024), p. 28.

3. 영 국

1) 유보통합 현황

(1) 영국의 ECEC

영국의 유보통합은 영유아의 성장과 발달에 관심을 두고 '교육이 최대의 경제정책'이라는 공약하에(장민영 · 박은해 · 이진화, 2017) 기존의 ECEC 서비스를 교육부(DfE : Department for Education)로 통합(교육과 사회복지 분야)하고 유아기 서비스 증진을 국가 최우선 과제로 채택하고 지원하기 시작하였다. 2006년에는 아동보육법을 개정하여, 4세 모든 유아를 위한 무상유아교육과 보육을 위한 법적인 기반을 마련하였다(문무경, 2007).

2017년 관련법(Childcare Act)의 개정으로 9월부터 모든 만 3~4세 유아를 위한 교육시간을 주당 15시간에서 30시간으로 확대 시행하였고, 만 5세 유아 이상의 유아는 의무교육의 대상으로 간주되어 초등학교 내 초등예비학급(reception class)에 다니게 되었다. 영국의 ECEC 체계는 연령별로 일정한 구분이 있으나, 우리나라의 어린이집과 유사한 유아원(Day nursery), 방과 후 클럽(After School Club), 휴일 클럽(Holiday Club), 플레이그룹(Playgroup), 개인보육사(Childminder) 등의 기관이 있다. 유치원과 같이 교육기능을 담당하는 초등학교 내 유아학교(nursery school), 초등학교 내 유아학급 및 초등예비학급(primary schools with nursery and reception classes) 등의 기관이 있다(문무경, 2007).

만 3세 미만은 민간 및 자발적 단체(재단 등)에서 운영하는 어린이집을 이용하고, 만 3세 이상은 국가가 운영하는 유아학교나 유아학급에서 유아교육과정을 이수한다. 부모의 선택에 따라 만 3세 이상도 보육시설을 이용하는 것이 가능하지만, 실질적으로 보육시설에서는 유아교육과정이 제공되지 않기 때문에 대부분의 만 3세 이상은 유아학교, 유아학급과 같은 유아교육과정에 진입하게 된다(김은영 외, 2024; 문무경, 2007). 영국은 만 0세부터 만 5세까지 영유아기 학습·발달과 관련된 교육영역 목표 평가 등의 내용을 제안(EYFS : Early Years Foundation Stage, 2007년)하여 유아교육 및 보육 전반에 적용하고 있다(양옥승·신은미, 2011).

(2) 영국의 ECEC 제도의 특징

영국의 교육적 관점은 유아교육과 보육의 발전 방향에 초점을 두면서 다양한 기관 유형 안에서 만 3세 이상 유아에게 무상교육 서비스를 제공하여 교육과 보육 간의 실제적 통합을 추구하고 있다. 이에 따라 부모는 다양한 유형의 유아교육 및 보육기관 가운데 자녀의 연령 또는 필요성에 따라 자녀가 취원할 기관을 결정하는 선택권을 가지고 있다. 영국은 만 3~4세 유아를 위한 무상교육제도를 적용하고, 만 0~5세 영유아를 위한 교육과정 및 교사자격요건을 강화하였으며, 만 5세까지의 모든 영유아가 보다 질 높은 유아교육을 받을 수 있도록 국가적 차원의 지원을 강화하고 있다(공창숙 외, 2022; 김은영 외, 2024; 문무경, 2007; 양옥승·신은미, 2011).

2) 영국의 영유아교육과정

영국은 1999년 유아교육에서 생애 초기 학습목표(Learning Goals)를 제정하였고, 2000년 만 3~4세를 위한 기초단계 교육과정, 2004년에는 만 0~3세를 위한 기초단계 교육과정을 제정하였다. 이후 2006년 유아교육법(Childcare Act)에 의해 생애 초기 기초단계(Early Years

Foundation Stage)를 위한 교육과정이 제정되었고, 2012년 법적인 구성지침이 개정되었다(박은혜 · 신은수 · 조형숙, 2012). 영국의 영유아교육과정[Early Years Foundation Stage(EYFS) Statutory Framework 2024]은 만 0~5세 전체 연령에 대한 학습, 발달 및 돌봄의 표준을 설정하는 문서로 문서의 목적과 목표, 교육내용, 영역별 내용 제시 방법이 제시되어 있다. 이 문서는 법적 효력(Childcare Act 2006 s.39~48, Education Act 2011)을 가지고 만 0~5세 교육 서비스 제공자가 양질의 교육을 보장하기 위해 충족해야 하는 책무와 기준을 강조한다. 교육, 아동 서비스 및 기술 표준 사무소(Ofsted : The Office for Standards in Education, Children's Services and Skills)는 각 기관의 교육 및 보육의 질 관리 기준을 감독하고 평가하여 보고서를 제출하게 되어 있다(김은영 외, 2024; 김진경, 2011; 문무경, 2007).

영국의 영유아교육과정은 3개의 영역(Section)으로 구성되어 있다. Section 1은 학습과 발달의 영역, 영역별 조기학습 목표, 고려 사항 등을 제시하였다. Section 2는 평가에 관한 내용이 제시되어 있다. 평가의 기본 원리인 형성평가에 관한 내용을 서론적으로 진술한 후에 영유아기 발달평가에 관한 의무 사항을 제시하고 있다. Section 3은 영유아의 안전과 웰빙에 관한 각종 지침과 정보를 제공하고 있다. 영국의 교육과정은 교육과정 문서상에서 교육과정 지침, 다양한 참고 문서와 자료 등을 링크로 연결해 놓았다. 이 외에도 교육과정에 아동 안전, 학대, 건강 등에 관한 지침을 자세하게 기술하고 있으며, 관련 자료를 찾아볼 수 있도록 링크를 제시하고 있다(김은영 외, 2024; 김진경, 2011).

영국의 EYFS(Early Years Foundation Stage Statutory Framework 2024)의 구체적인 목적과 목표는 다음과 같다(김진경, 2011; 박은혜 · 신은수 · 조형숙, 2012).

> 모든 아이들은 고유한 존재로, 끊임없이 배우며 회복탄력성, 능력, 자신감, 자기 확신을 가질 수 있다.
> • 아이들은 긍정적인 관계를 통해 강하고 독립적으로 성장하는 법을 배워야 한다.

- 아이들은 성인의 가르침과 지원을 통해 자신의 관심과 필요에 맞춘 환경에서 잘 배우고 성장할 수 있다. (중략)
- 모든 아이들은 각기 다른 속도로 배우고 성장한다. (중략) 본 교육과정은 특별한 요구와 장애가 있는 아이들을 포함한 교육과 돌봄을 포함한다.

이에 따른 영국의 EYFS(2024)는 대상 영유아의 연령 구분 없이 영역별 활동과 경험, 발달적 특성에 대한 개요를 제시하고, 영역별 학습목표와 발달 기대 수준을 제시하였다(표 12-4). 영국의 영유아교육과정은 영유아기의 발달적 특성을 고려하여 역량 영역(prime area)과 실행 영역(specific area)으로 구분하여 역량, 교과, 발달을 모두 연계하였다. 역량 영역은 의사소통, 개인/사회/정서발달, 신체발달 영역이 포함되고, 실행 영역은 문해, 수학, 세계에 대한 이해, 표현예술과 디자인이 포함된다(박은혜 · 신은수 · 조형숙, 2012).

<표 12-4> 영국의 영유아교육과정의 영역 및 학습목표, 발달 기대 수준

영역	학습목표	발달 기대 수준
의사소통	• 듣기, 주의 집중과 이해 • 말하기	• 집중하여 듣고, 읽어주는 내용을 듣거나 전체 학급 토론 및 소그룹 상호작용 중에 관련된 질문, 의견 및 행동으로 응답한다. • 들은 내용에 대해 의견을 말하고 이해를 명확하게 하도록 질문한다. • 교사 및 또래와의 상호 교환 대화에 참여하며 대화를 이어간다.
		• 소그룹, 학급 및 일대일 토론에 참여하여 자신만의 아이디어를 제시하며, 새로 익힌 어휘를 사용한다. • 상황에 따라 이야기, 비문학, 운율, 시에서 익힌 어휘를 사용하여 일이 일어날 가능성에 대한 설명을 제시한다. • 경험에 대한 자기 생각과 감정을 온전한 문장으로 표현하며, 과거, 현재, 미래 시제를 사용하고 교사의 모델링과 지원을 받아 접속사를 사용한다.
개인/사회/정서 발달	• 자기조절 • 자기관리 • 관계 형성	• 자신의 감정과 타인의 감정을 이해하고, 이에 따라 자기 행동을 조절하기 시작한다. • 간단한 목표를 설정하고 이를 향해 노력하며, 원하는 것을 기다리고 상황에 따라 즉각적인 충동을 제어한다. • 활동에 참여하면서도 교사의 말에 집중하여 적절히 반응하며, 여러 아이디어나 행동을 포함하는 지시를 따를 수 있는 능력을 보여준다.

		• 새로운 활동을 자신감 있게 시도하며, 도전 앞에서 독립성, 회복력, 인내심을 보인다. • 규칙의 이유를 설명하고 옳고 그름을 알고 이에 맞춰 행동하려 한다. • 기본 위생 및 개인적 필요를 관리할 수 있으며, 옷을 입고 화장실을 사용하며 건강한 음식 선택의 중요성을 이해한다.
		• 협동적으로 일하고 놀이하며, 다른 사람과 차례를 지킨다. • 성인과 긍정적인 관계를 형성하고 또래와 우정을 쌓는다. • 자신과 타인의 필요에 민감하게 반응한다.
신체 발달	• 대근육 기술 • 소근육 기술	• 안전하게 공간과 장애물을 통과하며 자신과 타인을 배려한다. • 놀이 중 힘, 균형, 협응 능력을 보여준다. • 달리기, 점프, 춤, 뛰기, 건너뛰기, 오르기 등 활기차게 움직인다.
		• 삼지법으로 연필을 효율적으로 잡아 유창하게 글씨를 쓸 준비가 된다. • 가위, 붓, 식기와 같은 다양한 작은 도구를 사용한다. • 그림을 그릴 때 정확성과 주의력을 보이기 시작한다.
문해	• 이해력 • 단어읽기 • 쓰기	• 이야기와 내러티브를 자신의 언어와 새롭게 익힌 어휘로 재구성하여 이해를 보여준다. • 이야기 속 주요 사건을 예상할 수 있다. • 이야기, 비문학, 운율, 시에 대해 토론하고 역할놀이 중에 새롭게 익힌 어휘를 사용하고 이해한다.
		• 알파벳 각 글자에 해당하는 소리와 최소한 10개의 이중음 소리를 말할 수 있다. • 소리 혼합을 통해 자신의 발음 지식을 활용하여 단어를 읽는다. • 발음 지식과 일치하는 간단한 문장과 책을 소리 내어 읽으며 일부 예외 단어도 포함한다.
		• 인식할 수 있는 글자를 작성하며 대부분 올바르게 형성한다. • 단어의 소리를 식별하여 해당 소리를 글자 또는 글자들로 표현하여 철자한다. • 다른 사람들이 읽을 수 있는 간단한 구와 문장을 작성한다.
수학	• 수 • 수 패턴	• 10까지의 숫자를 깊이 있게 이해하며 각 숫자의 구성을 파악한다. • 5까지의 수량을 셈 없이 인식할 수 있다. • 운율이나 셈과 같은 다른 방법에 의존하지 않고 5까지의 수 조합(뺄셈 포함)을 자연스럽게 기억하며, 10까지의 일부 수 조합과 두배 수 조합도 포함한다.

		• 숫자 체계의 패턴을 인식하며 20 이상을 구두로 셈한다. • 다양한 상황에서 10까지의 수량을 비교하며 하나의 수량이 다른 것보다 크거나 작거나 같은지 인식한다. • 10까지의 숫자 내에서 짝수와 홀수, 두 배 사실 및 수량의 균등 분포와 같은 패턴을 탐색하고 나타낸다.
세계에 대한 이해	• 과거와 현재 • 사람, 문화, 공동체 • 자연세계	• 주변 사람들의 삶과 그들의 사회적 역할에 관해 이야기한다. • 과거와 현재의 유사점, 차이점을 자신의 경험과 학습을 통해 이해한다. • 책 속의 설정, 인물, 사건을 통해 과거를 이해한다.
		• 관찰, 토론, 이야기, 비문학 텍스트 및 지도를 통해 자신의 환경을 설명한다. • 다양한 종교와 문화 공동체의 유사점과 차이점을 경험과 학습을 통해 안다. • 이야기, 비문학 텍스트, 그리고 필요할 경우 지도를 활용하여 다른 나라와 생활 방식을 비교하며 공통점과 차이점을 설명한다.
		• 주변 자연 세계를 탐구하고 동식물을 관찰하고 그림을 그린다. • 주변의 자연환경과 대조되는 환경 간의 유사점과 차이점을 경험과 학습을 통해 이해한다. • 계절과 물질의 상태 변화 등 자연 세계의 중요한 과정과 변화를 이해한다.
표현 예술과 디자인	• 사물을 사용한 창조 • 상상력과 표현	• 다양한 재료, 도구, 기법을 안전하게 사용하여 색상, 디자인, 질감, 형태 및 기능을 실험한다. • 자기 창작물을 공유하며 사용한 과정을 설명한다. • 이야기 속 인물을 연기할 때 소품과 재료를 활용한다.
		• 또래와 교사와 함께 이야기를 창작하고 수정하며 재구성한다. • 잘 알려진 동요와 노래를 부른다. • 타인과 함께 노래, 동요, 시와 이야기를 공연하며 음악에 맞추어 움직이려 노력한다.

출처 : Department for Education, Government of UK(2014); Early Years Foundation Stage(EYFS) Statutory Framework(2024) 재구성, 박은혜 · 신은수 · 조형숙(2012) 재인용.

4. 프랑스

1) 유보통합 현황

프랑스는 '가족·복지 국가국' 모델과 중앙정부의 강력한 주도로 국가 돌봄과 학습 책임에 대한 교육·보육 정책, 가족정책을 지향하고 있다. 이러한 가족정책과 영유아 보육 및 교육 정책은 출산율과 여성경제활동 참여율을 높이고 있어 저출산 정책의 모범 사례로 평가받고 있다(공창숙 외, 2022).

보육체계는 연령별로 분리된 행정 체계를 유지하고 있다. 만 0~2세의 영유아 보육은 사회복지, 노동연대부와 건강, 가족, 장애인부에서 관리하며, 만 3~6세의 유아들이 다니는 유치원은 교육부에서 관장하며 무상으로 실시되고 있어 98% 이상의 유아들이 다니고 있다. 만 0~2세 영아 보육정책은 '출산율 제고', '여성경제활동 참여 촉진', '아동의 건전한 발날'이라는 세 가지 목적하에 추진하고 있다. 영아보육에 대한 국가 지원은 근로여성을 대상으로 이루어지고 있으며, 만 3~5세 유아에 대한 보육서비스는 방과 후 및 유치원 휴일에 부모가 직접 돌보지 못할 때 제공되고 있다(공창숙 외, 2022).

프랑스의 유아교육 관련 학제를 살펴보면, 유아교육과 보육이 통합이 아니라 연계되어 있는데, 만 0~2세는 어린이집(Crèche), 만 3~5세는 유아학교(École Maternelle)로 구분되어 있다. 일부에서는 유·보 연계를 위하여 유아학교에서 전이학급(classe passerelle)인 만 2세반을 운영하여 연계교육을 강조하고 있다(서효원, 2022; 황성원, 2020). 또한 교육부는 학제의 연계를 위하여 유아교육 3년, 초등학교 5년, 중학교 3년, 고등학교 3년을 4개의 주기로 구분하여 운영(황성원, 2020)하고 있어 유·초가 분리되어 있다고 할 수 있다. 프랑스의 의무교육은 유아학교에 들어가는 만 3세부터 시작되어 만 16세까지 공교육이 제공된다(표 12-5).

<표 12-5> 프랑스의 교육 · 보육 제도

연 령	법적 성격	주관부처	주요 기관/프로그램	이용률 (2023)
만 0~2세	사회복지서비스 (보육)	• 보건 · 예방부 산하-재정 • 지방자치단체-허가 · 감독	• 크레슈, 공사립 보육센터 • 마마스-가정보육인 • 센터-보건, 발달 모니터링	60%
만 3~5세	의무교육(유치원)	교육부	마테르넬(공립 86%, 사립 14%)	98%
만 0~6세	가족 · 소득 지원	경제 · 재정부	• PAJE(출산 · 육아수당) • CMG(보육비 세액공제) • RSA(저소득 가족수당)	

2) 프랑스의 영유아교육과정

프랑스는 만 0~2세에 해당하는 국차 차원의 세부 교육과정은 없지만, 모든 시설이 공통으로 지켜야 할 '보육 · 발달 프로젝트(projet éducatif)'를 운영하고 있다. 만 3~5세의 경우 국가 수준의 유아교육과정인 초기학습주기를 운영하고 있다. 반면 유치원부터 중학교 1학년 교육과정까지 3단계의 주기로 교육과정이 구성되어 교육내용의 지속성이 보장되고 있으며, 프랑스의 유아교육과정에서 유치원 졸업까지 성취해야 할 것을 제시(서효원, 2022)하고 있어 다음 학제로 가기 위한 준비를 염두에 두는 것으로 볼 수 있어 유 · 초의 교육과정은 연계되어 있다고 볼 수 있다.

프랑스의 2020학년도 유아교육과정('Programme du cycle 1 : En vigueur à la rentrée 2020, 이하 프랑스 유아교육과정) 5가지 영역은 '모든 차원의 언어 동원하기', '신체활동을 통한 표현과 이해하기', '예술 활동을 통해 행동하고 표현하고 이해하기', '논리 · 수학적 사고하기', '탐구하기'이다(Ministère de l'Éducation nationale de la Jeunesse et des Sports, 2020b, 서효원, 2022 재인용).

프랑스의 영유아교육과정의 목적은 '안전하게 지내기', '건강 유지하기', '즐기고 성취하기', '긍정적인 공헌하기', '잘 지내기(well-being)' 등이다(표 12-6)(양옥승 · 신은미, 2011).

<표 12-6> 2020 개정 유치원교육과정 Cycle 1

프랑스 유치원 교육과정 : 기본 원리
1. 유아 발달 특성을 존중하는 유아학교 가정-학교 협력 기반의 유입 · 정착(Early School Transition) 지원, 발달적 · 학제적 전이(transition) 지원, 유아 전인발달에 기초한 교수 · 학습 설계, 성장 지향 · 역량기반의 긍정적 평가 2. 유아의 학습양식에 부합하는 교수 · 학습 운영 놀이를 통한 학습(Learning through play), 숙고 · 문제해결 중심 학습(Learning by reflecting & problem solving), 반복 연습을 통한 기능적 숙달(Learning by practicing), 회상 · 재구성을 통한 기억 강화(Learning by recalling & memorizing) 3. 함께 배우며 더불어 살아가는 공동체적 유아학교 학교의 사회 · 문화적 기능 이해, 집단 속 개별성 형성(Being a unique person within a group)
유아학교 교육과정 5대 학습 영역 1. 언어 역량을 다차원적으로 동원하기 1.1 구두 언어 목표 및 발달단계 - 이해 · 학습 능력 심화, 또래와의 상호 교섭 및 공동사고, 언어에 대한 숙고 및 음운인식 형성, 음소, 운율, 조음 위치 · 방식을 변별하는 메타언어적 인식, 음운인식의 획득 · 심화, 언어 다양성에 대한 각성 1.2 문자 언어 목표 및 발달단계 - 문식성 청취(읽기 전 읽기) 및 이해, 문자의 사회적 기능 발견, 초기 쓰기 산출 및 체계 발견, 알파벳 원리 탐색, 독립적 쓰기의 초기 단계 진입 1.3 6세(유치원 졸업) 도달 기대 수준 - 복합 담화에 대한 주제 · 세부 내용 이해 및 핵심 어휘 활용, 사회적 상호작용 담화에서 발화 순서를 관리하며 의견 표현, 낱말-운율-음소 단위 분석 · 조작 수행, 이야기책 청취 후 구조 재구성 · 재구연 가능, 알파벳 명칭 · 표기를 활용하여 개인적 요구(메모, 이름표 등) 독립 작성

2. 신체활동을 통한 행동・표현・이해

2.1 목표 및 발달단계

- 시간・공간・도구에 대한 운동적 조정, 다양한 물리・환경 조건에 적응한 균형 및 이동, 표현적・예술적 신체 언어로 타인과 소통, 협력・협동・대립 상황에서의 사회적 관계성 발달

2.2 졸업 시 기대 수준

- 공간좌표 변환, 경로 계획, 리듬화된 동작 수행, 기구・도구를 활용한 복합 운동 과제 해결, 규칙 기반 게임에서 역할 인식 및 전략 수립

3. 예술활동을 통한 행동・표현・이해

3.1 목표 및 발달단계

- 예술실천 미적 감수성 함양, 다양한 예술형식(시각・청각・공연)의 탐색, 정서 경험 표출 및 미적 판단 형성

3.1.1 시각・조형 영역

- 장식적 그래픽 패턴 탐구(반복・대칭・변주), 평면・입체 구성(조형 언어 요소 : 점・선・면・질감・색채) 경험, 이미지 관찰 → 시각기호 해독 → 변용적 재창조

3.1.2 소리・음향 영역

- 음성 자원 탐색 및 전통 동요・노래 레퍼토리 구축, 신체・도구적 사운드 스케이프 실험, 적극적 청취 태도와 분석적 청취(음고・길이・세기) 강화

3.1.3 공연예술 영역

- 역할극・무용・인형극 등 통합적 퍼포먼스 경험

3.2 졸업 시 기대 수준

- 표현 매체 선택과정에서 의도・정서를 언어화, 복합 예술 프로젝트(스토리보드 → 제작 → 평가) 수행

4. 사고 구조화를 위한 기초 도구 구성

4.1 수・수학적 개념 탐색

4.1.1 목표 및 발달단계

- 수량 표상을 위한 수 개념 형성, 소수 수량(1~5) 안정화, 순서・서열 지정용 서수(ordinal) 이용, 엄밀성을 요하는 초기 수학적 지식・기술 습득

4.1.2 졸업 시 기대 수준

- 일상 맥락에서 수를 기능적으로 사용, 수 자체를 대상으로 관계 탐구(분해, 합성, 비교)

4.2 형태・크기・패턴 탐색

4.2.1 목표 및 발달단계

- 기하 형태 인식(정형/비정형) 및 특성 언어화, 연속량 비교(길이, 질량, 용적) 및 측정 단위 개념 도입, 규칙 배열・주기 패턴 예측(예 ABA, AAB 등)

4.2.2 졸업 시 기대 수준
- 기본 평면도형・입체도형 명칭화 및 조작, 비교・측정・정렬을 통한 논리-수학적 사고 확장

5. 세계 탐구
5.1 시간・공간의 개념화
5.1.1 목표 및 발달단계
- 시간
- 공간
5.1.2 졸업 시 기대 수준
- 사건 순서화 및 간단한 타임라인 구성, 기본 지도 기호 해독 및 경로 설명
5.2 생명・사물・물질 세계의 탐구
5.2.1 목표 및 발달단계
- 생명 세계 발견
- 물질 탐구
- 도구・기술 조작
- 디지털 도구 활용
5.2.2 졸업 시 기대 수준
- 농식물 발생 단계 식별, 기본 생존 요인 설명, 위생・안전・환경보호에 대한 책임 있는 행동 실천, 단순 설계서에 따라 구조물 제작 및 기능 평가, 초보적 디지털 자료 생성・활용

출처 : https://edu1d.ac-toulouse.fr/politique-educative-31/ien31-blagnac/files/Programme2020_cycle_1_comparatif_1313243.pdf

5. 미 국

1) 유아 교육 · 보육 현황(조은경 · 김은영, 2021)

(1) ECEC 서비스 관련 주요 정책

① 육아발전지원금(CCDBG)법에 따른 보육 현황

육아발전지원금법(Child Care and Development Block Grant Act)은 육아발전지원 기금 활용에 관한 법으로 저소득층 가정을 위한 보육 · 유아교육 프로그램 서비스를 지원하기 위한 목적으로 제정된 법이다. 육아발전지원금법에 따른 보육기관 관리는 주정부의 규정을 통해 관리되고 있다. 각 주정부에서 수집된 보육시설 인가 및 관리 · 감독에 대한 자료들은 종사자 수급 평가, 인가 점검 및 기관의 이행 사항, 사후감독 등을 위해 사용된다. 대부분의 주정부(92%)에서는 CCDF기금과 기타 수입원(예 인가비용, TANF 등)을 사용하여 보육시설 인가 점검 인력(child care licensing staff)을 고용하고 훈련을 제공하고자 하고 있다(조은경 · 김은영, 2021).

② 헤드스타트법에 따른 보육 현황

헤드스타트법(Head Start Act)은 빈곤 가정의 아동을 위한 프로그램을 제공하기 위해 전인적 아동관을 바탕으로 다각적 지원을 하고자 영양, 신체적 · 정신적 건강, 부모참여, 가족을 위한 사회적 서비스, 유아교육 등의 여러 방법에 걸쳐 종합적인 서비스를 제공하기 위한 법이다. 또한 조기 헤드스타트 프로그램(Head Start Act, Section 645A)은 만 3세 미만 영유아가 있는 저소득층 가정(저소득층 임산부와 만 3세 미만 영유아가 있는 가족)을 대상으로 '미리, 지속적으로, 강도 높은, 통합적인' 서비스를 제공하기 위한 법이다. 영유아의 신체적, 사회적, 정서적, 지적 발달 지원, 부모 상황과 요구에 맞는 지원, 부모자녀 상호작용 증진, 부모훈련, 지역사회기관 연계 서비스, 문제행동 조기 검진 및 정밀검사 의뢰, 헤드스타트 프로그램으로의 연계 등의 서비스를 지원하기 위한 것이다(조은경 · 김은영, 2021).

이러한 헤드스타트법에 따라 보육기관은 시설인가에 대한 규정을 따르고 있고, 매년 헤드스타트 프로그램 운영보고서를 제출해야 한다. 헤드스타트 센터들이 각 지역사회와 가정의 필요에 부응하기 위해 서비스 제공시간을 연장하도록 개정하였다(헤드스타트 수행기준 2016 개정판; Administration for Children and Families, 2016). 정부에서는 연장된 시간으로 인해 일과 스케줄을 변경해야 하는 현장 교사진에게 일과 계획에 필요한 도움을 주기 위해 유아학습지식센터(ECLKC : Early Childhood Learning and Knowledge Center)를 통해 웨비나(webinar : 온라인으로 진행되는 세미나)를 실시하였다.

또한 연방정부의 보건복지부(Department of Health and Human Services)는 헤드스타트 및 조기 헤드스타트 프로그램들의 질 관리를 위해 각 헤드스타트 기관들이 자료를 수집, 활용, 통합, 보안하도록 지원하고, 헤드스타트・ECLKC에서는 해마다 수업관찰 보고서를 펴내어 질 평가 결과를 공유하고 있다. 그뿐만 아니라 헤드스타트법 Sec. 640(a)(5) 조항에 근거하여서, 헤드스타트 기관에 질 향상을 위한 지원금을 배분, 질 향상을 위해 교사 처우 개선, 양질의 교사 채용・유지, 교사교육(교사자격증 취득) 및 전문성 개발 지원, 교사−아동 비율을 낮추기 위한 추가교사 채용 등의 항목을 제시하여 질 향상을 위한 지원금을 사용하도록 하고 있다(조은경・김은영, 2021).

③ 특수교육법(IDEA)에 따른 교육 현황

특수교육법은 만 0~21세의 모든 장애 아동이 조기개입, 특수교육 및 관련 서비스를 '무상으로, 적절한 공교육'을 통해 제공받을 수 있도록 아동과 가족의 권리 및 정부와 교육기관의 책임을 명시한 법이다. 만 3세 미만의 아동에 대한 조기개입 법 조항은 IDEA Part C에서 다루고, 3세 이상 아동에 대한 특수교육 법조항은 IDEA Part B에서 다루고 있다. 만 3~5세의 장애 아동에 대한 특수교육 서비스 관련법(IDEA PartB Section 619)의 핵심은 연방정부 지원금을 통해서 주정부가 모든 학령 전 장애 유아에게 각자에게 개별화된 교육프로그램(IEP : Individualized Education Program)을 제공하는 데 있다(조은경・김은영, 2021).

④ 모든 학생의 성공법(Every Student Succeeds Act)

모든 학생의 성공법은 유치원부터 초등학교 저학년까지의 아동을 대상으로 한 학교교육을 위한 법이다. 모든 학생의 성공법은 초중등교육법(ESEA : Elementary and Secondary Education Act of 1965)이 '빈곤과의 전쟁'의 일환으로 1965년에 제정되어 시대적 · 사회적 요구와 교육환경의 변화에 따라 개정된 것이다(장령령 · 박주현, 2019).

'모든 학생의 성공법(ESSA)'은 모든 아동이 공정하고 공평하며 양질의 교육을 받을 수 있도록 상당한 기회를 제공하여 학업 성취 격차를 줄이기 위한 목적으로 시행되고 있다. 오바마 정부 때 개정된 '모든 학생의 성공법(ESSA)'에서는 3~8학년 학생에 대한 연례평가 제도는 유지하되 연방정부의 역할을 축소하여서, 각 주정부와 학군에서 평가방법, 학업 성취 목표와 기준을 정하여 연방 교육부에 보고하는 방식으로 전환하였다(U.S. Department of Education, 2017; U.S. Department of Education, n.d.a). 유치원(Kindergarten)과 1~2학년 아동들은 표준화된 연례 학력평가시험 대상이 아니지만, 3학년부터는 표준시험과목인 읽기, 문해, 수 등의 과목에 대한 집중적인 학습은 교육과정 계획 및 일과계획안의 주요 일정이 된다(조은경 · 김은영, 2021).

이 외에 미국의 ECEC 관련 정책은 현재 유아교육과 보육의 담당 부처가 다른 이원화 체제이나 보육과 유아교육의 일원화 체제를 위해 노력하고 있다. 이는 주립 유아학교 정책의 정착을 위한 지원에서 알 수 있다. 미국의 경우 만 5세를 위한 유치원이 K학년 형태로 공교육 체계에 속하여 교육부 관리하에 있으나 만 3~4세(Pre-K)를 위한 교육은 저소득층을 위한 헤드스타트와 민간 보육 중심으로 운영되고 있다. 그러나 2021년 바이든 정부는 Pre-K 서비스를 제공하기 위한 2,000억 달러 투자계획을 발표하였다. 또한 전국유아교육연구소(NIEER : National Institute for Early Education Research)는 2040년까지 만 3~4세 유아 500만 명이 Per-K 취원을 확대하는 방안을 제안하여 만 3~4세 유아의 보편적 Pre-K 정책 추진에 힘을 더하고 있다. 또한 유아교육과 초등교육의 연계와 취약계층에 대한 심도 있는 정책들을 마련하고 있다(조은경 · 김은영, 2021).

2) 미국의 영유아교육과정

미국의 영유아 교육 · 보육과정은 각 주의 조기학습표준(ELS : Early Learning Standards)에 따라 다르다(신은수 · 황은희 · 김다영, 2011). 미국의 교육체계는 주정부, 지역 교육당국(교육구), 개별학교의 자율성을 보장하고 있어 기본적으로 연방정부 수준의 국가 표준교육과정이 존재하지 않는다. 그러나 대부분 주의 교육부가 협력하여 개발한 공통핵심기준(CCSS : Common Core State Standards)을 각 주에서 채택 · 적용하고 있으며, 이 기준은 유치원부터 12학년까지의 학생들이 학습해야 할 핵심 지식과 기술을 명시하고 있다(서혜전, 2024).

CCSS를 채택하고 있는 주정부도 영유아 교육 · 보육을 위한 조기학습표준(ELS)을 제시하고 있다. 이것은 미국 각각의 주에서 설정한 영유아 교육 · 보육 기준으로, 영유아가 특정 연령대에서 도달해야 할 성취 기준, 배움에 대한 접근, 지침 원칙, 교육영역 및 세부내용을 포함하고 있다. 국가 수준의 교육과정은 국가가 주체가 되어 제정 · 개정하고 고시하는 교육과정을 의미하는 것으로 학교에서 교육과정을 편성 · 운영할 때 필요한 공통적이고 일반적인 기준을 제시한 것이다. 이 정의에 따르면 미국의 각 주별 조기학습표준도 연령에 따른 성취 기준과 운영 시 일반적 기준을 제시하고 있기 때문에 국가 수준의 보육과정으로 이해할 수 있다(서혜전, 2024).

미국은 공교육 체계를 마련했을 때부터 주정부 및 개별학교의 교육과정 운영의 자율성을 보장하고 있다. 초등학교는 개별 교육구 및 학교가 주정부의 표준교육과정 내용을 기반으로 세부 학교교육과정을 설계하여 제공한다. 초등학교에 속해 있는 만 5세 Kindergarten도 주정부의 조기학습표준을 기반으로 유아교육과정을 계획 실행한다. 또 의무교육이 아닌 만 0~4세 영유아를 위한 Preschool, Day Care Center 등도 주정부의 ELS를 기반으로 영유아보육과정을 계획하여 실행한다(서혜전, 2024).

<표 12-7> 미국(뉴욕주)의 영유아 교육과정 체계

구 분	미국(New York)
문서명	Early Learning Standards(2019)
연 령	만 0~4세
목적·목표	1. 주요 원리
교육내용 영역	① 학습에 대한 접근 ② 신체발달, 건강 ③ 사회, 정서 학습 ④ 의사소통, 언어, 문해 A, B ⑤ 세계에 대한 이해와 지식(수학, 과학, 사회, 예술·기술)
영역별 내용 제시방식	교육과정이 아니며, 성취 기준임을 명시함(p. 4) 단원별 교육내용, 기초교재, 핵심질문, 교육활동 등 수록

출처 : The New York State Prekindergarten Learning Standards : A Resource for School Success, 2019 https://earlychildhoodny.org/pdfs/NYS_Prek_Learning_Standards−2019.pdf(2025. 7. 15. 인출).

미국의 뉴욕주에서 제공하고 있는 만 0~4세를 위한 학습 표준 문서의 내용구성은 <표 12−8>과 같다. 이 문서에서는 영역별 학습 내용의 개념과 학습성취기준과 지표를 명확하게 제시하고 있다. 이는 만 0~4세를 대상으로 하는 성취기준이며, 교육과정이나 평가의 지표가 아니다. 문서에는 영역별 교육내용을 진술한 후에 단원별 교육내용, 기초교재, 핵심 질문, 교육활동 등을 상세히 제시하고 있으며, 독자들이 참고할 수 있는 다양한 문서와 링크를 연결하여 제시하였다.

<표 12-8> 미국 뉴욕주 영유아 교육과정 문서 체계

구 분	내 용
서 론	문서의 목적, 핵심원리, 장애 학생, 다중언어 학습자, 주요 용어와 개념
1. 뉴욕주의 Pre-K 학습 기준	– 구성 – 학습 영역 : 학습에 대한 접근, 신체발달과 건강, 사회·정서학습, 의사소통·언어·문해 A and B, 세계에 대한 인지와 지식(수학, 과학, 사회교육, 예술)
2. 교수·학습 계획	– 특수지원, 지원의 형태 – 지원에 대한 평가 등

출처 : The New York State Prekindergarten Learning Standards : A Resource for School Success, 2019 https://earlychildhoodny.org/pdfs/NYS_Prek_Learning_Standards–2019.pdf(2025. 7. 15. 인출).

(1) 교육 목적과 목표

미국 뉴욕주의 유아교육과정의 목적은 모든 유아는 유능하며 발달적 진보와 성취를 이룰 수 있도록 하는 것이다. 이를 위한 핵심 지침은 모든 아동은 능력 있는 학습자이며 발달 속도와 배경이 다름을 인정하고, 놀이중심·의미 학습을 강조하고 있다. 또한 가정·문화·언어의 다양성을 존중하고 다언어 가정 아동 지원을 중요하게 지목하고 있으며, 장애 아동은 IEP(개별화교육계획)에 따라 학습하고, 학습은 상호작용과 관계를 통해 이루어진다는 점을 중요하게 제시하고 있다. 이와 같이 미국 뉴욕주의 유아교육과정은 개인의 속도에 맞춰 성장하고 기술을 습득하고, 아동은 능동적 학습자로 놀이를 통해 배운다는 데 중점을 두고 있다.

(2) 영역별 교육 내용

미국 뉴욕주의 조기학습 지침은 영역별로 내용 해설 및 성취 기준, 세부 지표가 매우 상세하게 제시되어 있다. 다음 표에는 영역별 내용과 세부 지표의 예를 일부 요약하여 정리하였다(표 12–9).

<표 12-9> 미국 뉴욕주의 조기학습지침

영역 구분	내 용
학습에 대한 접근	1. 놀이를 탐구와 학습의 수단으로 적극적으로 활용함 a. 놀이를 통해 다양한 재료와 또래와 상호작용함 b. 동일한 재료로 여러 놀이 활동에 참여함 c. 상상놀이와 가상놀이에 참여하여 이론을 시험하고 상상력을 연출함 d. 놀이 활동을 스스로 선택하고 자발성을 보임 e. 문제나 과제를 해결하기 위해 '시도와 오류' 방법을 사용함 f. 이전 지식과 새로운 지식 간의 연결성을 인식함
	2. 문제 해결에 적극적으로 참여함
	3. 창의적이고 상상력이 풍부하며 새로운 경험을 시도하려는 의지를 가지고 과제와 문제에 접근함
	4. 새로운 것과 새로운 경험을 배우려는 호기심과 관심, 의지를 보여줌
	5. 끈기를 발휘함
신체 발달과 건강	1. 학습을 돕고 이끄는 감각 사용
	2. 감각 정보를 활용하여 움직임을 계획하고 수행함
	3. 큰 근육의 협응력과 조절력을 발휘함
	4. 장비를 사용하거나 사용하지 않고 대근육 운동 기술을 순서대로 결합함
	5. 손과 눈의 협응력 및 소근육 기술을 발휘함 [...]
사회정서 발달	1. 필요, 감정 및 사건에 대한 반응을 조절함
	2. 독특한 능력, 특성, 감정 및 관심을 가진 개인으로서 자신을 인식함
	3. 주 보호자, 교사 및 다른 친숙한 성인과 긍정적인 관계를 구축하고 지속적으로 발전시킴
	4. 필요, 감정 및 사건에 대한 반응을 조절함
	5. 독특한 능력, 특성, 감정 및 관심을 가진 개인으로서 자신을 인식함
	6. 주 보호자, 교사 및 다른 친숙한 성인과 긍정적인 관계를 구축하고 지속적으로 발전시킴
	7. 또래와 긍정적인 관계를 발전시킴
	8. 사회적 상호작용에서 친사회적 문제 해결 기술을 발휘함
	9. 규칙과 일과를 이해하고 따름
	10. 변화에 적응함 [...]

의사소통, 언어와 문해	1. 의사소통에 대한 접근	1.a 의사소통에 대한 동기를 보여줌
		1.b 배경 지식을 쌓고 있음을 보여줌 [...]
	2. 영어, 문해	2.a 기본적인 인쇄물의 구성 및 특징에 대한 이해를 보여줌
		2.b 구어 단어, 음절 및 소리(음소)에 대한 초기 이해를 보여줌 [...]
세계에 대한 이해	1. 수	1.a 20까지 셈
		1.b 0~5의 개체 수를 숫자 0~5로 나타냄
		1.c 숫자와 양 간의 관계를 10까지 이해하고 수 세기를 통해 기수성을 연결함 [...]
	2. 과학	2.a 물질이 고체 또는 액체로 존재한다는 주장에 대해 질문을 하고 관찰을 통해 테스트함
		2.b 도구와 재료를 사용하여 밀거나 당겨서 물체를 더 빠르게 움직이게 하는 장치를 설계하고 제작함 [...]
	3. 사회교육	3.a 개인으로서의 자아, 집단 내에서의 자아, 그리고 공동체 내에서의 자아에 대한 기본적인 인식을 개발함
		3.b 자신의 문화와 다른 문화를 인식하고 존중하는 태도를 보여줌 [...]
	4. 예술	4.a 춤을 창작함 [...]
		4.b 연극 예술을 창작함 [...]
	5. 기술, 컴퓨터 과학, 디지털 문해력	기술이 성인과 아동 간의 질 높은 상호작용을 대신하지 않으며 [...] 기술이 여러 학습 영역에 실제적인 방식으로 통합

출처 : The New York State Prekindergarten Learning Standards : A Resource for School Success(2019) https://earlychildhoodny.org/pdfs/NYS_Prek_Learning_Standards－2019.pdf(2025. 7. 15. 인출) 내용 요약 정리.

6. 일 본

1) 유보통합 현황

일본은 만 3~5세 유아는 교육적 관점을, 만 0~2세 영아는 보육의 관점을 기반으로 유아교육 및 보육제도의 이원화 체제를 유지했으나, 2006년부터 인정어린이원 제도를 도입하여 유아교육과 보육의 통합을 시도하였다. 일본은 유아기 학교교육과 보육 및 지역아동・육아에 대한 지원을 보다 충실히 하기 위한 새로운 시스템인 아동 육아지원 제도를 시행하고 있고, 여성의 취업 증가로 인한 보육소 보육수요가 급증하면서 대기아동이 긴급한 사회문제로 제기됨에 따라 일본 정부는 해결책의 일환으로 2012년 아동・영유아 양육지원법을 제정하고 2015년 4월부터 시행하고 있다(공창숙 외, 2022; 이규림, 2017; 장경희・유해미, 2019). 일본의 보육제도는 기존의 유치원, 보육소와 함께 인정어린이원, 가정적 보육사업, 소규모 보육사업 등 기존의 인가 외 보육시설이 법정 보육시설로 전환됨에 따라 매우 복잡한 구조를 형성하고 있다. 2020년 기준 일본 전국에 4,000여 곳이 넘는 인정어린이원이 운영되고 있고 이는 유아교육・보육 통합의 대표적 모델로 인식되고 있다(이규림, 2017).

(1) 일본의 시설유형과 유보연계

일본은 보육지원이 제도적・재정적으로 수직적 체계로 운영되고 있어 지역 실정에 부응한 대책이 미흡하다고 판단하게 되었다. 이에 2010년 소자화 사회대책회의에서 유아기 질 높은 학교교육과 보육의 통합적 제공, 보육의 양적 확대 확보와 교육 및 보육의 질 개선(대기아동 해소, 지역의 보육지원, 교육과 보육의 질 개선), 지역의 아동・보육 지원 충실화를 위한 과제가 제기되었다. 2012년 소자화 사회대책회의는 새로운 아동・보육시스템의 기본 제도를 확정하였고 아동보육 관련 3법을 제정・공포하였다. 이에 따라 유아기 학교교육과 보육, 지역의 아동・보육 지원을 위한 공동시스템 구축을 목표로 보육을 위한 전체

사회의 비용 부담을 위한 재원 확보, 내각부에 아동·보육본부 설치 및 다양한 보육주체가 참여하는 정부 차원의 아동·보육회의와 시정촌의 지방형 아동·보육회의 설치 등 제도를 보완하여 시행하고 있다(공창숙 외, 2022; 장경희·유해미, 2019).

2) 일본의 영유아교육과정

일본의 영유아교육과정은 유치원 교육요령, 보육소 보육지침, 유보통합 형태로 운영되는 인정어린이원 등 3개의 유형으로 운영되고 있다. 유치원 교육요령은 학교교육법(1947) 제1조(학교·종류), 제79조(유치원교육과정)에 의해 국·공·사립유치원, 유치원형 인정어린이원(교육 부분)에서 적용하고 있는 교육과정이다. 유치원 교육요령의 3대 자질과 능력은 먼저 **지식·기술의 기초**를 위해 숫자·문자·생활 기술을 놀이를 통해 습득하고, **사고·판단·표현의 기초**를 위해 문제를 발견하고 해결하며 다양한 표현을 통해 습득, **배우려는 힘·인성**은 주도성·배려·끈기·정체성을 길러 형성하도록 하는 것이다. 유치원 교육요령에서는 길러야 하는 10가지 유아상을 제시하고 있다. 이는 유치원 졸업 때까지의 유아기 동안 자라나는 구체적인 자질과 능력이고, 교사가 유아를 지도할 때 고려해야 할 사항이다(공창숙 외, 2022; 김희정, 2020; 장경희·유해미, 2019). 유치원 교육요령은 인정어린이원에서도 적용되고 있는 교육과정이다.

일본 인정어린이원의 영유아교육과정은 2017년 3월 유아교육·보육 통합 지원을 위한 교육·보육과정으로 새롭게 정비되었다(김희정, 2020). 일본의 영유아교육·보육과정을 비교하여 살펴보면 <표 12-10>과 같다. 유보연계형인 인정어린이원의 교육·보육과정 요령은 제1장 총칙, 제2장 보육내용, 제3장 건강 및 안전, 제4장 양육지원, 제5장 직원의 자질향상으로 구성되어 있다.

<표 12-10> 일본의 영유아교육 · 보육과정 구성 체계

보육소 보육지침 (2017년 고시)	유보연계형 인정어린이원 교육 · 보육과정 요령(2017년 고시)	유치원 교육요령 (2017년 고시)
관할 부처 : 후생노동성 법적 근거 : 아동복지법 제27조 주요 내용 : 기본생활습관 · 정서안정 · 일상중심 보육, 가정연계 · 연령별 보육내용 제시(이성한, 2016)	관할 부처 : 내각부 법적 근거 : 유아교육 · 보육연계 촉진법 제11조 주요 내용 : 유치원 · 보육소 과정을 포괄 · 연계, '3대 역량과 10대 어린이상' 지향 3대 역량 : 안정감, 도전 정신, 협동성 10대 어린이상 : 스스로 생각하는 아이 친구와 함께 즐기는 아이 마음이 따뜻한 아이 몸도 마음도 건강한 아이 언어로 소통하는 아이 자연에 흥미를 가지는 아이 다양한 표현을 즐기는 아이 문제를 해결하려는 아이 물건을 만드는 아이 디지털 도구를 활용하는 아이(이성한, 2016)	관할 부처 : 문부과학성 법적 근거 : 유아교육진흥법 제20조 주요 내용 : 놀이중심 · 생활중심 교육, 5개 영역(신체 · 언어 · 사회 · 자연 · 표현) 강조(이성한, 2016)
제1장 총칙 1. 보육소 보육의 기본 원칙 2. 양호의 기본사항 3. 보육계획 및 평가 4. 유아교육 실시 시설의 공유 사항 (1) 길러야 할 자질 · 능력 (2) 유아기까지 길러야 할 유아상	**제1장 총칙** 1. 보육소 보육의 기본 원칙 2. 양호의 기본사항 3. 보육계획 및 평가 4. 유아교육 실시 시설의 공유 사항 (1) 길러야 할 자질 · 능력 (2) 유아기까지 길러야 할 유아상	**전문** **제1장 총칙** 1. 유치원교육의 기본 2. 유치원교육에서 길러야 할 자질 · 능력 및 유아기에 길러야 할 유아상 3. 교육과정의 역할과 편성 등 4. 지도계획 작성과 유아 이해에 근거한 평가 5. 특별한 배려가 필요한 유아 지도

제2장 보육내용 1. 영아보육의 목적 및 내용 2. 1세 이상 3세 미만아 보육의 목적 및 내용 3. 3세 이상아 보육의 목적 및 내용 4. 보육 시행에서 고려 사항	**제2장 보육내용** 1. 영아보육의 목적 및 내용 2. 1세 이상 3세 미만아 보육의 목적 및 내용 3. 3세 이상아 보육의 목적 및 내용 4. 보육 시행에서 고려 사항	6. 유치원 운영상의 유의 사항 7. 교육과정 이후 방과 후 교육 활동 등 **제2장 목적 및 내용** 1. 건강 2. 인간관계 3. 환경
제3장 건강 및 안전 1. 어린이의 건강 지원 2. 식육(食育)의 추진 3. 환경 및 위생 관리와 안전 관리 4. 화재 대비	**제3장 건강 및 안전** 1. 어린이의 건강 지원 2. 식육(食育)의 추진 3. 환경 및 위생 관리와 안전 관리 4. 화재 대비	4. 언어 5. 표현 **제3장 교육과정 이후 방과 후 교육 활동 등의 유의 사항**
제4장 양육지원 1. 보육소에서의 보호자 지원의 기본사항 2. 보육소를 이용하고 있는 보호자에 대한 지원 3. 지역의 보호자 등에 대한 양육지원	**제4장 양육지원** 1. 보육소에서의 보호자 지원의 기본사항 2. 보육소를 이용하고 있는 보호자에 대한 지원 3. 지역의 보호자 등에 대한 양육지원	
제5장 직원의 자질향상 1. 직원 자질향상의 기본사항 2. 시설장의 책무 3. 직원 연수 등 4. 연수 실시 제도	**제5장 직원의 자질향상** 1. 직원 자질향상의 기본사항 2. 시설장의 책무 3. 직원 연수 등 4. 연수 실시 제도	

출처 : 김희정(2020). 일본 영유아 교육보육과정 탐색. 국제문화기술진흥원, 6(1), 403-411; 박해미(2022). 한국의 누리과정과 일본의 유치원교육요령 비교분석. 한국일본교육학연구, 27(3), 1-25.

일본의 인정어린이원의 교육·보육과정 연계 운영은 만 0~2세 보육, 만 3~5세 유아교육, 초등 입학 전 준비 활동을 하나의 교육·보육 계획으로 통합하여 연속성을 확보하였고, 아동발달 단계·가정 환경·다언어 배경을 고려한 맞춤형 일과를 수립하여 운영함으로써 개별화 지원을 도모하였다. 유아교육교사(CAP 보유)와 보육교사(보육사 자격)·영양사·보건교사가 협업할 수 있도록 배치하였고, 교사 대 아동 비율을 1:15 이내로 유지하여 교육·보육의 질 향상을 위한 노력을 하였다. 또한 연 2회 아동 관찰 기록·포트폴리오 평가, 학부모 면담을 통해 과정중심 평가 등 평가 및 모니터링을 강화하였다. 이와 같은 노력은 아동의 성장단계에 따른 '학습'과 '돌봄' 활동을 자연스럽게 통합함으로써, 단절 없는 발달 지원 목표를 달성하기 위한 것이다(김희정, 2020).

생각해 보기

1. 유보통합이 이루어지고 있는 나라의 ECEC 관련 정책을 비교해 보세요.
2. 우리나라 표준보육과정과 다른 나라의 교육·보육과정을 비교해 보세요.
3. 다른 나라의 국가 수준의 교육·보육과정을 통해 우리나라 표준보육과정에 시사점을 생각해 보세요.

참고문헌

공창숙·강영욱·박은주·박유림(2022). 부천시 중기 보육계획(2023~2027). 부천시. 미출간.

김은영·강은진·임부연·정선아·박은혜·권혜진·김윤희·김희수(2024). 0~2세 교육과정 개발 정책 연구. 육아정책연구소 수탁보고 2024-08. 교육부. 육아정책연구소.

김은영·배윤진·이정욱·김혜금·정유나(2023). 유보통합을 위한 표준보육과정과 유치원 교육과정의 통합교육과정 마련의 필요성과 개편방향 연구. 교육부·육아정책연구소.

김진경(2011). 영국 및 호주의 국가수준 유아교육·보육 과정. **육아정책포럼**, 23, 24-35.

김희정(2020). 일본 영유아 교육・보육과정 탐색. **국제문화기술진흥원**, 6(1), 403-411.

류미향・박선미・안혜령(2023). 뉴질랜드 유보통합 추진과정과 영유아교육 체제 탐구. **유아교육연구**, 43(2), 277-323.

문무경(2006). 스웨덴의 육아정책 : 유아교육과 보육, 학교교육의 통합을 중심으로. 육아정책연구소.

______(2007). 영국의 육아정책. 육아정책연구소.

박은혜・신은수・조형숙(2012). 세계 유아교육과정 동향에 비추어 본 국가 수준 교육과정의 개정 방향 : 영국, 뉴질랜드, 미국의 유아교육과정 비교를 기반으로. **유아교육학논집**, 16(5), 487-514.

박해미(2022). 한국의 누리과정과 일본의 유치원교육요령 비교분석. **한국일본교육학연구**, 27(3), 1-25.

서혜전(2024). 한국과 미국의 영유아보육과정 비교연구 : 성격, 배움에 대한 접근 중심으로. **유아교육보육복지연구**, 28(4), 309-338.

서효원(2022). 한국과 프랑스의 유아수학교육과정 비교 연구. **영유아교육 : 이론과 실천**, 7(1), 35-59.

신은수・황은희・김다영(2012). 미국, 캐나다, 영국의 유아교육과정 내용체계 분석 연구. **사회과학연구**, 17, 1-18.

양옥승・신은미(2011). 국가수준 영유아교육과정에 대한 국제비교. **유아교육연구**, 31(1), 309-323.

이규림(2017). 일본 신(新)유보연계형 인정어린이원의 문제점과 시사점 고찰. **육아정책연구**, 11(2), 149-167.

이삼식(2012). 외국의 보육・양육정책 : 스웨덴 사례. **보건・복지 Issue & Focus**, 169, 1-8.

이성한(2016). 일본의 유보연계형 인정어린이원 교육・보육요령 탐구 : 교육・보육요령의 목표와 내용을 중심으로. **한국일본교육학연구**, 21(1), 37-58.

이윤진・정재훈(2018). 독일의 육아지원정책 동향. 육아정책연구소.

장경희・유해미(2019). 일본의 육아지원정책. 육아정책연구소.

장령령・박주현(2019). 미국의 초중등교육법 분석 : 문헌정보 서비스 내용을 중심으로. **한국도서관・정보학회지**, 50(1), 357-380.

장민영・박은해・이진화(2017). 유아교육 및 보육정책 환경과 효과분석 : 핀란드, 영국, 일본을 중심으로. **육아정책연구**, 11(3), 21-46.

조은경・김은영(2021). 미국의 육아정책(2). 육아정책연구소.

최윤경・김윤환・이혜민(2015). 스웨덴의 육아정책동향(Ⅱ). 육아정책연구소.

최은영・조경진(2024). 뉴질랜드의 유아교육과 보육. 육아정책연구소.

황성원(2020). 저출산 극복을 위한 프랑스의 유아교육・보육정책 연구. **열린교육연구**, 28(5), 251-278.

Department for Education, Government of UK(2014). Early Years Foundation Stage(EYFS) Statutory Framework(2024). https://assets.publishing.service.gov.uk/media/670fa42a30536cb92748328f/EYFS_statutory_framework_for_group_and_school_-_based_providers.pdf에서 2025. 7. 15. 인출

Meade, A., & Podmore, V.(2010). Caring and learning together : a case study of New Zealand. UNESCO.

Ministry of Education(2017). Te Whāriki, Early Childhood Curriculum. https://www.education.govt.nz/assets/Documents/Early-Childhood/ELS-Te-Whariki-Early-Childhood-Curriculum-ENG-Web.pdf

__________________(2023). Te Mātaiaho : the refreshed New Zealand curriculum(draft for testing), https://curriculumrefresh.education.govt.nz/whats-changing

Programme du cycle 1 En vigueur à la rentrée 2020. https://edu1d.ac-toulouse.fr/politique-educative-31/ien31-blagnac/files/Programme2020_cycle_1_comparatif_1313243.pdf에서 2025. 6. 28. 인출

Swedish National Agency for Education(2015). The Swedish Education System. http://skolnet.skolverket.se/polopoly/utbsys-eng/

__________________________________(2018). Curriculum for the Preschool Lpfö 18, pp. 13-21.

The Fawcett Society(2022). Childcare and early education systems : a comparative literature review of liberal welfare states.

The New York State Prekindergarten Learning Standards : A Resource for School Success, 2019. https://earlychildhoodny.org/pdfs/NYS_Prek_Learning_Standards-2019.pdf에서 2025. 7. 15. 인출

제13장

어린이집 평가제

1. 어린이집 평가제 개요
2. 어린이집 평가제 주요 내용

제 13 장

어린이집 평가제*

이 장에서는 어린이집 평가제의 추진배경과 어린이집 평가제의 주요 특징, 운영체계에 대해서 설명하였으며, 평가제의 6개 영역인 영유아 중심 일과 운영, 영유아가 주도하는 배움 지원, 영유아 존중 상호작용 지원, 보육과정 실행과 평가, 원장의 리더십과 보육교직원 역량 강화, 건강 및 안전에 대한 평가 지표를 제시하였다.

1. 어린이집 평가제 개요

1) 추진 배경

2024년 1월 2일 영유아보육법 개정안이 공포됨에 따라 2024년 7월 3일부터 2024 개정 어린이집 평가제가 시행되고 있다. 어린이집 평가가 평가의 본래 목적인 '보육서비스 질 개선'에 초점을 맞추어 시행되고, 보육서비스 질 관리의 지속 가능성을 강화하였다는 점에서 제도 개편의 의미가 크다.

* 이 장은 한국보육진흥원(2025)의 2024년 평가제 자료(2025)를 중심으로 기술하였다.

(1) 어린이집 평가인증제도의 시행 경과

2005년부터 2019년 6월까지 시행된 어린이집 평가인증제도는 어린이집이 지향해야 하는 바람직한 보육서비스의 실제를 제시하고, 어린이집 질적 수준을 공정하게 평가하여 정부의 효율적인 지원 및 관리를 위한 기제로 작동하였다.

제1차 평가인증(2006~2009), 2차 지표와 3차 시범지표를 적용한 제2차 평가인증(2010~2017. 10), 통합지표를 적용한 제3차 평가인증(2017. 11.~2019. 6. 11)을 거치면서 제도의 운영과정을 합리적으로 개선했으며, 변화하는 현장의 수준을 반영하여 지표를 개정함으로써 보육서비스의 바람직한 실제를 지속적으로 제시하였다.

2006년 본격 시행 이후 해마다 평가인증에 참여하여 인증에 통과한 어린이집은 증가하였고, 평가인증 이후 인증상태를 유지하고 있는 어린이집의 비율도 지속적으로 상승하였다. 제도 시행 초기인 2006년에는 3.6%에 불과하였던 인증 어린이집이 209년 46.9%, 2014년 75.6%로 대폭 증가하였고, 평가인증 종료 월 기준으로는 전체 어린이집 중 84.3%가 평가인증을 유지하였다.

평가인증 평균점수도 지속적으로 상승하였으며, 신규인증과 재인증 어린이집을 비교한 결과 재인증 어린이집의 평균점수가 신규인증보다 유의하게 높은 것으로 나타났다. 이러한 결과는 제3차 평가인증 통합지표의 등급 분포에서도 유사하게 나타나, 평가인증 과정이 어린이집의 질 관리에 효과적이었으며, 사후관리 체계를 통해 인증통과 이후에도 지속적으로 품질이 관리되었다고 볼 수 있다.

(2) 어린이집 평가제 도입 및 시행 경과

평가인증제도는 어린이집의 물리적 환경과 보육과정 및 상호작용 등에 대한 평가를 통해 보육서비스의 전반적인 질적 수준을 향상시켰지만, 어린이집의 자발적 신청에 의해 운영됨에 따라 미인증 어린이집으로 인한 질 관리 사각지대 문제가 발생하였다. 또한 아동권리 보호, 아동학대 예방, 안전관리 강화에 대한 사회적 요구 증가로 전체 어린이집

질 관리에 대한 필요성이 제기되었다.

이에 2018년 12월 「영유아보육법」 개정을 통하여 영유아의 건강한 성장 및 발달을 위해 모든 어린이집을 대상으로 하는 의무평가제의 법적 근거가 마련되었으며, 2019년 6월 12일부터 어린이집 평가제가 시행되었다. 평가제 시행은 신청한 어린이집에 한해서만 평가인증이 이루어졌던 어린이집 질 관리체계가 전국 모든 어린이집으로 확대되었다는 점에서 의미가 크다.

평가제가 시행된 2019년 6월 이후 보육서비스 질 관리 사각지대 조기 해소를 위해 미인증 어린이집을 우선적으로 평가하였다. 평가제 시행 초기인 2019년에는 5.5%에 불과하던 평가제에 참여한 어린이집이 2020년 19.2%, 2021년 36.3%, 2022년 63.3%, 2023년 92.6%로 지속 증가하였고, 2024년 12월 말 기준 전체 어린이집의 96.3%가 평가제를 유지하였다.

평가제 참여 어린이집의 평가결과는 A등급 79.3%, B등급 18.6%, C등급 1.5%, D등급 0.6%로 나타났으며, 참여유형별 A등급 분포를 살펴보면, 정기평가, 신규평가, 품질평가 어린이집 순으로 나타났다.

(3) 2024 개정 어린이집 평가제 시행

2019년 6월부터 시행된 어린이집 평가제는 국가 차원의 정기적인 평가를 통해 전체 어린이집의 보육 수준을 향상시키고 유지할 수 있는 기반을 마련하였다는 점에서 높이 평가되었다.

하지만 이러한 성과에도 불구하고 어린이집 평가제는 3만 개에 달하는 어린이집의 질적 수준을 관리하는 데 한계가 있다는 지적과 함께 평가 내용이나 방법에 대한 문제 제기가 지속되었다. 시설·환경 등의 구조적 질을 평가하는 요소 등이 큰 비중을 차지하고, 문서중심의 평가 진행으로 어린이집에서 평가 서류 준비에 부담을 호소하기도 하였다.

이에 2021년 평가체계 개편 방안 포럼을 시작으로, 평가제도 개편 방안 마련을 위한 전문 연구, 의견수렴 등이 진행되었다. 이후 2024년 1월 「영유아보육법」 개정을 통하여 평가제 개편의 법적 근거가 마련되었으며, 2024년 7월 3일부터 개편된 어린이집 평가제가 시행되었다.

2024 개정 어린이집 평가제는 '보육서비스 질 개선'이라는 평가 고유의 목적에 초점을 맞추고, 보육서비스 질 관리의 지속 가능성을 강화하여, 어린이집의 질적 수준을 더욱 향상시키고 유지하게 함으로써 영유아의 건강한 성장과 발달을 돕고 부모가 믿고 맡길 수 있는 안심 보육환경 조성에 기여하고자 한다.

2) 추진 경과

2021년부터 어린이집 평가제도의 개편 방안 마련을 위해 「어린이집 평가체계 개편 방안」 연구용역을 실시하였으며, 이후 후속 연구를 통해 운영체계와 평가지표 개발을 추진하였다.

연구를 통해 마련된 운영체계 및 평가지표(안)에 대해 간담회, 온라인 대국민 설문조사 등 다양한 창구를 통해 의견을 수렴하였으며, 전국 단위 시범사업 운영을 통해 제도 시행 전 개정 방향 및 평가지표의 적절성에 대해서 점검하였다.

이후 2024년 1월 영유아보육법 개정으로 어린이집 평가제 개정에 대한 법적 근거가 마련되었고, 중앙보육정책위원회의 심의를 거쳐 2024 개정 평가제 시행을 위한 평가지표가 최종 확정되었다.

3) 추진 목적

2024 개정 어린이집 평가제의 시행 목적은 다음과 같다.

첫째, 보육서비스 질 관리를 위해 교사-영유아 상호작용 중심의 질 관리 표준을 제시하고, 전체 어린이집의 평가 참여를 통하여 어린이집 질적 수준을 제고하도록 한다.

둘째, 평가 참여가 보육서비스 질 개선을 직접 유도할 수 있도록 어린이집을 지원하는 방식으로 평가과정을 진행하며, 상시적인 자율 관리 체계를 지원하여 보육서비스 수준을 지속적으로 관리하고자 한다.

셋째, 궁극적으로 평가제를 통해 보육서비스 질을 제고함으로써 영유아의 안전과 건강, 조화로운 성장과 발달을 도모하고자 한다. 이를 위해 영유아의 인권과 놀 권리를 보장하고 영유아가 건강하고 행복하게 성장할 수 있는 안심 보육환경을 조성한다.

2. 어린이집 평가제 주요 내용

1) 특 징

2024 개정 어린이집 평가제의 주요 특징은 '과정적 질 중심으로의 평가 전환', '어린이집 자율관리 역량 강화'로 볼 수 있다.

첫째, 질 높은 보육서비스에 대한 적절한 평가를 위해 과정적 질 중심의 평가로 전환한다. 보육과정 운영 및 상호작용 등 보육의 결정적 요소인 과정적 질을 집중 평가하기 위한 평가지표로 개정하고, 관찰과 면담 위주로 평정 방식을 개선한다. 아울러, 부모가 신뢰할 수 있는 구체적인 어린이집 정보를 제공하기 위해 서술형 평가결과서를 공표한다.

둘째, 어린이집 자율관리 역량 강화를 지원한다. 어린이집 질 관리의 주체가 되도록 현장평가 전에 실시하는 자체평가를 강화하고, 평가 후 연차별 자율관리 및 컨설팅 등을 지원한다.

개정된 어린이집 평가의 주요 특징을 비교한 내용은 다음 <표 13-1>과 같다.

<표 13-1> 기존 평가제와 2024 개정 평가제 비교

구 분	평가제	2024 개정 평가제
평가지표	• 4영역, 18지표, 59항목 • 정량평가(N/Y) • 구조적 지표(보육환경 등)>과정적 지표(보육과정 등)	• 6영역, 15항목 • 정성평가(서술형) • 구조적 지표(보육환경 등)<과정적 지표(보육과정 등)
평가절차	• 평가대상 통보 → 기본사항 확인 및 자체점검 → 현장평가 → 종합평가 대상통보 (한국보육진흥원) ⇨ 기본사항 확인 및 자체점검보고서 제출 (지자체, 어린이집) ⇨ 현장평가 (한국보육진흥원) ⇨ 종합평가, 결과발표 (종합평가 위원회)	• 평가대상 통보 → 자체평가 → 현장평가 → 종합평가 대상통보 (한국보육진흥원) ⇨ 자체평가 (어린이집) ⇨ 현장평가 (한국보육진흥원) ⇨ 종합평가, 결과발표 (종합평가 위원회)
평가결과	• 평가등급 제공(A, B, C, D)	• 영역별 서술형 결과서 제공
평가주기	• A, D등급 3년 / C, D등급 2년	• 3년
사후관리	• 사후방문 · 확인점검 • 최하위 등급 조정	• 연차별 자율관리 및 컨설팅 • 재평가

출처 : 한국보육진흥원(2025).

2) 운영체계

어린이집 평가는 정해진 주기에 따라 대상을 선정하여 통보함으로써 시작된다. 대상 통보는 현장평가 3개월 전에 이루어지며, 대상 통보를 받은 어린이집에 대해서는 통보 익월부터 자체평가(2개월), 현장평가(1개월), 종합평가(1개월) 등의 과정이 4개월간 진행된다.

평가 후에는 어린이집 자율관리(연차별 자율관리 및 컨설팅)를 실시한다.

|그림 13-1| 어린이집 평가 운영체계

출처 : 한국보육진흥원(2025).

3) 평가지표

보육의 질 향상 목적을 아동의 웰빙, 성장, 발달에 최우선으로 두고, 보육과정 운영 및 상호작용 등 과정적 질을 평가하는 지표를 확대하였다. 개정 평가지표의 주요 특징은 다음과 같다.

첫째, 맥락적이고 총체적 평가가 가능하도록 지표를 구성하여, 영유아의 경험에 영향을 미치는 교사의 행위를 분절하지 않고 연계하여 살핌으로써 종합적이고 통합적인 평가가 이루어지도록 하였다.

둘째, 보육의 질에 결정적 영향을 미치는 보육교사 상호작용 등의 과정적 질 관련 지표는 강화하고, 설치・인가 등의 구조적 질 관련 지표는 최소화하였다. 과정적 질 관련 지표는 국가 수준의 보육품질 기준에 적합한 평가지표로 수정・보완하였다. 영유아 권리 존중의 취지와 목적을 지표 전반에 반영하고, 보육과정 및 교사－영유아 상호작용 관련 평가지표의 비중을 확대하였다.

셋째, 문서중심 평가에서 실제 보육과정 실행 평가로 전환하기 위해 평가 문서는 보육과정 관련 필수 문서 중심으로 간소화하였고, 평정 방식을 관찰 및 면담 중심으로 개선하였다.

2025년에는 2024 개정 표준보육과정 시행 등을 반영하여 내용을 일부 개선하였고, 평가내용에 대한 보육현장의 이해를 돕기 위해 자주 질문하는 사례를 추가하였다.

<표 13-2> 평가지표 비교

<table>
<tr><th colspan="2">평가제</th><th colspan="2">2024 개정 평가제</th></tr>
<tr><th>평가영역(4개)</th><th>평가지표(18개)</th><th>평가영역(6개)</th><th>평가항목(15개)</th></tr>
<tr><td rowspan="2">1.
보육과정
및 상호작용</td><td rowspan="2">1-1. 영유아 권리 존중
1-2. 보육계획 수립 및 실행
1-3. 놀이 및 활동 지원
1-4. 영유아 간 상호작용 지원
1-5. 보육과정 평가</td><td>1.
영유아 중심
일과 운영</td><td>1-1. 일과의 충실한 운영
1-2. 따뜻하고 편안한 일상생활 지원</td></tr>
<tr><td>2.
영유아가
주도하는
배움 지원</td><td>2-1. 영유아의 놀이를 위한 공간 구성 및 운영
2-2. 배움을 위한 자료 제공</td></tr>
<tr><td rowspan="2">2.
보육환경
및 운영관리</td><td rowspan="2">2-1. 실내 공간 구성 및 운영
2-2. 실외 공간 구성 및 운영
2-3. 기관 운영
2-4. 가정 및 지역사회와의 연계</td><td>3.
영유아 존중
상호작용 지원</td><td>3-1. 교사와 영유아의 반응적 상호작용
3-2. 영유아 또래 간 상호작용 격려</td></tr>
<tr><td>4.
보육과정
실행과 평가</td><td>4-1. 관찰 및 실행 계획
4-2. 보육과정 평가</td></tr>
<tr><td>3.
건강·안전</td><td>3-1. 실내외 공간의 청결 및 안전
3-2. 급·간식
3-3. 건강증진을 위한 교육 및 관리
3-4. 등·하원의 안전
3-5. 안전교육과 사고예방</td><td>5.
원장의
리더십과
보육교직원
역량 강화</td><td>5-1. 보육의 질 향상을 위한 리더십
5-2. 상호 존중하는 소통과 협력
5-3. 보육교직원 역량 강화</td></tr>
<tr><td>4.
교직원</td><td>4-1. 원장의 리더십
4-2. 보육교직원의 근무환경
4-3. 보육교직원의 처우와 복지
4-4. 보육교직원의 전문성 제고</td><td>6.
건강 및 안전</td><td>6-1. 실내외 공간의 청결·쾌적성
6-2. 급·간식 운영의 적합성
6-3. 실내외 공간, 시설·설비의 안전한 관리
6-4. 영유아의 안전한 보호</td></tr>
</table>

출처 : 한국보육진흥원(2025).

(1) 1영역 : 영유아 중심 일과 운영

어린이집의 일과는 놀이, 일상생활, 활동 등으로 이루어진다. 교사는 영유아가 바깥놀이를 포함하여 충분히 놀이할 수 있도록 일과를 편성하고, 영유아들이 즐겁게 하루를 보낼 수 있도록 일상생활과 활동을 운영해야 한다. 교사는 어느 정도 일정한 흐름으로 일과를 운영하되, 정해진 순서대로 일과를 운영해야 한다거나 미리 계획한 활동을 모두 해야 한다는 부담을 내려놓고 영유아의 비언어적·언어적 의사표현을 존중하여 융통성 있게 일과를 운영하도록 한다. 교사는 등·하원, 식사와 간식, 배변, 낮잠 등에서 개별 영유아의 요구를 존중하며 영유아가 따뜻하고 편안하게 일상생활을 영위할 수 있도록 지원한다.

〈영역구성〉

- 1-1 일과의 충실한 운영

하루 일과에서 영유아의 놀이가 충분히 이루어지고, 영유아의 관심사와 놀이 특성, 신체 리듬, 날씨 등의 상황을 고려하여 일과를 융통성 있게 운영한다. 교사는 영유아의 비언어적·언어적 의사표현을 존중하여 하루 일과를 운영한다.

- 1-2 따뜻하고 편안한 일상생활 지원

교사는 개별 영유아의 요구와 신체 리듬에 맞추어 일상 생활을 지원한다. 등원 시 영유아를 반갑게 맞이하고, 식사와 간식 시간에 영유아가 서두르지 않고 편안하고 즐겁게 먹을 수 있도록 지원한다. 영유아의 배변 경험이 편안하게 이루어지도록 지원하고, 영유아의 개별 특성에 맞추어 편안하게 자거나 휴식하도록 지원하며, 따뜻한 분위기에서 귀가하도록 한다. 일상생활 전반에서 필수적으로 요구되는 최소한의 약속과 규칙을 공유하고, 영유아가 지키도록 격려한다.

(2) 2영역 : 영유아가 주도하는 배움 지원

영유아의 놀이는 시작과 끝이 정해져 있는 것이 아니라 이어지고 끊어지며 새롭게 생성되어 가는 연속적 과정이며, 이는 곧 배움의 과정과 같다. 교사는 영유아의 놀이를 배움의 과정으로 이해하고 영유아가 주도하는 놀이를 지원해야 한다. 교사는 영유아의 놀이를 위한 공간을 구성하고 변형하며 영유아의 자유로운 놀이를 지원한다. 영유아가 안전하게 마음껏 뛰고 다양하게 놀이하며 자연 및 계절의 변화를 경험할 수 있도록 공간을 구성한다. 교사는 놀이와 활동 자료가 영유아의 배움을 지원하는 중요한 교육적 자원임을 이해하며 풍부하고 매력적인 놀이 및 활동 자료를 제공한다.

〈영역구성〉

- 2-1 영유아의 놀이를 위한 공간 구성 및 운영

영유아의 놀이 중심으로 공간을 구성하고, 놀이가 방해받지 않을 정도의 크기로 제공한다. 영유아가 실내외에서 자연 및 계절, 날씨의 변화를 경험할 수 있도록 지원하고, 편안하게 휴식할 수 있는 공간과 분위기를 마련한다. 영유아의 놀이와 활동에 대한 기록을 활용하여 보육실이나 복도, 실외 공간 등을 구성한다.

장애아 전문 어린이집의 경우, 장애 영유아의 장애 유형과 특성에 적절한 공간 및 시설, 적합한 보조기구 등이 마련되어 있고, 장애 영유아가 일과에 참여할 수 있도록 이동, 활동 참여, 의사소통 등을 다양한 형태로 지원한다.

- 2-2 배움을 위한 자료 제공

영유아의 배움을 지원하는 풍부하고 매력적인 자료, 영유아의 놀이와 연계한 자료, 영유아의 성, 신체적 특성, 장애, 종교, 가족 및 문화적 배경의 다름을 존중하는 놀이 및 활동 자료를 제공한다. 놀이 및 활동 자료를 영유아가 자유롭게 사용할 수 있도록 지원한다.

(3) 3영역 : 영유아 존중 상호작용 지원

모든 영유아는 태어나면서부터 세상의 모든 사람, 모든 것과 관계를 맺고 소통하며 배우는 존재이다. 영유아는 어린이집에서 놀이, 일상생활, 활동 등을 통해 능동적으로 배울 수 있는 유능한 존재이다. 영유아 존중 상호작용은 교사, 또래와 관계를 맺으며 능동적으로 배우려고 하는 영유아의 욕구를 인정하고, 영유아가 관계에서 능동적으로 만들어 가는 배움을 존중하는 것을 의미한다.

따라서 교사는 영유아 배움의 특성인 능동적이고 적극적인 상호작용의 욕구를 그대로 인정하고, 영유아의 다양한 의사표현 방식에 귀 기울이며 이를 존중한다. 더불어 교사는 영유아의 성, 신체적 특성, 장애, 종교, 가족 및 문화적 배경 등을 존중해야 한다. 영유아는 교사와 자유롭게 소통하며 배우기도 하지만 또래 간에 능동적으로 상호작용하며 배우는 존재이므로, 이를 적극적으로 격려하고 지원해야 한다.

〈영역구성〉

- 3-1 교사와 영유아의 반응적 상호작용

교사는 영유아의 비언어적·언어적 표현을 경청하고, 있는 그대로 존중하여 반응하며 영유아와 소통이 이루어지고 있는지를 확인한다. 영유아의 놀이를 기다리고 지켜보며 영유아와 함께 놀이하면서 경험이나 배움을 지원하는 상호작용을 한다. 영유아의 성, 신체적 특성, 장애, 종교, 가족 및 문화적 배경 등을 존중한다.

- 3-2 영유아 또래 간 상호작용 격려

교사는 영유아들이 서로의 관점을 존중할 수 있도록 하고, 영유아 또래 간에 소통을 통한 경험 또는 배움을 공유할 수 있도록 격려한다. 다툼이나 문제가 발생하면 영유아가 긍정적으로 해결할 수 있도록 지원한다.

(4) 4영역 : 보육과정 실행과 평가

어린이집은 표준보육과정을 바탕으로 각 기관의 실정에 따라 적합한 계획을 수립하여 운영하여야 한다. 계획안에는 교사가 반 수준에서 영유아의 놀이, 일상생활, 활동을 지원하기 위해 필요한 사항을 미리 생각하여 준비하는 모든 과정이 포함될 수 있다. 계획은 영유아의 경험이 교육적일 수 있도록 수립하고, 영유아 놀이를 중심으로 영유아의 경험이나 배움, 교사의 지원 방안을 기술할 필요가 있다. 교사는 실행 계획의 종류, 형식, 분량 등을 자율적으로 결정하여 작성할 수 있다. 영유아중심·놀이중심 보육과정의 실행은 준비된 환경에서 영유아가 놀이하고, 이를 지원하기 위한 교사의 계획이 수립되는 방식으로 이루어진다. 영유아중심·놀이중심 보육과정 운영을 전체적으로 평가하여 운영의 질을 진단하고, 이를 보다 나은 방향으로 개선하는 평가를 시행하여야 한다. 놀이, 일상생활, 활동을 통한 경험이나 배움을 기록한 다양한 자료를 바탕으로 영유아의 특성과 변화 정도를 평가하고 이 결과를 보육과정 운영 등에 반영하여야 한다. 보육과정의 '계획－실행－평가'가 순환되도록 하여 표준보육과정의 목적과 목표를 성취하여야 한다.

〈영역구성〉

- 4-1 관찰 및 실행 계획

영유아의 놀이, 일상생활, 활동에 대한 관찰을 토대로 영유아의 경험이나 배움을 기록하며, 이를 지원하기 위해 계획을 수립하여 실행한다.

만 5세 유아의 경우, 유아의 초등학교 전이를 지원하기 위한 놀이 혹은 활동을 계획하고 실행한다.

장애 영유아를 보육하는 경우, 다양한 교육 진단을 통해 발달에 적합한 개별화교육계획을 수립하고 장애 유형과 장애 특성, 발달 수준을 고려하여 놀이, 일상생활, 활동의 참여를 촉진할 수 있도록 관찰하여 기록한다.

• 4-2 보육과정 평가

표준보육과정의 영유아중심·놀이중심 보육과정으로 운영되고 있는지를 평가하고, 영유아의 특성과 변화 정도에 관한 개별 평가는 관찰 기록 등을 누적 수집하여 연 2회 이상 시행한다. 보육과정 운영 평가와 영유아 평가 결과는 보육과정 운영 개선, 실행 계획 수립, 영유아 이해, 부모 면담 등에 활용한다.

장애 영유아를 보육하는 경우, 장애 영유아의 특성과 변화 정도에 대한 평가는 연 2회 이상 다양한 교육 진단과 일상적인 놀이 관찰 기록 등을 수집하여 실시한다. 평가 결과는 다음 단계 목표 수립, 지원 방법, 부모 면담 등에 활용할 수 있다.

(5) 5영역 : 원장의 리더십과 보육교직원 역량 강화

어린이집은 초중등 교육기관에 비해 근무하는 보육교직원의 수가 적고 상대적으로 밀접한 인간관계로 이루어지는 조직으로, 원장의 리더십이 보육교직원에게 미치는 영향이 큰 편이다. 이와 같은 조직의 특성을 고려할 때 원장은 어린이집 운영에 대한 철학과 신념을 가지고 보육의 질을 높이기 위해 노력하고, 표준보육과정을 토대로 어린이집 운영계획을 세우고 이에 따라 어린이집을 운영해야 한다.

어린이집의 원활한 보육과정 운영을 위하여 보육교직원 간에 상호 존중하며 민주적이고 합리적인 과정을 거쳐 의사결정을 이루어야 하고, 각 가정과 원활한 의사소통을 통해 양육의 동반자적 관계를 맺어나가야 한다. 이에 어린이집 원장은 모든 보육교직원들의 역량을 발전적으로 증진시키기 위해 각 교사에게 필요한 교육의 기회를 제공하고, 교사-영유아 상호작용 등을 관찰하면서 교사의 보육과정 운영을 지원해야 한다.

〈영역구성〉

• 5-1 보육의 질 향상을 위한 리더십

원장은 어린이집 운영에 대한 철학과 신념을 가지고 보육의 질 향상을 위해 노력해야 하고, 표준보육과정과 운영철학, 영유아의 특성, 학부모 만족도 조사 결과 등을 반영하여 운영계획을 수립하고 운영을 하며, 보육교직원을 배려한 근무환경을 조성해야 한다.

• 5-2 상호 존중하는 소통과 협력

보육교직원은 상호 존중하며, 보육교직원의 의사결정 과정이 민주적이고 합리적으로 이루어져야 하며, 어린이집은 가정과 원활하게 소통해야 한다.

• 5-3 보육교직원 역량 강화

원장은 보육교직원의 역량 증진을 위해 다양한 유형의 교육 기회를 제공하고, 교사의 상호작용 등에 대해 관찰하고 지원해야 한다.

(6) 6영역 : 건강 및 안전

영유아가 어린이집에서 건강하고 안전하게 생활할 수 있도록 지원하는 것은 영유아의 기본적인 권리와 삶의 질을 보장하는 필수 요건이다. 영유아의 건강과 안전은 일차적으로 질병에 감염되거나 신체적 상해를 입지 않고 건강하게 보호되는 것을 말하지만, 궁극적으로는 영유아가 자신의 주변 환경에서 노출될 수 있는 방임, 학대 등의 문제로부터도 안전하게 보호되는 것을 말한다.

어린이집에서는 실내외 공간을 청결하고 쾌적하게 유지하여 영유아의 면역력을 키우고 영유아에게 안전하고 풍부한 식재료로 청결하게 조리한 음식을 제공함으로써 영유아가 건강하게 성장할 수 있도록 지원한다. 어린이집에서는 사고나 위험으로부터 영유아를 보호할 수 있는 안전한 보육환경을 제공해 주어야 하며, 보육교직원은 안전사고에 대한 대처능력을 길러 어린이집의 일과 중에 위험이 생기거나 사고가 나지 않도록 지속적으로 관리해야 한다.

〈영역구성〉

• 6-1 실내외 공간의 청결·쾌적성

보육실의 공간과 시설·설비, 물품이 청결하게 유지되도록 관리하고, 현관, 복도, 계단, 교사실과 자료실, 식당, 창고 등의 실내공간과 어린이집 출입구, 바깥놀이터, 옥상놀이터, 화단 등 어린이집의 실외공간을 청결하게 유지하며, 화장실과 세면대를 쾌적하게 관리하며 수건 등 비품을 위생적으로 관리해야 한다.

• 6-2 급·간식 운영의 적합성

신선한 식자재 구매, 보관이 이루어지도록 관리해야 하고, 조리실의 공간을 청결하고 위생적으로 유지해야 하며, 조리 및 배식 과정을 청결하고 위생적으로 관리해야 한다.

• 6-3 실내외 공간, 시설·설비의 안전한 관리

보육실과 실내외 공간 및 시설·설비 및 놀잇감, 놀이기구, 위험한 물건을 안전하게 관리해야 하며, 비상사태용 시설·설비를 상시 사용할 수 있도록 관리해야 한다.

• 6-4 영유아의 안전한 보호

일과 중 영유아를 안전하게 보호해야 하며, 비상시 신속하게 대처할 수 있도록 관리해야 한다. 등·하원 차량을 운행할 경우 안전요건을 갖추어 관리해야 한다.

생각해 보기

1. 평가제 지표를 보고 각 영역의 어떤 내용들이 평가 핵심인지 생각해 보세요.
2. 어린이집 평가제의 추진 목적은 무엇인가요?

참고문헌

한국보육진흥원(2025). 2024 개정 어린이집 평가 매뉴얼.

저/자/약/력

■ **김수향**
동덕여자대학교 대학원 아동학 박사
현 위덕대학교 유아교육과 교수

■ **이귀옥**
동덕여자대학교 대학원 아동학 박사
현 대진대학교 아동학과 교수

■ **강영욱**
동덕여자대학교 대학원 아동학 박사
현 서울한영대학교 아동보육학과 교수

■ **박수연**
위덕대학교 대학원 교육학(유아교육) 박사
현 북세통 작은도서관 관장/재미나는 세상만들기 대표

■ **유은숙**
동덕여자대학교 대학원 아동학 박사
현 백석예술대학교 유아교육과 교수

■ **이성주**
위덕대학교 대학원 교육학(유아교육) 박사수료
현 시립오천어린이집 원장

■ **안은희**
위덕대학교 대학원 교육학(유아교육) 박사
현 사다리에듀케이션 대표

보육과정

|공저자| 김수향 · 이귀옥 · 강영욱 · 박수연 · 유은숙 · 이성주 · 안은희

|1판 1쇄| 발행 2025년 9월 15일

|발행인| 김 동 훈
|발행처| 공 동 체

|주소| 경기도 고양시 일산동구 호수로 358-39, 동문타워 I 905호(백석동)
|전화| 031) 814-3000(대표)
|팩스| 031) 814-3100
|홈페이지| http://www.compub.co.kr
|전자우편| compub@naver.com
|출판등록| 2005년 10월 6일
|등록번호| 제396-2005-36호

|ISBN| 979-11-6725-989-9
정가 25,000원